南京大学中央高校基本科研业务费专项资助

田 雁 主编

汉译日文图书总书目 1719–2011

第一卷（1719－1949.9）

〔日〕樋口谦一郎　姜仁杰　李　斌　吕　彬　袁琳艳／参编

社会科学文献出版社
SSAP
SOCIAL SCIENCES ACADEMIC PRESS(CHINA)

序言一

高原明生*

与本书主编田雁先生相识是通过笹川日中友好基金的"阅读日本书系"图书翻译出版项目。田先生作为该项目的中方选书委员，不但向中国读者推介了许多日本好书，还亲自参与了系列图书的编辑工作，为将日本图书出版文化的精粹介绍到中国付出了不懈的努力，在此过程中也积累了丰富的经验。

《汉译日文图书总书目：1719—2011》是他继2014年《图书出版产业之中日比较》一书出版之后推出的又一部推动日中出版交流的力作。该书收录了从1719年到2011年近300年中国翻译出版的总量超过25000种的日文图书书目，并对其进行整理。从中不但可以看出中国不同时期翻译出版日文图书的特征，也从一个侧面反映出近代以来中国引进日本文化的趋势，以及引进活动给中国社会带来的影响。田先生及其他编者从事的是一项需要付出极大的热情和努力，扎扎实实地为日中文化交流进行积累，并为进一步深化交流提供参考的工作，它的重要性可以从以下几个方面来认识。

首先，从文献学的角度看，这部书是对近代以来中国翻译出版日文图书的一个前所未有的总结。它不仅为近300年来日中图书出版交流提供了一个概览，还反映了不同时代、不同社会背景下交流的特征。与书目的学术价值同样令人叹服的是编者不惜时间和精力，任劳任怨，为日中图书出版交流搭桥铺路的奉献精神，这一点是日中两国学术界和出版界同仁有目共睹的。

其次，由于有了可供参考的依据，在此基础上开展的对日中出版交流的分析研究就包含了很多引人瞩目的内容。比如，书目显示，在1895年以前，日文图书的翻译出版主要是由日本方面推进的，而1895年之后逐渐过渡到由中方出版社主导；直到1949年，日本的中国学研究者和研究机构都在日文图书的翻译出版工作过程中发挥至关重要的作用。再如，近代以来，中国一直试图深入了解日本，而这种努力在战争期间以及两国邦交非正常化时期也从未间断。而最难能可贵的是这些分析不再是推测，而是以具体的书目为根据，因此更加令人信服。

最后，书目也显示出了目前日文图书翻译出版工作所面临的问题，其中有一些问题十分严峻，解决这些问题也是日中学术界、出版界人士今后共同的努力方向。比如，进入新世纪以来，虽然在中国翻译出版的日文图书数量在逐年增长，但社会影响力却在下降。这里固然有政治、外交、国民感情等因素的影响，有电视、报刊以及网络等媒体的冲击，但从书目构成和内容上看，翻译图书的选择过于市场化，导致大量漫画、

---

* 高原明生，东京大学大学院法学政治学研究科教授。

手工图书得以引进，这是构成日文翻译图书社会影响力降低的重要原因。

田雁先生和其他编者用他们辛勤的劳动，不仅为中国，也为日本的学术界、出版界以及其他关注日中出版交流的各界人士提供了价值极高的参考数据。在这部辛劳之作付梓之际，我作为和田雁老师在同一个合作平台上共事的同行，以及一个从事日中关系研究的学人，谨对本书的出版表示衷心的祝贺，对编者所付出的辛勤劳动致以崇高的敬意，同时也期待日中出版交流界的这项不辞辛苦、脚踏实地的开拓性工作能够对其他领域相关工作的开展也起到积极的推动作用。

2015 年 4 月

序言二

王向远[*]

田雁先生的《汉译日文图书总书目：1719—2011》就要出版了，我很荣幸能有机会在这部大作的卷首写上几句话。

多年来，我国学界十分注意文献书目的整理，陆续出版了多种相关著作。在汉译日文书目的辑录方面，也有数种著作出版。但是现在看来，有的出版较早，不逮晚近，如谭汝谦主编、香港中文大学出版社 1980 年出版的《中国译日本书综合目录》；有的由于学科门类的限制，不能全面覆盖各个学科，如王向远著《日本文学汉译史》所附《20 世纪中国的日本文学译本目录（1898～1999）》；更有的书则不知什么原因，错漏百出，甚至"千出""万出"，不足征信，如中国人事出版社 1995 年出版的《中国日本学文献总目录》。而田雁先生的《汉译日文图书总书目》则从 1719 年编起，直至当下，收录范围近三百年，广为搜罗，查漏补缺，所得书目 25000 多种，堪称汉译日文书目集大成者，规模空前，厥功甚伟。

田雁先生是文献目录与出版史研究的专家，对日本的出版史及其与中国出版文化的关系做了专门研究。他在汉译日文书目文献的收集整理与校勘方面也显示了可靠的专业素养。《汉译日文图书总书目》在书目搜罗的完整性、信息资料的可靠性、编纂排列的科学性与适用性方面，可谓毕其功于一役，足资读者信赖与利用。中日文化交流史研究者，中日比较文学与比较文化研究者，翻译学、译介学、译文学研究者，图书馆学及出版学研究者，乃至许多对中日问题有兴趣的读者，都可以将这样一部书目文献工具书置于座右，随手翻检查阅。

也许有人认为，在今天的数字化时代，检索文献信息十分方便，像书目索引这类工具书也就不那么重要了。其实恰恰相反，在没有专门工具书的情况下，只靠主题词的海量检索，倒是快捷方便，但缺点则是会有不可避免的、莫名其妙的遗漏，我们只能大致了解情况，不可据凭。鉴于这样的观察和想法，我在近几年也拿出相当的时间和精力编纂《中国比较文学论文索引》《中国比较文学年鉴》等工具书，并以此输送电子媒介。同样，现在只有出版像《汉译日文图书总书目》这样的文献目录纸质本，并使其成为电子检索的母本，才能使电子检索在快捷性之外，也有完整性与可靠性。

看到这 2.5 万多条书目，我有叹为观止之感。近三百年来，特别是近一百多年来尤其是最近四十多年来，中国翻译家对日文图书译介的用心与勤勉、出版者的努力与效率、广大读者关注与阅读的热情，还有中国作为文化大国的强大包容性与作为翻译大国的开阔胸襟，都可以从这洋洋大观的书目中得到体会和感知。有人说文化大国必定是翻译大国，翻译大国必定是文化大国，诚哉斯言！这些译书，表明近现代中国不

---

* 王向远，北京师范大学教授、博导，北京师范大学东方学研究中心主任，中国东方文学研究会会长。

仅面对中国以西的"西洋"，也面对中国以东的"东洋"；中国不是被动地迎拒外来文化，而是积极主动地从异域采撷。"它山之石，可以攻玉"，汉译日文图书为三百年来中日文化交流的广度与深度留下了最确实的证明，其对我国的文化建设所起的作用，值得高度估价和充分评价。翻译本身既是知识文化的引进，也必然含有译者乃至读者的许多创造性的解释、转换、转化与消化吸收，因此译文也构成我们自己的文化遗产的一部分。因此，编出这 2.5 万多条书目，就等于为我国三百年翻译文化及其遗产列出了一份清单。

《汉译日文图书总书目》卷帙浩繁，涉及多学科门类的书目，需要广征博采，耗时费力，工作量大，辛苦编者一人，方便千万读者。我作为读者之一，在此对主编田雁先生表示由衷的敬意和谢意，并对本书的出版发行表示祝贺。

2015 年 4 月

前 言

一 历史

要了解一个民族，首先需要了解其文化。而说起民族文化的介绍，图书的翻译出版应该是最直接的途径之一。如果说图书是民族文化传承最基本的载体的话，那么，图书在不同语种间的翻译出版，就相应地承载着文化传播的重要意义。

就文化的同源性而言，中日两国间曾有着非常深厚的渊源。一是文字的同源。在汉字经由朝鲜半岛传入日本后，直到片假名出现之前，汉字都是日本唯一的文字。二是儒学文化的同源。自儒学传入日本后，直到江户时代后半期，日本还"在各地设立以汉学（儒学）为中心的各种私塾，学问通过藩校得以普及"。[①] 正是在这样的背景下，大量中文图书伴随遣隋使、遣唐使的往来，此后又随着宋明之际民间的贸易往来不停地输入日本。

据日本史书记载，在 9 世纪末，日本所存的汉文图书就已经多达一万六千余卷。而到了明清之际，借用日本学者大庭修在《江户时代中国船载入书籍之研究》一书中的观点，从 17 世纪末到明治维新前约 180 年中，随民间商船输往日本的汉籍就有八千余种，清代出版的书籍，就种类而言，有十之八九传入了日本。由此而言，至明末清初，日本都还在广泛且深入地引进中国图书。由此而言，历史上的日本，其文化的确受中国文化影响至深。不过，这一时期的中国，却很少有翻译引进日文图书的举措。

然而，自鸦片战争以来，随着清朝国力衰落，日本对中国文化的崇拜心理开始发生变化。到了 19 世纪 60 年代，日本公开打出"脱亚入欧"的旗号，将学习和崇拜的对象转为德法为首的西方。没有想到的是，仅经过数十年的努力，日本就在之后的甲午战争（1895 年）中，战胜了曾经的天朝帝国。更令人没有想到的是，天朝的战败居然成为中国翻译引进日文图书的契机。

就在甲午战争之后，中国社会表现出了强烈的向日本学习的意愿，用康有为的话形容就是"我朝变法，但采鉴日本，一切已足"。随后，在康有为、梁启超等维新派，黄兴、宋教仁等革命派，甚至张之洞、刘坤一这类鼓吹变革的满清官僚的强力推动下，20 世纪初，出现了全社会翻译引进日本图书的波澜壮阔的浪潮。这股学习的浪潮是如此之强大，谭汝谦先生曾如此评价："自明季以降，偏重翻译西书，尤其是英文书。但甲午之后，直到今天为止，中译日书成为中国译业重要的一环。尤其是从甲午到民元，中译日书的数量是压倒性的：以 1902 年至 1904 年为例，译自英文者共 89 种，占全国译书总数 16%，德文书 24 种占 4%，法文书 17 种占 3%，而译自日文多达 321 种，占

[①] 〔日〕尾藤正英：《日本文化的历史》，南京大学出版社，2010，第 109 页。

60%。这批译书在佚入新思想新事物的同时，又使一大批日本词汇融汇到现代汉语，丰富了汉语词汇，而且促进汉语多方面的变化，为中国现代化运动奠定了不容忽视的基础，也为近代中日文化交流开辟了康庄大道。"①

自此以后，日文图书的翻译就成为中日文化交流的一道靓丽的风景线。国内各家图书馆收藏的 1719—1999 年间出版的汉译日文图书多达 25000 多种。透过对汉译日文图书历史的梳理，我们可以将近代以来的汉译日文图书出版历史，分为清末民初的初萌（1719—1911）、民国年间的艰难（1912—1949）、新中国成立初期的探索（1949—1976）、"文革"之后的转型（1977—1999）以及新世纪的发展（2000—2011）五个阶段。其中出现有 1901—1911 年、1928—1937 年、1982—1992 年、2000—2011 年四个阶段性高潮。必须指出的是，在汉译日文图书的翻译出版的初期，日本的学者与机构起到了极为重要的推动作用。

分析近代以来引进的汉译日文图书书目，我们可以发现，虽然在不同历史时期，引进的广度及力度各有偏差，但在总体上，对日本学术界的不同时期的主要作者以及主流作品都有引进。其领域不仅遍布哲学、政治、经济、社会、文学、艺术、教育等人文科学的各类学科，而且还涉及数理化、工程电子、生物医学、大气天文等自然科学的各类学科。

如果进一步分析近代以来汉译日文图书的这段历史，可以发现汉译日文图书的翻译出版，一方面受当时社会政治、经济及军事因素的影响而上下波动；但另一方面，即便在中日关系最为"冰冷"的时期，如 1937—1945 年的抗日战争时期以及 1949—1972 年间中日关系非正常化时期，两国之间仍然存在图书翻译出版这样的文化交流。

不过，就近代以来的中日两国图书翻译出版的态势而言，汉译日文图书的出版数量远远超过日译中文图书的出版。这一趋势在新世纪（2000—2011）依然如此。

二　现状

进入 21 世纪后，就中日两国间的图书翻译出版而言，这既是一个"最好"的时代，也是一个"最坏"的时代。

说"最好的时代"，是指这一时期两国间文化交往之频繁，尤其是汉译日文图书数量之多是史无前例的。在图书出版领域，2000—2011 年间中国大陆共翻译出版日文图书约 9600 种。其中，2000 年，引进日本图书版权为 680 种，而到 2011 年已经增加到 1905 种。然而，日文图书版权引进数量的增加，却并不意味日本文化影响力的增加。因为书目显示，在汉译日文图书中排名前 5 位的分别是文学（2412 种），艺术（包括漫画，1183 种），文化教育（864 种），健康（773 种），语言（727 种）。从排名上看，文学、漫画等领域图书翻译出版数量的不断增加与社会科学、自然科学领域图书翻译出版数量的日益减少不协调。这种社会科学、自然科学领域图书的翻译出版的缺失，正是文化传递功能弱化的一种表现，尤其是社科类图书翻译出版的缺失已成为中国民众对日本文化不断疏远的一个重要原因。

说"最坏的时代"，是指两国间的政治对立，尤其是民众间的相互敌视也是前所

---

① 谭汝谦：《中国译日本书综合目录》，香港中文大学出版社，1980，第 63 页。

未有的。根据日本"言论 NPO"与《中国日报》合作的最新民调结果显示，在 2014
年，对日本持负面态度的中国人比例为 86.8%，同时对中国"印象不好"的日本
人比例高达 93%。之所以如此，可以说是中日两国间领土纠纷、历史教科书、战争
赔偿等问题迭出，使得国家间及民众间的关系正逐渐变得情绪化。这样一种情绪表
现在图书翻译出版领域，就是两国国民彼此之间的选择性阅读，导致图书的社会影
响力下降。在汉译日文图书方面，一个典型的数据是在 21 世纪前十年，汉译日文图
书的种类每年递增，但每种图书的印数却递减。虽说这样的问题应该是传统图书出
版业的"新世纪通病"，但是，汉译日文图书的印数递减之快，却是那样出乎人们的
意料。

在此，以我目前所从事的"阅读日本书系"为例。这是一个以介绍当代日本文化
与社会、促进中日两国民间理解为己任的图书翻译出版项目，是由社会科学文献出版
社与日本笹川和平财团发起，联合三联书店、北京大学出版社、世界知识出版社、南
京大学出版社、新星出版社等共同实施的民间文化交流项目。书系遵循以下选书原则：
①全新——所推荐图书为日本 20 世纪 90 年代以后出版的作品；②全面——须是对当代
日本政治、经济、思想、文化、军事、法律等领域的全面介绍；③权威——以作者知
名度、著作影响力及可读性为主要推选标准；④亲和——推荐的图书应适合中国读者
的阅读倾向。项目从 2009 年启动至今，已经翻译出版 70 余种日文图书。然而，一个不
争的事实是，2009 年，"书系"图书的初版印数都在 4000 册以上；而到了 2014 年，图
书的初版印数都已降至 2000 册。

从读者的因素考虑，这其中固然有中日两国间领土纠纷、历史教科书、战争赔偿
等政治因素的影响，但也是因为随着报纸、电视、网络等媒体工具推动信息快速传播，
社会舆论环境和媒介生态都发生了巨大变化。只要人们愿意，每天都可以通过报纸、
电视、网络等媒体来阅读发自日本的现场报道。于是，为了求"快"求"新"，在阅
读媒体的选择方面，国内的读者就更多地选择报纸、电视及网络，而不是具有真正文
化沉淀的图书。

这种一事一议式的"快餐化"阅读，无法帮助国民去真正理解日本社会与文化。
因为在"快餐化"阅读的背景下，"群体只知道简单而极端的感情，提供给他们的各种
意见、想法和信念，他们或者全盘接受，或者一概拒绝，将其视为绝对真理或绝对谬
误"。[①] 由此而引致汉译日文图书的相关社会影响力不断下滑。

其实，对于图书的社会影响力的下滑，我们的日本同行、岩波书店的马场公彦在
其《战后日本人的中国观》一书中，也有相同的认识："20 世纪 90 年代以后，即 1989
年政治风波、海湾战争以后，日中民间交流有了质和量的飞跃，加之网络等通信手段
的普及，使包括政治、经济在内的各领域的相互交流范围不断扩大，特别是围绕历史
认识问题的日中关系并非取决于领导层的对外政策，而是由掺杂着国家利益和民族主
义的两国国民感情来决定的。甚至给人们一种印象，即领导层似乎是根据国民舆论的
动向来制定政策的。对华舆论的阵地也由从前的报纸杂志、书籍这样的文字信息开始

---

① 〔法〕古斯塔夫·勒庞：《乌合之众》，广西师范大学出版社，2010，第 69 页。

向以电视、图片为中心的影像倾斜。媒体的比重不断发生变化。这种形式上的转变使日本人对中国的是非曲折判断不再那么理性，日本人对中国的好感开始随感情而变。"①这段话虽然说的是当今的日本与日本人，但是，如果将对象换成当代的中国与中国人也同样适用。

尽管图书的社会影响力正在下滑，然而，作为一个出版人，我还是认为，与那些几乎每日可见的电视、新闻以及网络上的"快餐化"的日本报道与解说相比，只有对那些文化的、民族的、有代表性的日本图书作品的翻译，才是人们了解日本文化和社会最真实的途径。也只有那些文化的、民族的、有代表性的日本图书作品，才能真正凝结日本文化和民族思想的代表人物最为深刻的思考。

同时，作为出版人，我还坚信，在将日本的图书译介给国内读者时，不应该只是为了证明某种理念或者为某种理念辩护，而是应该通过"日本作家笔下当代日本的解读，去解悟反省历史，以开放的心态寻求两国国民在历史、文化以及情感方面的跨时空对话和理解"。也就是说，通过译本的选择，解读真实的日本，进而构建起两国国民之间的对话和理解之桥。

三　期望

中国著名史学家陈垣先生曾经说过："目录学就是历史书籍介绍，它使我们大概知道有什么书，也就是使我们知道究竟都有什么文化遗产，看看祖遗的历史著作仓库里有什么存货，要调查研究一下……目录学就好象一个帐本，打开帐本，前人留给我们的历史著作概况，可以了然。古人都有什么研究成果，要先摸摸底，到深入钻研时，才能有门径。"②

因此，我们首先期望通过本书目的编排与出版，让研究者可以利用这些书目所勾画出的近代以来的汉译日文图书的总体构造，根据不同时期不同作家、作品的流入实态，通过建模、描述、分析等技术手段，利用这些书目所构成的学术版图，就近代以来的日文图书在中国的传播途径及社会影响展开整体性研究。

戴季陶在《日本论》中写道："'中国'这个题目，日本人也不晓得放在解剖台上，解剖了几千百次，装在试验管里化验了几千百次。我们中国人却只是一味的排斥反对，再不肯做研究工夫，几乎连日本字都不愿意看，日本话都不愿意听，日本人都不愿意见。"③长期以来，国人深受此说的影响，从而认为中国对日本的了解，远不如日本对中国的了解。然而，就我们目前搜到的中日两国间翻译图书的数量而言，本书目中所收集的汉译日文图书书目达 25000 多种，而日本对翻译引进的中文图书还不到8000 种。也就是说，至少在图书翻译领域，国人所做的工作远远超过日方。

因此，我们也期望通过本书目的编排与出版，比较完整地描绘出汉译日文图书的历史及整体形象，为我们翻译出版界的前辈在过去为解读日本所做的努力正名，进而能够比较全面地对汉译日文图书的社会影响与作用做出评价。

既然我们所翻译的日文图书，无论在种类还是在数量上都远远超过日本所译汉书，

---

①　〔日〕马场公彦：《战后日本人的中国观》，社会科学文献出版社，2014，第 7 页。

②　陈垣：《与毕业同学谈谈我的一些读书经验》，《中国青年》，1961 年第 16 期。

③　戴季陶、蒋百里：《日本阴谋七十年 日本论与日本人》，北京理工大学出版社，2013，第 1 页。

那么，为什么那么多年来国人还会有中国对日本的了解不如日本对中国的了解的观念呢？

因此，我们还期望通过本书目的编排与出版，帮助人们通过对汉译日文图书出版历史的整体审视，整理出过去曾经从日本引进了哪些图书，现在又正在从日本引进哪些图书，进而结合目前中日图书出版交流中所存在的问题，反思国家对日图书版权引进的相关政策，对引进图书的结构加以调整，为今后日本图书的引进明确方向。

图书的翻译出版作为一种文化现象，既是文化信息由译者向读者传递的过程，也是文化内容协商与认同的过程。如果说"为什么翻译这个作者的书而不是那个作者的书""为什么翻译这个作者的这本书而不是这个作者的那本书"等是旨意转达、传递的过程的话，那么，"为什么这个作者的书会畅销""为什么这个作者的思想与观念会得到认可"等就表现为对这一过程的认同。

从文化的社会意义来说，日文图书的翻译出版，是一个比较全方位地解读日本的窗口。进入新世纪以来，中日关系可以说是几经波折。从20世纪90年代以来就已经延续多年的"政冷经热"的格局，在安倍第二次上台后，不仅没有得到任何改观，反而越发严峻。在此背景下，如何全面、客观、辩证地认知当代日本社会，翻译图书的选择与传递显得就格外重要。

无论如何，我作为一个作者，总是对自己的作品寄予很多的期望，然而，这部近代以来汉译日文图书的书目汇编如果能够对读者、研究者哪怕有一点点帮助，我就感到不胜荣幸了。本书一定存在一些疏漏，在此也敬请读者、研究者多多指正。

田雁

2015 年 4 月 16 日

于南京大学费彝民楼

凡 例

一 收录范围

1. 本书目所选录的汉译图书书目均由日文图书翻译而来，其中包括日本人原著或经由日本人翻译成日文的他国原著后再转译的汉译图书。

2. 本书目所选录的起始时间为 1719 年，即现在国内图书馆所藏最早的汉译图书的出版时间，而截至时间为 2011 年。

3. 本书目所采用的原始资料，在 1719—1949 年卷，主要由《中国译日本书综合目录》《近代汉译西学书目提要》《民国时期总书目》《全国翻译图书总书目》综合而来；1949—2000 年卷，主要由《全国总书目》（1949—2000 年）、《全国内部发行总书目：1949—1986》收集综合而来；2001—2006 年卷和 2007—2011 年卷，则由《全国总书目》（2001—2011 年）收集综合而来。

二 收录原则

1. 本书目收录原则为，对同一作者，译者不同、出版社不同，或同一作者，译者不同、出版社相同均予以独立条目收录。

2. 本书目采用编年体例，即按年度来编排书目，同一年度内的书目则以拼音排序。对书中标记为清末或光绪年间、宣统年间的出版物，一律归类于 1911 年前出版，排序于 1911 年之内。对书中标记为 1945 年前的出版物，则排序于 1945 年之内。而对于出版年份缺失者则统一放置于全书最后。

3. 有部分图书版权页上的出版年月会早于例编的图书出版编年，这可能是因为申请书号是一个年份，而图书的正式出版又是一个年份。在此，本书目仍按《全国总书目》所收录的年份进行编排。

4. 鉴于《全国总书目》电子版 2008、2009 年未收录书目的书号，且自 2009 年起，《全国总书目》电子版不再收录译者名，在此，本书目也遵从《全国总书目》不再另行收录。

三 书目内容

1. 流水号。由编者统一编排，以便检索与统计。

2. 书名。包括书名、副书名等。

3. 作者名。日文书为原作者名，而外文书则包括原作者名以及日本翻译者名。

4. 译者名。包括日本译者及中国译者。

5. 出版信息。包括出版地、出版社、版次、印刷方法、插图、册数等。

6. 内容提要。

7. 书号。

四 附录

1. 书名索引。

2. 著译者索引。

目　录

1719

0001 太平记演义（五卷三十回）
〔日〕（长崎隐士）冈岛援之编集 京都 松柏堂 1719 年

1777

0002 阿姑麻传
〔日〕无量轩编 江户 大阪屋喜右卫门 1777 年

1789

0003 唐土历代州郡沿革地图
〔日〕长久保赤水著 学部编辑局 1789 年刻本 1896 年重刊

1802

0004 唐土名胜图会（六卷）
〔日〕冈田玉山编 日本刻本 1802 年

1804

0005 日本名山图会（一卷）
〔日〕谷文晁绘 日本刻本 1804 年

1810

0006 大日本史（二百四十三卷）
〔日〕源光国著 日本刻本 1810 年，1851 年 三十册

1818

0007 日本历史略（四卷）
〔日〕巨势彦仙著 皇都书林 菱屋孙兵卫刻 1818 年

1838

0008 海防臆测（二卷）
〔日〕古贺侗庵著 书成于 1838 年，出版年不详

0009 邻交征书（初篇、二篇、三篇）
〔日〕伊藤松贞一辑 日本 学本堂刻本 1838

年初篇 二册 1840 年二、三篇

1846

0010 言志后录
〔日〕佐藤拾藏著 〔日〕一斋居士（佐藤坦）录 大阪心斋桥通北久太郎町 1846 年

1848

0011 日本外史（二十二卷）
〔日〕赖襄著 日本刻本 1848 年，1875 年十四册；上海刊本（钱子琴评） 1879 年；赖氏刻本 1894 年

0012 清二京十八省疆域全图
〔日〕东条耕绘制 1848 年刻本

1851

0013 物理学初步（二卷）
〔日〕后藤牧泰著 张云阁译 〔日〕山根虎之助修订 王振垚校 直隶学务处 1851 年

0014 新编理化示教
〔日〕后藤牧泰、根岸福弥著 陈建生译 〔日〕安藤寅雄校 王延纶修 直隶学务处 1851 年

1859

0015 隔靴论（一卷）
〔日〕盐谷世宏著 日本印本 1859 年

1867

0016 日本全史（二十二卷）
〔日〕高谷赖夫著 日本教育世界社 日本明治年间（1867—1912）

0017 格物入门（七卷）
〔英〕丁韪良著 〔日〕本山渐吉训点 京师同文馆 1868 年初刻 明亲馆翻刻

1873

0018 米利坚志（四卷）
〔美〕格坚勃斯著 〔日〕冈千仞、河野通之编译 光启社博闻社 1873 年，1896 年 二册；

新辑各国政治艺学全书本

1874

0019　日本地志提要（八卷）
〔日〕三好纪德等纂　日本　1874 年

1875

0020　皇朝史略（正编十二卷，续编五卷）
〔日〕青山延于著　日本　文敬堂、文渊堂
1875 年

0021　牧羊指引（一卷）
日本下总种畜场原书　〔日〕后藤达三编译
罗振玉润色　上海　江南总农会石印　1875 年
刊本

0022　量法代算
〔日〕则梅山房著　贾步纬译　上海　制造局
1875 年

1876

0023　万国公法蠡管（七卷）
〔美〕惠顿著　〔日〕高谷龙洲注　日本刻本
1876 年

1877

0024　国史略（七卷）
〔日〕石村贞一著　游瀛主人译　东京　东生
龟治郎　1877 年　时学庐石印　1899 年，1901
年　七册，改名《日本新史揽要》又名《东洋
新史揽要》

0025　元明清史略（五卷）
〔日〕平村贞一编　日本刻本　1877 年

0026　支那最近史（六卷）（一名　清史揽要）
〔日〕增田贡编　日本刻本　1877 年　四册

1878

0027　法兰西志（六卷）
〔法〕猷里著　〔日〕高桥二郎选译　〔日〕
冈千仞删定　露月楼刻本　1878 年，1896 年
（西史汇函本）

0028　栈云峡两日记（二卷）
〔日〕竹添光鸿著　东京　奎文堂　1878 年

1879

0029　万国史记（二十卷）
〔日〕冈本监辅著　日本刻本　1879 年　申报馆
1879 年　十册；上海　六先书局　1897 年

1880

0030　满清史略（二卷）
〔日〕增田贡撰　东京　刻本　1880 年

0031　眼科书
舒高第译　赵元益笔述　上海　江南制造局
1880 年

1881

0032　续编皇朝史略（五卷）
〔日〕石村贞一纂辑　文敬堂刻本　1881 年

0033　艳华文丛
〔日〕楳木宽则编　1881 年

1882

0034　清国地志（三卷）
〔日〕岸田吟香编　东京　乐善堂刻本　1882 年

0035　增补日本外史（二十二卷）
〔日〕赖襄撰　〔日〕赖又二郎增补　日本
1882 年　十二册　有地图

0036　乐书要录（三卷）
〔日〕吉备真备辑　沪上黄润生木活字刻本
1882 年　一册

1883

0037　八史经籍志
〔日〕（编者不详）　镇海张寿荣重刊　1883 年

0038　东国通鉴（五十六卷　外纪一卷）
〔高丽〕徐居正等著　日本　松柏堂重刻本
1883 年

**0039　琉球地理小志（一名　琉球小志、琉球
地理志）**
〔日〕中根淑等撰　姚文栋译　石印本　1883 年

0040　支那史教科书
日本富山房编辑　唐秋渠译　上海　东亚译书

会 1883 年 5 月初版 32 开，2 册 152 页 环筒
页装

1884

0041 大越史记全书（二十四卷）
〔安南〕吴士连等编 〔日〕引田利章校点 日
本 埴山堂刻本 1884 年

0042 坤舆方图（一幅）
〔日〕木村信卿绘 石印本 1884 年

0043 万国通典（十二卷）
〔日〕冈本监辅著 〔日〕三宅宪章校
1884 年

1886

0044 观光记游（一卷）
〔日〕冈千仞著 小方壶斋 1886 年排印本

1889

0045 欧美各国政教日记
〔日〕井上圆了著 林廷玉译 上海 新民译印
书局 1889 年

0046 清国海军近况一斑
日本海军参谋部著 日本印本 1889 年

0047 增补日本外史（二十二卷）
〔日〕赖襄撰 〔日〕赖又二郎增补 钱怿译
上海 读史堂翻刻 1889 年

1890

0048 省身浅说
〔美〕惠亨利著 福州 福州圣教书局 1890 年
初版，1905 年再版

0049 （重订）法国志略（二十四卷）
〔日〕冈千仞、冈本监辅著 王韬译 1890 年

1891

0050 帝国会玉篇
〔日〕森昌作编辑 东京 松荣堂、三松堂
1891 年 一册

0051 支那通史（四卷 附地球沿革图）
〔日〕那珂通世编 东京 中央堂刻本 1891 年

1892

0052 儿科撮要（二卷）
〔日〕尹端模译 广州 博济医局 1892 年

0053 山羊全书（八章）
〔日〕内藤菊造著 罗振玉编润 北京 北洋官
书局石印 1892 年 一册 （农学丛书初集）

0054 总译亚细亚言语集（支那官话部）
〔日〕广部精撰 东京 青山清吉刻本 1892 年

1893

0055 蜜蜂饲养法
〔日〕花房柳条著 〔日〕藤田丰八译 王季烈
重译 北京 北洋官书局 1893 年

1894

0056 日本史略（一卷 附日本师船考一卷）
〔日〕冈本监辅编 沈敦和译 1894 年

1895

0057 帝国主义（一卷）
〔日〕浮田和民著 出洋学生编辑所译 （出版
者不详） 1895 年初版

0058 东语入门（二卷）
陈天麟辑译 海盐 陈天麟石印 1895 年

0059 万国史记（十四卷）
〔日〕冈本监辅著 〔日〕中村正直选编 上海
读有用书斋 1895 年

0060 万国通商史
〔英〕琐米尔士著 日本经济杂志社译 〔日〕
古城贞吉重译 孟森校订 上海 南洋公学译
书院 1895 年

0061 新案万国地图（附教科摘要一卷）
〔日〕吉仓次郎编辑 三松堂 1895 年初版，
1900 年增订 12 版 一册

1896

0062 翻译米利坚志（四卷）
〔日〕冈千仞、河野通之编 湖南 新学书局
1896 年

0063 世界宗教史
〔日〕加藤玄智编著 铁铮译 上海 商务印书馆 1896 年

0064 万国全地图
〔日〕渡边忠久编辑 东京 协诚堂 1896 年

0065 文学兴国策（二卷）
〔日〕森有礼辑 〔美〕林乐知译 任廷旭笔述 上海 广学会 1896 年

0066 战法学（二卷）
〔日〕石井忠利著 王治本译 北京 日本使署刻本 1896 年 质学会 1897 年 一册 （军事丛书初集）；东京 善邻译书馆

0067 支那疆域沿革图附略说（一卷）
〔日〕重野安绎等编 东京 富山房 1896 年

0068 中等教育克依冀氏最新平三角法教科书
〔日〕上野清编纂 上海 科学书局 1896 年 11 月初版 有图 大 32 开，209 页

0069 中东战纪本末（八卷 卷首一卷 卷末一卷 续编四卷 三编四卷）
〔美〕林乐知辑著 蔡尔康述 上海 广学会 1896 年初编八卷 十五册 1900 年三编四卷 十七册；上海 图书集成局石印本

1897

0070 步队操法摘要（一卷）
北洋武备学堂译 浙江书局 1897 年

0071 大日本农会章程
〔日〕古城贞吉译 上海 农学会石印 1897 年

0072 俄土战纪（六卷 附录一卷）
日本人原著 汤叡译 上海 大同译书局石印 1897 年

0073 罗马史（二卷）
〔日〕占部百太郎著 陈时夏译 上海 商务印书馆 1897 年，1903 年

0074 日本维新三十年史（十二编 附录一卷）
日本东京博文馆编辑 罗孝高译 上海 广智书局 1897 年印本 1902 年六册

0075 战法学
〔日〕石井忠利著 武昌 质学会 1897 年

0076 植楮法（一卷）
〔日〕初濑川健增著 上海 农学会石印 1897 年 一册 （农学丛书初集）

0077 植三桠树法（一卷）
〔日〕梅原宽重著 上海 农学会石印 1897 年 一册 （农学丛书初集）

0078 植雁皮法（一卷）
〔日〕初濑川健增著 上海 农学会石印 1897 年 一册 （农学丛书初集）

0079 中国工商业考
〔日〕绪方南溟著 〔日〕古城贞吉译 上海 时务报馆石印 1897 年

0080 种拉美草法（一卷）
〔日〕古城贞吉译 上海 农学会石印 1897 年

0081 种印度粟法（一卷）
直隶臬署译 罗振玉润色及排类 上海 农学会 1897 年 一册 （农学丛书）；江南总农会石印 清光绪年间 一册 （农学丛书初集）

1898

0082 大东合邦新义
〔日〕森本藤吉著 陈霞骞（高第）校 上海 大同译书局石印 1898 年

0083 东亚同文会章程（一卷）
日本东亚同文会编 日本印本 1898 年

0084 （改订）近世化学教科书
〔日〕大幸勇吉著 王季烈译编 上海 商务印书馆 1898 年 10 月初版 有图 大 32 开

0085 开辟美洲阁龙航海家独列几合传（一卷）
〔日〕桥本海关译 日本印本 1898 年

0086 美国纽约京城风土记（一卷）
〔日〕大桥铁太郎译 日本 1898 年

0087 女学校胎教新法
〔日〕盐路嘉一郎译 东亚书局 1898 年

0088 清日战争实记（十五卷）
日本人原著 〔日〕桥本海关译 东京 1898 年

0089　日本军政要略（三卷）
日本陆军经理学校编　〔日〕稻村新六校订
〔日〕细田谦藏译　上海　南洋公学　1898 年

0090　日本龙马侠士传（二卷）
〔日〕愚山真轶郎著　日本　东亚书局　1898 年

0091　日本陆军大学校论略（一卷）
〔日〕东条英教口述　〔日〕川岛浪速译　张浍
查双绥点定　浙江官书局木刻　1898 年

0092　日本现实教育
〔日〕吉村寅太郎著　罗振常译　1898 年　一册

0093　日本学校章程三种
日本文部省编　〔日〕古城贞吉译　上海　时
务报馆　1898 年

0094　速成师范讲义丛书
日本人原著　（译者不详）　上海　广智书局
1898 年

0095　（新撰）东西年表（一卷）
〔日〕井上赖国、大槻如电合著　1898 年，1901
年　群书宝窟小字本

0096　蕈种栽培法（一卷）
〔日〕本间小左卫门著　林壬译　天津　北洋官
报局石印　1898 年

0097　演算法天生法指南（五卷　定则一卷）
〔日〕会田安明著　上海　算学书局　1898 年

0098　燕山楚水纪游（二卷）
〔日〕山本宽撰　大阪　上野松龙所　1898 年

0099　英丁前后海战记
〔美〕贤独滑独希兹配痕著　〔日〕安住宗俊译
东亚书局　1898 年

0100　英人强卖鸦片记（八卷）
日本人著　汤叡译　上海　大同译书局石印
1898 年

0101　（增订新撰）年表（一卷）
〔日〕野田文之助著　东京　松山堂书店
1898 年

0102　战法学
〔日〕石井忠利著　王治本译　东京　善邻译书
馆　1898 年

0103　支那史
（著者不详）　陈文译　上海　广智书局　1898 年

1899

0104　大日本维新史（二卷）
〔日〕重野安绎编　东京　善邻译书馆　1899 年

0105　东乡平八郎评传
〔日〕井上哲次郎著　毕祖成译述　上海　昌明
公司　1899 年

0106　东洋史要
〔日〕桑原骘藏著　樊炳清译　东文学社石印
1899 年初版，1903 年再版　1903 年四卷本　四
册；清末民初印本　二册；清活字本　二册

0107　断肠记（一卷）
〔日〕胜安芳著　胡祥荣译　元和胡氏订　元和
胡氏渐学庐石印　1899 年

0108　国家学
〔德〕伯仑知理著　〔日〕吾妻兵治译　东京
善邻译书馆　1899 年　线装

0109　日本东京大学规制考略
日本东京大学编　北京　京师大学堂　1899 年

0110　日本警察新法
日本政府编　〔日〕小幡严太郎译　东京　善
邻译书馆　1899 年

0111　日本军事教育编
钱恂译　江宁　江楚书局　1899 年

0112　日本新史揽要
〔日〕石村贞一著　游瀛主人译　1899 年

0113　日东军政要略（三卷）
〔日〕细田谦藏著　〔日〕稻村新六校　东京
1899 年

0114　外交余势（一卷）
〔日〕胜安芳著　胡祥荣辑　元和胡氏石印
1899 年

0115　（增补）东洋史要
〔日〕桑原骘藏编著　屠长春、樊炳清译　文学
图书公司　1899 年

0116 真教宗旨（一卷）

〔日〕小栗宪一著　日本　京都佛藏馆　1899年

0117 支那通史（四卷　续支那通史二卷　增补支那通史十卷）

〔日〕那珂通世编　〔日〕山峰畯藏续　〔日〕狩野良知增订　上海　东文学社石印　1899年

0118 中等东洋历史地图

〔日〕桑原骘藏编　舆地学会译　武昌　舆地学会　1899年

1900

0119 采虫指南（一卷）

〔日〕曲直濑爱著　沈纮译　上海　江南总农会石印　1900年

0120 草木干腊法（一卷）

〔日〕伊藤圭介著　林壬译　上海　江南总农会石印　1900年

0121 茶事试验报告（第二册）（一卷）

日本农商务省农务局本　〔日〕藤田丰八译　江南总农会　1900年

0122 茶事试验报告（第一册）（一卷）

日本农商务省农务局本　樊炳清译　上海　江南总农会石印　1900年

0123 东洋小史（附图）

〔日〕下村三四吉编著　东京　目黑山房、成美堂合梓　1900年

0124 耕土试验成绩（一卷）

日本农事试验场编　沈纮译　上海　江南总农会　1900年

0125 化学原质新表

杜亚泉译　上海　亚泉杂志本　1900—1901年

0126 简易缫丝法（一卷）

日本岛根县农商课编　〔日〕井原鹤太郎译　上海　江南总农会　1900年

0127 接木法（一卷）

〔日〕竹泽章著　罗振常译　上海　江南总农会石印　1900年

0128 金松树栽培法（一卷）

〔日〕加贺美著　林壬译　上海　江南总农会石印　1900年

0129 昆虫标品制作法（一卷）

〔日〕鸟羽源藏著　上海　江南总农会石印　1900年

0130 落叶松栽培法（一卷）

〔日〕高见泽薰著　林壬译　上海　江南总农会石印　1900年

0131 满洲的地理学

〔日〕藤山一雄著　长春　满洲帝国教育会　1900年5月初版　有图　32开，106页

0132 螟虫驱除法（一卷）

〔日〕小林传四郎著　徐继祖译　上海　江南总农会石印　1900年

0133 牧草图说（一卷）

日本农务局编　周家树译　上海　江南总农会石印　1900年

0134 牛乳新书（二卷）

〔日〕河相大三述　沈纮译　上海　江南总农会石印　1900年

0135 农产制造学（二卷）

〔日〕楠岩著　沈纮译　上海　江南总农会1900年　清末　二册　（农学丛书）

0136 农事会要（一卷）

〔日〕池田日升三著　王国维译　上海　江南总农会石印　1900年

0137 农用种子学（二卷）

〔日〕横井时敬著　〔日〕河濑仪太郎译　江南总农会石印　1900年

0138 欧罗巴通史（四卷）

〔日〕箕作元八、峰岸米造合编　胡景伊、徐有成、唐人杰译　上海　东亚译书会　1900年，1903年

0139 葡萄新书（二卷）

〔日〕中城恒三郎著　林壬译　天津　北洋官报局石印　1900年　一册　有图表　（农学丛书二集）

0140 普通体操摘要（一卷）

日本师范学校原本　王肇鋐译　武备学堂1900年　一册　（湖北武学）

0141　蔷薇栽培法（二卷）
〔日〕安井真八郎著　林壬译　上海　江南总农会石印 1900 年

0142　清国北东地图
〔日〕后藤常太郎编　〔日〕中田精一石印 1900 年

0143　秋蚕秘书（一卷）
〔日〕竹内茂演述　〔日〕远藤虎雄笔记　上海 江南总农会石印　1900 年

0144　日本山林会章程摘要（一卷）
林壬译　上海　江南总农会石印　1900 年

0145　日本水产会章程（一卷）
沈纮译　上海　江南总农会石印　1900 年

0146　森林学（一卷）
〔日〕奥田贞卫著　樊炳清译　上海　江南总农会石印　1900 年

0147　生丝茧种审查法
〔日〕高桥信贞述　沈纮译　上海　江南总农会石印　1900 年

0148　食物标准及食物各货化分表
〔日〕近藤会次郎、田中礼助合编　亚泉学馆译 上海　亚泉杂志社　1900—1901 年

0149　试验蚕病成绩报（一卷）
日本农商务省编　〔日〕藤田丰八译　上海 江南总农会石印　1900 年　（蚕学馆蚕学丛刊 初集）

0150　台湾人工孵化鸭卵法（一卷）
〔日〕木村利建著　萨端译　上海　江南总农会石印　1900 年

0151　田圃害虫新说（一卷）
〔日〕服部彻编　〔日〕井原鹤太郎译　上海 江南总农会石印　1900 年

0152　物埋学（三编）
〔日〕饭盛挺造著　〔日〕藤田丰八译　王季烈 重译　上海　江南制造局　1900 年

0153　物理学
〔日〕饭盛挺造著　〔日〕藤田丰八译　王季烈 重译　上海　上海书局　1900 年

0154　物理学（上编）（四卷）
〔日〕饭盛挺造编纂　〔日〕丹波敬三、柴田承 桂校补　〔日〕藤田丰八译　王季烈润辞　上 海　制造局刻本　1900 年　上海书局石印 1900（清光绪二十六）年　一册；（出版者不 详）　石印本　六册；石印大字本

0155　心算教授法
〔日〕金泽长吉著　董瑞椿口述、朱念椿笔译 上海　商务印书馆　1900 年 10 月初版　大 32 开，98 页　环筒页装

0156　心算教授法
〔日〕金泽长吉著　董瑞椿口述、朱念椿笔译 上海　南洋公学　1900 年　大 32 开，98 页　环 筒页装

0157　新编东亚三国地志
〔日〕辻武雄编　东京　普及社　1900 年

0158　扬子江图
〔日〕水路部制　日本　1900—1902 年

0159　养鱼人工孵化术（一卷）
〔日〕金田归逸著　刘大猷译　上海　江南总农 会石印　1900 年　清末　一册

0160　应用机械学
〔日〕重见道之著　范迪吉等译　上海　会文学 社　1900 年

0161　植物选种新说（一卷）
〔日〕梅原宽重著　上海　江南总农会石印 1900 年

1901

0162　波兰衰亡史
〔日〕涩江保著　蒋蛰龙译　东京　译书汇编社 1901 年

0163　步兵操典（二卷）
日本陆军省原本　孟森译　上海　南洋公学译 书院　1901 年，1904 年 3 版

0164　成城学校生徒心得（一卷）
高凤谦译　《教育世界》本　1901 年

0165　传种改良问答（一卷）
〔日〕森田峻太郎著　上海　商务印书馆刻本 1901 年，1902 年　一册

0166 大日本中兴先觉志 （二卷）
〔日〕冈本监辅编 开导社校订 开导社
1901 年

0167 地理学讲义 （一卷 附表）
〔日〕志贺重昂编 萨端译 上海 金粟斋
1901 年

0168 东西年表
〔日〕井上赖国、大槻如电编 小方壶斋
1901 年

0169 日本新史揽要
〔日〕石村贞一编著 游瀛主人译 时学庐
1901 年

0170 二十世纪之家庭 （一卷）
〔日〕古川花子著 〔日〕田谷九桥译 上海
教育世界社 1901 年

0171 法律学纲领 （一卷）
〔日〕户水宽人著 巅涯生译 东京 译书汇编
社 1901 年

0172 教授学 （一卷）
〔日〕汤本武比古著 上海 教育世界社
1901 年

0173 教育丛书初集
〔日〕原亮三郎等著 沈纮等译 上海 教育世
界社 1901 年

0174 斐利迭礼玺大王农政要略
〔德〕师他代尔曼著 〔日〕和田熊四郎原译
樊炳清重译 上海 江南总农会 1901 年

0175 费尔巴尔图派之教育 （三卷）
〔美〕查勒士德曷尔毛著 〔日〕中岛端译 上
海 教育世界社 1901 年

0176 高等女学校令施行规则 （一卷）
日本明治三十四年三月文部省令原本 沈纮译
《教育世界》本 1901 年

0177 各国国民公私权考
〔日〕井上馨著 章宗祥译 东京 译书汇编社
1901 年

0178 国家学原理
〔日〕高田早苗著 稽镜译 东京 译书汇编发
行所 1901 年

0179 果树栽培全书 （三卷）
〔日〕福羽逸人著 沈纮译 江南总农会石印
1901 年

0180 和文汉译读本 （卷 4）
〔日〕坪内雄藏编 沙颂露、张肇熊合译 上海
商务印书馆 1901 年

0181 佳人之奇遇
〔日〕（东海散士）柴四郎著 梁启超译 上海
商务印书馆 1901 年

0182 教育探源 （一卷）
〔日〕冈本监辅著 《教育世界》本 1901 年

0183 教育学
〔日〕立花铣三郎讲述 王国维译 上海 教育
世界社 1901 年

0184 教育应用心理学 （一卷）
〔日〕林吾一著 樊炳清译 上海 教育世界出
版所石印 1901 年

0185 近世博物教科书 （一卷 附录一卷）
〔日〕藤井健次郎编纂 〔日〕松村任三校 樊
炳清译 上海 教育世界社 1901 年，1903 年
一册 （科学丛书本）

0186 累卵东洋
〔日〕大桥又太郎（乙羽）著 〔日〕大房元
太郎译 愚公订 东京 译者印行 1901 年

0187 男女婚姻卫生学 （一名 少年男女须知）
〔日〕松平安子著 诱民子译 香港 香港永利
源 1901 年初版，1909 年 8 版

0188 南清贸易
〔日〕小山松寿著 东京 闽学会 1901 年

0189 内外教育小史
〔日〕原亮三郎著 沈纮译 教育世界社
1901 年

0190 农业经济篇 （二卷）
〔日〕今关常次郎著 〔日〕吉田森太郎译 上
海 江南总农会石印 1901 年

0191 普通动物学
〔日〕五岛清太郎著 樊炳清译 上海 教育世
界社 1901 年，1903 年

0192 拳匪纪事（六卷）

〔日〕佐原笃介沤隐辑 上海印本 1901 年

0193 人造肥料品目效用及用法（一卷）

日本大阪硫曹公司编 林壬译 上海 江南总农会 1901 年

0194 日本地理志（一卷）

〔日〕中村五六编纂 〔日〕顿野广太郎修补 王国维译 上海 金粟斋 1901 年

0195 日本帝国宪法义解

〔日〕伊藤博文著 沈纮译 上海 金粟斋 1901 年

0196 日本各省官制规则二十八条

樊炳清译 《教育世界》本 1901 年

0197 日本关小学校教员检定等规则三十三条

高凤谦译 《教育世界》本 1901 年

0198 日本皇室典范义解（一卷）

〔日〕伊藤博文等义解 沈纮译 上海 金粟斋 1901 年

0199 日本历史（五卷）

〔日〕萩野由之著 刘大猷译 上海 教育世界社石印 1901 年

0200 日本教育家福泽谕吉传（一卷）

〔日〕奥村信太郎编 汪有龄译 上海 教育世界社 1901 年 （教育丛书初集）

0201 日本陆军军制提要

王鸿年编译 东京 京桥区王惕齐 1901 年

0202 日本农学家伊达邦成传（一卷）

〔日〕柳井录太郎著 沈纮译 上海 江南总农会石印 1901 年

0203 日本农业书（二卷）

〔日〕森要太郎著 樊炳清译 上海 江南总农会石印 1901 年

0204 日本维新英雄儿女奇遇记

〔日〕长田偶得著 逸人后裔译 上海 广智书局 1901 年

0205 日本新地图（附地理统计表及市街图）

〔日〕近藤坚三编 日本刊本 1901 年

0206 日语入门

〔日〕长谷川雄太郎著 广东同文馆编 东京善邻书院 1901 年

0207 师范学校简易科规则（一卷）

日本明治二十五年七月文部省令原本 陈毅译 《教育世界》本 1901 年

0208 师范学校学科及程度（一卷）

日本明治二十五年七月文部省令原本 陈毅译 《教育世界》本 1901 年

0209 师范学校卒业生服务规则（一卷）

日本明治二十五年七月文部省令原本 陈毅译 《教育世界》本 1901 年

0210 十九世纪教育史（一卷）

〔日〕熊谷五郎著 上海 教育世界社 1901 年

0211 实学指针——文华之光

〔日〕西师意著 训练总监部订 北京 河北译书局刻本 1901 年

0212 史眼十章

〔日〕西师意撰 李茂堂 1901 年

0213 蔬菜栽培法（一卷）

〔日〕福羽逸人著 林壬译 上海 江南总农会石印 1901 年

0214 算学桑日及教授法（二卷）

〔日〕藤泽利嘉太郎著 王国维译 上海 教育世界社 1901 年 一册；广州 广东教育出版社 2010 年

0215 泰东之休戚：日英同盟解

〔日〕西师意著 训练总监部译解 北京 华北译书局刻本 1901 年，1902 年

0216 泰西教育史（二卷）

〔日〕能势荣著 叶瀚译 上海 金粟斋 1901 年 1902 年 一册

0217 泰西事物通考新策大成

〔日〕森本藤吉译 王万怀编定 上海 点石斋 1901 年

0218 特用作物论（四卷）

〔日〕本田幸介述 罗振常译 上海 江南总农会石印 1901 年

0219　万国地志（三卷）
〔日〕矢津昌永著　樊炳清译　上海　教育世界社　1901 年

0220　万国新地图（附统计表一卷）
〔日〕岛田丰著　〔日〕岩永义晴校　日本　大仓书店　1901 年增订 4 版

0221　文部省官制十二条
樊炳清译　《教育世界》本　1901 年

0222　文部省外国留学生规程（一卷）
日本明治十四年三月勒令原本　沈纮译　《教育世界》本　1901 年

0223　西学探源
〔日〕冈本监辅著　上海　商务印书馆　1901 年

0224　西巡大事本末记（六卷）
〔日〕吉田良太郎编著　八楼主人笔述　上海　上海书局石印　1901 年

0225　西洋史要（四卷　图一卷）
〔日〕小川银次郎著　樊炳清、萨端译　上海金粟斋　1901 年初排，1903 年再版

0226　宪法论（一卷）
〔日〕逸见晋著　《普通学报》本　1901—1902 年

0227　小学校令
胡钧、樊炳清译　《教育世界》本　1901 年

0228　新编小学物理学（一卷）
〔日〕木村骏吉编　樊炳清译　上海　教育世界社　1901 年，1903 年

0229　（新译）列国岁计政要（上、中、下三编）（原名　万国统计要览）
日本人原著　傅运森译述　白作霖校补　上海海上译社　1901 年刻本，1902 年再版　十二册（出版者不详）

0230　新撰亚细亚洲大地志
〔日〕山上万次郎编　叶瀚译　上海　正记书局石印　1901 年　另有二卷本

0231　学校管理法（一卷）
〔日〕田中敬一著　周家树译　上海　教育世界社　1901 年

0232　学校卫生
〔日〕三岛通良著　汪有龄译　上海　教育世界社　1901 年

0233　扬子江流域现势论（八卷）
〔日〕林安繁著　汪国屏译　上海　广智书局　1901 年，1902 年

0234　造林学各论（二卷）
〔日〕本多静六著　林壬译　上海　江南总农会石印　1901 年

0235　政艺新书
马建忠译述　教育世界社　1901 年

0236　植物教科书（一卷）
〔日〕松村任三、斋田功太郎合著　樊炳清译　上海　教育世界社　1901 年

0237　制羃金法（二卷）
〔日〕桥本奇策著　王季点译　上海　江南制造局　1901 年

0238　（中等教育）日本历史（二卷）
〔日〕萩野由之著　刘大猷译　上海　教育世界社石印　1901 年

0239　中等日本文典译释（初篇）
〔日〕三土忠造著　（译者不详）　上海　教育改良会石印　1901 年

0240　中等植物教科书
〔日〕松村任三、斋田功太郎编　樊炳清译　上海　教育世界社　1901 年

0241　中日韩三国大地图一幅
〔日〕青木恒三郎制图　〔日〕原田藤一郎校　日本　青木嵩山堂　1901 年

0242　中学校学科及程度（一卷）
日本明治十九年六月文部省令原本　陈毅译　《教育世界》本　1901 年

0243　最近支那史（四卷）
〔日〕河野通之著　〔日〕石村贞一编　上海振东室学社　1901 年初版，1903 年再版，1904 年 3 版

0244　最新满洲图一幅（附交通解说）
〔日〕葛生修亮绘图　〔日〕伊东正基、小越平六等五人解说　黑龙江会铜版　1901 年

1902

0245　埃及近世史
〔日〕柴四郎著　出洋学生编译所译　上海　商务印书馆　1902 年初版

0246　埃及近世史
〔日〕柴四郎著　麦鼎华译　上海　广智书局　1902 年

0247　彼得大帝（一卷）
〔日〕佐藤信安编著　愈愚斋主译　上海　文明书局　1902 年

0248　博物学教科书（一卷）
〔日〕饭塚启植编　益智学社译　上海　益智学社石印　1902 年

0249　博物
张肇熊译补　上海　文明书局　1902 年

0250　步兵部队教练教科书
〔德〕阿屋土记著　日本户山学校编译　〔日〕稻村新六辑补　孟森译　上海　南洋公学　1902 年

0251　步兵部队战斗教练
〔日〕稻村新六著　日本户山学校编　孟森译刘世珩校　1902 年

0252　步兵斥候论
〔日〕稻村新六校订　王鸿年译　上海　南洋公学　1902 年

0253　步兵射击教范（四卷　附表一卷　图一卷）
日本陆军省原本　〔日〕山根虎之助译　上海　南洋公学　1902 年初版

0254　长城游记
〔日〕大鸟圭介著　黄守恒译　嘉定　日新书局　1902 年

0255　初等心理学
〔日〕广岛秀太郎著　田吴炤译　1902 年

0256　初等植物学教科书
〔日〕斋田功太郎、染谷德五郎著　上海文明书局译　上海　文明书局　1902 年

0257　大日本维新史
〔日〕重野安绎（成斋）编　上海　商务印书馆　1902 年

0258　大学义疏——温故知新
〔日〕西师意著　训练总监部订　北京　华北译书局　1902 年

0259　地球之过去及未来
〔日〕横山又次郎著　虞泰祺译　上海　上海开通译社　1902 年

0260　地球之过去及未来
〔日〕加藤弘之著　虞和钦、虞和寅译　上海　广智书局　1902 年

0261　地球之过去未来
〔日〕横山又次郎著　冯霈译　上海　广智书局　1902 年

0262　地球之过去未来
〔日〕横山又次郎著　秦毓鎏、杨我江译　上海　文明书局　1902 年，1914 年

0263　地质学简易教科书
〔日〕横山又次郎著　虞和钦、虞和寅译述　上海　广智书局　1902 年　32 开，68 页　环筒页装

0264　垤氏实践教育学
〔奥〕垤斯佛勒特力著　〔日〕藤代桢辅译　〔口〕中岛端重译　北京　人学堂译书局　1902 年

0265　东邦近世史（上卷）
〔日〕田中萃一郎编　上海　广智书局　1902 年

0266　东亚各港口岸志（一卷）
日本陆军参谋本部编　广智书局译　上海　广智书局　1902 年

0267　东亚将来大势论
〔日〕持地六三郎著　赵必振译　上海　广智书局　1902 年

0268　东亚三国地图一幅
〔日〕赤松范静绘　日本　东京市京桥区桶町十七　番地林荣翠印本　1902 年

0269　东洋史要（四卷）
〔日〕小川银次郎编著　屠长春译　上海　普通书室　1902 年　一册

0270　东洋史要
〔日〕小川银次郎编著　屠长春译　上海　商务印书馆　1902 年

0271　俄大彼得帝传
〔日〕山崎敬一郎著　张稷光译　上海　广智书局　1902 年

0272　俄大彼得帝传
〔日〕山崎敬一郎著　张稷光译　上海　江左书林　1902 年

0273　俄国蚕食亚洲史二篇
〔日〕佐藤弘、〔英〕克乐诗著　养浩斋主人辑译　上海　广智书局　1902 年

0274　二十世纪之怪物帝国主义（一卷）
〔日〕幸德秋水著　赵必振译　上海　广智书局　1902 年

0275　法兰西今世史（一卷）（一名　法兰西近世史）
〔日〕福本诚著　马君武译　上海　出洋学生编译所　1902 年

0276　法学通论（二卷）
〔日〕矾谷幸次郎著　王国维译　上海　金粟斋　1902 年

0277　法学通论（二卷）
〔日〕铃木喜三郎讲义　震生译　上海　广智书局　1902 年

0278　菲律宾独立战史
〔菲〕棒时著　〔日〕宫本平九郎、藤田季庄译　中国同是伤心人重译　上海　商务印书馆　1902 年

0279　菲律宾志士独立传
〔日〕崇昭本西著　吴超译　东京　译书汇编社　1902 年

0280　哥萨克东方侵略史（一卷）
日本人译　作新社重译　上海　作新社　1902 年

0281　各国国民公私权考（一卷）
〔日〕井上馨著　出洋学生编译所译　上海　商务印书馆　1902 年

0282　庚子传信录
〔日〕小山秉信著　东京　嵩云书社　1902 年

0283　光绪帝
〔日〕大久平治郎著　东京　横山会社　1902 年

0284　国法学（四卷）
〔日〕岸崎昌、中村孝合著　章宗祥译　东京　译书汇编社　1902 年

0285　国民体育学
〔日〕西川政宪著　杨寿桐译　上海　文明书局　1902 年 10 月初版　32 开，86 页　环筒页装

0286　海底旅行
〔法〕迦尔威尼著　〔日〕大平三次译　卢藉东译意　红溪生润文　披发生（罗普）批　横滨　新小说社　1902 年

0287　韩国沿革史（二卷）
〔日〕西村丰著　王履康等编译　1902 年　印本

0288　汉文典
〔日〕猪狩幸之助著　王克昌译　杭州　东文学社　1902 年 8 月初版　32 开，112 页

0289　合金录
〔日〕桥本奇策著　沈纮译　上海　1902—1903 年印

0290　和文汉译读本（八卷）
〔日〕坪内雄藏编　沙颂虞、张肇熊译　上海　商务印书馆　1902 年

0291　化学实用分析术
〔日〕山下胁人编　虞和钦、虞和寅译　上海　科学仪器馆　1902 年

0292　皇朝政典絜要（八卷）（一名　皇朝政典举要）
〔日〕增田贡著　毛淦补编　知新书局　1902 年　四册；北洋官报馆本

0293　回銮大事记
〔日〕长谷川雄太郎著　上海　三乐书屋石印　1902 年

0294　极东地图一幅
〔日〕今泉秀太郎著　日本　信阳堂　1902 年再版

0295　几何画
张景良译补　上海　文明书局　1902 年

0296 加藤弘之讲演集（第一册）
〔日〕加藤弘之著 作新译书局译 上海 作新社 1902 年

0297 家事教科书
张相文、韩洪译 上海 文明书局 1902 年

0298 家政学（五卷）
〔日〕下田歌子著 钱单译 1902 年

0299 教育行政
〔日〕木场贞长著 陈毅译 1902 年刊本

0300 金类染色法（一卷）
〔日〕桥本奇策著 沈纮译 上海 1902—1903 年

0301 近世理化示教（二卷）
〔日〕和田猪三郎编 樊炳清译 上海 科学仪器馆 1902 年

0302 近世万国新地图
〔日〕服部悦次郎编 大阪 田中宋荣堂 1902 年

0303 经国美谈（前编一卷 后编一卷）
〔日〕矢野文雄著 雨尘子译 上海 商务印书馆 1902 年

0304 经国美谈
〔日〕矢野文雄著 商务印书馆编译所译 上海 商务印书馆 1902 年

0305 经济教科书
〔日〕和田垣谦三编 上海 广智书局 1902 年 11 月初版 32 开，80 页 环筒页装 （教育丛书）

0306 精神之教育（二卷）
〔日〕隅谷己三郎著 赵必振译 上海 广智书局 1902 年 二册

0307 军队内务书（一卷）
日本陆军省原本 杨志洵译 上海 南洋公学 1902 年 2 版

0308 理科
〔日〕棚桥源太郎著 王季烈译 上海 文明书局 1902 年

0309 理学钩玄（三卷）（一名 理学钩元）
〔日〕中江笃介著 陈鹏译 上海 广智书局 1902 年

0310 陆军士官学校生徒心得
王肇鋐译 周家禄校 1902 年

0311 伦理学纲要（一卷）
〔日〕十时弥著 田吴焰译 上海 商务印书馆 1902 年，1915 年

0312 满洲旅行记（二卷）
〔日〕小越平隆著 克斋译 上海 广智书局 1902 年

0313 蒙学理科教科书（四卷）
无锡三等学堂编译 上海 文明书局石印 1902 年

0314 名学（一卷）
杨荫杭译 东京 日新丛编社 1902 年

0315 明治政党小史（三卷）
日本东京日日新报编 陈超译 上海 广智书局刻本 1902 年

0316 明治政党小史（一卷）
日本东京日日新报编 出洋学生编辑所译 上海 商务印书馆 1902 年

0317 农业纲要
〔日〕横井时敬、石坂橘树讲述 〔日〕镰田衡译 上海 江南总农会石印 1902 年

0318 女子教育论
〔日〕成濑仁藏著 杨廷栋、周祖培译 上海 作新社 1902 年，1903 年重印

0319 欧美各国宪法
日本众议院译 汪有龄重译 薛莹中校 无锡传经楼刻本 1902 年

0320 欧美政策通览（一卷）
〔日〕上野贞吉著 出洋学生编辑所译 上海 商务印书馆 1902 年

0321 欧洲财政史
〔日〕小林丑三郎著 金邦平译 东京 译书汇编社 1902 年

0322 欧洲财政史（一卷）
〔日〕小林丑三郎著 胡宗瀛译 上海 商务印书馆 1902 年

0323 欧洲财政史 （一卷）
〔日〕小林丑三郎著 罗普译 上海 广智书局
1902 年

0324 欧洲历史揽要 （四卷）
〔日〕长谷川诚也著 敬业学社译 敬业学社石
印 1902 年

0325 欧洲十九世纪史
〔美〕札逊著 〔日〕大内畅三原译 麦中华重
译 上海 广智书局 1902 年

0326 欧洲文明进化论
日本民友社著 陈国镛译 上海 广智书局
1902 年

0327 普奥战史
〔日〕羽化生著 赵天骥、王慕陶译 上海 商
务印书馆 1902 年

0328 染色法 （一卷）
〔日〕伊达道太郎、小泉荣次郎合编 沈纮译
上海 《工艺丛书》本 1902—1903 年

0329 日本变法次第类考 （初、二、三集）
程思培编辑 程尧章集译 上海 政学译社
1902 年

0330 日本地理
松林译 茅迺封校 蒙学书报局 1902 年

0331 日本东京师范学校章程 附预备科
日本东京高等师范学校编 翁昆泰译 〔日〕
木野村政德校 正学堂 1902 年

0332 日本教科书 （一卷）
〔日〕伊藤贤道编 杭州 杭州编译局 1902 年

0333 日本军队给与法 （一卷）
〔日〕稲村新六校订 孟森、杨志洵译 上海
商务印书馆 1902 年 2 版

0334 日本全史
〔日〕中村正直著 上海 教育世界社 1902 年
十六册

0335 日本维新活历史 （一卷）
〔日〕坂东宣雄著 陆规亮译 东京 译书汇编
社 1902 年

0336 日本维新慷慨史 （二卷）
〔日〕西村三郎著 赵必振译 上海 广智书局
1902 年

0337 日本维新三十年史
日本博文馆编 罗普译 上海 广智书局
1902 年

0338 日本维新英雄儿女奇遇记 （一名 维新豪杰情事）
日本长田偶得著 〔日〕原口增一译 上海
广智书局 1902 年

0339 日本维新政治汇编 （十二卷）
刘庆汾辑译 蓉城 刻本 1902 年

0340 日本文部省沿革及官制 （一卷）
日本文部省原本 清出洋学生编辑所译 上海
商务印书馆 1902 年

0341 日本宪法义解
〔日〕伊藤博文著 沈纮译 上海 金粟斋刻本
1902 年

0342 日本新学制
日本文部省编 天津东寄学社编译 天津 开
文书局 1902 年

0343 日本学制大纲 （四卷）
日本泰东同文局编 〔日〕桥本武译 东京
泰东同文局石印 1902 年

0344 日本政治地理
〔日〕矢津昌永编 陶镕译 上海 商务印书馆
1902 年

0345 日本制度提要 （一卷）
〔日〕相泽富藏著 陶珉译 东京 译书汇编社
1902 年

0346 社会党 （二卷）
〔日〕西川光次郎著 周子高译 上海 广智书
局 1902 年，1903 年

0347 社会改良论 （一卷）
〔日〕岛村满都夫著 赵必振译 上海 广智书
局 1902 年

0348 社会学 （二卷）
〔日〕岸本能武太著 章炳麟译 上海 广智书
局 1902 年

0349　社会学（三卷）

〔日〕涩江保著　金鸣銮译　上海　开明书店
1902 年

0350　社会主义广长舌

〔日〕幸德秋水著　赵必振译　上海　中国国民
丛书社　1902 年

0351　生徒心得（一卷）

日本陆军士官学校编　毛肇铉译　工防营
1902 年

0352　十九世纪

日本博文馆编　上海　广智书局　1902 年

0353　十九世纪大势略论

〔日〕加藤弘之著　养浩斋主人译　上海　广智
书局　1902 年

0354　十九世纪欧洲政治史论

〔日〕酒井雄三郎著　华文祺译　上海　教育世
界社　1902 年

0355　十九世纪欧洲政治史论（一卷）

〔日〕酒井雄三郎著　作新社编译　上海　作新
社　1902 年

0356　十九世纪世界大势论

〔日〕高山林次郎撰　夏清贻译　上海　开明书
店　1902 年

0357　十九世纪外交史

〔日〕平田久著　张相译　杭州　杭州史学斋
1902 年

0358　史眼·实学指针·泰东之休戚

〔日〕西师意（金城）著　北京　河北译书局
1902 年

0359　世界地理志（六卷　首一卷）

〔日〕中村五六编　〔日〕顿野广太郎修补
〔日〕桶田保熙译　上海　金粟斋　1902 年

0360　世界近世史前后编（二卷）

〔日〕松平康国编　作新书局译　上海　作新书
局　1902 年初版，1903 年 5 月再版

0361　世界近世史（一卷）

〔日〕松平康国编　国民丛书社译　上海　商务印
书馆　1902 年，1903 年　二册　（中国国民丛书）

0362　世界十二女杰（一卷）

〔日〕岩崎徂堂、三上寄风合著　赵必振译　上
海　广智书局　1902 年　一册

0363　世界通史（三十卷）

〔日〕石川利之编　东京　日清书馆　中外书会
1902 年

0364　胎内教育（一卷）

〔日〕伊东琴次郎著　陈毅译　上海　广智书局
1902 年

0365　台湾详密地图

〔日〕后藤常太郎绘　日本刻本　1902 年

0366　泰西格言集

高凤谦辑译　东京　闽学会　1902 年

0367　泰西史教科书

〔日〕本多浅治郎编　上海　广智书局　1902 年

0368　泰西事物起源（四卷）

〔日〕涩江保著　傅运森译补　上海　文明书局
1902 年

0369　泰西事物起源（四卷）

〔日〕涩江保著　广智书局译　上海　广智书局
1902 年

0370　泰西通史（上编）

〔日〕箕作元八、峰岸米造编　华文祺、李澄译
上海　文明编译印书局　1902 年

0371　泰西政治学者列传（一卷）

〔日〕杉山藤次郎编纂　中国广东青年译　上海
广智书局　1902 年

0372　天则百话（一卷）

〔日〕加藤弘之著　吴建常译　上海　广智书局
1902 年

0373　统一学

〔日〕鸟尾小弥太著　东京　鸟尾小弥太发行
1902 年

0374　土耳机史（一卷）

〔日〕北村三郎著　赵必振译　上海　广智书局
1902 年

0375　外国地理

松林译　茅迺封校　上海　蒙学书报局
1902 年

0376 外交通义
〔日〕长冈春一著 钱承铉译 东京 译书汇编社 1902 年

0377 万国地理志
〔日〕中村五六著 〔日〕顿野广太郎修订 周起凤译 上海 广智书局 1902 年

0378 万国史纲目（八卷）（一名 万国史纲目前后编）
〔日〕重野安绎著 东京 劝学会刻本 1902 年八册

0379 万国通史教科书
（著者不详） 吴启祥译 上海 文明书局 1902 年

0380 万国宪法比较（一卷）
〔日〕辰巳小二郎著 戢翼翚译 上海 商务印书馆 1902 年

0381 未来战国记
〔日〕东洋奇人著 南支那老骥氏马仰禹编译 上海 广智书局 1902 年

0382 五大洲志（三卷）
〔日〕辻武雄编 东京 泰东同文书局 1902 年，1906 年

0383 物竞论（一卷）
〔日〕加藤弘之著 杨荫杭译 上海 作新译书局 1902 年

0384 物理学（中编）（四卷）
〔日〕饭盛挺造编纂 〔日〕丹波敬三、柴田承桂校补 〔日〕藤田丰八译 王季烈重编 上海 江南制造局大字刻本 1902 年

0385 物理易解
陈榥译 朱宗莱等校 东京 教科书译辑社 1902 年

0386 西巡回銮始末记
〔日〕吉田豆太郎、八咏楼主人撰 1902 年

0387 西洋历史
〔日〕木寺柳次郎撰 李国盘等译 1902 年

0388 西洋通史前编（十一卷）
〔法〕驼懊屡著 〔日〕村上义茂译 会文译书社石印 1902 年

0389 希腊春秋（八卷）
〔日〕冈本监辅著 王树枬译 新城王氏刻本 1902 年

0390 希腊独立史（一卷）
〔日〕柳井绚斋著 秦嗣宗译 上海 广智书局 1902 年

0391 宪法要义
〔日〕高田早苗编 稽镜译 上海 文明书局 1902 年

0392 宪法要义（一卷）
〔日〕高田早苗著 张肇桐译 上海 文明书局 1902 年

0393 小学地理
松林译 茅封校 上海 蒙学书报局 1902 年

0394 小学地理教授法
〔日〕富泽直礼著 张相文译述 上海 南洋公学册 1902 年 10 月 2 版 32 开，40 页 环筒页装

0395 新编日本语言集全汉译日本新辞典合璧二种（附三种）
王杰编辑 东京 同学社石印 1902 年

0396 新译万国近世大事表
董瑞椿译述 徐继高参校 （出版者不详） 1902 年石印

0397 新撰博物教科书
〔日〕堀正太郎、藤田经信合编 华文祺译 上海 文明书局 1902 年 11 月初版 32 开，84 + 36 页 环筒页装

0398 新撰日本历史问答
〔日〕冈野英太郎著 逸人后裔译 上海 广智书局 1902 年

0399 修辞学
〔日〕饭田规矩三著 蒋方震译 上海 广智书局 1902 年

0400 亚西里亚巴比伦史（一卷）
〔日〕北村三郎著 赵必振译 上海 广智书局 1902 年

0401 妖怪百谭（一卷）
〔日〕井上圆了著 何琪译 上海 商务印书馆
1902 年

0402 义大利独立战史（六卷 附录一卷）
东京留学生译 上海 商务印书馆 1902 年

0403 （译述）英国制度沿革史
〔英〕非立啡斯尔士著 〔日〕工藤精一译 广
智书局重译 〔日〕山成哲造校 上海 广智
书局 1902 年

0404 意大利建国史
〔日〕田中建三郎著 徐省三译 上海 一新书
局 1902 年

0405 英国宪法论（二卷）
〔日〕天野为之、石原健三合著 周逵译 上海
广智书局 1902 年

0406 英人经略非洲记（一卷）
〔日〕户水宽人著 夏清贻译 上海 开明书店
1902 年

0407 游戏法
董瑞春译补 上海 文明书局 1902 年

0408 哲学要领（二卷）
〔日〕井上圆了著 罗伯雅译 上海 广智书局
1902 年

0409 政治原论
〔日〕市岛谦吉著 麦曼荪译 上海 广智书局
1902 年

0410 支那疆域沿革图
〔日〕重野安绎、河田羆合辑 东京 富山房
1902 年 2 版，1903 年 4 版，1905 年，1906 年 7
版 舆地学会 清光绪末年 二册

0411 支那史要（六卷）
〔日〕市村瓒次郎著 陈毅译 上海 广智书局
1902 年初版，1903 年再版，1904 年

0412 支那通史
〔日〕那珂通世编 湖南书局刻本 1902 年
五册

0413 支那文明史论
〔日〕中西牛郎著 普通学书室编译 上海 普
通学书室 1902 年

0414 支那文明小史（一名 中国文明小史）
〔日〕田口卯吉著 刘陶译 上海 广智书局
1902 年

0415 支那哲学史（四卷）
〔日〕远藤隆吉著 石印本 1902 年

0416 支那最近史（六卷）（一名 清史揽要）
〔日〕增田贡编 上海 上海书局 1902 年

0417 治旅述闻（三卷）
日本陆军士官学校编 顾臧译 明耻堂
1902 年

0418 （中等教育）伦理学讲话
〔日〕元良勇次郎著 麦鼎华译 上海 广智书
局 1902 年，1904 年，1907 年 8 版

0419 中等教育伦理学
〔日〕中岛力造著 麦鼎华译 上海 广智书局
1902 年

0420 中国历代疆域沿革考（一卷）
〔日〕重野安绎、河田羆合编 涤盒居士译 上
海 商务印书馆 1902 年

0421 中国商务志（一卷 附支那外交表一卷）
〔日〕织田一著 蒋篯方译 上海 广智书局
1902 年

0422 中国现势论（一卷）
法国人原著 日本支那调查会原译 清国出洋学
生编译所重译 上海 商务印书馆 1902 年

0423 中学物理教科书
〔日〕水岛久太郎编 陈视乐译补 东京 教科
书译辑社 1902 年，1914 年

0424 中学校初年级理化教科书
〔日〕和田猪三郎编纂 虞辉祖译述 上海 科
学仪器馆 1902 年 10 月初版 有图 32 开，
102 页 环筒页装

0425 重订东游丛录
日本文部所讲 章宗祥、吴振麟、张奎等口译
吴汝纶笔授 1902 年

0426 族制进化论
〔日〕有贺长雄著 广智书局译 上海 广智书
局 1902 年

0427　最近俄罗斯政治史（一卷）

日本人原著　富士英译　东京　译书汇编社
1902 年

0428　最近扬子江之大势

〔日〕国府犀东著　赵必振译　上海　广智书局
1902 年

0429　最近之满洲

〔日〕小藤文次郎著　虞和寅译　1902 年

1903

0430　埃及近世史

〔日〕柴四郎著　章起渭译　上海　商务印书馆
1903 年

0431　埃及史（一卷）

〔日〕北村三郎著　赵必振译　上海　广智书局
1903 年

0432　安南史（四卷）

〔日〕引田利章著　毛乃庸译　上海　教育世界
社石印　1903 年

0433　澳洲风土记

〔美〕白雷特著　作新社译　上海　作新社
1903 年

0434　白丝线记

〔英〕Allen Upward　〔日〕周游生译　（中译
者不详）　横滨　新小说社　1903 年

0435　波斯史（一卷）

〔日〕北村三郎著　赵必振译　上海　广智书局
1903 年

0436　蚕体病理（一卷）

〔日〕河原次郎著　上海　江南总农会石印
1903 年

0437　测量速成法

〔日〕小船井里吉著　范迪吉等译　上海　会文
学社　1903 年

0438　朝鲜近世史（二卷）

〔日〕林泰辅编　刘世珩校译　上海　鸿宝书局
石印　1903 年

0439　朝鲜近世史

〔日〕林泰辅编　毛乃庸译　上海　教育世界社
1903 年

0440　朝鲜史

〔日〕吉备西村编　独头山熊译　上海　点石斋
1903 年

0441　成吉思汗传（一卷）

〔日〕太田三郎著　作新社译　上海　作新社
1903 年

0442　成吉思汗少年史（一卷）

〔日〕坂口瑛次郎著　吴梼译　上海　人演译社
1903 年

0443　初等代数学新书

日本富山房编　范迪吉等译　上海　会文学社
1903 年

0444　初等几何新书

日本富山房编　范迪吉等译　上海　会文学社
1903 年

0445　初等算术新书

日本富山房编　范迪吉等译　上海　会文学社
1903 年

0446　除虫菊栽培制造法（一卷）

〔日〕牧野万之照著　沈纮译　上海　江南总农
会石印　1903 年

0447　船舶论

〔日〕赤松梅吉著　范迪吉等译　上海　会文学
社　1903 年

0448　大阪博览会便览

〔日〕石原昌雄等著　日本　裕邻馆　1903 年

0449　大革命家孙逸仙

〔日〕白浪庵滔天著　黄中黄（章士钊）译　支
那第一荡房社　1903 年

0450　淡水养鱼法

〔日〕片野宇吉撰　〔日〕田谷九桥译　上海
江南总农会石印　1903 年

0451　道德法律进化之理

〔日〕加藤弘之译　（中译者不详）　上海　广

智书局 1903 年 （科学馆丛书）

0452 德国工商勃兴史
〔法〕伯罗德尔著 日本文部省原译 商务印书馆重译 上海 商务印书馆 1903 年

0453 德国学校制度
〔日〕加藤驹二编著 中国国民丛书社译 上海 商务印书馆 1903 年

0454 德意志史（三卷）
〔日〕白石真编 人演社译 上海 人演社 1903 年

0455 德意志史（四卷）（一名 德意志全史）
〔日〕河上清著 褚嘉猷译 上海 通雅书局 1903 年

0456 德育及体育（二卷）
〔日〕久保田贞则著 广智书局译 上海 广智书局 1903 年

0457 地方自治财政论
〔日〕石塚刚毅著 友古斋主译 上海 商务印书馆 1903 年

0458 地理学新书
日本富山房编 范迪吉等译 上海 会文学社 1903 年

0459 地球与彗星之冲突
〔日〕横山又次郎著 广智书局译 上海 广智书局 1903 年

0460 地文学问答
日本富山房编 范迪吉等译 上海 会文学社 1903 年

0461 地文学新书
日本富山房编 范迪吉等译 上海 会文学社 1903 年

0462 地质学
〔日〕佐藤传藏著 范迪吉等译 上海 会文学社 1903 年

0463 帝国历史
日本富山房编 范迪吉等译 上海 会文学社 1903 年

0464 帝国文明史
〔日〕白河次郎、国府种德著 范迪吉等译 上海 会文学社 1903 年

0465 帝国文学史
〔日〕笹川种郎著 范迪吉等译 上海 会文学社 1903 年

0466 东邦近世史（二卷）
〔日〕田中萃一郎著 汉口日报馆编译 汉口 汉口日报馆 1903 年 1900 年随报刊行上卷，1903 年下卷出单行本，并有二卷本；上海 广智书局 1902 年 上卷本

0467 东西洋教育史
〔日〕中野礼四郎著 蔡贝寅、贺廷谟译 上海 开明书店 1903 年

0468 东西洋伦理学史
〔日〕木村鹰太郎著 范迪吉等译 上海 会文学社刻本 1903 年

0469 东洋历史
〔日〕幸田成友编著 范迪吉等译 上海 会文学社 1903 年

0470 东洋卢骚中江笃介传
〔日〕幸德传次郎著 黄以仁译 日本 东京国学社 1903 年

0471 东洋女权萌芽小史（一卷）
〔日〕铃木光次郎编辑 赵必振译 上海 新民译印书局 1903 年

0472 东洋文明史（二卷）
〔日〕家永丰吉著 〔日〕山浑俊夫辑 王师尘译 上海 文明书局 1903 年

0473 动物通解
〔日〕岩川友太郎、佐佐木忠次著 范迪吉等译 上海 会文学社 1903 年

0474 动物学问答
日本富山房编 范迪吉等译 上海 会文学社 1903 年

0475 动物学新书
〔日〕八田三郎著 范迪吉等译 上海 会文学社 1903 年

0476 夺嫡奇冤

〔日〕柴四郎著　商务印书馆编译所译　上海
商务印书馆　1903 年初版，1905 年 5 月再版，
1906 年 5 月 3 版，11 月 4 版

0477 俄国侵略黑龙江地方史

〔日〕烟山专太郎著　湖北学报馆编译　湖北
湖北学报馆　1903 年

0478 俄国情史

〔俄〕普希罄原著　〔日〕高须治助译述　戢翼
翚重述　上海　开明书店　1903 年；大宣书局
1903 年　一册

0479 俄国情史

〔俄〕Alexander Sergeyevich Pushkin 著　〔日〕
高须治助译述　戢翼翚重述　上海　作新社
1903 年

0480 俄罗斯经营东方策（一卷）

〔日〕蕨山生著　通社译　上海　通社　1903 年

0481 俄罗斯史

〔日〕八代六郎编著　上海　中国国民丛书社
1903 年

0482 俄罗斯史（二卷）

〔日〕山本利喜雄著　麦鼎华译　上海　广智书
局　1903 年

0483 二十年来生计剧变论（一卷）

〔日〕田尻稻次郎著　陈国镛译　上海　广智书
局　1903 年

0484 法国革命战史（八编　发端一编）

〔日〕涩江保著　中国国民丛书社译　上海　商
务印书馆　1903 年

0485 法兰西革命史

〔日〕兴田竹松著　青年会编译　1903 年刊本

0486 法律泛论

〔日〕熊谷直太郎著　范迪吉等译　上海　会文学
社　1903 年

0487 法学门径书（一卷）

〔日〕玉川次致著　李广平译　上海　开明书店
1903 年

0488 肥料效用篇（一卷）

〔日〕梅原宽重著　〔日〕伊东贞元译　上海

江南总农会　1903 年

0489 肥料学

〔日〕木下义道著　范迪吉等译　上海　会文学
社　1903 年

0490 腓尼西亚史（一卷）

〔日〕北村三郎著　赵必振译　上海　广智书局
1903 年

0491 分析化学

〔日〕内藤游、藤井光藏合著　范迪吉等译　上
海　会文学社　1903 年

0492 佛国革命战史（八编）

〔日〕涩江保著　人演社译　上海　人演社
1903 年

0493 改正世界地理学（六卷）

〔日〕矢津昌永著　吴启孙编译　东京　丸善书
店　1903 年　二册；上海　桐城吴岂生

0494 改正世界地理学

〔日〕矢津昌永著　吴启孙译　上海　文明书店
1903 年

0495 高等小学几何学

沈纮译　江宁　江楚编译官书局　1903 年

0496 高等小学游戏法教科书

〔日〕山本武著　丁锦译述　上海　文明书局
1903 年 11 月初版，1905 年 4 月 3 版　有图　32
开，86 页　环筒页装

0497 戈登将军（一卷）

〔日〕赤松紫川著　赵必振译　上海　新民译印
书局　1903 年

0498 罫线学

〔日〕海野力太郎著　范迪吉等译　上海　会文
学社　1903 年

0499 国法学

〔日〕岸崎昌、中村孝合著　范迪吉等译　上海
会文学社　1903 年

0500 国际地理学（一卷）

〔日〕守屋荒美雄著　杨允昌译　东京　闽学会
1903 年

0501　国际法精译
林荣编译　东京　闽学会　1903 年

0502　国际公法
〔日〕北条元笃、熊谷直太编　范迪吉等译　上海　会文学社　1903 年

0503　国际私法（一卷）
〔日〕太田政弘、加藤政雄、石井谨吾著　李广平（李叔同）译　东京　译书汇编社　1903 年

0504　国际私法
〔日〕中村太郎编　范迪吉等译　上海　会文学社　1903 年

0505　国家政府界说
日本广友社纂辑　萨君陆译　东京　闽学会　1903 年

0506　国民教育爱国心
〔日〕穗积八束著　章起渭译　刘景韩校　北京　大学堂官书局　1903 年

0507　国民同盟会始末（一卷）
日本国民同盟会编　袁毓麟译　杭州　通志学社　1903 年

0508　国宪泛论（二卷）
〔日〕小野梓著　陈鹏译　上海　广智书局　1903 年

0509　海军第一伟人
〔日〕岛田文之助著　侯士绾译　上海　文明书局　1903 年

0510　河流与文明之关系
〔日〕志贺重昂著　上海　人演社　1903 年

0511　恨海春秋
〔日〕佐藤藏太郎著　仆本恨人译　上海　开明书店　1903 年

0512　花间莺
〔日〕末广重恭著　（译者不详）　上海　刊本　1903 年

0513　华盛顿
〔日〕福山义春编著　丁锦译　上海　文明书局　1903 年

0514　华盛顿
〔日〕福山义春著　汤济沧译　上海　开明书店　1903 年

0515　化学问答
日本富山房编　范迪吉等译　上海　会文学社　1903 年

0516　活青年（一卷）
〔日〕铃木力造著　范迪吉译　上海　东华翻译社　1903 年

0517　吉田松阴
〔日〕德富猪一郎著　王钝译　上海　通雅书局　1903 年

0518　极乐世界
〔日〕矢野文雄著　披雪洞主译　上海　广智书局　1903 年

0519　简易测图法
〔日〕白幡郁之助著　范迪吉等译　上海　会文学社　1903 年

0520　教授学问答
日本富山房编　范迪吉等译　上海　会文学社　1903 年

0521　教育学
〔日〕熊谷五郎著　范迪吉等译　上海　会文学社　1903 年

0522　教育学史
〔日〕金子马治著　陈毅译　上海　广智书局　1903 年

0523　教育学史
〔日〕金子马治著　陈宗孟译　上海　广智书局　1903 年

0524　教育学问答
日本富山房编　范迪吉等译　上海　会文学社　1903 年

0525　教育学问答
〔日〕日下部三之介著　冯需译　上海　广智书局　1903 年

0526　教育学新书
日本富山房编　范迪吉等译　上海　会文学社　1903 年

0527　近世化学教科书（三卷）

〔日〕大幸勇吉编　樊炳清译　上海　教育世界社　1903 年

0528　近世欧洲大事记（一卷）

〔日〕森山守次郎编著　中国国民丛书社译　上海　中国国民丛书社　1903 年

0529　近世社会主义

〔日〕福井准造编著　赵必振译　上海　广智书局　1903 年

0530　经济地理学大纲

〔日〕野口保一耶著　上海　平凡书局　1903 年

0531　经济纲要（一卷）

日本普通教育研究会编著　时中书局译　上海　时中书局　1903 年

0532　经济教科书

〔日〕桥本海关译　江宁　江楚编译官书局　1903 年

0533　经济通论（五卷）

〔日〕持地六三郎著　商务印书馆译　上海　商务印书馆　1903 年

0534　警察全书（二卷）

〔日〕宫国忠吉著　东华社编译所译　上海　东华译社　1903 年

0535　警察学（一卷）

〔日〕宫国忠吉著　东华社编译所译　上海　东华译社　1903 年

0536　空中飞艇（二卷）

〔日〕押川春浪著　海天独啸子译　上海　明权社　1903 年

0537　苦学生

〔日〕山上上泉著　中国之苦学生译　上海　作新社　1903 年

0538　矿物学问答

日本富山房编　范迪吉等译　上海　会文学社　1903 年

0539　矿物学新书

日本富山房编　范迪吉等译　上海　会文学社　1903 年

0540　离魂病

〔日〕（著者不详）　〔日〕黑岩泪香原译　披发生（罗普）重译　上海　广智书局　1903 年

0541　理财学纲要

〔日〕天野为之著　嵇镜译述　上海　文明书局　1903 年，1907 年

0542　理财学精义（一卷）

〔日〕田尻稻次郎著　王季点译　上海　商务印书馆　1903 年

0543　理化学大意

〔日〕三根正亮编　杜就田译　上海　普通学书屋石印　1903 年

0544　历代中外史要（二卷）

〔日〕桑原骘藏著　樊炳清译　1903 年

0545　林肯传（一卷）

〔日〕松村介石著　钱增、顾乃珍译　上海　文明书局　1903 年　一册

0546　路索民约论

〔法〕Jean Jacques Rousseau 著　〔日〕原田潜译　杨廷栋重译　上海　作新社　1903 年

0547　露西亚通史

〔日〕山本利喜雄著　廖寿慈译　上海　通社　1903 年

0548　伦理教科范本

〔日〕秋山四郎原著　董瑞椿译著　上海　文明书局　1903 年 9 月初版，1904 年 9 月 2 版，1905 年 2 月 3 版　32 开，60 页

0549　伦理教科书

〔日〕井上哲次郎著　樊炳清译　江宁　江楚编译局　1903 年

0550　伦理教科书总说

樊炳清译　江宁　江楚编译局　1903 年

0551　伦理学问答

日本富山房编　范迪吉等译　上海　会文学社　1903 年

0552　麦作全书（一卷　附农事试验本场肥料配合表）

〔日〕杉田文三著　罗振常译　上海　江南总农会石印　1903 年

0553　卖国奴
〔德〕苏德蒙（Sudermann Hermann）著　〔日〕登张竹风（信一郎）译　吴梼重译　上海　商务印书馆　1903 年初版，1914 年 4 月再版　一册　（说部丛书初集）

0554　霉菌学
〔日〕井上正贺著　范迪吉等译　上海　会文学社　1903 年

0555　美风欧云录（一卷）
〔日〕松本君平著　岑钟朴译　上海　镜今书局　1903 年　广智书局本

0556　美术新书
日本富山房著　范迪吉等译　上海　会文学社　1903 年

0557　蒙古地志
〔日〕下村修介、关口长之编　王宗炎译　上海　启新书局　1903 年

0558　蒙古地志（一卷）
〔日〕下村修介、关口长之编　王宗炎译　金陵　启新书局　1903 年

0559　蒙学体操教科书
〔日〕坪井玄道、田中盛业著　丁锦译著　上海　文明书局　1903 年 8 月初版，1904 年 1 月 2 版　有图　32 开，74 页　环筒页装

0560　梦游廿一世纪
〔荷〕达爱斯克洛提斯（Dioscofides Pseud）著　〔日〕上条信次译　杨德森重译　上海　商务印书馆　1903 年 4 月初版，1914 年 7 版

0561　民法亲族编·相续编释义
〔日〕上田丰著　范迪吉等译　上海　会文学社　1903 年

0562　民法债权篇释义
〔日〕丸尾昌雄著　范迪吉译　上海　会文学社　1903 年

0563　民法总则篇·物权篇释义
〔日〕丸尾昌雄著　范迪吉等译　上海　会文学社　1903 年

0564　民事诉讼法释义
〔日〕梶原仲治著　范迪吉等译　上海　会文学社　1903 年

0565　明治政党小史
〔日〕井上毅著　出洋学生编辑所译　上海　商务印书馆　1903 年

0566　明治政史
〔日〕白海渔长、漠堂居士著　王钟译述　上海　宏文阁　1903 年

0567　拿破仑传
〔日〕矢岛元四郎著　上海　中国国民丛书社　1903 年

0568　纳尔逊传（一卷）
〔日〕中村佐美译　何震彝编订　上海　商务印书馆　1903 年

0569　内地杂居续论（一卷　附录二卷）
〔日〕井上哲次郎口述　〔日〕泽定教、笹原贯轩笔记　赵必振译　上海　广智书局　1903 年

0570　尼罗海战史
〔美〕耶特瓦德斯边著　〔日〕越山平三郎译　上海　商务印书馆　1903 年

0571　农产制造学
〔日〕楠岩著　范迪吉等译　上海　会文学社　1903 年

0572　农学泛论
〔日〕恩田铁弥著　范迪吉等译　上海　会文学社　1903 年

0573　农业经济论
〔日〕横井时敬、泽村真合著　范迪吉等译　上海　会文学社　1903 年

0574　农业霉菌论（二卷）
〔日〕佐佐木祐太郎述　〔日〕米良文太郎译　上海　江南总农会石印　1903 年

0575　农业三事（一卷）
〔日〕津田仙著　沈纮译　上海　江南总农会　1903 年

0576　农艺化学
〔日〕井上正贺著　范迪吉等译　上海　会文学社　1903 年

0577　农用动物学
〔日〕石川千代松、外山龟太郎讲述　上海　江南总农会石印　1903 年

0578　农用器具学
〔日〕西村荣十郎著　范迪吉等译　上海　会文学社　1903 年　一册　有图　（农学丛书六集）

0579　欧美政党论
〔日〕石川条著　王钝译　上海　新民译印书局　1903 年

0580　欧美政教纪原（二卷）
〔日〕井上圆了著　林廷玉译　上海　新民译印书局　1903 年

0581　欧美政体通览
〔日〕上野贞正著　巅涯生译　上海　商务印书馆　1903 年

0582　欧洲货币史（二卷）
〔英〕达布留耶西容著　〔日〕信夫淳平述　新民译印书局重译　上海　新民译印书局　1903 年

0583　欧洲新政史
〔德〕米勒尔著　〔日〕绫部竹之助、稻田孝吉译　上海　商务印书馆　1903 年

0584　欧洲最近政治史
〔日〕森山守次郎著　商务印书馆编译所译　上海　上海译书局　1903 年

0585　圃鉴（四卷）
〔日〕山田幸太郎著　上海　江南总农会石印　1903 年

0586　普鲁士地方自治行政说
〔德〕莫塞著　〔日〕野村靖译　商务印书馆编译所重译　上海　商务印书馆　1903 年

0587　普通教育地质学问答
日本富山房编　陈宪成译述　上海　新民译印书局　1903 年

0588　普通教育学要义
〔日〕中岛半次郎著　田吴焜译　上海　移山堂　1903 年

0589　气候及土壤论
〔日〕佐佐木祐太郎著　范迪吉等译　上海　会文学社　1903 年

0590　气中现象学
〔日〕小林义直著　范迪吉等译　上海　会文学社　1903 年

0591　清俄关系
〔日〕绿冈隐士著　钮锾译　上海　维新书局　1903 年

0592　清俄之将来
〔日〕曾根俊虎著　三户遗民编译　1903 年刊

0593　人权新说
〔日〕加藤弘之著　陈尚素译　东京　译书汇编社　1903 年

0594　人群进化论
〔日〕有贺长雄著　麦鼎华译　上海　广智书局　1903 年

0595　人群进化论
〔日〕有贺长雄著　麦鼎华译　上海　申报馆　1903 年

0596　人种志
〔日〕鸟居龙藏编辑　林楷青译　东京　闽学会　1903 年初版，1904 年再版

0597　妊娠论（一卷）
出洋学生编译　1903 年 5 月再版

0598　日本大琢氏学校管理法
〔日〕大琢薰编　刘邦骥译　汉川　六吉斋　1903 年初版

0599　日本地理问答
日本富山房编　范迪吉等译　上海　会文学社　1903 年

0600　日本帝国宪法论
〔日〕田中次郎著　范迪吉等译　上海　会文学社　1903 年

0601　日本法制史
〔日〕三浦菊太郎编　李铭文译　上海　开明书店　1903 年

0602　日本风俗谈
〔日〕坂本健一著　范迪吉等译　上海　会文学社　1903 年

0603　日本国会纪原（一卷　附录一卷）
〔日〕细川广世著　译书汇编社译　东京　译书汇编社　1903 年

0604 日本货币史（一卷）
〔日〕信夫淳平著 新民译印书局译 上海 新民译印书局 1903 年 一册

0605 日本监狱法
〔日〕佐藤信安编著 中国国民丛书社译 上海 商务印书馆 1903 年

0606 日本近世豪杰小史（四卷）
商务印书馆编译所译 上海 商务印书馆 1903 年

0607 日本昆虫学（二卷）
〔日〕松村松年著 罗振常译 上海 江南总农会石印 1903 年

0608 日本历史
〔日〕木寺柳次郎编 范迪吉等译 上海 会文学社刻本 1903 年

0609 日本历史问答
日本富山房编 范迪吉等译 上海 会文学社刻本 1903 年

0610 日本旅行地理
〔日〕山上万次郎编 范迪吉等译 上海 会文学社 1903 年

0611 日本明治法制史
〔日〕清浦奎吾著 商务印书馆编译所译 张起谓校 上海 商务印书馆 1903 年

0612 日本普通学科教授细目（三卷 中学校令施行规则一卷）
日本东京高等师范学校附属小学校编 胡元倓、仇毅编译 东京 翔鸾社 1903 年

0613 日本特许农具图说
沈纮译 上海 江南总农会 1903 年

0614 日本维新百杰传（一卷）
〔日〕干河岸贯一著 上海 开明书店 1903 年

0615 日本维新人物志（四卷）
〔日〕冈本监辅著 东京 金港堂书籍株式会社 1903 年

0616 日本新地理
〔日〕佐藤传藏编 范迪吉等译 上海 会文学社 1903 年

0617 日本行政法纲领（一卷）
董鸿祎译辑 东京 译书汇编社 1903 年

0618 日本制纸论（一卷 附图）
〔日〕吉井源太著 沈纮译 上海 江南总农会 1903 年

0619 日用化学
〔日〕井上正贺著 范迪吉等译 上海 会文学社 1903 年

0620 日语教程（三卷）
〔日〕成城学校编 东京 湖南编译社 1903 年

0621 三十三年落花梦
〔日〕宫崎寅藏（白浪滔天）著 金一（松岑）译 上海 国学社 1903 年，1905 年

0622 森林保护学
〔日〕新岛善直著 范迪吉等译 上海 会文学社 1903 年

0623 森林学
〔日〕奥田贞卫著 范迪吉等译 上海 会文学社 1903 年

0624 商法泛论
〔日〕添田敬一郎著 范迪吉等译 上海 会文学社 1903 年

0625 商工地理学
〔日〕永井惟直著 范迪吉等译 上海 会文学社 1903 年

0626 商业经济学
〔日〕清木泰吉著 范迪吉等译 上海 会文学社 1903 年

0627 社会问题
〔日〕大原祥一著 高种译 东京 闽学会 1903 年

0628 社会主义概评
〔日〕岛田三郎著 （译者不详） 上海 作新社 1903 年

0629 社会主义（一卷）
〔日〕村井知至著 侯士绾译 上海 文明书局 1903 年

0630 社会主义（一卷）
〔日〕村井知至著 罗大维译 上海 广智书局
1903 年

0631 生理学问题
日本富山房编 范迪吉等译 上海 会文学社
1903 年

0632 十五小豪杰
〔法〕焦士威尔奴著 〔日〕思轩居士（森田思
轩）原译 饮冰子（梁启超）、披发生（罗孝
高）重译 上海 广智书局 1903 年

0633 时学及时刻学
〔日〕河村重固著 范迪吉等译 上海 会文学
社 1903 年

0634 实验小学教授术
〔日〕山高几之丞著 作新社译 上海 作新社
1903 年 8 月初版 有图 32 开，124 页

0635 实用东语完璧
〔日〕宫崎新太郎著 新智书局编辑局编 上海
新智社 1903 年

0636 史学原论
〔日〕浮田和民著 杨毓麟译 东京 湖南译编
社 1903 年

0637 史学原论（一卷）
〔日〕浮田和民著 刘崇杰译 东京 闽学会
1903 年 一册；进化译社 一册

0638 史要（历代中外史要）
〔日〕桑原骘藏著 樊炳清译 1903 年

0639 世界大地图
〔日〕辰巳小次郎译 东京 1903 年第 7 版
一幅

0640 世界地理问答
日本富山房编 范迪吉等译 上海 会文学社
1903 年

0641 世界教育谭
〔日〕泽柳政太郎著 王曾颐译 上海 开明书
店 1903 年

0642 世界近世史（二卷）
〔日〕松平康国编 梁启勋译 上海 广智书局

1903 年

0643 世界历史问答
〔日〕酒井勉著 商务印书馆译 上海 商务印
书馆 1903 年 5 月初版 32 开，79 页 环筒
页装

0644 世界历史问答
日本富山房编 范迪吉等译 上海 会文学社
1903 年

0645 世界史要
〔日〕雨谷善太郎、坂田厚允著 吴家煦、吴传
绂译补 上海 开明书店 1903 年

0646 世界文明史（一卷）
〔日〕高山林次郎著 商务印书馆编译所译 上
海 商务印书馆 1903 年

0647 世界之大问题
〔日〕岛田三郎著 通社编译部译 上海 通社
1903 年

0648 世界之十大宗教
〔日〕久津见息忠著 黄大暹译 上海 文明书
局 1903 年

0649 世界宗教史
〔日〕加藤玄智编著 范迪吉等译 上海 会文
学社刻本 1903 年

0650 世界宗教一斑（二卷）
〔日〕内山正如等著 贺齐之编译 上海 一新
书局 1903 年

0651 释迦牟尼传（一卷）
〔日〕高山林次郎编著 雄飞太郎译 上海 新
中国图书社 1903 年

0652 首先法律进化之理（二编）
〔日〕加藤弘之著 金寿康、杨殿玉译 上海
广智书局 1903 年

0653 数理问答
日本富山房编 范迪吉等译 上海 会文学社
1903 年

0654 税关及仓库论
〔日〕岩崎昌著 范迪吉等译 上海 会文学社
1903 年

0655 台湾开创郑成功
〔日〕丸山正彦编著 张铸六译 东京 四书寄庐 1903 年；文润书肆 清光绪年间 一册

0656 泰西民族文明史（一卷）
〔法〕赛奴巴著 〔日〕野泽武之助、沈是中、俞子彝译 上海 商务印书馆 1903 年

0657 特兰斯法尔（一卷）
〔日〕福本诚著 合众译书局译 杭州 合众译书局 1903 年

0658 提要农林学
〔日〕本多静六著 范迪吉等译 上海 会文学社 1903 年

0659 铁世界
〔法〕迦尔威尼（Verne Jules）著 〔日〕红勺园主人译 〔日〕森田思轩删润 天笑生重译 上海 文明书局 1903 年 118 页

0660 铁血主义
〔日〕德富健次郎著 通雅书局译 上海 通雅书局印 1903 年

0661 土地改良论
〔日〕上野英三郎、有恸良法夫合著 范迪吉等译 上海 会文学社 1903 年

0662 外患史（一卷）
陈崎编译 上海 吋中书局 1903 年

0663 万国地理学新书
〔日〕田边新之助编 范迪吉等译 上海 会文学社 1903 年

0664 万国公法要领（二卷）
〔日〕沼崎甚三编著 袁飞译 东京 译书汇编社 1903 年

0665 万国教育志
〔日〕寺田勇吉著 赵必振译 作新社 1903 年

0666 万国历史
日本富山房编 范迪吉等译 上海 会文学社 1903 年

0667 万国旅行地理
〔日〕山上万次郎编 范迪吉等译 上海 会文学社 1903 年

0668 万国史纲
〔日〕元良勇次郎、家永丰吉合著 邵希雍译 上海 支那翻译会社 1903 年 一册

0669 万国通史（三卷）
〔日〕天野为之著 吴启孙译 上海 文明书局 1903 年

0670 万国新地理
〔日〕佐藤传藏编 范迪吉等译 上海 会文学社 1903 年

0671 万国兴亡史（二卷）
〔日〕松村介石著 戢翼翚译 上海 大宣书局 1903 年

0672 万国兴亡史
〔日〕松村介石编著 觉民编辑所译 东京 清国留学生会馆 1903 年

0673 万国兴亡史
〔日〕松村介石著 觉民编辑所译 上海 国民丛书社 1903 年

0674 万国兴亡史
〔日〕松村介石著 汤锡祉译 上海 新民译印书局 1903 年

0675 万国宗教志（九卷）
〔日〕内山正如著 罗大维译 上海 镜今书局 1903 年

0676 微菌学
〔日〕井上正贺著 范迪吉等译 上海 会文学社 1903 年

0677 未来世界论（一卷）
〔日〕渡部万藏著 秦毓鎏、张肇桐译 日本东京留学生印 1903 年

0678 无机化学
〔日〕真岛利行著 范迪吉等译 上海 会文学社 1903 年

0679 物理学
〔日〕水岛久太郎著 陈视译补 东京 教科书译辑室 1903 年

0680 物理学（下编）（四卷）
〔日〕饭盛挺造编纂 〔日〕丹波敬三、柴田承桂校补 〔日〕藤田丰八译 王季烈笔述 上

海　江南制造局刻本　1903 年，1904 年　四册；
支那新书局石印本

0681　物理学问答
日本富山房编　范迪吉等译　上海　会文学社
1903 年

0682　物算教科书（上、下册）
日本文学社编纂所著　董瑞椿、懋堂甫口译
朱念春、予鸥甫笔述　1903 年 11 月 2 版　32
开，二册 86 页　环筒页装

0683　西伯利亚大地志（四卷）
〔日〕下村修介、加藤稚雄合著　王履康、辛
汉、经家龄合译　江宁　启新书局　1903 年

0684　西力东侵史
〔日〕斋藤奥具著　林长民译　东京　闽学会
1903 年

0685　西史通释
〔日〕浮田和民著　吴启孙译　上海　文明译书
局　1903 年

0686　西乡隆盛
（著者不详）　林志钧译　东京　闽学会
1903 年

0687　西洋历史
〔日〕吉国藤吉编　范迪吉等译　上海　会文学
社　1903 年

0688　西洋历史问答（一卷）
〔日〕长谷川诚也编　陈亮译　上海　时中书局
1903 年

0689　西洋文明史
〔日〕高山林次郎著　商务印书馆编译所译　上
海　商务印书馆　1903 年

0690　西洋文明史之沿革（一卷）
〔日〕家永丰吉著　〔日〕山泽俊夫编辑　王师
尘译　上海　文明书局　1903 年

0691　西洋哲学史
〔日〕蟹江义丸著　范迪吉等译　上海　会文学
社刻本　1903 年

0692　希腊史（二卷）
〔日〕桑原启一纂译　中国国民丛书社重译　上
海　商务印书馆　1903 年

0693　希腊史
〔日〕桑原启一编　商务印书馆编译所编译　上
海　商务印书馆　1903 年

0694　希腊兴亡史
〔日〕宫井铁次郎著　片山子译　东京　明权社
1903 年

0695　现今中俄大势论
〔日〕渡边千春著　梁武公译　上海　广智书局
1903 年

0696　宪政论
〔日〕菊池学而著　林棨译　上海　商务印书馆
1903 年 3 月初版，1916 年 8 月 10 版　24 开，
183 页　精装

0697　小学理科
徐有几译　江宁　江楚编译官书局　1903 年

0698　心理学教科书（二卷）
〔日〕大瀬甚太郎、五柄教俊撰　张云阁译　直
隶学校司编译处　1903 年

0699　新式矿物学（六卷）
〔日〕胁水铁五郎著　钟观诰译　上海　启文译
社　1903 年 3 月初版　有图表　16 开，139 页
环筒页装

0700　新说教授学
〔日〕槇山荣次原著　商务印书馆编辑　上海
商务印书馆　1903 年 3 月初版　有表　32 开，
74 页　精装

0701　新闻学（一卷）
〔日〕松本君平著　商务印书馆编译所编译　上
海　商务印书馆　1903 年

0702　新撰三角法
〔日〕松村定次郎著　范迪吉等译　上海　会文
学社　1903 年

0703　新撰万国地理（五卷）
〔日〕山上万次郎、滨田俊三郎合编　林子芹、
林子恕译　上海　开明公社　1903 年

0704　新撰植物学教科书
〔日〕三好学著　杜亚泉译述　上海　商务印书
馆　1903 年 6 月初版，1910 年 7 月　有图表
16 开，200 页

0705 星球游行记

〔日〕井上圆了著　戴赞译　彪蒙译书局
1903 年

0706 星学

〔日〕须藤传治郎著　范迪吉等译　上海　会文
学社　1903 年

0707 行政裁判法论

〔日〕小林魁郎著　范迪吉等译　上海　会文学
社　1903 年

0708 行政法泛论

〔日〕清水澄著　金泯澜译　上海　商务印书馆
1903 年，1913 年 6 版 284 页　精装

0709 畜产泛论

〔日〕高见长恒著　范迪吉等译　上海　会文学
社　1903 年

0710 畜产各论

〔日〕田口晋吉著　范迪吉等译　上海　会文学
社　1903 年

0711 （续哲学）妖怪百谈

〔日〕井上圆了著　徐渭臣译　上海　文明书局
1903 年

0712 续支那通史（二卷）

〔日〕藤田久道编　上海　文明书局石印
1903 年

0713 续支那通志（二卷）

〔日〕山峰畯藏著　上海　崇石书局石印
1903 年

0714 学校管理法问答

日本富山房编　范迪吉等译　上海　会文学社
1903 年

0715 学校卫生学

〔日〕三岛通良著　周起凤译　上海　广智书局
1903 年　教育世界社　清光绪年间　一册
（教育丛书）

0716 学校造林法

〔日〕本多静六著　樊炳清译　上海　江南总农
会石印　1903 年

0717 雪中梅（一卷）

〔日〕末广铁肠（重恭）著　熊垓译　江西　尊
业书局　1903 年　广智书庄本　一册

0718 亚东贸易地理（四卷）

〔日〕永野耕造著　南洋公学译　上海　南洋公
学　1903 年

0719 亚剌伯史（一卷）

〔日〕北村三郎著　赵必振译　上海　广智书局
1903 年

**0720 亚洲三杰（帖木儿　成吉思汗　丰臣秀
吉传）**

时中书局译　上海　时中书局　1903 年

0721 养畜篇（三卷）

〔日〕原熙著　〔日〕吉田森太郎译　上海　江
南总农会石印　1903 年

0722 伊太利亚史

〔日〕坂本健一编　通社编辑部译　上海　通社
1903 年

0723 伊藤博文

日本民友社编　（译者不详）　上海　一新书
局　1903 年

0724 义大利独立史六编（一卷）

〔日〕松井广吉编　张仁普译　上海　广智书局
1903 年

0725 议会及政党论

〔日〕菊池学而著　范迪吉等译　上海　会文学
社　1903 年

0726 议会政党论（三卷）

〔日〕菊池学而著　商务印书馆编译所译　上海
商务印书馆　1903 年

0727 饮食卫生学

〔美〕爱母爱尔好而布尔苦著　〔日〕山田幸太
郎译　罗振常重译　上海　教育世界出版所
1903 年

0728 印度史

〔日〕北村三郎编　程树德译　东京　闽学会
1903 年

0729 印度哲学纲要

〔日〕井上圆了著　汪嵚译　上海/南昌　南昌
普益书局　1903 年

0730 英国革命战史

〔日〕涩江保著　萨忧敌译　上海　支那翻译会

社　1903 年

0731　英国外交政略史（一卷）

〔日〕高田早苗著　胡克猷译　上海　文明书局
1903 年，1914 年重印

0732　英国宪法史

〔日〕松平康国编著　麦鼎华译　上海　广智书
局　1903 年

0733　英吉利史

〔日〕须永金三郎编　广智书局编译　上海　广
智书局　1903 年

0734　英雄主义

〔日〕正冈艺阳著　罗大维译　上海　作新社
1903 年

0735　犹太史（一卷）

〔日〕北村三郎著　赵必振译　上海　广智书局
1903 年

0736　游侠风云录

〔日〕佚名著　独立苍茫子译　东京　明权社
1903 年

0737　有机化学

〔日〕龟高德平著　范迪吉等译　上海　会文学
社　1903 年

0738　月界旅行

〔法〕迦尔威尼著　〔日〕井上勤译　鲁迅重译
东京　翔鸾社　1903 年

0739　运送法

〔日〕菅原大太郎著　范迪吉等译　上海　会文
学社　1903 年

0740　栽培泛论

〔日〕横井时敬著　范迪吉等译　上海　会文学
社　1903 年

0741　栽培各论

〔日〕田中节三郎著　范迪吉等译　上海　会文
学社　1903 年

0742　造洋漆法（一卷　图八幅）

〔日〕田原良纯著　〔日〕藤田丰八译　汪振声
笔述　上海　江南制造局　1903 年

0743　曾国藩（一卷）

〔日〕川崎三郎著　顾学成、唐重威译　上海
开明书店　1903 年

0744　哲学泛论

〔日〕藤井健治郎著　范迪吉等译　上海　会文
学社刻本　1903 年

0745　哲学十大家

〔日〕东京文学士著　中国国民丛书社译　汲绠
斋分庄　1903 年　清光绪末年间　一册

0746　哲学微言

〔日〕井上圆了、川尻宝岑合著　（译者不详）
东京　游学社　1903 年

0747　哲学妖怪百谈（一卷　续编一卷）

〔日〕井上圆了著　徐渭臣译　上海　文明书局
1903 年

0748　哲学要领

〔德〕科培尔著　〔日〕下田次郎述　蔡元培译
上海　商务印书馆　1903 年 9 月初版，1913 年 4
版，1924 年 10 版　32 开，84 页

0749　哲学原理（一卷）

〔日〕井上圆了著　王学来译　东京　闽学会
1903 年

0750　政海波澜（四卷）

〔日〕佐佐木龙著　赖子译　上海　作新社
1903 年

0751　政体论

〔日〕高田早苗著　秦存仁译　武昌　时中书社
1903 年

0752　政治泛论

〔美〕威尔逊著　〔日〕高田早苗译　章起意重
译　上海　商务印书馆　1903 年

0753　政治泛论

〔日〕永井惟直著　范迪吉等译　上海　会文学
社　1903 年

0754　政治史

〔日〕森山守次郎著　陈大棱译　上海　新民译
印书局　1903 年

0755　政治史

〔日〕森山守次郎著　范迪吉等译　上海　会文

学社　1903 年

0756　政治思想之源
小翠女士译　支那翻译会社　1903 年

0757　政治一斑
〔日〕桧前保人、上野岩太郎、池本吉治、绪方
直清著　出洋学生编辑所编译　上海　商务印
书馆　1903 年

0758　支那疆域沿革略说
〔日〕重野安绎、河田羆著　东京　富山房
1903 年　一册

0759　支那教学史略
〔日〕狩野良知著　上海　商务印书馆　1903 年
再版

0760　支那人之气质
〔美〕Arthur H. Smith　（日译者不详）　（中译
者不详）　上海　作新社　1903 年

0761　支那四千年开化史
〔日〕市村瓒次郎著　支那少年编译　上海　支
那翻译会社　1903 年初版，1905 年再版，1906
年 2 月 3 版，7 月 4 版　广智书局　1905 年　一
册线装

0762　支那文明史
〔日〕白河次郎、国府种德编　竞化书局编译
上海　竞化书局　1903 年

0763　植物新论
〔日〕饭塚启著　范迪吉等译　上海　会文学社
1903 年

0764　植物学问答
日本富山房编　范迪吉等译　上海　会文学社
1903 年

0765　植物学新书
日本富山房编　范迪吉等译　上海　会文学社
1903 年

0766　植物营养论
〔日〕稻垣乙丙著　范迪吉等译　上海　会文学
社　1903 年

0767　殖鸡秘法（一卷）
〔日〕中川一德著　〔日〕佐野谦之助译　上海

江南总农会石印　1903 年

0768　制茶篇前编（一卷　后编一卷）
〔日〕高桥橘树著　〔日〕田谷九桥译　上海
江南总农会　1903 年

0769　制糖器具说（一卷）
〔日〕大鸟圭介著　樊炳清译　上海　江南总农
会　1903 年

0770　中等日本文典译释
〔日〕三土忠造著　丁福同译　上海　文明书局
1903 年初版，1905 年再版

0771　中国财政纪略（一卷）
日本东邦协会著　吴铭译　上海　广智书局
1903 年 4 版

0772　中国第一伟人岳飞（一卷）
〔日〕屈川种郎著　金鸣銮译　上海　上海书局
石印　1903 年

0773　中国历史教科书
日本成城学校编　上海　商务印书馆　1903 年
二册

0774　中国史要
日本普通教育研究会编　罗福成译　上海　教
育世界社　1903 年

0775　中国文明发达史
〔日〕白河次郎、国府种德著　东新译社译
1903 年刊本

0776　中学地理外国志（二卷）
〔日〕矢津昌永、角田政治合著　刘邦骥译　汉
川刘氏刻本　1903 年

0777　中学堂教科书万国史纲
〔日〕元良勇次郎、家永丰吉著　邵希雍译　上
海　商务印书馆　1903 年 6 月初版，1906 年 5
月 4 版　有图　大 32 开，258 页

0778　自助论
〔英〕斯迈尔著　〔日〕中村正直译　羊羔重译
上海　通社　1903 年

0779　宗教哲学
（著者不详）　〔日〕姉崎正治译　范迪吉等重
译　上海　会文学社　1903 年

0780 最近俄罗斯海军考
〔日〕窪田重一著 赵必振译 上海 作新社
1903 年

0781 最新化学理论·伊洪说及平衡论
〔日〕中谷平三郎著 钟观光等译 上海 科学
仪器馆 1903 年初版

0782 最新万国形势指掌全图
〔日〕依田雄甫编 东京 富山房 1903 年初
版，1905 年 3 版（增订），1906 年 12 版

0783 作物病理学
〔日〕井上正贺著 胡朝阳译 湖南 新学书局
1903 年

1904

0784 物理学
〔日〕饭盛挺造著 〔日〕藤田丰八译 王季烈
重译 上海 江南群学社 1904 年

0785 埃及妃
〔英〕Upward Allen 著 〔日〕德富芦花原译
（中译者不详） 1904 年刊本

0786 白山黑水录
作新社译 上海 作新社 1904 年

0787 波兰衰亡史
〔日〕涩江保著 薛公侠译 上海 镜今书局
1904 年

0788 东亚史课本
〔日〕桑原骘藏著 〔日〕泰东同文局编译 东
京 泰东同文局石印 1904 年 一册

0789 东洋历史地图
〔日〕小川银次郎编 张元济校订 上海 商务
印书馆 1904 年

0790 俄宫怨
〔日〕森林黑猿著 傅阔甫译 1904 年刊本

0791 俄国暴状志
〔日〕曾根俊虎编 东京 乐善堂书房 1904 年

0792 俄国经营东方策
〔日〕蕨山生著 上海 通社 1904 年

0793 俄国如是
〔德〕西多哥夫撰 〔日〕中西牛郎译 东京
渡边为藏印 1904 年

0794 俄国政略（二卷 附录年表一卷）
〔日〕加藤房藏著 林行规译 京都译学馆
1904 年

0795 俄罗斯（三卷）
〔法〕波留撰 〔日〕林毅陆译 〔日〕中岛
端重译 上海 商务印书馆 1904 年

0796 高等小学理科教科书（1—4 卷）
〔日〕棚桥源太郎、樋口勘次郎著 王季烈译述
上海 文明书局 1904 年 1 月初版 彩图 32
开，4 册 196 页

0797 高等小学生理卫生教科书
〔日〕斋田功太郎著 丁福保译述 上海 文明
书局 1904 年 3 月初版，1905 年 2 月 2 版 32
开，128 页 环筒页装

0798 谷间莺
〔法〕Cervantes Saavedra Miguel 著 〔日〕斋藤
良恭译 三木爱华阅 逸民重译 1904 年

0799 汉译俄罗斯文法教科书
日本人原著 余大鹏译 北京 京师译学馆
1904 年

0800 汉译法文典
〔日〕松井知时编 京师译学馆译 上海 开明
书店 1904 年

0801 和文汉译读本（卷 5，卷 6）
〔日〕坪内雄藏著 〔日〕长尾慎太郎译 上海
商务印书馆 1904 年

0802 环游月球
〔法〕焦奴士威尔士著 〔日〕井上勤原译
商务印书馆重译 上海 商务印书馆 1904
年 7 月初版，1913 年 7 月 5 版 一册 （说
部丛书初集）

0803 极东外交感慨史
〔日〕武田源次郎著 觉海浮沤译 1904 年刊本

0804 教育心理学（一卷）
〔日〕高岛平三郎著 田吴炤译 上海 商务印
书馆 1904 年，1906 年 3 版

0805　教育学教科书
〔日〕小泉又一著　周焕文等译　北京　新华书局　1904年4月初版　大32开，146页

0806　近世泰西通鉴（十八卷）
〔美〕棣亚著　〔日〕岛田三郎等人原译　通社重译　上海　通社　1904年

0807　经济泛论
〔日〕池袋秀太郎著　范迪吉等译　上海　会文学社　1904年

0808　警察学（一卷）
〔日〕宫国忠吉著　译书汇编社译　东京　译书汇编社　1904年

0809　伦理学讲义
〔日〕服部宇之吉著　东京　富山房　1904年

0810　玛璐印
〔英〕Upward Allen著　〔日〕德富芦花原译（中译者不详）　1904年刊本

0811　千年后之世界
〔日〕押川春浪著　天笑（包公毅）译　上海　群学社　1904年

0812　日本议会史
〔日〕工藤武重编　汪有龄译　江苏通州　翰墨林书局　1904—1905年

0813　日俄大战史
〔日〕中岛端编译　上海　劝学会分社　1904年

0814　日俄战争写真账
〔日〕金港堂编　上海　商务印书馆　1904—1905年

0815　师范学校教科书教育心理学
〔日〕高岛平三郎著　田吴炤译述　商务印书馆编译馆校阅　上海　商务印书馆　1904年9月初版，1906年9月3版　大16开，37页　环筒页装

0816　十五小豪杰
〔法〕焦士威尔奴著　〔日〕（思轩居士）森田思轩译　梁启超、披发生（罗普）重译　上海　新民社　1904年

0817　世界海军力（二卷）
〔日〕浅野正恭著　钱无畏译　上海　通社　1904年

0818　世界近代史
作新社编译　上海　作新社　1904年

0819　世界商业史（三卷）
〔英〕器宾著　〔日〕永田健助原译　许家庆重译　上海　山西大学译书院　1904年；协和书局　1905年　一册

0820　数学教科书
〔日〕藤泽利喜太郎编　上海　通社　1904年

0821　算术教科书（上、下卷）
〔日〕藤泽原著　〔日〕西师意汉译　太原　山西大学译书院　1904年9月初版　32开，2册352页，328页　精装

0822　外国地名人名辞典
〔日〕坂本健一编　新学会社编译　宁波　新学会社　1904年，1906年订正3版，1914年三册

0823　万国史纲目
〔日〕元良勇次郎、家永丰吉编　邵布雍译　上海　商务印书馆　1904年

0824　未来世界论
〔日〕渡部万藏著　秦毓鎏、张肇桐译　上海　文明书局　1904年

0825　物理学（下编）
〔日〕饭盛挺造编纂　〔日〕藤田丰八译　王季烈重译　江南群学社刊　1904年　32开，4册510页　石印、环筒页装

0826　西洋历史地图
〔日〕小川银次郎编纂　张元济校订　上海　商务印书馆　1904年　24开

0827　小学理科新书（一卷）
〔日〕教科书原本　王季点译　《便蒙丛编》本1904年

0828　新编童蒙养正教育学
〔日〕长谷川乙彦著　严献章译　湖北　湖北译书局　1904年

0829　新舞台（1—2编）
〔日〕押川春浪著　东海觉我（徐念慈）译　上海　小说林社　1904年第一编初版　一册

0830　新物理学（一卷）
马叙伦译　《新世界学报》本　1904 年

0831　休氏教育学
〔日〕大濑甚太郎著　上海　通社　1904 年

0832　虚无党
日本人原著　冷血（陈景韩）译　上海　开明
书店　1904 年

0833　血手印
（著者不详）　〔日〕茂原周辅原译　陶懋立重
译　上海　文明书局　1904 年

0834　哑旅行（上、下册）
〔日〕末广铁肠著　黄人（黄摩西）译　上海
小说林社　1904 年上册初版，1906 年下册初版，
1907 年上册 4 版、下册 2 版　（小说林）

0835　（言文对照）汉译日本文典
〔日〕松本龟次郎著　日本茨城县高木市兵卫
1904 年

0836　英文法教科书
〔日〕斋藤秀三郎编　张嘈译　赤城学社
1904 年

0837　瀛寰译音异名记（十二卷）
杜宗预编　鄂城宜都杨氏刻本　1904 年

0838　（再版）改良家事教科书（上、下卷）
〔日〕后闲菊野、佐方镇子著　张相文、韩澄译
上海　文明书局　1904 年 5 月—1906 年 10 月初
版　大 32 开，2 册 107 页、82 页

0839　（增补）支那通史（十卷）
〔日〕那珂通世编　〔日〕狩野良知增订　文学
图书公司石印　1904 年

0840　哲学大观——佛教篇
〔日〕建部遁吾编　上海　通社　1904 年

0841　支那近三百年史（四卷）（一名　清国史）
〔日〕三岛雄太郎编　上海　开明书店　1904 年

0842　中等东洋史教科书（上、下册）
〔日〕桑原骘藏著　周同愈译　上海　文明书局
1904 年 10 月初版　32 开，2 册 140 页，148 页
环筒页装

0843　中等教育伦理学
〔日〕元良勇次郎著　麦鼎华译　上海　广智书
局　1904 年 5 月初版，1906 年 3 月 5 版　大 32
开，80 + 45 页

0844　中等西洋史教科书（1—4 卷）
〔日〕小川银次郎著　沙曾诒译著　上海　文明
书局　1904 年 5 月初版　有图　32 开，2 册 704
页、90 页　环筒页装

0845　中等最新化学教科书
〔日〕吉田彦六郎著　何燏时译　东京　教科书
译辑社　1904 年 5 月初版，1907 年 4 月 6 版
有图　大 32 开，355 页

0846　最近外交史
〔日〕原田丰次郎撰　湖北学报馆译　日本刻本
1904 年

0847　最新动物学教科书
〔日〕大森千藏著　戴麒译　北京　文明书局
1904 年 2 月初版　有图　大 32 开，154 页

0848　最新化学问题例解
〔日〕三泽力太郎编　李家诠译　上海　昌明公
司　1904 年

0849　最新养蚕学
〔日〕针塚长太郎著　〔日〕野浦斋译　浙江
浙江官书局　1904 年

0850　最新中学教科书西洋历史地图
〔日〕小川银次郎著　张元济校订　上海　商务
印书馆　1904 年 12 月初版　有彩图　32 开
精装

1905

0851　白云塔（一名　新红楼）
〔日〕押川春浪著　冷血（陈景韩）译　上海
有正书局　1905 年初版

0852　北支那图一幅
〔日〕堀内政固编辑　日本　信阳堂　1905 年

0853　并吞中国策
〔日〕户水宽人著　东京　1905 年

0854　博物揭要（一卷）
王庆翰编译　（出版者不详）　1905 年

0855 财政学
〔日〕冈实著 叶开琼、何福麟编辑 东京 湖北法政编辑社 1905 年

0856 裁判所构成法
〔日〕岩田一郎著 吴柏年译 东京 湖北法政编辑社 1905 年

0857 忏情记（二卷）
（著者不详） 〔日〕黑岩泪香原译 商务印书馆编译所重译 上海 商务印书馆 1905 年初版，1906 年 5 月 3 版

0858 （初等）代数学解式
〔英〕查理斯密著 〔日〕宫崎繁太郎编 知白译 日本印本 1905 年

0859 地文学教科书
〔日〕横山又次郎编 〔日〕西师意译 太原 山西大学译书院 1905 年

0860 地文学教科书
〔英〕窦乐安 〔日〕西师意译 上海 协和书局 1905 年

0861 电术奇谈（一名 催眠术）
〔日〕菊池幽芳著 方庆周译 我佛山人衍义 知新主人评点 横滨 新小说社 1905 年一册

0862 东亚新史
〔日〕桑原骘藏编著 泰东同文局编译 东京 泰东同文局 1905 年

0863 动物学
〔日〕山内繁雄讲授 陈炳炎、刘骞编译 湖北 湖北官书局 1905 年

0864 俄皇宫中之人鬼
〔英〕Upward Allen 著 〔日〕德富芦花译 梁启超重译 横滨 新小说社 1905 年

0865 二勇少年
〔日〕樱井彦一郎译 南野浣白子重译述 上海 广智书局 1905 年

0866 法律经济辞典
〔日〕清水澄著 张春涛、郭开文译 上海 群益书局 1905 年 （有著者中译本序）

0867 法学速成科讲义录
日本法政大学编 上海 广智书局 1905 年

0868 法学通论
〔日〕奥田义人著 张知本编译 东京 湖北法政编辑社 1905 年

0869 法制经济学
〔日〕葛冈信虎讲授 罗伯肋等编译 湖北 湖北官书局 1905 年

0870 （改订）代数学教科书（上册）
〔日〕桦正董著 彭世俊等译述 东京 清国留学生会馆 1905 年 5 月初版 32 开，180 + 25 页

0871 国法学
〔日〕笕克彦著 陈武编译 东京 湖北法政编辑社 1905 年

0872 国际私法
〔日〕山田三良编著 郭斌编译 东京 湖北法政编辑社 1905 年

0873 国文法
〔日〕儿岛献吉郎编 丁永铸译 上海 科学书局 1905 年

0874 （海外奇谭）百合花
〔英〕Upward Allen 著 〔日〕德富芦花原译 （中译者不详） 横滨 横滨新小说社 1905 年

0875 汉译日本刑法
朱乔岳译 东京 秀光社 1905 年

0876 汉译新法律词典
〔日〕三浦熙等著 新法典讲习会编 徐用锡译 北京 京师译学馆 1905 年

0877 化学
〔日〕三泽力太郎、太岛英则讲授 简郁书、黄乾元、王光庚编译 湖北 湖北官书局 1905 年

0878 家政学
〔日〕下田歌子著 汤钊译 上海 广智书局 1905 年再版

0879 监狱学
〔日〕小河滋次郎著 刘铭编译 东京 湖北法政编辑社 1905 年初版

0880　交通学
〔日〕斋藤庄太郎改订　余明铨校正　1905年印本

0881　教育学
〔日〕波多野贞之助编　闵豸等编译　湖北　湖北官书局　1905年

0882　教育学
〔日〕伊泽修二著　〔日〕三屋大四郎译　湖北　湖北官书局　1905年

0883　教育学
〔日〕伊泽修二著　〔日〕三屋大四郎译　东京　泰东同文局　1905年

0884　教育学原理（一卷）
〔日〕波多野贞之助讲述　颜可铸编辑　南通　翰墨林书局　1905年

0885　经济学
〔日〕山崎觉次郎著　王憬芳译　（出版者不详）　1905年

0886　经济学讲义
〔日〕葛冈信虎讲述　直隶速成师范生笔记　直隶学务处　1905年

0887　矿物学
〔日〕严田敏雄讲义　余肇升等编　湖北　湖北学务处　1905年初版　有图　大32开，112页（师范教科丛编）

0888　矿物学教科书
〔日〕神保小虎著　〔日〕西师意译述　许家惺校　太原　山西大学译书院　1905年7月初版　有图　32开，80页

0889　理化学阶梯
〔日〕渥美锐太郎著　泰东同文局译　东京　泰东同文局　1905年

0890　伦理学
〔日〕法贵庆次郎（讲义）　胡庸诰等编　湖北　湖北官书局　1905年

0891　罗马法
〔日〕户水宽人、田中逊、冈本芳次郎编著　樊树勋编译　东京　湖北法政编辑社　1905年

0892　民法财产物权
〔日〕梅谦次郎编著　樊树勋编译　东京　湖北法政编辑社　1905年

0893　民法债权担保
〔日〕梅谦次郎著　彭树棠编译　东京　湖北法政编辑社　1905年

0894　民法总则
〔日〕梅谦次郎著　严献章、匡一编译　东京　湖北法政编辑社　1905年

0895　民法总则篇·物权篇释义
〔日〕梅谦次郎编著　严献章、匡一编译　东京　湖北法政编辑社　1905年

0896　民事诉讼法
〔日〕板仓松太郎著　欧阳葆贞、朱泉璧编辑　东京　湖北法政编辑社　1905年

0897　母夜叉
〔法〕Du Boisgobey Fortune 著　〔日〕黑岩泪香原译　小说林社重译　上海　小说林社　1905年初版，1906年再版

0898　平时国际公法
〔日〕中村进午编　华开琼编译　东京　湖北法政编辑社　1905年

0899　窃皇案
〔英〕Upward Allen 著　〔日〕德富芦花原译　披发生（罗普）重译　横滨　新小说社　1905年

0900　青年镜
〔日〕樱井彦一郎译　浣白子重译　上海　广智书局　1905年

0901　庆应义塾规则
日本庆应义塾编　王泰钟译　长沙　明德学堂　1905年

0902　日本改正刑法草案
陆宗舆译　〔日〕杉荣三郎订正　北京　修订法律馆　1905年

0903　日本监狱法
〔日〕佐藤信安编著　张宗弼译　北京　修订法律馆　1905年

0904　日本陆军刑法　日本海军刑法
董康、章通骏译　中外法制调查局　1905年

0905 日本民法财产物权
〔日〕梅谦次郎编著 樊树勋编译 东京 湖北法政编辑社 1905 年

0906 日本文典课本
〔日〕大矢透著 钟赓言校 东京 泰东同文局 1905 年

0907 日本宪法全书
〔日〕田中次郎著 范迪吉、李思慎译述 上海 群学社 1905 年

0908 日本宪法义解
〔日〕伊藤博文著 （译者不详） 上海 商务印书馆 1905 年

0909 日本刑法
日本政府编 章宗祥、董康译 〔日〕岩谷孙藏校 北京 修订法律馆 1905 年

0910 日本刑法
日本政府编 中外法制调查局译 〔日〕岩谷孙藏校 北京 修订法律馆 1905 年

0911 日本刑法义解
〔日〕高木丰三著 张仲和译 董康笔录 诵芬室 1905 年

0912 日俄战后满洲处分案
〔日〕户水宽人著 新民丛报社社员编译 上海 广智书局 1905 年

0913 日俄战时纪要
日本外务省编 何寿明译 东京 龟田忠一刊 1905 年

0914 珊瑚美人
（著者不详） 〔日〕三宅彦弥原译 商务印书馆编译所重译 上海 商务印书馆 1905 年 4 月初版，9 月再版，1906 年 147 页 一册

0915 商法
〔日〕志田钾太郎著 徐志绎编译 东京 湖北法政编辑社 1905 年

0916 商学（四卷）
张相文编译 阜丰商业学社辑 上海 商学公会 1905 年

0917 社会经济学
〔日〕金井延著 陈家瓒译 上海 群益书局 1905 年

0918 世界末日记（一卷）（原名 地球末日记）
〔法〕佛林玛利安（Flammarion Camille）著 （日译者不详） 梁启超重译 横滨 新小说社 1905 年，1911 年 一册；梁启超译 张春帆释 上海 广益书局 1915 年

0919 世界殖民史
〔日〕山内正瞭著 陈祖兆译 上海 广智书局 1905 年

0920 双金球
〔法〕（著者不详） 〔日〕黑岩泪香原译 中国祥文社重译 东京 清国留学生会馆 1905 年

0921 通俗卫生法防疫法之部
〔日〕川田德次郎著 北京 顺天时报 1905 年

0922 万国公法提要
〔日〕高桥作卫编 留日学生译 东京 泰东同文局 1905 年

0923 物理学
〔日〕赤沼满二郎讲授 金孝韩、路黎之译 湖北 湖北官书局 1905 年

0924 物理学教科书
〔日〕渡边光次编 〔日〕西师意译 太原 山西大学译书院 1905 年

0925 西洋史
〔日〕野村浩一郎编 李羲仪、柏年编译 东京 湖北法政编辑社 1905 年

0926 小公子
〔美〕Burnett France Hodgson 原著 〔美〕Warren Eliza 改写 〔日〕若松贱子原译 小说林社重译 上海 小说林社 1905 年 11 月初版

0927 （校译）支那疆域沿革图
〔日〕重野安绎、河田羆合辑 舆地学会校译 武昌 舆地学会 1905 年，1908 年

0928 心理学讲义
〔日〕服部宇之吉编著 东京 东亚公司 1905 年初版，1907 年再版

0929 心理易解
〔日〕陈桃编辑 上海 会文堂 1905 年

0930　新编教育学教科书

〔日〕大濑甚太郎著　闻豸、刘本枢译述　东京　东京并术活版所　1905 年 1 月发行　大 32 开，142 页

0931　新法螺先生谭

〔日〕岩谷小波著　天笑生译　上海　小说林社　1905 年

0932　新理科书（1—4 卷）

〔日〕滨幸次郎、稻叶彦六著　由宗龙、刘昌明译　上海　昌明书店　1905 年 9 月初版，1906 年 4 月订正 5 版　有图　30 开，4 册 454 页

0933　新舞台

〔日〕押川春浪著　东海觉我（徐念慈）译　上海　小说林；宏文馆　1905 年

0934　（新撰）日本文法教科书

〔日〕木野崎吉辰著　杨政译　东京　奎文馆　1905 年

0935　刑法各论

〔日〕冈田朝太郎著　袁永廉编译　天津　丙午社　1905 年

0936　刑法总论

〔日〕冈田朝太郎著　李维钰编译　天津　丙午社　1905 年

0937　刑事诉讼法

〔日〕板仓松太郎著　邹麟书等编译　东京　湖北法政编辑社　1905 年

0938　行政法

〔日〕清水澄编　黄履贞编译　东京　湖北法政编辑社　1905 年

0939　学校管理法

〔日〕大久保介寿（讲义）　闵豸等编译　湖北官书局　1905 年

0940　学校制度

〔日〕小泉又一讲授　莫覃瀛、夏绍璞、陈湘俊编译　湖北　湖北官书局　1905 年

0941　亚细亚东部之霸权（一名　并吞中国策）

〔日〕户水宽人著　亚细亚东部之一人译　东京（出版者不详）　1905 年

0942　音乐学

〔日〕铃木米次郎、中岛六郎合著　陈邦镇、傅廷春译　湖北　湖北官书局　1905 年

0943　银行之贼

〔美〕（著者不详）　〔日〕黑岩泪香原译　谢慎冰重译　上海　小说林社　1905 年 3 月初版，11 月再版

0944　银山女王

〔日〕押川春浪著　摩西（黄梦庵）译补　上海　小说林社　1905 年初版

0945　应用教授学

〔日〕神保小虎著　〔日〕西师意译　太原　山西大学译书院　1905 年

0946　战时国际法

〔日〕中村进午编　张福先译　东京　湖北法政编辑社　1905 年

0947　战时国际条规辑览

江庸译　东京　闽学会　1905 年

0948　政治地理

〔日〕野村浩一郎编著　刘鸿钧编译　东京　湖北法政编辑社　1905 年

0949　政治学

〔日〕小野塚喜平次著　杜光祐编译　东京　湖北法政编辑社　1905 年

0950　支那古今沿革地图

〔日〕小岛彦七著　日本　三松堂钢版本　1905 年 4 版

0951　植物学

〔日〕铃木龟寿、山内繁雄著　沈增祺、刘人杰等译　湖北　湖北官书局　1905 年

0952　植物学教科书

〔日〕大渡忠太郎著　〔日〕西师意译　太原　山西大学译书院　1905 年

0953　殖民政策

〔日〕中山成太郎、山内正瞭口授　周仲曾编译　东京　湖北法政编辑社　1905 年

0954　中等化学教科书

〔日〕小藤雄次郎编　余呈文译　长沙　湖南作民译社　1905 年

0955　最新化学讲义
〔日〕池田清著　史浩然译　上海　文明书局
1905 年

0956　最新化学教科书
杜亚泉译订　上海　商务印书馆　1905 年初版，
1907 年 6 版

0957　（最新实验）化学教科书
〔日〕高松丰吉编　张修爵等译　上海　启新书
局　1905 年　一册

0958　最新实验化学教科书
〔日〕高松丰吉著　张修爵、彭树滋编译　上海
挹记图书馆　1905 年 5 月初版，1911 年 6 月订
正 8 版　有图　32 开，388 页　精装

0959　最新中学代数学教科书
〔日〕桦正董著　周藩编译　丁福保、唐宝镐校
阅　上海　科学书局　1905 年 5 月初版，1907
年 4 月 3 版　大 32 开　355 + 43 页

1906

0960　澳洲历险记
（著者不详）　〔日〕樱井彦一郎译　金石、褚
嘉献重译　上海　商务印书馆　1906 年初版
（说部丛书第四集），1914 年再版　（说部丛书
初集），1915 年　（小本小说）　70 页

0961　比较国法学
〔日〕市冈精一著　商务印书馆编译馆译　上海
商务印书馆　1906 年

0962　兵式体操教科书（十一编）
范迪吉编译　上海　育文书局石印　1906 年

0963　步兵连之战斗教练
〔日〕工藤豪吉著　训练总监部译　译者刊
1906 年

0964　初等代数教科书
〔日〕长泽龟之助著　松坪叔子译述　长沙　湖
南作民译社　1906 年 1 月初版　32 开，156 页

0965　初等平面几何学
〔日〕菊池大麓编　任允译　东京　教科书编译
社　1906 年

0966　大魔窟（原名　塔中之怪）
〔日〕押川春浪著　吴弱男译　上海　小说林社
1906 年初版

0967　大清帝国新编法典
东亚书社　1906 年

0968　大日本创办海军史（二十六卷）
〔日〕胜安芳编　〔日〕槽原陈政译　〔日〕
中岛雄补译　东京　吉川弘文馆刻本　1906 年

0969　代数学讲义
〔日〕奥平浪太郎著　施普译　上海　文明书局
1906 年 7 月初版　大 32 开，271 页

0970　代数学教科书
〔日〕长泽龟之助著　言焕彰编译　上海　群益
书社　1906 年 2 月初版　32 开，321 + 38 页

0971　灯台守
〔波兰〕星科伊梯著　吴梼译　《绣像小说》第
68—69 期　1906 年

0972　地底旅行
〔法〕迦尔威尼著　〔日〕三木爱华、高须墨浦
原译　之江索士（鲁迅）重译　南京　启新书
局　1906 年　一册

0973　地理（江苏师范讲义　第 7 编）
〔日〕牧口常三郎讲授　江苏师范生编辑　南京
江苏宁属学务处、江苏师范　1906 年 4 月初版
有图表　32 开，36 页

0974　地中秘
〔日〕江见忠功著　凤仙女史译　上海　广智书
局　1906 年

0975　（订正再版）重译足本几何教科书
〔日〕林鹤一著　彭清鹏译补　上海　普及书局
1906 年 2 月初版，1906 年 4 月再版　有图　32
开，175 + 30 页

0976　动物（江苏师范讲义　第 12 编）
〔日〕高桥章臣讲授　江苏师范生编辑　南京
江苏宁属学务处、江苏师范　1906 年 4 月初版
有图表　32 开，118 页

0977　法律学小史
〔日〕户水宽人著　履瀛社译　上海　普及书局
1906 年

0978　法学通论
〔日〕奥田义人著　卢弼、黄炳言译　东京　清
国留学生会馆　1906 年

0979　法学通论

〔日〕奥田义人著　卢弼、黄炳言译　东京　政治经济社　1906 年

0980　高小商业教科书

杨鸿奎译　上海　南洋官书局　1906 年

0981　公债论

〔日〕田中穗积著　戚运机译　东京　政治经济社　1906 年

0982　管理法（江苏师范讲义　第 3 编）

〔日〕小山左文二讲授　江苏师范生编辑　南京　江苏宁属学务处、江苏师范　1906 年 4 月初版　有图表　32 开，99 页

0983　国宪要论

〔日〕市村光惠著　李维翰译　上海　普及书局　1906 年

0984　寒牡丹（二卷）

〔日〕尾崎德太郎（红叶）著　吴梼译　上海　商务印书馆　1906 年初版　2 册 118 页、96 页　二册　（说部丛书初集）

0985　寒桃记（二卷）

（著者不详）　〔日〕黑岩泪香译　吴梼重译　上海　商务印书馆　1906 年 4 月 2 版，1907 年 2 月 3 版，1914 年 4 月再版　2 册 170 页、171 页　二册　（说部丛书初集）

0986　汉和对照日语文法述要

〔日〕难波常雄口述　观澜社编译　东京　观澜社　1906 年

0987　汉文刑法总则讲义案

〔日〕冈田朝太郎撰　东京　有斐阁书房　1906 年

0988　（汉文注释）东文读本

〔日〕小山左文二著　东京　二松堂书局　1906 年

0989　汉译东京指南

〔日〕村田春江著　东京　篠崎纯吉　1906 年

0990　（汉译）东文法汇编

日本独一译社编　东京　清国会馆　中国书林　1906 年

0991　汉译监狱学

〔日〕小河滋次郎著　明志学社译　东京　明志学社　1906 年

0992　汉译日本警察法类纂

法政研究社译　上海　法政研究社　1906 年

0993　汉译日本警察法述义

〔日〕渡边清太郎、鲛岛东四郎编　项泽潘、杨宝书、梅祖培译　东京　清国留学生会馆　1906 年

0994　（汉译）日本语文对照读本

日本语文练习社编　东京　语文练习社　1906 年

0995　（汉译）日语文法精义

〔日〕高桥龙雄著　东京　东亚公司　1906 年

0996　汉译世界读史地图

〔日〕依田雄甫编　东京　富山房　1906 年　精装彩色

0997　汉译卫生一夕谈

〔日〕桥本善次郎著　富山房编辑部译　东京　富山房　1906 年

0998　（汉译）学校会话篇

〔日〕池菊金正著　东京　诚之堂书房　1906 年

0999　花笑翁

〔日〕岩谷小波著　梅秀峰译　东京　东亚公司　1906 年

1000　化学（江苏师范讲义　第 10 编）

〔日〕中村为邦讲授　江苏师范生编辑　南京　江苏宁属学务处、江苏师范　1906 年 4 月初版　有图表　32 开，183 页

1001　化学讲义实验书

〔日〕龟高德平著　虞铭新译　上海　普及书局　1906 年 2 月初版，1908 年 12 月订正 3 版　32 开，254 页

1002　货币论

〔日〕高田早苗著　孙云奎译　东京　政治经济社　1906 年

1003　佳人奇遇

〔日〕柴四郎著　商务印书馆编译所译　上海

商务印书馆　1906 年 8 月 3 版，11 月 6 版，1907 年重印

1004　江苏师范编化学
〔日〕中村为邦编　江苏师范生译　南京　江苏学务处　1906 年

1005　江苏师范讲义物理
日本教科书原本　江苏师范生编译　南京　江苏学务处　1906 年

1006　教育史（江苏师范讲义　第 2 编）
〔日〕增户鹤吉讲授　江苏师范生编辑　南京江苏宁属学务处、江苏师范　1906 年 4 月初版　有图表　32 开，120 页

1007　近世物理学教科书（九卷　首一卷　表一卷）
〔日〕中村清二著　学部图书局译　北京　京师官书局　1906 年

1008　经济学粹（四卷）
〔比〕耶密迩·罗貌礼著　〔英〕亚弗勒孛烈儿原译　〔日〕牧山耕平重译　金陵　江楚编译官书局　1906 年

1009　经济学教科书
王宰善译　上海　开明书店　1906 年

1010　经济学要义
〔日〕松崎藏之助著　〔日〕铃木虎雄译　杨度补译　东京　东亚公司　1906 年

1011　矿物（江苏师范讲义　第 14 编）
〔日〕铃木龟寿讲授　江苏师范生编辑　南京江苏宁属学务处、江苏师范　1906 年 4 月初版有图表　32 开，96 页

1012　历史（江苏师范讲义　第 6 编）
〔日〕安弥讲授　江苏师范生编辑　南京　江苏宁属学务处、江苏师范　1906 年 4 月初版　有图表　32 开，149 页

1013　伦理学
〔日〕大西祝著　胡茂如译　上海　泰东图书局1906 年初版，1914 年 3 版　308 页

1014　伦理学
〔日〕服部讲述　韩述祖编　上海　文明书局1906 年，1913 年再版　252 页

1015　论语类编
〔日〕松田东编　太原　山西师范学堂　1906 年

1016　满洲财力论（一名　富之满洲）
〔日〕松本敬之著　施尔常译　北京　京师官书局　1906 年

1017　满洲调查记
〔日〕冈田雄一郎著　富士英译　1906 年刊本

1018　美人手
〔法〕Du Boisgobey Fortune 著　〔日〕黑岩泪香原译　香叶阁凤仙女史重译　上海　广智书局1906 年初版，1908 年

1019　秘密电光艇（科学小说）
〔日〕押川春浪著　金石、褚嘉猷译　上海　商务印书馆　1906 年初版，1914 年再版　140 页一册　（说部丛书初集）

1020　秘中秘
〔日〕江见忠功著　凤仙译　上海　广智书局1906 年

1021　莫爱双丽传
（著者不详）　〔日〕黑岩泪香译　（中译者不详）　上海　有正书局　1906 年

1022　莫爱双丽传
（著者不详）　〔日〕黑岩泪香原译　（中译者不详）　上海　时报馆　1906 年 7 月初版，1907 年 8 月再版　一册

1023　女子理科教科植物学
〔日〕滨幸次郎、河野龄藏著　姚昶绪、杨传福译补　上海　时中书局　1906 年 12 月初版　有图　大 32 开，68 页

1024　平面几何讲义录（第 1 编）
日本东京数学院著　叶树宣、叶茂宣编译　上海群通社　1906 年 9 月初版　有图　32 开，224 页

1025　普通教育动物学教科书
〔日〕岩川友太郎等著　张修爵、王官寿辑译上海　普及书局　1906 年 4 月初版，1909 年 3 月 5 版　有图　大 32 开，188 页

1026　普通教育平面三角教科书
〔日〕长泽龟之助著　张修爵译　上海　普及书

局　1906 年 9 月初版，1907 年 5 月再版　有图
大 32 开，110＋30 页

1027　普通教育物理学教科书

〔日〕滨幸次郎、河野龄藏著　张修爵译述　上
海　普及书局　1906 年 5 月初版，1907 年 2 月
订正再版　有图　大 32 开，92 页

1028　清国行政法

〔日〕织田万编　法学研究社译　东京　清国留
学生会馆　1906 年

1029　日本教育行政法

〔日〕祷苗代编著　徐志绎、樊树勋译　上海
商务印书馆　1906 年

1030　日本军法大全

唐宝锷译　1906 年

1031　日本议院法

〔日〕工藤重义编　施尔常译　北京　第一书局
1906 年

1032　日本征兵规则大全

孙桂馨译　云南杂志社　1906 年

1033　日俄战记

〔日〕依田雄甫、河田羆合著　东京　富山房
1906 年

1034　日俄战役外交史

日本博文馆编　东京　清国留学生会馆
1906 年

1035　日语合璧

日本文求堂编辑局编　东京　文求堂　1906 年

1036　舌切雀

〔日〕杉房之助著　周颂彝译　东京　东亚公司
1906 年

1037　生理（江苏师范讲义　第 11 编）

〔日〕铃木龟寿讲授　江苏师范生编辑　南京
江苏宁属学务处、江苏师范　1906 年 4 月初版
有图表　32 开，94 页

1038　实践铁道通论

〔日〕茂木英雄著　周珍、李毓麟译　东京　湖
北绎志学社　1906 年

1039　（司密司氏）大代数例题详解

〔日〕奥平浪太郎撰　1906 年　石印

1040　（四版订正）和文汉译读本

〔日〕坪内雄藏著　上海　商务印书馆　1906 年

1041　算术教科书

〔日〕田中矢德编　江南　高等学堂　1906 年

1042　泰西礼俗新编

〔日〕司达福著　刘式训译　译者自刊　1906 年

1043　铁道讲习要录

〔日〕关一著　周珍、李毓芳译　东京　湖北绎
志学社　1906 年

1044　万国地理课本

〔日〕辻武雄编　东京　泰东同文局　1906 年

1045　（文法应用）东文汉译轨范

〔日〕门马常次著　东京　东亚公司　1906 年，
1909 年 3 版　一册

1046　西国新史

日本泰东同文局编订　东京　泰东同文局
1906 年

1047　西洋历史教科书

〔日〕本多浅治郎著　湖北兴文社译　上海　群
益书社　1906 年初版，1913 年　419 页　精装

1048　侠黑奴

〔日〕尾崎德太郎（红叶）著　吴梼译　上海
商务印书馆　1906 年，1914 年再版　54 页

1049　险中险

〔法〕亨利美士著　（日译者不样）　鸳水不因
人译　上海　科学会社　1906 年

1050　现代各国警察制度

〔日〕后藤狂夫著　胡捷等译　上海　昌明公司
1906 年

1051　宪法

〔日〕清水澄著　卢弼、黄炳言译　东京　政治
经济社　1906 年

1052　小学农业教科书

日本教科书　（译者不详）　江宁　江楚编译
官书局　1906 年

1053 小学新理科书
由宗龙编译 （出版者不详） 1906 年

1054 心理（江苏师范讲义 第 4 编）
〔日〕高岛平三郎讲授 江苏师范生编辑 南京
江苏宁属学务处、江苏师范 1906 年 4 月初版
有图表 32 开，226 页

1055 心理学
商务印书馆编译所译 蒋维乔校订 上海 商
务印书馆 1906 年，1907 年

1056 新编中学生理学教科书
〔日〕坪井次郎著 〔日〕井上善次郎阅 沈王
桢译 东京 清国留学生会馆 1906 年 11 月发
行 有图 大 32 开，163 页

1057 新几何学教科书（平面）
〔日〕长泽龟之助著 周达译 上海 东亚公司
1906 年 5 月初版 32 开，167 页 精装

1058 新式东语课本（二卷）
〔日〕中堂谦吉著 东京 泰东同文局 1906 年

1059 新体中学代数教科书
周藩译 上海 科学书局 1906 年

1060 新译日本教育法规（二十七编 附勘误表）
庐靖、步其诰译 直隶提学使署 1906 年

1061 新译算术教科书
金焕东、赵缭辑译 长沙 湖南编译社
1906 年

1062 新撰小学校体操法
李春醿译 北京 清学部图书局 1906 年

1063 刑法各论
〔日〕冈田朝太郎著 李碧编译 东京 湖北法
政编辑社 1906 年

1064 刑法总论
〔日〕冈田朝太郎著 瞿宗铎编译 东京 湖北
法政编辑社 1906 年

1065 学校制度
〔日〕隈本繁吉讲授 程家柽编译 北京 京师
官书局 1906 年

1066 血蓑衣（义侠小说）
〔日〕村井弦斋著 商务印书馆编译所译 上海
商务印书馆 1906 年 6 月初版，12 月 2 版，1914

年再版 108 页一册 （说部丛书初集）

1067 养兵秘诀（二卷）
〔日〕仓辻明俊著 东京 泰东同文局 1906 年

1068 妖怪学讲义录总论
〔日〕井上圆了著 蔡元培译 上海 商务印书
馆 1906 年初版，1917 年 5 版，1922 年 8 版
198 页

1069 野操规则
〔日〕多贺宗之著 日本泰东同文局译 东京
泰东同文局 1906 年

1070 一捻红
〔法〕迦尔威尼著 （日译者不详） 天笑生
（包公毅）重译 上海 小说林社 1906 年 1 月
初版

1071 音乐体操（江苏师范讲义 第 16 编）
〔日〕铃木米次郎讲授 江苏师范生编辑 南京
江苏宁属学务处、江苏师范 1906 年 4 月初版
有图表 32 开，384 页

1072 应用东文教科书
权量译 上海 中东书社 1906 年

1073 虞美人
〔日〕宫崎来城著 吴人达译 上海 时中书局
1906 年初版，1908 年 4 版

1074 早稻田大学政治理财科讲义
日本早稻田大学汉文讲义录编辑部编 早大卒
业及在学中国人编译 东京 早稻田大学
1906—1907 年

1075 政治学
〔日〕小野塚喜平次著 陈敬第编译 天津 丙
午社 1906 年

1076 植物（江苏师范讲义 第 13 编）
〔日〕铃木龟寿讲授 江苏师范生编辑 南京
江苏宁属学务处、江苏师范 1906 年 4 月初版
有图表 32 开，114 页

1077 纸币论
〔日〕杉荣三郎讲授 唐宗愈笔述 北京 京师
仕学馆 1906 年

1078 中等化学教育
〔日〕大幸勇吉编 林国光译 上海 广智书局
1906 年

1079　中等教育工业化学
〔日〕近藤会次郎编　敏智斋主人译　上海　广智书局　1906 年

1080　中等教育物理学
〔日〕中村清二著　林国光译　上海　广智书局 1906 年 12 月初版　有图　大 32 开　精装

1081　中等西洋历史课本
〔日〕木寺柳次郎编　张相（献之）编译　东京 东亚公司　1906 年

1082　中国路矿航运危亡史
〔日〕尾川半三郎著　王荫藩译　东京　清国留 学生会馆　1906 年

1083　（中日对照）实用会话篇
〔日〕唐木歌吉著　王盛春译　东京　中东书局 1906 年

1084　中学地文教科书
〔日〕神谷市郎著　汪郁年译补　东京　教科书 译辑社　1906 年 4 月再版　有图　32 开, 168 页

1085　中学化学教科书
〔日〕龟高德平著　虞和钦译述　上海　文明书 局　1906 年 8 月初版, 1909 年 2 月 3 版, 1911 年 3 月 6 版　有图　32 开, 219 页　精装

1086　中学生理卫生教科书
〔日〕吴秀三著　华申祺、华文祺译　上海　文明 书局　1906 年 8 月初版, 1910 年 3 月 3 版, 1911 年 3 月 5 版　有彩图　32 开, 126 页　平、精装

1087　中学万国地志
〔日〕矢津昌永著　出洋学生编译所译　上海 美华书馆　1906 年

1088　中学校数学教科书代数之部
〔日〕桦正董著　赵缭、易应崐译　上海　群益 书社　1906 年 1 月初版, 1908 年 8 月 3 版　有 表　32 开, 340＋55 页

1089　子之有无法
〔日〕田村化三郎著　丁福保译　上海　医学书 局　1906 年, 1916 年; 文明书局　1909 年初版 一册　（丁氏医学丛书）

1090　租税论
〔日〕田中穗积著　戚运机译　东京　政治经济 社　1906 年

1091　最近东亚外交史
〔日〕野村浩一郎著　王双歧译　东京　清国留 学生会馆　1906 年

1092　最近统合外国地理（二卷）
〔日〕山上万次郎著　谷钟秀译　日本　并木印 刷所　1906 年

1093　最近中学地理教科书地文之部
〔日〕山上万次郎著　陈树藩编译　上海　中国 留学生会馆　1906 年 5 月初版　有图　32 开, 213 页

1094　最新代数教科书
（著者不详）　权量译　中东书社　1906 年

1095　最新代数教科书（上、下册）
〔日〕泽田吾一著　张务本、赵宪曾译　北京 河北译书社　1906 年 10 月初版　32 开, 2 册 373 页

1096　最新化学教科书（上、中、下卷）
〔日〕大幸勇吉著　王季烈译　上海　文明书局 1906 年 9 月初版　有图　32 开

1097　最新日本全国漫游记
〔日〕坪谷善四郎著　范迪吉、金煦译　上海 时中书局　1906 年

1098　最新日本学校管理法关键
〔日〕槙山荣次、小山忠雄合著　杜光佑、程鹏 年译　（出版者不详）　1906 年

1099　最新植物学教科书
〔日〕藤进健次郎著　王季烈译　上海　文明书 局　1906 年 11 月初版, 1910 年 3 月 4 版　有图 大 32 开　134 页

1907

1100　最新实验化学教科书
〔日〕高松丰吉著　张修爵、彭树滋编译　上海 普及书局　1907 年　有图　32 开, 388 页精装

1101　比较宪法
〔日〕美浓部达吉著　张孝慈等编译　东京　秀 光社　1907 年

1102　薄命花
〔日〕柳川春叶著　吴梼译　上海　商务印书馆 1907 年初版, 1917 年 6 版

1103　财政学
〔日〕松崎藏之助、神户正雄合著　黄可权编译
天津　丙午社　1907 年

1104　查理斯密斯氏、霍尔式、乃托氏大代数难题详解
〔日〕上野清编辑　周藩译述　骆师曾校订　上海　商务印书馆　1907 年初版，1908 年再版，1914 年 6 版

1105　初等代数学教科书
〔日〕田中矢德著　崔朝文辑译　上海　商务印书馆　1907 年 4 月初版，1907 年 10 月 2 版　32 开，303 页

1106　初等实验化学教科书
〔日〕饭冈桂太郎著　华申祺译补　上海　文明书局　1907 年 12 月初版　有图 32 开，88 页

1107　初等小学体操教科书
〔日〕川濑元九郎、手岛仪太郎著　黄元吉译　上海　商务印书馆　1907 年 8 月初版　有图 16 开，134 页　精装

1108　大清帝国分省精图
〔日〕依田雄甫撰　东京　富山房书局　1907 年

1109　大清全图（汉译　大清国舆地全图）
日本集画堂编制　东京　集画堂　1907 年

1110　代数学教科书
〔日〕渡边光次编　〔日〕西师意译　太原　山西大学译书院　1907 年

1111　代数学教科书
〔日〕立花赖重讲述　日本宏文学院编辑　东京东亚公司　1907 年 7 月初版　大 32 开，143 页

1112　代数学教科书
〔英〕窦乐安著　〔日〕西师意译　上海　协和书局　1907 年

1113　地方行政要论
〔日〕岛村他三郎著　李倪译　上海　群益书局　1907 年

1114　地方行政制度
〔日〕吉村源太郎著　张家镇译　上海　预备立宪公会　1907 年

1115　地方自治实记
姚鳌、钟麟祥译　（出版者不详）　1907 年

1116　东洋史
〔日〕丸井圭次郎、高岛米峰合著　宏文馆总编辑所译　上海　宏文馆　1907 年

1117　动物教科书
〔日〕糟谷美一著　孙国光译著　上海　文明书局　1907 年 9 月初版　有图 16 开，82 页　精装

1118　动物学教科书
〔日〕金太仁作译　东京　东亚公司　1907 年 7 月发行　有图　大 32 开，146 页

1119　独逸监狱法
〔德〕（著者不详）　〔日〕小河滋次郎口述〔日〕印南于菟吉笔述　柳大谧编辑　天津　丙午社　1907 年

1120　（法律经济辞解）
〔日〕岸木辰雄著　张思枢等译　（出版者不详）　1907 年

1121　法学通论
〔日〕织田万著　刘崇佑译　上海　商务印书馆 1907 年 7 月初版，1910 年 10 月 9 版，1917 年 14 版，1927 年 18 版　24 开，251 页　精装

1122　法学通论（上、下卷）
〔日〕谷川高次讲授　赵澄宇编辑　编者自刊 1907 年

1123　法研究书
〔日〕富冈康郎编著　吴兴让、孟森校勘　上海商务印书馆　1907 年 10 月初版，1910 年 4 月 6 版，1911 年 2 月 7 版，1916 年 8 版　24 开，223 页　精装

1124　富之满洲
〔日〕松本敬之著　马为龙译　东京　政治转输社　1907 年

1125　冈田氏静坐心理
〔日〕桥本五作著　雷通群译　上海　商务印书馆　1907 年

1126　耕种原论
〔日〕泽村真著　〔日〕西师意译　东京　东亚公司　1907 年 5 月 3 版，1911 年 6 月第 6 次重印　（农学丛书）

1127　鬼士官（写情小说）
〔日〕小栗风叶著　商务印书馆编译所译　上海商务印书馆　1907 年初版，1914 年　178 页

一册 （说部丛书初集）

1128 国法学

〔日〕笕克彦讲述 陈时夏译 上海 商务印书馆 1907 年 2 月初版，1913 年 5 月 5 版 25 开 精装

1129 国法学

〔日〕笕克彦著 熊范舆译 天津 丙午社 1907 年

1130 国际私法

〔日〕山田三良编著 傅疆编译 天津 丙午社 1907 年，1913 年再版

1131 （汉译）法律经济辞典

〔日〕清水澄著 张春涛、郭开文译 上海 群益书社 1907 年 8 月初版，1909 年 5 月再版，1914 年 4 版 23 开，567 页 精装

1132 （汉译高等）日本文典课本

〔日〕儿崎为槌著 东京 东亚公司 1907 年

1133 （汉译）日本口语文典

〔日〕松下大三郎著 东京 诚之堂书房 1907 年

1134 汉译西洋通史

〔日〕濑川秀雄著 东京 富山房 1907 年 2 版

1135 航海少年 （冒险小说）

（著者不详） 〔日〕樱井彦一郎原译 商务印书馆编译所重译 上海 商务印书馆 1907 年 8 月初版，1914 年 4 月再版 92 页 一册 （说部丛书初集）

1136 黑衣教士

〔俄〕溪崖霍夫著 〔日〕薄田斩云译 吴梼重译 上海 商务印书馆 1907 年初版，1914 年 3 版

1137 化学教科书

〔日〕金太仁作等译 东京 东亚公司 1907 年 7 月初版 有表 大 32 开，160 页

1138 化学 （前编）

〔日〕加纳清三、小林盈合著 胡朝阳译 上海 镜镜社 1907 年

1139 活学

碁心译 东京 奎文馆 1907 年

1140 货币论

〔日〕河津暹著 陈家瓒译 上海 群益书局 1907 年

1141 机器妻

〔日〕罗张氏著 横竖无尽室主人译 东京 新世界小说社 1907 年，1909 年 二册

1142 监狱访问录 （二编）

〔日〕小河滋次郎著 1907 年

1143 监狱学

〔日〕小河滋次郎、印南於菟吉讲授 裴楠等编辑 编者自刊 1907 年

1144 教师论

〔日〕泽柳政太郎著 东亚公司编纂处抄译 王延干补译 东京 东亚公司 1907 年

1145 教育学

〔奥〕林笃奈尔著 〔日〕汤原元一译补 陈清震重译 北京 京师私立第一中学商业学堂 1907 年 5 月初版 大 32 开，116 页

1146 教育学教科书

〔日〕波多野贞之助著 〔日〕金太仁作译 东京 东亚公司 1907 年 7 月发行 大 32 开，150 页

1147 近世化学教科书

〔日〕池田菊苗著 虞和寅编译 上海 科学仪器馆 1907 年 11 月初版 有图 32 开，288 页 精装

1148 经国美谈

〔日〕矢野文雄著 周逵译 扪虱谈虎客（韩文举）评 上海 广智书局 1907 年

1149 橘英男 （侦探小说）

〔日〕枫村居士著 商务印书馆编译所译述 上海 商务印书馆 1907 年 175 页 （说部丛书初集第 94 编）

1150 矿物界教科书

〔日〕胁水铁五郎著 邓毓怡译 北京 河北译书社 1907 年 3 月初版 有图 32 开，88 页

1151 立体几何学讲义

〔日〕奥平浪太郎著 吴灼昭译 上海 广智书局 1907 年 32 开，261 页

1152　美人岛
〔日〕鹿岛樱巷著　张伦译　上海　月月小说社
1907 年　一册　（说部丛书）

1153　民法财产（绪论、物权）
〔日〕梅谦次郎著　姚华编译　天津　丙午社
1907 年

1154　民法原论
〔日〕富井政章编　王双歧译　东京　渊学社
1907 年

1155　民法债权（附担保）
〔日〕梅谦次郎著　许壬、姚华译　天津　丙午
社　1907 年

1156　民法总则
〔日〕梅谦次郎著　周大烈、陈国祥编辑　天津
丙午社　1907 年

1157　民事诉讼法
〔日〕岩田一郎著　李穆等编译　天津　丙午社
1907 年

1158　明治维新四十年政党史
日本太阳杂志社　胡源汇、张恩绥译　天津
保定官书局　1907 年

1159　谋色图财记
〔日〕泪香小史著　商务印书馆编译所译　上海
商务印书馆　1907 年

1160　男装侦探
（著者不详）　〔日〕古田太郎译　香港
1907 年

1161　农业泛论
〔日〕横井时敬著　〔日〕西师意译　东京　东
亚公司　1907 年 5 月 3 版，1911 年 6 月第 6 次
重印

1162　女学体操
苏慕德、王培基译　上海　广学会　1907 年

1163　欧洲近世外交秘史
〔日〕神藤才一著　蒋羲明译　东京　新译界社
1907 年

1164　平面三角法教科书
〔日〕桦正董著　仇毅译　上海　群益书局
1907 年 8 月初版　有图　32 开，192 + 15 页

1165　平时国际公法
〔日〕高桥作卫著　东京　泰东法政新书局
1907 年　有地图　三册

1166　平时国际公法
〔日〕山胁贞夫讲授　陈履洁、文溥编辑　编者
自刊　1907 年

1167　普通化学教科书（附矿物）
〔日〕原田氏、藤堂氏合编　钱承驹译　上海
文明书局　1907 年

1168　普通教育几何教科书平面之部
〔日〕阪进英一著　顾澄编译　吴起潜、胡复校
订　周道章校阅　上海　普及书局　1907 年 4
月初版　有图　32 开，206 + 51 页

1169　普通科、师范科讲义
东京　东亚公司　1907 年

1170　栖霞女侠
〔日〕岩谷兰轩著　东亚破佛译　上海　集成图
书公司　1907 年

1171　人与猿
〔日〕寺田宽二著　东文译书社译　东京　东文
译书社　1907 年

1172　日本法政大要
〔日〕仁井田益太郎编著　刘念祖译　东京　东
亚公司　1907 年

1173　日本改正刑法草案
日本政府编　〔日〕西田龙太译　（出版者不
详）　1907 年

1174　日本历史
〔日〕青木武助著　张枬译　金陵　江楚编译官
书局　1907 年

1175　日本陆海军刑法
日本政府编　章橘骏、董康译　北京　修订法律
馆　1907 年

1176　日本柔术
徐卓果译　上海　中华书局　1907 年

1177　日本文典
〔日〕芳贺矢一著　商务印书馆编译馆译　上海
商务印书馆　1907 年　204 页

1178 日本宪法说明书

〔日〕穗积八束讲述 考察政治大臣译 北京
政治官报局刻本 1907 年

1179 日本宪法义解

〔日〕伊藤博文著 丁德威编译 （出版者不
详） 1907 年刊

1180 日俄战记全书

商务印书馆编译所译 上海 商务印书馆
1907 年

1181 日清对译编

〔日〕松平康国著 东京 东亚公司 1907 年

1182 日清战史 （六卷）

日本参谋本部编纂 东京 东京印刷株式会社
1907 年

1183 色媒图财记

〔日〕泪香小史著 黄山子译 上海 改良小说
社 1907 年

1184 商法会社

〔日〕松波仁一郎著 陈时夏编译 天津 丙午
社 1907 年

1185 商法商行篇

〔日〕志田钾太郎著 雷光宇编译 天津 丙午
社 1907 年

1186 商法手形

〔日〕冈野敬次郎著 方表编译 天津 丙午社
1907 年

1187 商法总则

〔日〕志田钾太郎著 陈汉第编译 天津 丙午
社 1907 年

1188 生理及卫生教科书

〔日〕三宅秀著 〔日〕金太仁作译 东京 东
亚公司 1907 年 7 月发行 大 32 开，96 页

1189 实业用器画

〔日〕大原钲一郎著 东京 东亚公司 1907 年

1190 世界一周 （冒险小说）

〔日〕渡边氏著 商务印书馆编译所译述 上海
商务印书馆 1907 年 6 月初版，1908 年 1 月再
版 87 页 （说部丛书初集第 66 编）

1191 死刑宜止一种论

〔日〕冈田朝太郎著 北京 农工商部印刷所
1907 年

1192 桃太郎

〔日〕杉房之助著 陶懋颐译 东京 东亚公司
1907 年

1193 外国地理讲义 （三卷）

〔日〕堀田璋编 曹典球译 思贤 1907 年

1194 外事警察

〔日〕有贺长雄著 李锦沅译 武昌 荆门学社
1907 年

1195 微分积分学纲要

〔日〕泽田吾一著 赵缭译 上海 群益书局
1907 年

1196 五里雾

〔法〕Henri Rene Albert Guy de Maupassant 著
〔日〕上村左川译 吴梼重译 上海 商务印书
馆 1907 年

1197 物理学课本

〔日〕后藤牧太著 东京 东亚公司 1907 年 6
月初版 有图 大 32 开，215 页

1198 西藏

日本西藏研究会编 西藏调查会译 成都 西
藏调查会 1907 年

1199 宪法讲义

〔日〕美浓部达吉著 王运嘉、刘蕃合译 上海
宪学社 1907 年

1200 宪法要义

稽镜编译 上海 文明编译印书局 1907 年

1201 小代数学

〔日〕宫本久太郎著 李宗鉴译述 上海 新
学会社 1907 年 9 月初版 32 开，253 + 38 页
精装

1202 小学教授法要义

〔日〕木村忠治郎著 于沈编纂 蒋维乔校订
上海 商务印书馆 1907 年 7 月初版 32 开，
91 页 环筒页装

1203 小学理科教材 （下册）

〔日〕棚桥源太郎、佐藤礼介著 杜子彬译述

严保诚校订 上海 文明书局 1907 年 10 月初
版，1908 年 3 月 2 版 24 开，77 页 精装

1204 新几何学教科书立体
〔日〕长泽龟之助著 张其祥译 东京 东亚公
司 1907 年 8 月初版，1909 年 7 月 3 版重印
有图 大 32 开，79 页 精装

1205 新几何学教科书平面
〔日〕长泽龟之助编纂 曾杰译述 湖南 广雅
新译社 1907 年 1 月初版 有图 32 开，
188 页

1206 新魔术
〔日〕大泽天仙著 金为、吴梼译 上海 新世
界小说社 1907 年

1207 新译几何学教科书立体
〔日〕桦正董著 曾钧译 上海 中国图书公司
1907 年 5 月初版 有图 32 开，95 页 精装

1208 新译几何学教科书平面
〔日〕桦正董著 曾钧译 上海 中国图书公司
1907 年 4 月初版 有图 大 32 开，197 页

1209 新译日本法规大全
日本政府编 刘崇杰等译 〔日〕高田早苗译
校 上海 商务印书馆 1907 年

1210 刑事诉讼法
〔日〕板仓松太郎著 张一鹏编译 天津 丙午
社 1907 年

1211 行政法各论
〔日〕美浓部达吉著 陈崇基编译 天津 丙午
社 1907 年

1212 行政法总论
〔日〕美浓部达吉著 熊范舆译 天津 丙午社
1907 年

1213 朽木舟
（著者不详） 〔日〕樱井彦一郎原译 商务印
书馆编译所重译上海 商务印书馆 1907 年 7
月初版 101 页

1214 医家宝典（第 3 版）
〔日〕古城梅溪著 徐华清校 北京 中国新书
局 1907 年 12 月初版，1913 年 2 月 3 版 有图
表 32 开，745 页 精装

1215 银钮碑
〔俄〕莱门忒甫（莱蒙托夫）著 〔日〕嵯峨
家主人译 吴梼重译 上海 商务印书馆 1907
年 6 月初版，1914 年 8 月 4 版

1216 英译西洋通史
〔日〕濑川秀雄编 日本富山房编译 东京 富
山房 1907 年

1217 鸳盟离合记（二卷）
（著者不详） 〔日〕黑岩泪香原译 汤尔和重
译 上海 商务印书馆 1907 年 10 月初版，
1914 年 3 版 二册

1218 栽培各论
〔日〕佐佐木祐太郎著 〔日〕西师意译 东京
东亚公司 1907 年 7 月再版，1911 年 6 月第 5
次重印 （农学丛书）

1219 （增订）日本欧美教育制度及方法全书
〔日〕小泉又一讲演 〔日〕西师意译 东京
富山房 1907 年

1220 战时国际公法
〔日〕中村进午著 方庚源、陈英编译 编者自
刊 1907 年

1221 政治学
〔日〕小野冢喜平次著 郑篯译 上海 商务印
书馆 1907 年 3 月初版，1931 年 10 月 7 版 25
开，281 页 精装

1222 中等化学教科书（上、下卷）
〔日〕吉水曾贞编著 东京 清国留学生会馆
1907 年

1223 中等化学教科书（上、下卷）
〔日〕吉水曾贞编著 上海 中国公学 1907 年
3 月初版 有图 大 32 开，2 册 480 页

1224 中等教育化学矿物教科书
〔日〕滨幸次郎、河野龄藏著 唐士杰译述 上
海 普及书局 1907 年 7 月初版 有图 大 32
开，98 页

1225 中等教育平面三角法教科书
〔日〕远藤又藏编纂 言焕彭、言焕彰译 上海
商务印书馆 1907 年月初版 有图 32 开，136
+29 页

1226 中学矿物教科书
〔日〕石川成章著 董瑞椿译 上海 文明书局

1907 年 3 月初版　有图　32 开, 92 页　精装

1227　中学乐典教科书
〔日〕田村虎藏编　徐传霖、孙挨译　上海　商务印书馆　1907 年, 1919 年 6 月 17 版　32 开

1228　中学日本文法教科书
〔日〕和田万吉著　李征译　华文祺校　上海　文明书局　1907 年　714 页　精装

1229　中学生理学教科书
〔日〕坪井次郎著　杜亚泉、杜就田译　上海　商务印书馆　1907 年, 1913 年 11 版　大 32 开, 121 页

1230　中学数学教科书几何之部平面（原名几何学小教科书）
〔日〕菊池大麓著　仇毅译　上海　群益书社　1907 年 1 月初版, 1910 年 4 月订正 3 版　有图　32 开, 253 页

1231　中学物理学教科书
〔日〕田丸卓郎著　吴廷槐、华鸿译　上海　文明书局　1907 年 9 月初版　有图　大 32 开, 274 页　精装

1232　中学校应用教科书平面几何学讲义（上、中、下卷）
日本东京数学院编纂　谷钟琦译述　上海　群益书社　1907 年 4 月初版, 1909 年 8 月再版　有图　32 开, 3 册 435 页　精装

1233　中学植物学教科书
〔日〕藤井健次郎著　华文祺译　上海　文明书局　1907 年 8 月初版　有彩图　16 开　精装

1234　最近法制讲义
〔日〕和田垣谦三编　黄汝鉴译　东京　奎文馆　1907 年

1235　最近统合外国地理（二卷）
〔日〕山上万次郎著　谷钟秀译　北京　河北译书局　1907 年

1236　最新初等动物教科书
〔日〕矢岛喜源次著　华文祺译补　上海　文明书局　1907 年 12 月初版　有图　大 32 开, 80 页

1237　最新初等化学矿务教科书
〔日〕滨幸次郎、河野龄藏著　华文祺译　上海　文明书局　1907 年 11 月初版　有图　大 32 开, 98 页

1238　最新初等植物教科书
〔日〕矢岛喜源次著　华文祺译补　上海　文明书局　1907 年 11 月初版　有图　大 32 开, 62 页

1239　最新化学理论解说
〔日〕池田清著　吴传绂译　上海　中国图书公司　1907 年 6 月初版　有图表　32 开, 388 页　精装

1240　最新教授法教科书
〔日〕大瀬甚太郎著　于方译　上海　文明书局　1907 年 2 月初版, 1910 年 6 月 3 版　23 开, 164 页

1241　最新物理学教科书
〔日〕本多光太郎著　译书公会译辑　上海　科学书局　1907 年 1 月发行　有图　大 32 开, 173 页

1242　最新宪法要论
〔日〕市村光惠撰　保定官书局　1907 年

1243　最新植物学教科书
〔日〕大久保三郎等著　王葆真译　东京　启文书局　1907 年 2 月初版　有图　大 32 开, 157 + 22 页　精装

1908

1244　博物学讲义——动物篇
〔日〕箕作佳吉著　柯璜编译　山西　晋新书社　1908 年 6 月初版, 1911 年 10 月再版　24 开, 192 页

1245　地狱村
（著者不详）　〔日〕雨适舍主人原译　黄翠凝、陈信芳重译　上海　小说林社　1908 年

1246　（订正）算术教科书
〔日〕桦正董著　周京译　上海　科学编辑书局　1908 年 5 月初版　大 32 开, 263 + 65 页

1247　东游自治译闻
〔日〕美浓部达吉著　姚永概、姚焕译　1908 年

1248　动物学新教科书
〔日〕箕作佳吉著　王季烈译　杜就田校订　上海　商务印书馆　1908 年

1249　法学通论讲义
〔日〕梅谦次郎编著　王焘译　长沙　铅印本　1908 年

1250 法学通论讲义（二卷）

〔日〕梅谦次郎著 王恭译 湖南 石玉麟堂
1908 年

1251 法学通论（九卷）

〔日〕冈田朝太郎撰 张孝移译 1908 年

1252 法制经济通论

〔日〕户水宽人等原著 何燏时、汪兆铭译述
上海 商务印书馆 1908 年 5 月初版，1909 年
10 月 3 版，1911 年 6 版，1913 年 8 版 23 开，
921 页 精装

1253 肺痨病预防法

〔日〕竹中成宪著 丁福保编译 上海 医学书
局 1908 年 1 月初版，1917 年 4 月 4 版 23 开，
95 页 精装 （丁氏医学丛书）

1254 （改订增补）统计通论

〔日〕横山雅男著 孟森译 上海 商务印书馆
1908 年 4 月初版，1924 年 10 月 9 版，1931 年 5
月 10 版 25 开，392 页

1255 改正近世科学教科书

〔日〕大幸勇吉编 王季烈译 上海 商务印书
馆 1908 年

1256 高丽史（一百三十七卷 目录二卷）

〔朝鲜〕郑麟趾撰 东京 日本国书刊行会
1908—1909 年 九十九册

1257 各科教授法精义

〔日〕森冈常藏编著 东京 东亚公司 1908 年

1258 国际公法

〔日〕千贺鹤太郎著 庐弼、黄炳言译 上海
昌明公司 1908 年

1259 汉口

〔日〕水野幸口著 刘鸿枢等译 上海 昌明公
司 1908 年

1260 （汉译）日本法律经济辞典

〔日〕田边庆弥著 王我臧译 上海 商务印
书馆 1908 年 10 月初版，1910 年 8 月 7 版，
1913 年 10 月 14 版 24 开，148 页 平、精装

1261 汉译日本议会法规

日本政府编 商务印书馆编译所译 上海 商
务印书馆 1908 年，1914 年 4 版

1262 （汉译）实用法医学大全

〔日〕石川清忠著 王佑、杨鸿通编译 汉口
湖北公友会假事所 1908 年 7 月初版，1909
年 7 月再版 24 开，654 + 87 页 精装

1263 化学方程式

〔日〕藤井乡三郎编 尤金镛译 上海 翰墨林
书店 1908 年

1264 化学计算法

〔日〕近藤清次郎编 尤金镛译 上海 翰墨林
书店 1908 年

1265 几何学教科书平面

〔日〕三轮桓一郎著 叶茂宣、叶树宣译 上海
新学会社 1908 年 10 月初版，1911 年 1 月订正
再版 有图 32 开，260 + 22 页

1266 几何学难题详解（平面部）

〔日〕白井义督著 高慎儒译 东京 同文印刷
社 1908 年，1911 年 5 版 228 页

1267 家政学

〔日〕服部繁子著 陆绍治译 东京 富山房
1908 年

1268 监狱作业论

〔日〕小河滋次郎撰 徐金熊译 东京 警察学
校 1908 年

1269 解析几何学教科书

〔英〕查理斯密著 〔日〕宫本藤吉译 仇毅转
译 上海 群益书社 1908 年 11 月初版，1910
年 4 月订正再版 有图 32 开，233 页 精装

1270 经济学

〔日〕胜水淳行著 易泰乾编译 东京 湖北法
政编辑社 1908 年初版，1914 年 3 版

1271 军制学暂行教程十一篇

〔日〕井上璞辑 广东陆军速成学堂 1908 年

1272 理化学教程

〔日〕后藤牧泰编 东京 东亚公司 1908 年

1273 立体几何学教科书

〔日〕菊池大麓著 胡豫译 黄元吉校订 上海
商务印书馆 1908 年 5 月初版 有图 32 开，
98 页

1274 伦理学教科书
〔日〕服部宇之吉著 商务印书馆编译所译 上海 商务印书馆 1908 年初版，1913 年，1915 年

1275 蒙养镜（一名 教育诡言）
〔德〕撒耳士曼著 〔日〕大村仁太郎编译 吴燕来译补 天津 教育图书局 1908 年

1276 模范町村（政治小说）
〔日〕横井时敬著 唐人杰、徐凤书译 上海 商务印书馆 1908 年初版，1915 年 10 月再版 120 页 （说部丛书 2 集第 67 编）

1277 内科全书
〔日〕河内龙若著 丁福保译 上海 医学书局 1908 年 7 月初版，1914 年 5 月 3 版 23 开，47 ＋278＋28 页 精装 （丁氏医学丛书）

1278 内科学纲要
〔日〕安藤重次郎等著 丁福保译 上海 文明书局 1908 年初版

1279 女海贼
〔日〕江见水荫著 商务印书馆编译所译 上海 商务印书馆 1908 年

1280 女子算术教科书
〔日〕小林盈、稻垣作太郎著 吴灼昭译 上海 广智书局 1908 年 7 月初版 32 开，238 页

1281 欧美教育实际
〔日〕小泉又一著 商务印书馆编译所编译 上海 商务印书馆 1908 年

1282 平面几何学新教科书
〔日〕菊池大麓著 黄元吉译述 寿孝天校订 上海 商务印书馆 1908 年 2 版 大 32 开，256 页

1283 日本明治学制沿革史
〔日〕黑田茂次郎、土馆长言著 商务印书馆编译馆编译 上海 商务印书馆 1908 年

1284 日本宪法疏证（四卷 附一卷）
考察政治大臣（载泽等）编译 北京 政治官书局 1908 年

1285 日本宪法详解
〔日〕城数马述著 邵义译 上海 预备立宪公会 1908 年

1286 日本议会史
〔日〕工藤武重编 彭钧译 东京 多文社 1908 年

1287 三人影（侦探小说）
〔美〕乐林司郎治著 商务印书馆编译所译 上海 商务印书馆 1908 年 1 月初版，1914 年 4 月再版 32 开，204 页 （说部丛书初集第 93 编）

1288 商业簿记教科书（实业学堂用）
〔日〕佐野善作著 汪廷襄译 上海 商务印书馆 1908 年初版，1913 年 23 开，235 页

1289 十六国议院典例
蔡文森编译 上海 商务印书馆 1908 年初版

1290 实验罐藏食物制造法
〔日〕猪股德吉郎著 盛国城译 庄景仲校阅 上海 新学会社 1908 年初版，1912 年再版 23 开，102 页

1291 实用法医学大全
〔日〕石川清忠著 王佑、杨鸿通编译 汉口 湖北共友会假事务所 1908 年初版，1909 年

1292 算术条目教授法
〔日〕藤泽利喜太郎著 赵秉良译述 上海 南洋官书局、会文学社 1908 年 1 月初版 32 开，212 页 石印 环筒页装

1293 天际落花（言情小说）
〔法〕Du Boisgobey Fortune 著 〔日〕黑岩周六译 褚灵辰重译 上海 商务印书馆 1908 年 5 月初版，1914 年 4 月再版 119 页 （说部丛书初集第 1 编）

1294 统计通论
〔日〕横山雅南著 孟森译 上海 商务印书馆 1908 年初版

1295 外国地理（女子师范讲义第九）
〔日〕川上喜一讲述 孙清如编译 编者刊 1908 年 3 月初版 有图 大 32 开，196 页

1296 无机化学粹
〔日〕山田董著 余贞敏译 上海 宏文馆 1908 年

1297 无机化学讲义
〔日〕藤本理编 范迪吉、张观光译 上海 均益图书公司 1908 年

1298　西藏通览
〔日〕山县初男译　四川杂志社重译　四川　四
川杂志社　1908 年

1299　先天之教育
〔日〕富永岩太郎著　谢荫昌译　沈阳　奉天图
书发行所　1908 年

1300　新代数学教科书
〔日〕长泽龟之助著　余恒译　上海　东亚公司
1908 年 2 月初版　大 32 开，313 页

1301　新式中学用器画
〔日〕竹下富次郎著　阎永辉编译　阎永仁等校
阅　阎清真总校　北京　编者刊　1908 年 11 月
初版　有图　大 32 开，133 页

1302　新体普通化学教科书
〔日〕龟高德平著　华申祺、华文祺译补　上海
文明书局　1908 年 1 月初版　有图　大 32 开，
127 页

1303　新译日本议员必携
〔日〕小原新三著　王我臧译　上海　商务印书
馆　1908 年初版，1909 年 2 版

1304　新撰动物学教科书
〔日〕五岛清太郎编　许家庆、凌昌焕译　上海
商务印书馆　1908 年

1305　新撰化学教科书
〔日〕吉田彦六郎著　钟衡臧编译　孙仲清校勘
上海　商务印书馆　1908 年 2 月初版　有图
大 32 开，276 + 19 页

1306　行政法各论
〔日〕清水澄著　商务印书馆编译所译　上海
商务印书馆　1908 年 4 月初版，1912 年 5 月 4
版，1917 年 3 月 7 版　24 开，13 + 152 页　精装

1307　药物学纲要
〔日〕铃木幸太郎著　丁福保译　上海　文明书
局　1908 年 5 月初版，1912 年 8 月 3 版　23 开，
318 页

1308　医学纲要
丁福保译　上海　医学书局　1908 年，1915 年
3 版

1309　银行及外国为替
〔日〕水岛铁也著　刘鹤年、梁振岷译　致诚书

局　1908 年

1310　用器画教本
〔日〕白滨征著　吴应机译绘　北京　旅京江苏
学堂　1908 年 2 月初版　32 开，43 页

1311　有机化学讲义
〔日〕藤本清编　范迪吉、张观光译　上海　均
益图书公司　1908 年

1312　育儿谈
〔日〕足立宽著　丁福保译　上海　医学书局
1908 年 7 月初版，1917 年 5 月 4 版　23 开，64
页　精装　（丁氏医学丛书）

1313　园艺要论
〔日〕池田伴亲著　〔日〕西师意译　东京　东
亚公司　1908 年 5 月再版

1314　战时国际公法
〔日〕有贺长雄编　严献章译　东京　清国留学
生会馆　1908 年

1315　哲学提纲（名理学）
李杕译　上海　土山湾印书馆　1908 年初版，
1916 年重印

1316　哲学提纲（天宇学）
李杕译　上海　土山湾印书馆　1908 年初版，
1916 年重印

1317　征韩论实相
〔日〕烟山专太郎著　李崇夏、袁灼、张振镛译
述　东京　楚南拾遗社　1908 年

1318　中等化学
〔日〕杉谷佐五郎编　薛凤昌译著　上海　宏文
馆　1908 年 1 月初版　有图　32 开，230 页

1319　中等算术教科书（上、下册）
〔日〕田中矢德编　崔朝庆译编　上海　文明书
局　1908 年 2 月初版　有图　大 32 开，2 册
501 页

1320　中学西洋历史教科书
〔日〕坪井九马三著　吴渊明、仲遥译述　上海
广智书局　1908 年 9 月初版　有图　大 32 开，
261 页

1321　中学校数学教科书几何小教科书（平面）
〔日〕菊池大麓著　仇毅译　上海　群益书社

1908 年 1 月初版　有图　32 开，253 页

1322　中学校数学教科书算术之部
〔日〕桦正董著　赵缭、易应崐译　上海　群益书社　1908 年 4 月初版　有图　32 开，117 页

1323　（重译考订）东洋史要（四卷）
〔日〕桑原骘藏著　金为译　上海　商务印书馆　1908 年　417 页

1324　竹氏产婆学
〔日〕竹中成宪著　丁福保译　上海　医学书局　1908 年 1 月初版，1920 年 5 月 4 版　有图　24 开，104 页　精装

1325　最近战时国际公法论
〔日〕高桥作卫著　徐锷、郭恩泽译　国际法学研究会　1908 年

1326　最新初等生理卫生教科书
〔日〕矢岛喜源次著　华文祺译　上海　文明书局　1908 年 3 月初版　有图　23 开，63 页

1327　最新化学教科书
〔日〕龟高德平著　陈家瓒译　上海　群益书社　1908 年 6 月初版，1909 年 8 月再版　有图　大 32 开　精装

1328　最新伦理学教科书
〔日〕服部宇之吉撰　唐演译　上海　文明书局　1908 年 5 月初版　大 32 开，146 页

1909

1329　比较财政学（上、下卷）
〔日〕小林丑三郎著　张锡之等译　东京　财政调查社　1909 年

1330　大代数学讲义
〔日〕上野清著　王家菼、张廷华译　上海　商务印书馆　1909 年 6 月初版，1932 年 11 月国难后 1 版，1941 年 2 月渝 6 版　24 开，832 页　影印、精装

1331　动物学新论
〔日〕箕作佳吉著　杜新田、许家庆译　上海　商务印书馆　1909 年

1332　ABC 对数表
〔日〕真野肇、远藤政之助著　顾澄译　王乾校

上海　文明书局、普及书局　1909 年 11 月初版，1910 年 12 月再版，1922 年 5 月订正 3 版　32 开，196 页

1333　肺痨病预防法
〔日〕竹中成宪著　丁福保译　上海　商务印书馆　1909 年

1334　盖氏对数表（附用法）
〔德〕F. G. Gauss 著　〔日〕宫本藤吉原译　杜亚泉、寿孝天重译　上海　商务印书馆　1909 年 4 月初版，1917 年 4 月 11 版　101 页

1335　公债论
〔日〕田中穗积著　陈与年译　上海　商务印书馆　1909 年，1913 年　181 页

1336　害虫驱除全书（一卷）
〔日〕松村松年著　胡朝阳纂译　上海　新学会社　1909 年

1337　汉译西洋历史
〔日〕本多浅治郎著　熊钟麟译　东京　导文社　1909 年 6 月出版，1910 年 1 月发行　大 32 开，770 + 99 页　精装

1338　汉译政治原论
〔日〕浮田和民著　左燮、黄芝瑞译　译者印行　1909 年

1339　喉痧新论不分卷
丁福保译　上海　医学书局　1909 年，1913 年

1340　化学实验新本草
丁福保译　上海　医学书局　1909 年

1341　霍乱新论（疟疾新论）
丁福保译　上海　医学书局　1909 年

1342　几何学教科书
〔日〕生驹万治讲述　日本宏文学院编辑
〔日〕金太仁作译　上海　东亚公司　1909 年 2 月 3 版　有图　32 开，153 页

1343　几何学难题详解（立体部）
〔日〕三木清二著　高慎儒译　骆师曾校订　上海　商务印书馆　1909 年 5 月初版，1911 年 2 月 3 版　23 开，159 页　精装

1344　家畜饲养泛论
〔日〕八锹仪七郎、石崎芳吉合著　〔日〕西师

意译　东京　东亚公司　1909 年初版

1345　家畜饲养各论
〔日〕石崎芳吉、八锹仪七郎合著　（译者不详）　东京　东亚公司　1909 年

1346　旅顺实战记（一名　肉弹）
〔日〕樱井忠温著　黄郛译　上海　新学会社　1909 年　24 开，240 页

1347　旅顺实战记（一名　肉弹）
〔日〕樱井忠温著　黄郛译　上海　（出版者不详）　1909 年 1 月初版，1924 年 6 版　有图　24 开

1348　旅顺双杰传
〔日〕押川春浪著　汤红绂女士译　上海　世界社　1909 年

1349　农家百事问答
范杨编译　上海　新学会社　1909 年初版，1915 年 4 版

1350　女学生旅行记
〔日〕五峰仙史著　曼陀译　上海　有正书局　1909 年

1351　欧西自治大观
〔日〕井上友一著　谢正权译　1909 年刊

1352　欧洲大陆市政论
〔美〕Albertshaw 著　〔日〕美浓部达吉译　胡尔霖重译　上海　商务印书馆　1909 年

1353　普通药物学教科书
〔日〕丝左近编　丁福保译　上海　医学书局　1909 年

1354　普通药物学教科书续编
丁福保译　上海　文明书局　1909 年

1355　普通医学新知识
丁福保译　上海　文明书局　1909 年，1913 年

1356　清国皇室系图
〔日〕（编者不详）　日本　1909 年

1357　日本民法要义亲族篇
〔日〕梅谦次郎编著　陈与桑译　上海　商务印书馆　1909 年

1358　日本民法要义物权篇
〔日〕梅谦次郎编著　陈承泽、陈时夏译　上海　商务印书馆　1909 年

1359　日本民法要义相续篇
〔日〕梅谦次郎编著　金泯澜译　上海　商务印书馆　1909 年

1360　日本民法要义债权篇
〔日〕梅谦次郎编著　孟森译　上海　商务印书馆　1909 初版，1913 年 3 版；法政大学　1909 年　一册

1361　日本民法要义总则篇
〔日〕梅谦次郎编著　孟森等译　上海　商务印书馆　1909 年，1910 年，1913 年

1362　日本议会记事全编
日本政府编　蔡文森、王我臧译　上海　商务印书馆　1909 年

1363　日语读本（1—4 册）
〔日〕内堀维文著　上海　商务印书馆　1909 年 2 月初版，1928 年 3 月 16 版　25 开，4 册　373 页

1364　商业参考书
〔日〕太田原一定著　史宝安译　京师　五道庙售书处　1909 年

1365　社会教育法
〔日〕佐藤善治郎著　沈纮译　上海　教育世界社　1909 年　一册

1366　实验罐藏食物制造法
〔日〕猪股德吉郎著　盛国城译　湖南　新学会社　1909 年

1367　实验却病法
丁福保译述　上海　文明书局　1909 年 10 月再版，1911 年 11 月 3 版

1368　铁路运送论
〔美〕安登哈特勒著　〔日〕小松谦次郎译　陈宗蕃重译　北京　邮传部图书通译局　1909 年

1369　通信要录
〔日〕坂野铁次郎著　方兆鳌译述　黄维基、李湛田校订　北京　邮传部图书通译局　1909 年

1370　无药疗病法
〔日〕丝左近原著　华文祺译著　丁福保校　上海　医学书局　1909年4月初版，1913年4月3版　23开，76页　精装

1371　西藏通览
〔日〕山县初男编　〔日〕三原辰次选　四川西藏研究会译　成都　西藏研究会　1909年　文海出版有限公司影印　2003年　一册

1372　西洋史
〔日〕本多浅治郎著　百城书舍编译　上海　商务印书馆　1909年6月初版，1910年2月再版，1911年6月3版，1915年1月改订4版　有表　22开，39+796+100页　精装

1373　新教育学（中学生师范学堂用）
〔日〕吉田熊次著　蒋维乔编译　上海　商务印书馆　1909年初版，1913年8月5版，1915年6版，1918年8月7版　23开，239页　精装

1374　养蚕论（上卷）
〔日〕冈岛银次著　〔日〕西师意译　东京　东亚公司　1909年初版

1375　印度杂事
〔日〕松本文三郎著　毛乃庸译　上海　中国图书公司　1909年

1376　哲学提纲（伦理学）
李杕译　上海　土山湾印书馆　1909年，1916年

1377　诊断学实地练习法
〔日〕丝左近著　丁福保译　上海　文明书局　1909年，1913年

1378　中等教育几何学教科书立体之部
〔日〕上野清著　仇毅译述　上海　群益书社　1909年4月初版　32开，84页　精装

1379　中学动物学教科书
〔日〕岩川友太郎著　钱承驹译　上海　文明书局　1909年初版，1914年4版　32开，188页　精装

1380　自然学科余谈（一名　五十三日曜春夏部）
〔日〕水村小舟著　刘仁航译　上海　南洋印刷官厂　1909年

1381　最新发明二分间体操
〔日〕小出未三著　徐傅森译　上海　中国图书公司　1909年

1910

1382　北海道拓殖概观
日本北海道厅编　杨成能、谢荫昌译　沈阳　奉天提学司　1910年

1383　动物新论
〔日〕箕作佳吉著　杜就田、许家庆译述　杜亚泉校订　上海　商务印书馆　1910年9月初版，1913年3月3版　有图　23开，270页

1384　（法学名著）日本民法要义（总则编）
〔日〕梅谦次郎编著　孟森译　上海　商务印书馆　1910年12月初版，1913年3月3版，1922年6月4版　25开，248页　精装

1385　（法学名著）日本民事诉讼法论纲
〔日〕高木丰三著　陈与年译述　上海　商务印书馆　1910年12月初版　23开，2册335页、360页　精装

1386　（法学名著）日本刑事诉讼法论
〔日〕松室致著　陈时夏译　上海　商务印书馆　1910年12月初版，1913年再版　24开，330页　精装

1387　分娩生理篇　（产媷生理篇）
〔日〕今渊恒寿著　华文祺、丁福保译　上海　医学书局　1910年　一册　（丁氏医学丛书）

1388　分娩生理篇
〔日〕今渊恒寿著　华文祺、丁福保译　上海　文明书局　1910年　24开，112+30页　精装（丁氏医学丛书）

1389　美人岛
〔日〕鹿岛樱巷著　张伦译　上海　群学社　1910年

1390　农用昆虫学教科书（高级农学校用）
〔日〕小贯信太郎著　胡朝阳纂译　严楹书校订　上海　新学会社　1910年初版，1932年订正6版　有图　25开，144页

1391　欧美电信电话事业
〔日〕中山龙次著　李景铭、方兆鳌译　王真贤等校　北京　邮传部　1910年

1392 妊娠生理篇
〔日〕今渊恒寿著 华文祺、丁福保译 上海
医学书局 1910 年 1 月初版,1924 年 8 月 4 版
24 开,108 页 （丁氏医学丛书 丁福保主编）

1393 日本府县郡制要义
〔日〕小合伸编著 陆辅译 上海 神州国光社
1910 年

1394 日本民事诉讼法论纲
〔日〕高木丰三著 陈与年译 上海 商务印书
馆 1910 年初版,1913 年再版

1395 日本刑法通义
〔日〕牧野英一著 陈承泽译 上海 商务印书
馆 1910 年 12 月初版,1913 年 3 月 3 版 23
开,197 页 精装 （法学名著）

1396 日本盐专卖法规
吕嘉荣编译 东三省盐务总局 1910 年

1397 日语入门
〔日〕长谷川雄太郎著 广东同文馆编 东京
善邻书院石印 1910 年

1398 三角法难题详解
〔日〕白井义督原著 骆师曾译 上海 商务印
书馆 1910 年初版

1399 删定伤寒论
〔日〕南涯吉益删定 上海 医学书局 1910 年
4 月初版,1916 年 5 月再版 23 开,25 页 精
装 （丁氏医学丛书）

1400 身之肥瘦法
〔日〕田村化三郎著 丁福保、徐云编译 上海
医学书局 1910 年 8 月初版,1917 年 4 月 3 版
有表 23 开,138 页 精装

1401 实用学校园
日本博物学研究会编 曹楝译 上海 中国图
书公司 1910 年

1402 世界教育统计年鉴
〔日〕伊东佑谷著 谢荫昌译 沈阳 奉天图书
发行处 1910 年

1403 图书馆教育
〔日〕户野周二郎著 谢荫昌译 沈阳 奉天图
书发行所 1910 年

1404 外科学一夕谈
〔日〕桂秀马著 丁福保译 上海 丁氏医院
1910 年,1913 年

1405 宪法论纲
日本法曹阁编纂 陈文中译 上海 群益书局
1910 年 8 月初版,1911 年 5 月再版 23 开,537
页 精装

1406 新编日本教育法规
日本文部省编 奉天学务公署补译 沈阳 奉
天图书发行所 1910 年

1407 新式物理学教科书
〔日〕本多光太郎、田中三四郎合著 王季点译
述 陈学郢校订 上海 商务印书馆 1910 年
251 页

1408 新译日本教育法规
日本文部省编 庐靖等译 奉天学务公所增补
沈阳 奉天图书发行所 1910 年

1409 新译日本明治教育史
〔日〕野田义夫编 林万里译 上海 中国图书
公司 1910 年

1410 （新撰）病理学讲义
丁福保译 上海 文明书局 1910 年第 2、3 册
初版,1918 年 7 月第 1—3 册再版

1411 （新撰）急性传染病讲义
丁福保译 上海 文明书局 1910 年初版

1412 邮传部译书十七种
清邮传部图书通译局译 译者印 1910 年

1413 中国经济全书
日本东亚同文会编著 经济学会编译 经济学
会 1910 年

1414 最新解剖生理卫生学
商务印书馆编译所译 上海 商务印书馆
1910 年

1911

1415 阿剌伯史
〔日〕北村三郎编 赵必振译 上海 广智书局
1911 年前版

1416 爱美耳钞（五卷）
〔法〕卢骚著 〔日〕山口小太郎、岛崎恒五郎译 〔日〕中岛端重译 上海 教育世界社 1911 年前版

1417 奥国饲蚕法（一卷）
〔奥〕保卜鲁入一育哈昂五著 〔日〕佐佐木忠二郎译 〔日〕井原鹤太郎重译 上海 江南总农会石印 1911 年前版

1418 八省沿海舆图七十九幅
日本陆军测量部绘 天津局石印 1911 年前版

1419 白云塔
〔日〕押川春浪著 冷血（陈景韩）译 上海 小说林社 1911 年前版

1420 保护鸟图谱
日本农务局辑 上海 江南总农会石印 1911 年前版

1421 北冰洋洲及阿拉斯加沿海闻见录（一卷）
〔日〕阿部敬介著 唐人杰译 政学报馆本 1911 年前版

1422 波兰遗史
〔日〕涩江保著 陈澹然译 江西官报 1911 年前版，1916 年 一册线装

1423 博物学教科书（一卷）
虞和寅编译 东京 启文译社 1911 年前版

1424 博物学教授及研究之准备
〔日〕内山繁雄、原野茂六撰 上海 江南总农会石印 1911 年前版

1425 薄荷栽培制造法（一卷）
〔日〕山本鉤吉著 沈绂译 上海 江南总农会石印 1911 年前版

1426 补习农业读本甲种（二卷）
〔日〕横井时敬校 日本补习教育研究会编 上海 江南总农会石印 1911 年前版

1427 步兵各个教练书
日本军事教育会编 孟森译 上海 南洋公学 1911 年前版

1428 步兵工作教范（四卷 附录一卷）
日本陆军省原本 樊炳清译 上海 南洋公学译书院 1911 年前版

1429 步兵工作教范摘要
日本陆军省原本 卢永铭译 1911 年前版

1430 步兵战斗射击教练书二篇（一卷）
日本陆军户山学校原本 〔日〕山根虎之助译 上海 南洋公学译书院 1911 年前版

1431 蚕病要论（一卷）
〔日〕井上伍鹿著 〔日〕米良文太郎译 清光绪间石印 1911 年前版

1432 蚕桑实验说四篇
〔日〕松永伍作著〔日〕藤田丰八译 上海 江南总农会石印 1911 年前版

1433 蚕体解剖讲义（一卷）
〔日〕佐佐木忠二郎口授 日本蚕事部传习生记〔日〕山本正义译 上海 江南总农会石印 1911 年前版

1434 蚕业学校案指引（一卷）
日本东京丸山舍编辑 〔日〕安藤虎雄译 上海 江南总农会石印 1911 年前版

1435 草木图说前篇（二十册）
〔日〕饭沼长顺著 日本刊本 1911 年前

1436 草木移植心得
〔日〕吉田健作著 萨端译 北京 北洋官书局 1911 年前版

1437 产科学初步
〔日〕伊庭秀荣著 丁福保译 上海 医学书局 1911 年前版

1438 钞业略论
大学堂译书局译 清户部刻本 1911 年前版

1439 朝鲜政界活历史（一卷）
〔日〕中岛生著 中国益闻子译 上海 开明书店 1911 年前版

1440 齿牙养生法（一卷）
〔日〕四方文吉著 虞泰祺译 东京 启文译社 1911 年前版

1441 初等英文典
〔日〕神田乃武编 （译者不详） 上海 商务印书馆 1911 年前版

1442　初级干部指挥之研究
〔日〕仓石忠二郎著　军官学校译　北京　武学书局　1911 年前版

1443　处女卫生（一卷）
〔美〕来曼彼斯撒利著　〔日〕北岛研三译　冯霈重译　上海　广智书局　1911 年前版

1444　代义政体原论
〔法〕义佐著　〔日〕山口松五郎译　王纯重译　上海　大宣书局　1911 年前版

1445　灯台卒
〔波兰〕星科伊梯著　〔日〕田山花袋译　吴梼述　上海　商务印书馆　1911 年前版

1446　地方自治精义
〔日〕水野炼太郎著　商务印书馆编译所译　上海　商务印书馆　1911 年再版

1447　地方自治（一卷）
〔日〕桑田熊三著　陶懋立译　上海　文明书局　1911 年前版

1448　地理学（一卷）
〔日〕矢津昌永讲述　朱杞编辑　"速成师范讲义丛录"本　1911 年前版

1449　地球之过去未来
〔日〕加藤弘之著　文明书局译　上海　文明书局　1911 年前版

1450　帝国主义
〔日〕浮田和民著　出洋营生译　上海　商务印书馆　1911 年前版

1451　电术奇谈（一名　催眠术）（奇情小说）
〔日〕菊池幽芳著　方庆周译述　我佛山人衍义　知新主人评点　上海　广智书局　1911 年　282 页

1452　东三省丛话
〔日〕户水宽人著　政法学报社员译　1911 年前版

1453　东西洋教育史（二卷）
〔日〕中野礼四郎著　蔡艮寅、贺廷谟译　猎较社　1911 年前版

1454　东亚史要
〔日〕桑原藏著　日本开成馆编　陆鎏译　北京

直隶学校司　1911 年前版

1455　东洋历史地图
〔日〕市村瓒次郎监修　〔日〕石泽发身编辑　日本　弘文馆　1911 年前第 5 版，第 6 版改名《亚细亚历史地图》

1456　东洋史教科书（一卷）
日本开成馆编　王季点译　上海　明德译书局　1911 年前版

1457　东洋文明（一卷）
〔日〕萨幼实译　郭奇远、马君武润色　支那翻译社　1911 年前版

1458　动物采集保存法（一卷）
〔日〕武田丑之助著　〔日〕宫岛干之助校阅　上海　江南总农会石印　1911 年前版

1459　动物催眠术
〔日〕竹内楠三著　汪惕予译　上海　民国编译书局　1911 年　122 页　精装

1460　动物进化论（一卷）
〔英〕达尔文著　〔美〕摩尔斯口述　〔日〕石川千代松笔记　国民丛书社重译　上海　国民丛书社　1911 年前版

1461　动物学教科书
〔日〕丘浅治郎著　〔日〕西师意译　上海　广学会　1911 年　122 页

1462　动物学（一卷）
〔日〕大渡忠太郎著　许家惺译　太原　山西大学译书院　1911 年前版

1463　读书法
〔日〕泽柳政太郎著　上海　教育世界社　1911 年前版

1464　俄罗斯对中国策（一卷）
〔日〕渡边千春著　日本印本　1911 年前版

1465　鄂省西北部农业视察记
〔日〕美代清彦著　朱承庆译　上海　《农学丛书》本　1911 年前版

1466　二十年来生计剧变论
日本民友社编　陈国镛译　1911 年前版

1467　法国学制
林行规译　京都译学馆　1911 年前版　（时务书局本改名《法国经世辑要》）

1468　法律顾问
〔日〕清水铁太郎著　刘积学译　上海　群益书局　1911 年前版

1469　（法学名著）日本民法要义
〔日〕梅谦次郎著　陈与燊译述　上海　商务印书馆　1911 年 5 月初版，1913 年 5 月 3 版　24 开，317 页　精装

1470　（法学名著）日本民法要义（相续编）
〔日〕梅谦次郎著　金泯澜译　上海　商务印书馆　1911 年 5 月初版，1913 年 5 月 3 版　24 开，258 页　精装

1471　法学通论
〔日〕冈田朝太郎讲义　熊元翰编　北京　安徽法学社　1911 年

1472　法学通论
〔日〕矢板宽著　步以诏编　保定　直隶法律学堂　1911 年前版

1473　法学通论
作新社编译　上海　作新社　1911 年前版

1474　法制新编（一卷）
〔日〕葛冈信虎讲义　朱孔文译　东京　译书汇编社　1911 年前版

1475　犯罪搜查法
〔日〕南波本三郎著　徐祖中译　北京　法学社　1911 年前版

1476　菲尔巴尔图派之教育
〔美〕查勒士德曷尔毛著　〔日〕中岛端重译　上海　教育世界社　1911 年前版

1477　肺结核之人工胸气疗法
〔日〕佐久间利之著　沈乾一译　上海　医学书局　1911 年前版

1478　肺痨病救护法
丁福保译　上海　医学书局　1911 年

1479　肺痨病学
〔日〕原荣著　沈乾一译　上海　医学书局　1911 年前版

1480　肺痨病一夕谈
丁福保译　上海　医学书局　1911 年前版

1481　肺痨实验新疗法
〔日〕小田部庄三郎著　丁惠康译　上海　医学书局　1911 年前版

1482　废物利用篇（一卷）
〔日〕高桥橘树著　陈超立译　"正记书庄"本　1911 年前版

1483　福田自动织机图说（一卷）
日本大阪制造所著　〔日〕川濑仪太郎译　上海　江南总农会　1911 年前版　有图　一册（农学丛书）

1484　福泽谕吉丛谈
〔日〕福泽谕吉著　冯霈译　上海　广智书局　1911 年前版

1485　妇女卫生学白话
〔日〕山根正次著　吴启孙节译　（出版者不详）　1911 年前版

1486　甘薯试验成绩（一卷）
日本农事试验场编　沈纮译　上海　江南总农会石印 1911 年前版

1487　高等小学博物教科书（三卷）
张肇熊译　上海　文明书局　1911 年前版

1488　革命前法朗西二世纪事（二卷）
〔日〕中江笃介著　出洋学生译　上海　出洋学生编辑所　1911 年前版

1489　各国学校制度（三卷）
〔日〕寺田勇吉著　白作霖译　上海　海上译社　1911 年前版

1490　各国主权宪法对照（一卷）
〔日〕川泽清太郎著　《政治学报》本　1911 年前版

1491　各科危险症救急疗法
日本诊断上医疗社编　姚伯麟译　1911 年

1492　国际私法
〔日〕山田三良著　李倬译　上海　商务印书馆 1911 年 5 月初版，1915 年 8 月 3 版　25 开，253 页

1493　国家学
〔日〕有贺长雄著　许直译　东京　湖南译编社　1911 年前版

1494　国民教育资料（二卷）
〔日〕峰是三郎著　沈纮译　上海　教育世界社

1911 年前版

1495 国民新体操（一卷）
〔日〕嘉纳治五郎编 钟观光译 上海 科学仪器馆 1911 年前版

1496 国债论（一卷）
〔日〕土子金四郎著 王季点译 上海 商务印书馆 1911 年前版

1497 果树
〔日〕高桥久四郎著 上海 江南总农会石印 1911 年前版

1498 果树栽培总论（一卷）
〔日〕福羽逸人著 沈纮译 天津 北洋官报局石印 1911 年前版 有图 一册 （农学丛书初集）

1499 海军机关学校规则
〔日〕海军机关学校编 上海 教育世界社 1911 年前版

1500 害虫要说（一卷）
〔日〕小野孙三郎著 〔日〕鸟居赫雄译 上海 江南总农会石印 1911 年前版 有图 一册 （农学丛书）

1501 汉译临床医典
〔日〕筒井八百珠编 丁福保译 上海 商务印书馆 1911 年前版

1502 汉译日本法令类纂
日木政府编 法院研究社译 上海 商务印书馆 1911 年前版

1503 狐狸梦
〔日〕藤田丰山著 笑笑生译 上海 文明书局 1911 年前版

1504 滑稽旅行
〔英〕Combe William 著 〔日〕井上勤原译 包天笑（包公毅）重译 上海 有正书局 1911 年前版

1505 化学定性分析
〔日〕山下顺一郎校 〔日〕平野贯一、河村汪编 上海 亚泉学馆译 "普通学书室"本 1911 年前版有图 一册

1506 化学精义
〔日〕池田清化著 史浩然译 上海 群益书局 1911 年

1507 化学新教科书（二卷 表一卷）
〔日〕吉田彦六郎编 杜亚泉译 上海 商务印书馆 1911 年前版

1508 回天绮谈
（著者不详） 〔日〕加藤政之助原译 玉瑟斋主人重译 上海 广智书局 1911 年前版

1509 机外剑客杂著六种
〔日〕机外剑客著 耐轩译 《政治学报》本 1911 年前版

1510 吉田松阴遗墨（三卷）
〔日〕吉田松阴著 国民丛书社编译 上海 商务印书馆 1911 年前版

1511 几何学教科书
〔日〕林鹤一著 邬肇元译 宁波 新学会社 1911 年前版

1512 记忆术（一卷）
〔日〕井上圆了著 梁有庚译 上海印本 1911 年前版

1513 家禽疾病篇（一卷）
〔英〕屈克氏著 〔日〕赤松如一译 〔日〕山本正义重译 上海 江南总农会石印 1911 年前版

1514 家庭教育法（一卷）
〔日〕利根川与作著 沈纮译 上海 教育世界社 1911 年前版

1515 家政学（五卷）
〔日〕下田歌子著 作新社译 上海 作新社 1911 年前版

1516 监狱学
〔日〕小河滋次郎讲义 熊元翰等编译 北京 安徽法学社 1911 年

1517 检察制度
〔日〕冈田朝太郎口授 郑言笔述 蒋士宜编纂 上海 中国图书公司 1911 年 5 月初版 24 开，242 页

1518 简便国民教育法（一卷）
〔日〕清水直义著 沈纮译 上海 教育世界社 1911 年前版

1519 简明生理学
〔日〕岩崎铁次郎著 吴治恭译 上海 上海商学会 1911 年前版

1520 剑武术 （武道根本）
〔日〕日比野雷风著 汉魂译 上海 南洋官书局 1911 年 6 月初版 32 开，60 页

1521 教授法批评要诀
〔日〕中泽忠太郎著 周维城、陆承谟编译 上海 中国图书公司 1911 年 5 月初版 24 开，104 页

1522 教授法沿革史 （一卷）
〔日〕大濑甚太郎、中川延治著 上海 教育世界社 1911 年前版

1523 教育丛书 （二集）
〔日〕牧濑五一郎等著 王国维等译 上海 教育世界社 1911 年前版

1524 教育丛书 （三集）
〔英〕Samuel Smiles 著 〔日〕中村正直等译 上海 教育世界社 1911 年前版

1525 教育家言 （一卷）
〔日〕德富苏峰著 蒋百里译 上海 广智书局 1911 年前版

1526 教育史教科书 （一卷）
作新社编译 上海 作新社 1911 年前版

1527 教育小说爱美耳钞
〔法〕约罕若克·卢骚著 〔日〕山口小太郎、岛崎恒五郎译 〔日〕中岛端汉译 上海 教育世界社 1911 年前版

1528 教育新论 （一卷 教育新史一卷）
〔日〕天眼铃木力著 "新论"，〔日〕中野礼四郎著 "新史" 张肇熊译 上海 文明书局 1911 年前版

1529 教育学教科书 （一卷）
〔日〕牧濑五一郎著 王国维译 上海 教育世界社 1911 年前版

1530 教育学原理 （一卷）
〔日〕尺秀三郎、中岛半次郎合著 季新益译 东京 教科书译辑社 1911 年前版

1531 教育与国家 （一卷）
〔日〕山路一游讲述 颜可铸编辑 （出版者不详） 1911 年前版

1532 解剖学讲义
博医会译 上海 博医会 1911 年

1533 今世外交史
〔日〕酒井雄三郎著 （译者不详） 东京 闽学会 1911 年前版

1534 进化新论
〔日〕石川千代松著 东京 闽学会 1911 年前版

1535 近时外交史 （一卷）
〔日〕有贺长雄著 东京 闽学会 1911 年前版

1536 近世法医学
〔日〕田中祐吉著 丁福保、徐蕴宣译 上海 文明书局 1911 年 276 页

1537 近世法医学
〔日〕田中祐吉著 徐云译 上海 医学书局 1911 年前版

1538 近世海战史 （二卷）
〔日〕浅野正恭著 叶人恭译 上海 群宜译社 1911 年前版

1539 近世陆军 （二卷）
日本人原著 陶森甲译辑 上海 商务印书馆 1911 年前版

1540 近世露西亚 （一卷）
〔日〕占部百太郎著 廖寿慈译 上海 通社 1911 年前版

1541 近世内科全书
〔日〕桥本节斋著 丁福保译 上海 医学书局 1911 年前版

1542 京师大学堂心理学讲义
〔日〕服部宇之吉讲述 杨道霖撰 北京 京师大学堂 1911 年前版

1543 经国美谈
〔日〕矢野文雄著 雨尘子译 1911 年前版

1544 经济各论讲义
〔日〕杉荣三郎编 上海 商务印书馆 1911 年前版

1545 经济学
〔日〕小林丑三郎著 李佐廷编译 开津 丙午社 1911 年

1546 经济学大意
〔日〕田尻稻次郎著　〔日〕吉田谨三郎译　东京　东京专修学校　1911 年前版

1547 经济学讲义（一卷）
〔日〕杉荣三郎编　上海　商务印书馆　1911 年前版

1548 警察全书
〔日〕宫国忠吉著　许家惺译　上海　群学社　1911 年前版

1549 警察学大意
〔日〕绪方唯一郎讲授　杨宝书编　上海　商务印书馆　1911 年

1550 警察学（一卷）
〔日〕室伏高信著　译书汇编社编译　东京　译书汇编社　1911 年前版

1551 警务要领
〔日〕岛田文之助讲授　李凌云编　上海　商务印书馆　1911 年

1552 救急处置（一卷）
〔日〕足立宽讲述　王明怀译　东京　启文译社　1911 年前版

1553 可萨克东侵略史
作新社译　上海　作新社　1911 年前版

1554 空中旅行记
〔法〕Jules Verne　〔日〕井上勤译　（中译者不详）　1911 年前版

1555 孔门之德育
〔日〕亘理章三郎著　上海　教育世界社　1911 年前版

1556 矿物学简易教科书（二卷）
〔日〕横山又次郎著　范延荣译　北京　直隶学务处石印　1911 年前版

1557 矿物学（一卷）
〔日〕神保小虎、西师意合著　许家惺译　太原　山西大学堂译书院本　1911 年前版

1558 矿学简明初级教科书（一卷）
〔日〕江吉治平编著　梁复生译　上海　导欧译社石印本　1911 年前版

1559 李莲英（一卷）
〔日〕古彦培在著　1911 年前印本

1560 理科教本化学矿物编（三卷　附化学原质异同表一卷）
〔日〕樱井寅之助编　杨国璋译　陈石麟编　附表　上海　进化译社　1911 年前版

1561 理科教授法
〔日〕矢泽米三郎著　教育世界社译　上海　教育世界社　1911 年前版

1562 历代史略
〔日〕那珂通世著　1911 年前版

1563 列国海军及其国民
〔英〕拜窝成著　〔日〕石丸藤太译　军学编译处重译　北京　军学编译处　1911 年前版

1564 林业篇（一卷）
〔日〕铃木审三著　沈纮译　上海　江南总农会石印　1911 年前版

1565 临床内分泌病学
〔日〕横森贤治郎著　晋陵下工译　上海　医学书局　1911 年前版

1566 临床药物学
〔日〕长尾美和著　张克成译　东京　生活院经销　1911 年前版

1567 卢骚传（一卷　爱美耳评论一卷）
〔日〕山口小太郎、岛崎恒五郎译　〔日〕中岛端重译　上海　教育世界社　1911 年前版

1568 陆稻栽培法（一卷）
〔日〕高桥久四郎著　沈纮译　上海　江南总农会石印　1911 年前版

1569 伦理学（一卷）
日本文部省原本　樊炳清译　"科学丛书"本　1911 年前版

1570 论邦国及人民之自助
〔英〕斯迈尔原著　〔日〕中村正直译　林文潜重译　上海　群学社　1911 年前版

1571 论理学达恉（一卷）
〔日〕清野勉著　林祖同译　上海　文明书局　1911 年前版

1572　伦理学（一卷）
〔日〕高山林次郎著　汪荣宝译　《译书汇编》本　1911 年前版

1573　罗马文学史
〔日〕涩江保著　何震彝译　上海　开明书店 1911 年前版

1574　麻栽制法（一卷）
〔日〕高桥重郎著　〔日〕藤田丰八译　天津 北洋官报局石印　1911 年前版　一册　（农学 丛书初集）

1575　马粪孵卵法（一卷）
〔英〕胡儿别　士著　〔日〕大寄保之助译 〔日〕山本正义重译　北京　北洋官书局石印 1911 年前版

1576　麦荆来（三卷）（一名　米利坚近世史）
〔日〕根岸磐井著　张冠瀛译　上海　通雅书局 1911 年前版　（新史学丛书第二编）

1577　满洲地志（一卷）
日本参谋本部著　商务印书馆译　上海　商务 印书馆　1911 年前版

1578　梅特涅
〔日〕森山守治著　陈时夏译　上海　竞化书局 1911 年前版

1579　美国独立战史
〔日〕涩江保编　东京留学生译　上海　商务印 书馆　1911 年前版

1580　美国养鸡法
〔日〕横尾健太、镝木由五郎撰　〔日〕藤乡秀 树译　上海　江南总农会石印　1911 年前版

1581　美国植棉书（一卷）
〔美〕徐瑟甫来曼著　〔日〕薰品枪太郎译 〔日〕川瀬仪太郎重译　上海　江南总农会石印 1911 年前版

1582　美国种芦粟栽制试验表（一卷）
日本驹场农学校编　〔日〕藤田丰八译　上海 江南总农会石印　1911 年前版

1583　蒙古史
〔日〕河野元三编　欧阳瑞骅译　上海　江南图 书局　1911 年

1584　民法总则（上、下卷）
〔日〕松冈义正讲义　熊元翰等编译　北京　安 徽法学社　1911 年

1585　民事诉讼法
〔日〕松冈义正讲述　熊元襄编译　北京　安徽 法学社　1911 年初版，1913 年 3 版

1586　拿破仑（一卷）
〔日〕土井晚翠编著　赵必振译　上海　益智译 社　1911 年前版

1587　男女交际论（一卷）
〔日〕福泽谕吉著　张相文译　上海　文明书局 1911 年前版

1588　男女生殖器病秘书
〔日〕山崎荣三郎著　浩然生译　上海　广智书 局　1911 年前版

1589　男女育儿新法（一卷）
〔日〕中景龙之助著　诱民子译　香港　启智书 会　1911 年前版

1590　南阿新建国史
〔日〕福本诚著　陈志祥译　上海　作新社 1911 年前版

1591　南阿新建国史
〔日〕福本诚著　贺廷谟译　上海　广智书局 1911 年前版

1592　内科学纲要
〔日〕安藤重次郎著　丁福保译　上海　医学书 局　1911 年前版

1593　农理学初步
〔英〕哀奴的伊辣剌统著　〔日〕久原躬弦译 王明怀重译　上海　中西印刷局　1911 年前版

1594　农学大意
〔日〕稻垣乙丙著　胡朝阳编译　庄景仲校　上 海　新民学会　1911 年

1595　农学入门（三卷）
〔日〕稻垣乙丙著　〔日〕古城贞吉译　上海 江南总农会石印　1911 年前版

1596　农学校用气候教科书
〔日〕草野正行、中村春生撰　〔日〕中岛端译 江南总农会石印　1911 年前版

1597　农业保险论（一卷）
〔日〕吉井东一著　〔日〕山本宪译　上海　江南总农会　1911 年前版

1598　农业本论（二卷）
〔日〕新渡户稻造著　上海　江南总农会石印　1911 年前版

1599　农业工学教科书
〔日〕上野英三郎撰　上海　江南总农会石印　1911 年前版

1600　农业气象学（一卷）
〔日〕中川源三郎著　上海　江南总农会　1911 年前版

1601　农艺化学实验法
〔日〕泽村真撰　〔日〕中岛端译　上海　江南总农会石印　1911 年前版

1602　农政学（二卷）
〔德〕洪迭廓资著　〔日〕高冈熊雄译　〔日〕田谷九桥重译　上海　江南总农会石印　1911 年前版

1603　脓蚕（一卷）
〔日〕佐佐木忠二郎著　〔日〕井原鹤太郎译　上海　江南总农会石印　1911 年前版

1604　女子教育论（一卷）
〔日〕永江正直著　钱单译　上海　教育世界社　1911 年前版

1605　女子师范教育学
〔日〕长谷川乙彦著　覃寿公译　东京　清国留学生会馆　1911 年前版

1606　欧美教育观
日本育成会著　沈纮译　上海　教育世界社　1911 年前版

1607　欧洲货币史
〔英〕达布留耶西容著　〔日〕信夫淳平译述　新民译印书局译　上海　商务印书馆　1911 年前版

1608　欧洲文明史
〔法〕尼骚著　日本　译书社译　1911 年前版

1609　皮肤病学美容法
〔日〕山田弘伦著　丁福保译　上海　医学书局　1911 年前版

1610　平时国际公法
〔日〕中村进午著　陈时夏译述　上海　商务印书馆　1911 年初版，1912 年再版，1915 年 4 版　333 页

1611　普通卫生救急治疗法
〔日〕金泽岩著　卢预甫译　上海　医学书局　1911 年前版

1612　普通选举法（一卷）
〔日〕丸山虎之助著　季铭又译　上海　开明书店　1911 年前版

1613　（普通应用）农学大意（上、中、下编）
〔日〕稻垣乙丙著　胡朝阳编译　庄景仲校　上海　新学会社　1911 年 8 月初版　23 开

1614　普通植物学教科书（一卷）
〔日〕三好学原著　亚泉学馆译　上海　商务印书馆　1911 年前版

1615　骑兵斥候答问（一卷）
〔日〕陆军教导团编　王鸿年译　上海　南洋公学　1911 年前版

1616　气候论（一卷）
〔日〕井上甚太郎著　上海　江南总农会　1911 年前版

1617　铅笔习画帖
〔日〕广田藤治著　丁宝编译　上海　文明书局　1911 年前版

1618　前庭与后园（二卷）
〔日〕片山春耕撰　陶昌善译　上海　江南总农会石印　1911 年前版

1619　青年科学
〔日〕丝左近著　丁惠康译　上海　医学书局　1911 年前版　32 开　（青年丛书）

1620　清国分割新图
（编制者不详）　日本印本　1911 年前版

1621　清国十朝史略（二卷）
〔日〕增田贡撰　日本抄本　乌丝栏　1911 年前版

1622　清全地图一大幅
〔日〕宫忠龟一著　日本　三省堂铜版本　1911

年前版

1623 球术
范迪吉译 上海 育文书局 1911 年前版

1624 权利竞争篇
〔日〕加藤弘之著 （译者不详） 活印本
1911 年前版

1625 全体解剖图二十幅
〔日〕塚本岩三郎绘 东京 造画馆 1911 年
前版

1626 人体寄生虫病编
〔日〕小西俊三编 丁福保译 上海 医学书局
1911 年前版，1938 年 7 月 3 版 23 开

1627 人体解剖实习法
〔日〕石川直喜著 孙祖烈译 上海 医学书局
1911 年前版

1628 人种新说
〔日〕加藤弘之著 陈尚素译 东京 译书汇编
社 1911 年前版

1629 日本帝国宪法论
〔日〕副岛义一著 曾有澜、潘学海译 南昌
江西公立法政学堂 1911 年 6 月初版 25 开，
630 页 精装

1630 日本东京大学规则（一卷）
（著者不详） （译者不详） 上海 江南制造
局 1911 年前版

1631 日本法规大全样本
（著者不详） （译者不详） 上海 商务印书
馆 1911 年前版

1632 日本法律参考书概评（一卷）
（译者不详） 东京 译书汇编社 1911 年前版

1633 日本法制大意
〔日〕和田垣谦三著 吕延平译 1911 年前版

1634 日本货币史
〔日〕信夫淳平著 新民译印书局译 上海 时
中书局 1911 年前版

1635 日本近世教育概览
教育世界社译 上海 教育世界社 1911 年
前版

1636 日本警察法概要
1911 年前版

1637 日本警察法令提要
唐宝锷译 东京 译书汇编社 1911 年前版

1638 日本六法全书
日本政府编 商务印书馆编译所译 上海 商
务印书馆 1911 年，1914 年

1639 日本陆军教育摘要（一卷）
〔日〕稻村新六校订 卢永铭译 上海 南洋公
学 1911 年前版

1640 日本陆军学校章程汇编
日本陆军省编 孟森译 〔日〕稻村新六校订
上海 南洋公学 1911 年前版

1641 日本民法要义（债权编）
〔日〕梅谦次郎著 孟森译述 上海 商务印书
馆 1911 年 537 页 精装

1642 日本排水简法（前编一卷 后编一卷）
〔日〕中井太一郎著 上海 江南总农会 1911
年前版

1643 日本普通体操摘要
日本师范学校编 王肇鋐译 湖北 武学书局
1911 年前版

1644 日本商法论（商行为编）
〔日〕松波仁一郎著 秦瑞玠译述 上海 商务
印书馆 1911 年 5 月初版，1913 年 5 月 3 版
25 开，222 页 （法学名著）

1645 日本商法论（手形编、海商编）
〔日〕松波仁一郎著 郑剑译述 上海 商务印
书馆 1911 年 5 月初版，1913 年 5 月 3 版 25
开，371 页 精装 （法学名著）

1646 日本商法论（总则编、会社编）
〔日〕松波仁一郎著 秦瑞玠译述 上海 商务
印书馆 1911 年初版，1913 年 3 版 330 页
（法学名著）

1647 日本速成师范讲义丛录
〔日〕山路一游著 颜可铸译 长沙 湖南编译
局印本 1911 年前版

1648 日本统计释例（六卷）
考察政治大臣译撰 北京 政治官报局 1911
年前版

1649　日本维新三杰传
〔日〕北村紫山著　马汝贤译　苏州　励学译社
1911 年前版

1650　日本维新三十年大事记
作新社译　上海　作新社　1911 年前版

1651　日本武备教育（一卷）
商务印书馆译　上海　商务印书馆　1911 年
前版

1652　日本西学传略（一卷）
〔日〕木村一步编　郑诚元译　上海　群学社
1911 年前版

1653　日本现势论
日本东邦协会编著　养浩斋主人译　上海　广
智书局　1911 年前版

1654　日本宪兵制
孟森译　〔日〕稻村新六校订　上海　南洋公
学　1911 年前版

1655　日本宪政略论
〔日〕金子坚太郎撰　北京　政治官报局　1911
年前版

1656　日本刑法大全
唐宝锷译注　北京　法律修订馆　1911 年前版

1657　日本刑法附则
日本政府编制　（译者不详）　北京　中外法
制调查局抄本　1911 年前版

1658　日本行政法（三卷）
顾昌世编译　上海　通社　1911 年前版

1659　日本学政纂要
〔日〕冲祯介著　东京　劝学会　1911 年前版

1660　日本政体史（一卷）
〔日〕秦政治郎著　李志仁译　苏州　励学译社
1911 年前版

1661　日本政治地理（一卷）
〔日〕矢津昌永著　上海广方言馆译　《南洋七
日报》本　1911 年前版

1662　日本政治沿革史
〔日〕秦政治郎著　中西译书会译　上海　黎明
书局　1911 年前版

1663　日本政治沿革史（八卷）
〔日〕秦政治郎著　中西译书会译　上海　中西
译书会　1911 年前版

1664　日本政治沿革史（一卷）
〔日〕秦政治郎著　张品全译　上海　富强斋译
书局　1911 年前版

1665　日本植物图说
〔日〕牧野富太郎撰　上海　江南总农会石印
1911 年前版

**1666　日本中学校令施行规则（一卷　教授要
目一卷）**
日本文部省编　钱恂译　上海　作新社　1911
年前版

1667　日本诸国封建沿略（一卷）
〔日〕荻野由之著　刘大猷译　上海　教育世界
社石印　1911 年前版

1668　日本竹谱（三卷　附图一卷）
〔日〕片山道人著　上海　江南总农会石印
1911 年前版

1669　日本辎重兵驭法
中央军校译　北京　武学书局　1911 年前版

1670　日本最近在满会议之秘密
国际问题研究会编译　上海　新民译书局　1911
年前版

1671　日俄战争写真帖四集
日本诸画家绘　上海　商务印书馆　1911 年
前版

1672　三国佛教略史
〔日〕岛地默雷、生田得能编著　释听云、释海
秋译　北京　龙泉孤儿院石印　1911 年

1673　三十三年落花梦
〔日〕宫崎滔天著　章士钊译　上海　上海书局
1911 年

1674　森林保护学（一卷）
〔日〕铃木审三著　沈纮译　上海　江南总农会
石印　1911 年前版

1675　山蓝新说（一卷）
〔日〕堀内良平编　林壬译　天津　北洋官报局

石印　1911 年前版　1900 年　有图　一册
（农学丛书二集）

1676　商业通论

〔日〕石川文吾撰　上海　南洋印刷官厂
1911 年

1677　少年鞭 （一卷）

〔日〕菅学应著　郑诚元译　上海　群学社
1911 年前版

1678　社会进化论

〔日〕有贺长雄著　萨端译　东京　闽学会
1911 年前版

1679　射击球

范迪吉译　上海　育文书局　1911 年前版

1680　娠妇诊察法

〔日〕今渊恒寿著　丁福保译　上海　医学书局
1911 年前版

1681　生理卫生学 （二卷）

〔日〕斋田功太郎著　直隶学校司编译处译　天
津官报馆　1911 年前版

1682　生理卫生学 （一卷）

〔日〕斋田功太郎著　田吴焰译　天津　北洋官
报局　1911 年前版　汉阳刘氏六吉轩本

1683　生理学讲义

〔日〕宫入庆之助著　孙祖烈译　上海　医学书
局　1911 年前版

1684　生物之过去未来

〔日〕横山又次郎著　王建善译　上海　开明书
店　1911 年前版

1685　生物之过去未来 （一卷）

〔日〕横山又次郎著　虞和钦、虞和寅译　东京
启文译社　1911 年前版

1686　生殖器病学

〔日〕佐藤进著　李祥麟译　东京　作者经销
1911 年前版

1687　十九世纪外交史

日本民友社编　张相译　杭州　杭州史学斋
1911 年前版

1688　实验小学管理术

〔日〕山高儿之丞著　胡家熙译　上海　广智书
局　1911 年前版

1689　实验植物学教科书

〔日〕三好学著　杜亚泉译　上海　商务印书馆
1911 年 2 月初版　有图　32 开，128 页

1690　实业教育 （一卷）

〔英〕斐理普麦古那著　〔日〕一户清方、上冈
市太郎译　上海　教育世界社　1911 年前版

1691　实用卫生学讲本

〔日〕山田良叔编　丁福保译　上海　医学书局
1911 年前版

1692　实用卫生自强法

〔日〕堀井宗一著　赵必振译　上海　广智书局
1911 年前版

1693　实用养蜂新书

〔日〕吉田弘藏著　沈化夔编译　上海　新学会
社　1911 年 12 月初版，1913 年 7 月再版，1928
年 9 月 9 版，1931 年 2 月 12 版　有图　23 开，
60 页

1694　史学通论

〔日〕浮田和民著　李浩生译　杭州　合众书局
1911 年前版

1695　史眼古意新情

〔日〕西师意著　训练总监部编译　南京　军用
图书社　1911 年前版

1696　世界地理学 （六卷）

〔日〕矢津昌永著　吴启孙编译　东京　丸善
1911 年前版

1697　世界商业史

〔日〕和田垣谦三著　徐宗稚、周保銮译述　上
海　商务印书馆　1911 年 11 月初版，1913 年 6
月再版，1914 年 8 月 3 版，1916 年 1 版　23 开，
199 页

1698　世界通史 （三卷）

〔德〕布列著　〔日〕和田万吉原译　特社重译
特社　1911 年前版

1699　世界之十大宗教

〔日〕久津见息忠著　黄天暹译　上海　作新社
1911 年前版

1700　世界诸国名义考（五卷）
〔日〕秋鹿见二著　沈诵清译　上海　广智书局
1911 年前版

1701　视学提要十八章（一卷）
〔日〕吉村寅太郎纂译　上海　教育世界社
1911 年前版

1702　双美人
〔日〕弦斋居士著　上海　群学社　1911 年前版

1703　水产学（四卷）
〔日〕竹中邦香著　〔日〕山本正义译　上海
江南总农会石印　1911 年前版

1704　水面赛船
范迪吉译　上海　育文书局印本　1911 年前版

1705　司法警察
〔日〕岛田文之助讲授　饶孟焘编　上海　商务
印书馆　1911 年

1706　斯迈尔斯自助论
〔英〕Samuel Smiles 著　〔日〕中村正直译
〔日〕中村大来重译　上海　教育世界社　1911
年前版

1707　苏格拉底（一卷）
〔日〕久保天随著　张相译　杭州　合众书局
1911 年前版

1708　算法量地捷解前编（三卷）
〔日〕松泽信义编　日本　明石舍刊本　1911 年
前版

1709　算数代数二样之解法
〔日〕白井义督著　听秋子译　东京　同文印刷
社　1911 年前版

1710　算学公式及原理（一卷）
〔日〕白井义督著　上海　文明书局　1911 年
前版

1711　胎生学
〔日〕大泽岳太郎著　丁福保译　上海　医学书
局　1911 年前版

1712　泰西本草名疏（三卷）
〔日〕伊藤清民著　日本刊本　1911 年前版

1713　泰西农具及兽医治疗器械图说（一卷）
日本驹场农学校原本　〔日〕藤田丰八译　上
海　江南总农会　1911 年前版

1714　特兰斯法尔
〔日〕福本诚著　杭州合众译书局译　上海　出
洋学生编辑所　1911 年前版

1715　体学图谱
高士兰译　上海　博医会　1911 年

1716　天变地异（一卷）
〔日〕小幡笃次郎著　台湾督府民政部译　玫瑰
轩本　1911 年前版

1717　田川大吉郎之学说（一卷）
〔日〕田川大吉郎著　杜士珍译　《新世界学
报》本　1911 年前版

1718　甜菜培养法（一卷）
日本东文学社译　朱纬军重译　上海　江南总
农会　1911 年前版

1719　铁鞭
〔日〕冈本监辅编　上海　商务印书馆　1911 年
前版

1720　铁血宰相（十八章）
〔日〕吉川润二郎撰　钱应清、丁畴隐译　上海
文明书局　1911 年前版

1721　铁血主义（一卷）
〔日〕德富健次郎著　王钝译　上海　商务印书
馆　1911 年前版

1722　通信行政概要
〔日〕渡部信讲述　润璋编译　金桂等校　有信
社丽古斋　1911 年

1723　通信要录
〔日〕坂野铁次郎著　李景铭译　张智远校　北
京　邮传部　1911 年前版

1724　统合新教授法（二卷）
〔日〕樋口勘次郎著　董瑞椿译　上海　南洋公
学　1911 年前版

1725　土壤学（一卷）
〔日〕池田政吉著　〔日〕山本宪译　上海　江
南总农会　1911 年前版

1726　外国地理学教科书（三卷）

〔日〕渡边光次编　〔日〕白洋一夫译　东京
同文沪报馆石印本　1911 年前版

1727　外国地名人名字典

〔日〕坂本健一编辑　觉民编译社　1911 年前版

1728　外交通义

〔日〕长冈春一著　钱承铉译　上海　作新社
1911 年前版

1729　外科学一夕谈

〔日〕桂秀马著　丁福保译　上海　医学书局
1911 年前版

1730　万法精理

〔法〕孟德斯鸠著　〔日〕何礼之译　张相文重
译　上海　文明书局　1911 年前版

1731　万国春秋（二卷）

〔日〕岩原次郎著　榴芳女学生译　成都　《启
蒙通俗报》本　1911 年前版

1732　万国地理统纪

〔日〕若原编　顾培基、马汝贤译　苏州　励学
译社　1911 年前版

1733　万国教育志（三卷）

〔日〕寺田勇吉著　赵必振译　上海　进化译社
1911 年前版　一册

1734　万国史纲

〔日〕元良勇次郎、家永丰吉著　东华译书局译
天津　东华译书局　1911 年前版

1735　万国史讲义

〔日〕服部宇之吉编　上海　商务印书馆　1911
年前版

1736　万国史讲义（一卷）

〔日〕服部宇之吉讲述　京师大学堂　1911 年
前版

1737　万国史要

〔日〕辰巳小次郎、小川银次郎合著　求是书院
译　杭州刊本　1911 年前版

1738　万国通典辑要（四卷）

〔日〕冈本监辅编　成饴辑要　四明玫瑰轩石印
1911 年前版

1739　王安石新法论

〔日〕高桥作卫著　陈超译　上海　广智书局
1911 年前版

1740　微分积分学

〔日〕长泽龟之助著　马瀛译述　寿孝天、骆师
曾校　上海　商务印书馆　1911 年 4 月初版，
1914 年 4 月再版　32 开，350 页

1741　文部文课规程八条

文部大臣官房图书课事务分掌课程六条　樊炳
清译　（出版者不详）　1911 年前版

1742　无病疗养法

〔日〕丝左近著　华文祺译　上海　医学书局
1911 年前版

1743　五色石

〔日〕大江小波著　汤淑成译　东京　东亚公司
1911 年前版

1744　西太后（一卷）

〔日〕中久喜信周著　上海　知非书会　1911 年
前版

1745　西乡南洲先生遗训

〔日〕西乡隆盛著　〔日〕成田安辉选译　1911
年前版

1746　西洋史钧元（一卷）

〔日〕箭内亘、小川银次郎、藤冈作次郎合编
留学生译　上海　新中国图书社　1911 年前版

1747　现代意大利

〔日〕下位春吉讲述　仇宣编译　崇德社　1911
年前版

1748　现行法制大全（一卷）

〔日〕樋山广业著　译书汇编社辑译　东京　译
书汇编社　1911 年前版

1749　宪法

〔日〕清水澄著　陈登山译述　1911 年前版

1750　宪法研究书

〔日〕富冈康郎著　吴兴让译　上海　商务印书
馆　1911 年

1751　消防警察

〔日〕宝田通经讲授　杜鸿宝编　上海　商务印
书馆　1911 年

1752　小儿养育法
〔日〕渡边光次著　周家树译　无锡　丁氏畴隐庐石印　1911 年前版

1753　小学各科教授法（九卷　附论一卷　附表一卷）
〔日〕寺内颖、儿崎为槌合著　白作霖译　上海文明书局　1911 年前版

1754　小学教授法（一卷）
〔日〕东基吉著　沈纮译　教育世界社　1911 年前版

1755　小学教授学及管理法纲目
〔日〕田口义治编　章棪译　上海　会文堂1911 年前版

1756　小学理科教科书
〔日〕棚桥源太郎、樋口勘次郎编　曾泽霖译东京　教科书辑译社　1911 年前版

1757　小学农业教科书（四卷）
〔日〕佐佐木祐太郎著　〔日〕桥本海关译　上海　江南总农会　1911 年前版

1758　小学校要则（二卷）
〔日〕山路一游讲述　朱杞、龙纪官辑译　"速成师范讲义丛录"本　1911 年前版

1759　屑茧制丝法
〔日〕竹泽章辑　沈纮译　上海　江南总农会1911 年前版

1760　蟹之仇讨
〔日〕杉房之助著　周颂彝译　东京　东亚公司1911 年前版

1761　心理的教授原则（三卷）
〔日〕杉山富槌著　教育世界社编译　上海　教育世界社　1911 年前版

1762　心理教育学
〔日〕久保田贞则著　上海　广智书局　1911 年前版

1763　心理疗法
〔日〕井上圆了著　卢谦译　上海　医学书局1911 年前版

1764　心理学讲义
〔日〕长尾槙太郎著　蒋维乔译　上海　师范讲习社　1911 年前版

1765　新编初等重学
〔日〕刈屋野原编　朱文熊译　上海　科学会编译部　1911 年 12 月初版　32 开，273 页

1766　新编教育学讲义
〔日〕中岛半次郎编著　韩定生译　东京　富山房　1911 年

1767　新编日本教育法规
日本文部省编　直隶学务所译　北京　直隶学务所　1911 年前版

1768　新编万国历史
〔日〕长泽市藏著　白振民译　1911 年前版

1769　新编中学生理书（一卷）
〔日〕坪井次郎著　何琪译　绍兴　通艺学堂石印　1911 年前版

1770　新教授学（一卷）
〔日〕小山忠雄著　田真译　杭州印本　1911 年前版

1771　新世界伦理学
〔日〕乙竹岩造著　赵必振译　上海　广智书局1911 年前版

1772　新世界伦理学
〔日〕乙竹岩造著　赵必振译　上海　新民译书局　1911 年前版

1773　新式地文学
〔日〕岩崎重三著　东京　闽学会本　1911 年前版

1774　新体欧洲教育史要
〔日〕谷本富著　（译者不详）　东京　闽学会1911 年前版

1775　新万国处方（处方集）
〔日〕田村化三郎著　丁福保译　上海　医学书局　1911 年前版

1776　新万国药方
〔日〕恩田重信著　丁福保译　上海　文明书局1911 年前版

1777　新说教授学（一卷）
〔日〕槙山荣次著　上海印本　1911 年前版

1778　（新译）大日本近世史
〔日〕松井广吉编　范枕石译　上海　广学会
1911 年前版

1779　新译国际私法
〔日〕中村进午编　袁希濂译　上海　商务印书
馆　1911 年前版

1780　新撰病理学讲义
〔日〕田中祐吉编　丁福保译　上海　医学书局
1911 年前版

1781　新撰解剖学讲义
〔日〕森田齐次郎著　丁福保译　上海　医学书
局　1911 年前版

1782　新纂儿科学
〔日〕伊藤龟治郎著　丁福保译　上海　医学书
局　1911 年前版

1783　刑法
〔日〕冈田朝太郎讲义　熊元翰等译　北京　安
徽法学社　1911 年

1784　刑法过失论
〔日〕S．P．C 著　郑宇中译　北京　法学社
1911 年前版

1785　刑事诉讼法
〔日〕冈田朝太郎讲义　熊元翰等编译　北京
安徽法学社　1911 年

1786　行政警察
〔日〕木尾虎之助讲授　梅祖培编　上海　商务
1911 年

1787　修学篇（一卷）
〔日〕饭田规矩三著　蒋方震译　上海　广智书
局　1911 年前版

1788　畜疫治法（一卷）
〔美〕夫敦著　〔日〕宗我彦唐译　萨端重译
上海　江南总农会石印　1911 年前版

1789　续支那通史（二卷）
〔日〕山峰暧藏著　汉阳青年译　会文政记石印
1911 年前版

1790　学生立志论（一卷）
〔日〕柳内虾洲著　秦毓鎏译　上海　文明书局
1911 年前版

1791　学校建筑模范图一幅
日本文部省秘本　（译者不详）　东京　译书
汇编社　1911 年前版

1792　学校卫生书
〔日〕坪井次郎译　上海　教育世界社　1911 年
前版

1793　训蒙穷理图解（二卷）
〔日〕福泽谕吉著　台湾督府民政部译　日本玫
瑰轩　1911 年前版

1794　亚历山大（一卷）
〔日〕幸田成友著　赵必振译　上海　新民译
印书局　1911 年前版

1795　亚细亚东部图（一幅　附朝鲜图一幅）
〔日〕省三绘　日本刊本　1911 年前版

1796　亚细亚西部衰亡史卷
〔日〕野口竹次郎著　丁文江译　《译书汇编》
本　1911 年前版

1797　亚洲商业地理志（二卷）
〔日〕永野耕造编　刘世珩译　刘世珩石印
1911 年前版

1798　颜料篇
〔日〕江守襄吉郎著　〔日〕藤田丰八译　王季
烈重译　上海　江南制造局　1911 年前版

1799　眼科锦囊（四卷　续二卷）
〔日〕本庄士雅著　上海　福瀛书局　1911 年
前版

1800　眼科临床要领
〔日〕宫下左右辅著　沈毅译　上海　医学书局
1911 年前版

1801　验糖简易方（一卷）
日本农务局原本　〔日〕藤田丰八译　上海
江南总农会　1911 年前版

1802　扬子江
〔日〕林安繁著　汪国屏译　上海　商务印书馆
1911 年前版

1803　药物学大成
〔日〕丝左近著　丁福保译　上海　医学书局
1911 年前版

1804 药物学一夕谈（附良方偶存）
丁福保译　上海　医学书局　1911 年初版

1805 野外要务令（二卷）
日本陆军省原本　卢永铭译　上海　南洋公学
1911 年前版

1806 伊达邦成传
〔日〕柳井录太郎著　沈纮译　1911 年前版

1807 医界之铁椎
〔日〕和田启十郎著　丁福保译　东京　启文译
社　1911 年前版

1808 医界之铁椎
〔日〕和田启十郎著　丁福保译　上海　医学书
局　1911 年 9 月初版，1917 年 5 月再版　24 开，
158 页　精装

1809 医学要领
〔日〕富永勇、三轮德宽著　丁福保译　上海
医学书局　1911 年前版

1810 意大利独立史
〔日〕松井广吉编　张仁普译　上海　广智书局
1911 年前版

1811 意大利兴国侠士传
〔日〕松井广吉著　〔日〕桥本太郎译　上海
上海译书局　1911 年前版

1812 印度蚕食战史（三卷）
〔日〕涩江保著　汪郁年译　杭州　译林馆
1911 年前版

1813 应用昆虫学教科书
〔日〕江间定次郎、生间与一郎撰　上海　江南
总农会石印　1911 年前版

**1814 英国觇国记（一卷）（一名　英兰觇
国记）**
〔日〕好本智著　曙海后人译　上海　开明书店
1911 年前版

1815 英国地方政治论
〔法〕希西利洛度利科著　〔日〕久米金弥译
赵必振重译　上海　新民译印书局　1911 年
前版

1816 英国维新史（四卷）
羽化生编译　上海　作新社　1911 年前版

1817 英美海战史（三卷）
〔美〕爱德华·斯宾著　〔日〕越山平三郎译
世界译书局重译　上海　世界译书局石印　1911
年前版

1818 英雄之肝胆
〔法〕乌伊奇脱由刚著　陆士谔译　1911 年前版

1819 原师（一卷）
〔日〕泽柳政太郎著　武昌翻译学塾译　武昌翻
译学塾　1911 年前版

1820 岳飞
〔日〕笹川种郎著　金鸣銮译　1911 年前版

1821 造化机新论（一卷）
〔日〕细野顺著　出洋学生译　上海　商务印书
馆　1911 年前版

1822 （增修）先天构造图说
〔日〕大野云潭著　王霖甫增订　张恩阁校　吉
林　双城精益书局　1911 年 5 月初版　32 开，
35 页　石印本　环筒页装

1823 战时国际公法
〔日〕中村进午编　陈时夏译　上海　商务印书
馆　1911 年初版，1914 年 8 版　159 页

1824 战术学
日本陆军士官学校编　〔日〕细田谦藏译　上
海　南洋公学　1911 年前版

1825 战术学讲话
〔日〕中村定吉著　唐天闲等译　上海　南洋公
学　1911 年前版

1826 战争
〔日〕中泽三夫著　训练总监部译　上海　南洋
公学　1911 年前版

1827 樟树论（一卷）
〔日〕白河太郎著　〔日〕藤田丰八译　上海
江南总农会石印　1911 年前版

1828 哲学新诠（一卷）
〔日〕中岛力著　田吴炤译　上海　商务印书馆
1911 年前版

1829 诊断学大成
〔日〕平出谦吉著　丁福保译　上海　医学书局
1911 年前版

1830　侦探谭（1899）

冷血（陈景韩）译　上海　时中书局　1911 年前版

1831　政教进化论

〔日〕加藤弘之著　杨廷栋译　上海　出洋学生编辑所　1911 年前版

1832　政治泛论

〔日〕永井惟直著　翻译世界译　1911 年前版

1833　政治学及比较宪法论

〔美〕J. W. Burgess 原著　〔日〕高田早苗译　朱学曾等重译　上海　商务印书馆　1911 年前版

1834　支那疆域沿革图略说

〔日〕重野安绎、河田羆合辑　舆地学会编　武昌　舆地学会刻本　1911 年前版

1835　支那全书（七卷）

〔日〕藤田久道编　〔日〕增田贡校　上海　教育世界社石印　1911 年前版

1836　支那问题（一卷）

〔日〕持地六三郎著　中国愈思斋主人译述　上海　文明书局　1911 年前版

1837　支那鸦片病国史论（一卷）

〔日〕永野吉祐著　金柯译　上海　文明书局　1911 年前版

1838　植稻改良法（一卷）

〔日〕峰几太郎著　〔日〕川濑仪太郎译　上海　江南总农会石印　1911 年前版

1839　植漆法（一卷）

〔日〕初濑川健增著　日本朝日新闻报馆译　罗振玉编译　天津　北洋官报局石印　1911 年前版　清光绪年间　一册　（农学丛书初集）

1840　植物教科书（二卷）

〔日〕松村任三、斋田功太郎合著　北洋官报馆译　天津　北洋官报局　1911 年前版

1841　植物启原（三卷）

〔日〕宇田川榕著　上海　江南总农会石印　1911 年前版

1842　植物生理学

〔日〕川上泷弥著　吴赇译　湖南　新学书局

1911 年前版

1843　植物学教科书（二卷）

〔日〕松村任三著　刘大猷译　上海　江南总农会石印 1911 年前版

1844　植物学教科书

〔日〕松村任三、斋田功太郎编　直隶编译处译　直隶　直隶编译处　1911 年前版

1845　植物学教科书

〔日〕五岛清太郎编　上海　作新社　1911 年前版

1846　制芦粟糖法（一卷　附图）

〔日〕稻垣重为著　〔日〕藤田丰八译　上海　江南总农会　1911 年前版

1847　制絮说（一卷）

〔日〕杉山原治郎著　〔日〕井原鹤太郎译　上海　江南总农会　1911 年前版

1848　制纸略法（一卷）

〔日〕今关常次郎著　〔日〕佐野谦之助译　天津　北洋官报局石印　1911 年前版　清光绪年间　一册　（农学丛书初集）

1849　中等动物学教科书（二卷）

〔日〕饭岛魁编　王国维译　上海　江南总农会石印　1911 年前版

1850　中等教育辑制新地图（附地志一斑一卷）

〔日〕野口保兴著　日本　精华堂　1911 年前 4 版

1851　中国货币论

〔日〕清水孙秉著　王黻炜译　北京　翰林院王宅　1911 年

1852　中国秘密结社史（一名　中国秘密社会史）

〔日〕平山周著　商务印书馆编译所译　上海　商务印书馆　1911 年初版，1912 年 5 月再版，1934 年 8 月国难后第 1 版，1935 年 4 月国难后第 2 版

1853　中国通商物产志字典（二卷）

〔日〕上野专一编　钟观光、钟观诰译述　上海　科学仪器馆　1911 年前版

1854 中国学术史纲（一卷）
〔日〕白河次郎、国府种德合著　杨志洵译
1911 年前版

1855 中西文化之交流
〔日〕石田干之助著　张宏英译　长沙　商务印
书馆　1911 年 2 月初版　32 开，156 页　（史
地小丛书）

1856 中学各科教授细目（十八卷　附表）
日本人原著　江苏师范讲习会译　上海　文明
书局　1911 年前版

1857 中学矿物教科书
〔日〕山田邦彦、石上孙三合著　陈钟年译　天
津　北洋官报局　1911 年前版

1858 中学算理教科书第（一卷）
〔日〕水岛久太郎著　陈视译补　东京　教科书
辑译社　1911 年前版

1859 中学校要则（一卷）
〔日〕平田芳太郎讲述　周起凤编辑　"速成师
范讲义丛录"本　1911 年前版

1860 妆品编（二卷）
〔日〕松永新之助著　沈纮译　"工艺丛书"本
1911 年前版

1861 自律神经系
〔日〕吴健著　萧百新译　1911 年前版

1862 最近财政学
〔日〕和田垣谦三著　作新社译　上海　广智书
局　1911 年前版

1863 最近俄罗斯情势论（一卷）
〔日〕内田硬石、吉仓丸农合著　启新书局译
金陵　启新书局　1911 年前版

1864 最近俄罗斯政治史
译书汇编社译　上海　文明书局　1911 年前版

1865 最近时政治史
〔日〕有贺长雄著　（译者不详）　东京　闽学
会　1911 年前版

1866 最近卫生学（一卷）
〔日〕桥本善次郎著　海天独啸子译　上海　广
智书局　1911 年前版

1867 最近预算决算论
〔日〕工藤重义著　易应绅译　上海　群益书局
1911 年

1868 （最新发明）实验奇效百法
〔日〕濑川未三著　醒昔居士编译　汉口　图书
书社　1911 年 6 月初版　32 开，42 页

1869 最新经济学（一卷）
〔日〕田岛锦治著　《翻译世界》本　1911 年
前版

1870 最新万国政鉴（五十一卷）
日本太阳报原译　赵天择、王慕陶编译　上海
国民丛书社　1911 年前版

1871 作物篇（一卷）
〔日〕高田鉴三著　上海　江南总农会石印
1911 年前版

1872 作战粮食给养法（一卷）
日本陆军经理学校原本　杨志洵译　上海　南
洋公学　1911 年前版

1912

1873 定性分析化学
〔日〕山田董著　谢祜生译　上海　群益书社
1912 年 10 月再版　32 开，262 页

1874 各国近时政况
〔日〕小野冢喜平次著　林觉民译　上海　商务
印书馆　1912 年初版，1913 年 4 月再版　有表
24 开，317 页

1875 各国预算制度论
〔日〕工藤重义著　李犹龙译　上海　群益书社
1912 年 9 月初版　23 开，255 页　精装

1876 化学讲义
〔日〕池田清著　史浩然译　上海　群益书局
1912 年 8 月 7 版　23 开，727 页

1877 几何学讲义平面部
〔日〕上野清著　张廷华译　寿孝天、骆师曾、
赵秉良校订　上海　商务印书馆　1912 年 12 月
初版，1931 年 4 月 9 版，1933 年 5 月国难后 1
版，1938 年 7 月长沙 5 版，1949 年 5 月 7 版
23 开，657 页　平、精装

1878　解剖学讲义（四卷）
〔日〕森田齐次郎著　丁福保译　上海　医学书局　1912 年初版

1879　理科教科书化学矿物编
〔日〕樱井寅之助著　杨国璋译编　北京　銮受社　1912 年 9 月订正再版　有图　大 32 开，196＋28 页

1880　临床病理学
〔日〕田中祐吉著　丁福保译　上海　医学书局　1912 年 5 月初版

1881　皮肤病学
〔日〕筒井八百珠著　丁福保译　上海　虹桥疗养院　1912 年 6 月初版，1940 年 6 月再版　24 开，369 页　平、精装　（世界医学百科丛书）

1882　普通儿童心理学
〔日〕松本孝次郎著　江仁纶、彭清鹏译　吉林　吉林图书馆　1912 年 5 月初版，1914 年 9 月再版　23 开，54 页

1883　社会主义广长舌
〔日〕幸德秋水著　商务印书馆编译所译订　上海　商务印书馆　1912 年

1884　蔬菜栽培篇（农业教本）
〔日〕今村猛雄著　叶兴仁译　上海　新学会社　1912 年 9 月初版，1914 年 5 月 3 版　23 开，44 页

1885　通俗教育事业设施法
日本通俗教育研究会著　伍达译　上海　通俗教育研究会　1912 年 10 月初版　24 开，146 页

1886　外交秘事
（著者不详）〔日〕千叶紫草译编　商务印书馆编译所重译　上海　商务印书馆　1912 年初版，1914 年 6 月 3 版

1887　武则天第二满宫丑史
〔日〕大久平治郎著　知耻学社　1912 年 9 月初版　32 开，44 页　石印　环筒页装

1888　物理学讲义
〔日〕田中三四郎著　史浩然译　上海　群益书局　1912 年

1889　西洋通史
〔日〕濑川秀雄著　章起渭编译　傅运森校　上海　商务印书馆　1912 年 2 版，1913 年，1916 年 4 版　15＋193＋29 页

1890　演说学
〔日〕冈野英太郎著　王蕃青、贾树模译　保定　直隶教育图书局　1912 年 11 月初版　有图解　32 开，100 页

1891　栽培新编（上卷）
顾鸣盛编译　上海　科学书局　1912 年初版

1892　支那分割之运命驳议
〔日〕中岛端著　北洋法政学会编译　天津　编译者刊　1912 年 12 月初版　18 开，92 页

1893　中等肥料教科书
〔日〕佐佐木祐太郎著　沈化夔译述　上海　新学会　1912 年，1914 年 3 版

1894　中等教育几何学教科书平面之部
〔日〕上野清著　仇毅译述　熊煦阳、杨宝泰校对　上海　群众书社　1912 年 8 月 4 版　有图　32 开，208 页　精装

1895　中国秘密社会史
〔日〕平山周著　上海　商务印书馆　1912 年　180 页　（史地小丛书）

1896　中学几何学初步教科书
〔日〕长泽龟之助著　萧屏译　寿天天、骆师曾校订　上海　商务印书馆　1912 年 12 月初版　有图　32 开，134 页

1897　中学植物学教科书
〔日〕松村任三、斋田功太郎著　杜亚泉、杜就田译　上海　商务印书馆　1912 年 8 月 6 版　23 开，140 页

1898　中学植物学教科书
〔日〕藤井健次郎著　华文祺译　上海　文明书局　1912 年　大 32 开，134 页　精装

1913

1899　初级师范教科书学校卫生学
〔日〕濑川昌耆著　商务印书馆译述　上海　商务印书馆　1913 年 4 月 5 版　大 32 开，78 页

1900　德国最近各病治疗催眠术
〔日〕涩江易轩著　汪惕予译　上海　民国编译书局　1913 年 5 月初版　25 开，120 页　精装

1901　（订正）伦理学教科书
〔日〕服部宇之吉著　商务印书馆编译馆译　上海　商务印书馆　1913 年 7 月初版，1915 年 2 月 9 版　32 开，84 页

1902　法学丛书问题义解
日本普文学会著　共和法政学会编译部译　上海　中国图书公司　1913 年

1903　（改正）刑事诉讼法问题义解
日本普文学会著　共和法政学会编译部编　上海　共和法政学会　1913 年 3 月初版　42 开，86 页

1904　工业常识
〔日〕中村康之助著　白鹏飞译述　上海　科学会编译部出版　商务印书馆发行　1913 年 12 月初版，1917 年 12 月再版，1918 年 8 月 3 版，1931 年 5 月 9 版　有图表　23 开，182 + 30 页

1905　共和宪法持久策
〔日〕有贺长雄撰　1913 年

1906　观奕间评
〔日〕有贺长雄著　（出版者不详）　1913 年刊本

1907　国际公法、国际私法问题义解
日本普文学会著　共和法政学会编译部编　上海　共和法政学会　1913 年 3 月初版　48 开，90 页

1908　果树教科书（甲种农学校用）
〔日〕佐佐木祐太郎原著　赖昌译述　上海　新学会社　1913 年 4 月初版，1917 年 5 月 3 版　有图　23 开，110 页

1909　（汉译）临床医典
〔日〕筒井八百珠著　丁福保译　上海　医学书局　1913 年 4 月初版　有图　23 开，304 + 54 页精装

1910　（汉译）日本语会话教科书
〔日〕松本龟次郎著　东京　光荣馆　1913 年

1911　和汉英对照文法
〔日〕田森长次郎著　（译者不详）　东京　1913 年

1912　户籍法登记法问题义解
日本普文学会编　共和法政学会编译部译　上海　共和法政学会　1913 年 3 月初版　42 开，96 页

1913　几何学讲义立体部
〔日〕上野清著　张廷华译述　骆师曾等校订　上海　商务印书馆　1913 年 9 月初版，1916 年 12 月 3 版　有图　32 开，170 页

1914　几何学难题详解平面部
〔日〕白井义督著　高慎儒译　上海　商务印书馆　1913 年　228 页

1915　简明外科学
〔日〕川村泰次郎著　万钧译　上海　医学书局　1913 年 8 月初版，1925 年 6 月 4 版　23 开，204 页　（丁氏医学丛书）

1916　近世化学教科书（三卷）
〔日〕大幸勇吉编　王季烈编译　上海　商务印书馆　1913 年

1917　经济学各论
〔日〕盐各廉、坂口直马著　王我臧译述　上海　商务印书馆　1913 年 5 月 4 版　23 开

1918　经济学研究法
〔日〕金井延著　康宝忠译　上海　民主图书公司印刷所（刷）　1913 年初版　32 开，30 页

1919　警察法监狱学问题义解
日本普文学会编　共和法政学会编译部译　上海　共和法政学会　1913 年 3 月初版　42 开，108 + 18 页

1920　民法问题义解（上、下卷）
日本普文学会编著　共和法政学会编译部译　上海　共和法政学会　1913 年 3 月初版　42 开，2 册 88 页、114 页

1921　民法原论
〔日〕富井政章编　陈海瀛、陈海超译　杨廷栋修订　上海　商务印书馆　1913 年 2 月 5 版　21 开，457 页　精装

1922　民事诉讼法论纲
〔日〕高木丰三著　陈与年译　上海　商务印书馆　1913 年

1923　民事诉讼法问题义解
日本普文学社著　共和法政学会编译部编译

上海　共和法政学会　1913 年　130 页

1924　农业经济教科书（农学校用）
〔日〕石坂橘树著　沈化夔译　上海　新学会社
1913 年初版　32 开，156 页

1925　农艺化学
〔日〕泽村真著　徐国桢译　镇江　启润书社
1913 年

1926　欧美政党政治
〔日〕田中萃一郎著　毕厚编译　上海　商务印
书馆　1913 年 9 月初版　32 开，140 页

1927　皮肤病学：美容法（一卷）
〔日〕山田弘伦著　丁福保译　上海　医学书局
1913 年初版，1916 年 5 月 3 版

1928　人事诉讼非诉讼事件问题义解
日本普文学会著　共和法政学会编译　上海
共和法政学会　1913 年 3 月初版　42 开

1929　日本地租论
胡翔云编译　编译者印行　1913 年

1930　日本民法要义（物权编）
〔日〕梅谦次郎著　陈承泽、陈时夏译述　上海
商务印书馆　1913 年　311 页

1931　商法问题义解（上、下卷）
日本普文学会编　共和法政学会编译部译　上
海　共和法政学会　1913 年 3 月初版　42 开，2
册 88 页、82 页

1932　实用几何学初步
〔日〕森外三郎原译　华风章译述　寿孝天、骆
师曾校订　上海　商务印书馆　1913 年 5 月 4
版　有图　32 开，93 页

1933　食物新本草
丁福保译　上海　医学书局　1913 年再版，
1917 年 3 版

1934　胎生学
〔日〕大泽岳太郎编著　丁福保译述　上海　丁
氏医院　1913 年 12 月初版　有图　24 开，44 +
110 页　（丁氏医学丛书）

1935　铁道新论
〔日〕片山潜著　沈尔昌译　上海　南华书局

1913 年 7 月初版　有图表　21 开，157 页

1936　铁路行政泛论
〔日〕杉田百助著　曹一敏等译　北京　交通部
1913 年

1937　西藏通览
〔日〕山县初男编　陆军部译　北京　陆军部
1913 年

1938　宪法草案之误总汇表
〔日〕有贺长雄撰　1913 年

1939　新刑法问题义解
日本普文学会编　共和法政学会编译部译　上
海　共和法政学会　1913 年 3 月初版　42 开，
78 页

1940　新撰家政学（第 2 种）
〔日〕下田歌子著　汤钊译　上海　广智书局
1913 年 1 月 8 版　23 开，50 页

1941　刑法学说汇纂
楼英译辑　吴鸿校　北京　法学编辑社
1913 年

1942　伊氏产科学
赖马西译　上海　博医会　1913 年 2 版

1943　政治泛论（上、下卷）
〔美〕威尔逊著　〔日〕高田早苗原译　章起渭
重译　上海　商务印书馆　1913 年 3 月初版
23 开，2 册 21 + 504 页

1944　支那瓜分之命运（附驳论）
〔日〕中岛端著　田雄飞译　上海　群益书局
1913 年

1945　中国商业地理（上、下册）
〔日〕胜部国臣著　霍颖西译　上海　广智书局
1913 年 5 月 6 版　有表　23 开，2 册 186 页、
129 页

1946　中华教育学教科书
〔日〕大濑甚太郎著　宋嘉钊译　上海　中华书
局　1913 年 10 月初版　32 开，182 页　精装

**1947　中华民国暂行新刑律（1912 年 3 月 10
日临时大总统令）**
〔日〕冈田朝太郎编　北京　民国大学、中华大

学 1913 年 6 月初版 23 开，311 页

1948 中学堂教科书东洋史要
〔日〕桑原骘藏著 金为译 上海 商务印书馆
1913 年 4 月 6 版 有图 大 32 开，416 页

1949 自治制问题义解
日本普文学会著 共和法政学会编辑部译 上
海 共和法政学会 1913 年 3 月初版 42 开，
80 页

1950 组织学总论
〔日〕二村领次郎著 丁福保译 上海 文明书
局医学书局 1913 年初版

1914

1951 病原细菌学（前编 后编）
〔日〕佐佐木秀一著 丁福保编译 上海 医学
书局 1914 年 5 月初版 有图表 24 开，2 册
218 页、271 页 精装

1952 财政学提要
〔日〕小林丑三郎著 陈启修译 上海 科学会
编译部 1914 年 4 月初版 23 开，24 + 572 页
精装

1953 财政学要览
东方法学会编译 上海 泰东图书局 1914 年
再版

1954 参考官厅簿记（一卷）
〔日〕斋藤善三郎著 瞿钺译 1914 年

1955 初等博物教科书
〔日〕大森干藏编 张肇熊译 上海 文明书局
1914 年

1956 地球之过去未来
〔日〕横山又次郎著 秦毓鎏、胡克犹译 上海
文明书局 1914 年

1957 法学通论
〔日〕矶谷幸次郎著 王国维译 前进出版社
1914 年

1958 法学通论
〔日〕矶谷幸次郎著 王国维译述 上海 商务
印书馆 1914 年 148 页

1959 国际法要论（平时之部）
〔日〕远藤源六著 沈豫善、陈锡畴译 镇江
启润书社 1914 年 2 月初版 23 开，402 页
精装

1960 国际法要论（战时之部）
〔日〕远藤源六著 沈豫善、陈锡畴译 镇江
启润书社 1914 年 7 月初版 24 开，458 页

1961 汉药实验谈
〔日〕小泉荣次郎著 晋陵下工编译 上海 医
学书局 1914 年 3 月初版，1918 年 7 月再版
32 开，17 + 318 页 精装 （丁氏医学丛书）

1962 见习军官修养
〔日〕归帆子原著 徐梦成、樊绳武译 军官学
校 1914 年初版 有图 50 开，78 页

1963 教育学
〔日〕小泉又一著 顾倬译著 上海 文明书局
1914 年 12 月初版 25 开，153 页

1964 近世催眠术
〔日〕熊代彦太郎著 丁福保、华文祺译 上海
医学书局 1914 年 110 页 （丁氏医学丛书）

1965 经济学要览
东方法学会编译 上海 泰东图书局 1914 年 7
月再版

1966 决心问题与着眼点
〔日〕伊藤芳松著 姜钧译 保定 集文石印局
（印） 1914 年 5 月初版 有图 18 开，165 页

1967 略图指针
〔日〕佐藤原著 易骧译 译者刊 1914 年 5 月
初版 有图 50 开，64 页

1968 马匹强健法
〔日〕斋藤久辅著 徐梦成译 1914 年 6 月初版
有表 32 开，102 页

1969 美人烟草（立志小说）
〔日〕尾崎德太郎著 吴梼译述 上海 商务印
书馆 1914 年 68 页 （说部丛书初集第
53 编）

1970 蒙台梭利教育法
〔日〕今西嘉藏著 但焘译 上海 商务印书馆
1914 年

1971 南洋与日本
〔日〕井上清著 黄率真译 上海 中华书局 1914 年 22+332 页 一册

1972 南洋与日本
〔日〕井上清著 黄率真译 北京 辛未编译社 1914 年

1973 女子代数教科书
〔日〕小林盈、稻垣作太郎著 黄邦柱译 上海 群益书社 1914 年 1 月初版 大 32 开，65 页

1974 女子几何教科书
〔日〕小林盈、稻恒作太郎著 王应伟译 上海 群益书社 1914 年 1 月初版 有图 32 开，85 页

1975 普通教育化学教科书
〔日〕龟高德平著 杨国璋编译 北京 壑受书局 1914 年 8 月订正再版 有图 大 32 开，112+26 页

1976 清朝全史
〔日〕稻叶岩吉著 但焘译订 姚汉章、张相编 上海 中华书局 1914 年初版，1918 年再版

1977 日本兵站弹药纵列勤务令
军学编辑局编译 北京 军学编辑局 1914 年

1978 日本兵站粮秣纵列勤务书
军学编辑局编译 北京 军学编辑局 1914 年

1979 日本兵站勤务令
军学编辑局编译 北京 军学编辑局 1914 年

1980 日本步兵机关枪操典草案
军学编辑局编译 北京 军学编辑局 1914 年

1981 日本船舶输送勤务令
军学编辑局编译 北京 军学编辑局 1914 年

1982 日本国库事务纲要
日本大藏省派员讲演 叶春墀编 卓新校阅 济南 山东国税厅筹备处 1914 年 2 月初版 有表 附彩图 23 开，12+360 页

1983 日本教育论
〔日〕吉村寅太郎著 张肇熊译 上海 文明书局 1914 年

1984 日本陆军动员计划令
陆军训练总监编辑局编译 北京 军学编辑局 1914 年

1985 日本骑兵操典
军学编辑局编译 北京 军学编辑局 1914 年

1986 日本骑兵机关枪操典草案
军学编辑局编译 北京 军学编辑局 1914 年

1987 日本骑兵射击教范
军学编辑局编译 北京 军学编辑局 1914 年

1988 日本要塞防御教科书
军学编辑局编译 北京 军学编辑局 1914 年

1989 日本野战兵器厂勤务令
军学编辑局编译 北京 军学编辑局 1914 年

1990 日本野战金柜处勤务书
军学编辑局编译 北京 军学编辑局 1914 年

1991 日本野战炮兵射击教范
军学编辑局编译 北京 军学编辑局 1914 年

1992 日本预备马厂勤务令
军学编辑局编译 北京 军学编辑局 1914 年

1993 日本战时补充令
军学编辑局编译 北京 军学编辑局 1914 年

1994 日本战时步兵短期教育
军学编辑局编译 北京 军学编辑局 1914 年

1995 日本战时弹药补给令
军学编辑局编译 北京 军学编辑局 1914 年

1996 日本战时高等司令部勤务令
军学编辑局编译 北京 军学编辑局 1914 年

1997 日本战时卫生勤务令
军学编辑局编译 北京 军学编辑局 1914 年

1998 日本战时辎重兵营勤务令
军学编辑局编译 北京 军学编辑局 1914 年

1999 日本筑营教范
军学编辑局编译 北京 军学编辑局 1914 年

2000 日本辎重兵操典
军学编辑局编译 北京 军学编辑局 1914 年

2001 日俄战役实验谈
陆军部编译 北京 陆军部 1914 年

2002 商业政策（上、下册）
〔日〕津村秀松著 覃寿公译 汉口 维新印书局 1914 年 8 月初版 有表 21 开，2 册 20 + 472 页、24 + 684 页 精装

2003 商业政策（上、下册）
〔日〕津村秀松著 覃寿公译 自刊 1914 年 21 开 精装

2004 生物之过去未来
〔日〕横山又次郎著 秦毓鎏、胡克犹译 上海 文明书局 1914 年

2005 生殖器病学
〔日〕佐藤进著 李祥麟译 上海 医学书局 1914 年 52 页 精装

2006 十九世纪欧洲教育之大势
〔日〕中野礼四郎著 东京 湖南译编社 1914 年

2007 实际教育学
〔日〕泽柳政太郎著 彭清鹏译 吉林 教育杂志社 1914 年 7 月初版 23 开，176 页

2008 实用教育学（一卷）
〔日〕越智直、安东辰次郎合著 张肇桐译 上海 文明书局 1914 年

2009 水产养殖法
〔日〕日暮忠、越田德次郎著 杨占春译 上海 新学会社 1914 年 4 月初版，1919 年 7 月 2 版，1942 年 5 月 8 版 有图表 23 开，306 页

2010 物理学教科书
〔日〕中村清二 蔡钟瀛译 上海 群益书社 1914 年 2 月初版 32 开，287 + 20 页

2011 西力东侵史
〔日〕斋藤阿具编 秦元弼、秦毓鎏译 上海 文明书局 1914 年

2012 西洋史要
〔日〕小川银次郎著 樊炳清、萨端译 上海 商务印书馆 1914 年 189 页

2013 新三角法教科书
〔日〕长泽龟之助著 包荣爵译 上海 东亚公司 1914 年 2 月初版 有图 大 32 开，153 页

2014 新式几何学教科书立体部
〔日〕菊池大麓著 吴奎璧、言微辑译 吴殿飏等校 吉林 吉林印刷社 1914 年 11 月初版 有图 32 开，97 页

2015 新式几何学教科书平面部
〔日〕菊池大麓著 吴奎璧、言微辑译 吉林 吉林印刷社 1914 年 9 月初版 有图 大 32 开，260 页

2016 新万国药方
〔日〕恩田重信著 丁福保译 上海 医学书局 1914 年 5 月再版

2017 学校卫生学（师范学校教科书）
〔日〕濑川昌耆著 商务印书馆编译所译述 上海 商务印书馆 1914 年 6 月初版，1920 年 6 月 9 版 28 开，78 页

2018 一指指纹法（指纹法参考书）
〔日〕古畑种基著 康心铭译 警官高等学校 1914 年初版 16 开，18 页

2019 医科大学病院经验方
〔日〕须子太一编 万钧译 上海 医学书局 1914 年 12 月初版，1931 年 5 月初版 有图 23 开，217 页 （丁氏医学丛书）

2020 袁世凯
〔日〕内藤顺太郎著 范石渠译 上海 文汇图书局 1914 年 9 月初版 冠图像 24 开，22 + 186 + 16 页

2021 袁世凯（正传）
〔日〕内藤顺太郎著 张振秋译 上海 广益书局 1914 年 10 月初版 25 开，200 页 精装

2022 战术难题之解决
日本研究会著 杨言昌译 北京 广智书局 1914 年 1 月初版 有图表 24 开，227 页

2023 中华地理全志（五卷）
孔廷璋编译 上海 中华书局 1914 年

2024 中立法规
〔日〕立作太郎著 李述膺译 上海 泰东图书局 1914 年 11 月初版 23 开，250 页

2025 中立之国际法论
〔日〕远藤源六著 王广圻节译 1914 年

2026 中外教育史
〔日〕中岛半次郎著 周焕文、韩定生同译 上
海 商务印书馆 1914 年 3 月初版，1916 年再
版 32 开，260 页

2027 中学平面三角法教科书
〔日〕远藤又藏著 葛祖兰编译 张景良、蓝田
玙校订 上海 文明书局 1914 年 5 月初版
有图 32 开，108 + 48 + 35 页

2028 最近动物学教科书
〔日〕丘浅次郎著 唐英译述 上海 科学会编
译部 1914 年 4 月初版 有图 大 32 开，126
页 精装

2029 最新动物学教科书
〔日〕冈田要编 唐瑛译 1914 年

1915

2030 德美教育新潮
〔日〕槙山荣次著 吴鼎昌译 上海 中华书局
1915 年 11 月初版 23 开，290 页

2031 国民道德谈
〔日〕福泽谕吉著 朱宗莱译 上海 中国图书
公司 1915 年

2032 国民经济学原论
〔日〕津村秀松著 马凌甫译 上海 群益书社
1915 年 12 月初版，1920 年 6 月订正再版 21
开，26 + 842 页 精装

2033 近代欧洲文艺思潮
〔日〕相马御风著 杨启瑞译 上海 中华书局
1915 年

2034 秘密怪洞（社会小说）
〔日〕晓风山人著 郭家声、孟文翰译 上海
商务印书馆 1915 年 7 月初版，10 月 2 版
99 页

2035 石油论
〔日〕近藤会次郎著 筹办全国煤油事宜处译
译者刊 1915 年 5 月初版 有图 18 开，324 页

2036 睡庵清秘录
〔日〕浦上春琴著 1915 年 原稿影印

2037 泰西轩渠录（一名 西洋笑林广记）
〔日〕和田万吉著 唐真如编译 上海 东方书
局 1915 年 2 月初版 32 开，154 页

2038 天胜娘魔术讲义初集不分卷
〔日〕山冈光洋述意 吴蛰盦笔译 1915 年

2039 外交政策
〔日〕稻田周之助著 杨永秦译 上海 泰东图
书局 1915 年 1 月初版 32 开，206 页 （政
治丛书）

2040 （卫生新书）女医者
〔日〕秋琴女史著 缪乃澄译 上海 广益书局
1915 年 11 月初版，1922 年 12 月 4 版 25 开，
46 + 526 页 精装

2041 侠女郎（冒险小说）
〔日〕押川春浪著 吴梼译述 上海 商务印书
馆 1915 年 5 月初版，10 月再版 75 页 （说
部丛书 2 集第 47 编）

2042 新译日本帝国海军之危机
〔日〕盛田晓著 林汝魁等译 （出版者不详）
1915 年

2043 新撰日本帝国海军之危机
〔日〕盛田晓著 姚癸常等译 （出版者不详）
1915 年

2044 医师开业术
〔日〕立神正夫著 万钧译 上海 医学书局
1915 年 10 月初版 32 开，130 页 精装 （丁
氏医学丛书）

2045 英德法美国民性与教育（上册）
〔日〕野田义夫著 朱叔源、赵南编译 上海
江苏省教育会 1915 年 12 月初版 24 开，146 页

2046 英德法美国民性与教育（下册）
〔日〕野田义夫著 朱叔源、赵南编译 上海
江苏省教育会 1915 年 12 月初版 24 开，
290 页

2047 英文典
〔日〕越山平三郎编著 彭毅编译 上海 群益
书局 1915 年

2048 （战史摘例）步兵操典证解
〔日〕如风居士原著 周斌译 北京 武学书局
1915 年 3 月初版，1919 年 9 月再版 有表 32
开，320 页

2049 中国法典编纂沿革史（上、下卷）
〔日〕浅井虎夫编著 陈重民编译 吴贯因校 北京 内务部编译处 1915年初版，1919年10月再版 16开，2册220页、196页

2050 中国国际法论
〔日〕今井嘉幸著 冯大树译 湖北崇阳 冯仁义德记 1915年9月初版 23开，360页 精装

2051 中国国际法论
〔日〕今井嘉幸著 李大钊、张润之译 健行社 1915年7月初版 有肖像 25开，370页

2052 中国国际法论
〔日〕今井嘉幸著 张森如译 上海 商务印书馆 1915年9月初版 24开，317页

2053 中学英语教科书
日本正则英语学校编 杨启瑞译 上海 群益书局 1915年

2054 （最详）银行簿记
〔日〕守田藤之助著 高竞齐、戎夐向等译 上海 著者刊 1915年10月初版 有图表、附折表 25开，21+428页

2055 最新结婚学
〔日〕青柳有美著 陈适吾译 上海 有正书局 1915年 80页

2056 （最新）情欲宝鉴
〔日〕佐藤得斋著 萃香馆主著译 上海 新中华书社 1915年8月重刊 23开，102页

2057 （最新实习）西法针灸
〔日〕冈本爱雄著 顾鸣盛编译 上海 进步书局 1915年12月初版，1917年9月再版 有图 23开，154页

1916

2058 财政学
〔□〕泷本美夫讲述 孟森译述 上海 商务印书馆 1916年3月初版 有表 23开，11+221页 精装

2059 德国教育之精神
〔日〕吉田熊次著 华文祺等编译 上海 商务印书馆 1916年7月初版 25开，230页

2060 德皇雄图秘著
〔德〕威廉二世著 〔法〕何留尔原译 〔日〕樋口丽阳转译 傅式说、黄骥重译 杭州 光华编译社 1916年5月初版，1916年12月再版 有图像 24开，250页

2061 调查日本社会教育纪要
唐碧译 北京 通俗教育研究会 1916年 92页

2062 分级器械运动
麦东意译 上海 青年会书报发行所 1916年

2063 汉法医典
〔日〕野津猛男编 丁福保译 上海 医学书局 1916年

2064 几何学教科书
〔日〕上野清编 仇毅译 上海 群益书局 1916年

2065 经济学大意
〔日〕津村秀松著 彭耕译 上海 群益书社 1916年，1928年6月6版 64开

2066 看护产科学
雷白菊译 上海 广学会 1916年 一册

2067 民国之精华（第1辑）
〔日〕佐藤三郎编 北京 写真通信社 1916年12月初版 有像 10开，47+452页

2068 日本黑龙会对华之秘谋
〔日〕内田良平著 无名子译 1916年初版 32开，36页

2069 乳姊妹（上、下册）
〔日〕菊池幽芳著 韵琴译 上海 中国图书公司和记 1916年6月初版 32开，2册115页、95页

2070 身心调和法
〔日〕藤田灵斋著 灵华居士译 蒋维乔校订 上海 商务印书馆 1916年11月初版，1920年1月4版 25开，69页

2071 生理学讲义（上、下册）
〔日〕宫入庆之助著 孙祖烈译 上海 医学书局 1916年7月初版 有图表 24开，2册464页、478页 （丁氏医学丛书）

2072　实用矫癖法
〔日〕鸭田游水著　陈适吾译　上海　有正书局
1916 年 1 月初版，12 月再版　32 开，140 页

2073　网球规则
郭毓彬、高宝寿译　上海　青年会书报发行所
1916 年

2074　现代之女子
〔日〕长谷著　进步书局译　上海　进步书局
1916 年 5 月初版，1932 年 9 月 5 版　32 开，
84 页

2075　学生卫生宝鉴
吴传绂译　欧阳瀚校存　上海　中华书局　1916
年　一册

2076　由欧洲大战所得军事上之教训（第 1 集）
日本兵学研究会著　刘润生译　北京　陆军学
会本部　1916 年初版　32 开，104 页

2077　职业教育论
朱景宽译　上海　商务印书馆　1916 年初版

2078　中国关税制度论
〔日〕高柳松一郎著　李达译　上海　商务印书
馆　1916 年

2079　足球规则
郭毓彬、高宝寿译　上海　青年会书报发行所
1916 年

1917

2080　比较财政学（上、下卷）
〔日〕小林丑三郎著　宋教仁译　林文昭藏版发
行　1917 年 2 月 4 版　有表　23 开，2 册 24 +
830 页、10 + 615 页　精装

2081　比较国会论
〔日〕斋藤隆夫著　姚大中译　上海　商务印书
馆　1917 年 6 月初版　24 开，178 页

2082　并吞中国论
〔日〕小寺谦吉著　丘引夫、陈卧子译述　东京
民锋杂志社　1917 年 4 月初版　24 开，292 页
精装

2083　赤痢实验谈（附病痢二周记）
丁福保译　上海　医学书局　1917 年初版

2084　传患病预防看护法
〔日〕菊池林作著　李犹龙译　上海　群益书局
1917 年

2085　东三省官绅史
〔日〕加藤政吉、深谷佐市著　大连　东三省官
绅士发行局　1917 年 6 月初版　有图像　25 开，
474 页　精装

2086　敦煌秘籍留真新编（上、下卷）
〔日〕神田喜一郎编辑　台北　国立台湾大学
1917 年 9 月初版　横 16 开，影印 2 册 138 页、
152 页　精装

2087　顿死论（一名　病理学材料实地练习法）
丁福保译　上海　医学书局　1917 年初版

2088　法政讲义
日本法政大学编　（译者不详）　上海　群益
书局　1917 年

2089　化学讲义实验书
〔日〕龟高德平编　黄邦柱译　上海　群益书局
1917 年

2090　会计学
〔日〕吉田良三著　张永宣译　上海　商务印书
馆　1917 年　25 开，18 + 248 页

2091　会计学
〔日〕吉田良三著　张永宣译　上海　中华书局
1917 年　一册

2092　货币论
〔日〕堀江归一著　李翰章、李克谦译　东京
早稻田大学中华研学社　1917 年　19 + 326 +
31 页

2093　家庭教育（教育部通俗教育会褒奖）
日本民友社编　上海人演社译　上海　文明书
局　1917 年初版，1927 年 7 月再版　32 开，
24 页

2094　静坐三年
〔日〕岸本能武太著　华文祺译　蒋维乔校　上
海　商务印书馆　1917 年

2095　（军民宝书）粗食猛健法
〔日〕井上正贺著　刘仁航译　上海　乐天修养
馆　1917 年 11 月初版，1934 年 6 月 6 版　25 开，
184 页　（中华民国乐天修养馆丛书　乙部 2）

2096 列强在中国之竞争

〔日〕今井嘉幸著 马鸣鸾、吴炳南译 太原 晋新书社 1917 年 5 月初版 32 开，122 页

2097 略图指针（后编）

〔日〕佐藤直著 马仲侯译 崔作模校 北京 武学书局 1917 年 5 月初版 有图 16 开，31 页

2098 瘰疬之原因及治法

丁福保译 上海 医学书局 1917 年 4 月再版

2099 农学实验法

〔日〕大塚孙市著 怀献侯译 上海 商务印书馆 1917 年

2100 七大健康法

〔日〕松尾荣编 刘仁航编译 上海 汇文书局 1917 年 5 月初版，1934 年 6 月 7 版 18 开，18 + 176 页

2101 商法原论

〔日〕松本烝治著 陈寿凡译述 上海 商务印书馆 1917 年 2 月初版 24 开，171 页

2102 社会的国民教育（一名 青年义勇团）

〔日〕田中义一著 董瑞椿译 北京 通俗教育研究会 1917 年 2 月初版 有表 18 开，69 页

2103 身心强健秘诀

〔日〕藤田灵斋著 刘仁航译 上海 商务印书馆 1917 年 2 月初版，1931 年 3 月 8 版 25 开，170 页

2104 图书馆小识

日本图书馆协会编 通俗教育研究会译 北京 通俗教育研究会 1917 年

2105 倭奴之野心

〔日〕樋口破魔二著 北京 对倭同志社（翻印） 1917 年 5 月初版 21 开，128 页

2106 心理疗法

〔日〕井上圆了著 卢谦译 上海 医学书局 1917 年 3 月初版，1920 年 2 月再版 24 开，62 页 精装 （丁氏医学丛书）

2107 新撰物理教科书

〔日〕田中三四郎、本多光太郎合著 丛琯珠译 上海 群益书局 1917 年

2108 行进游技法

汪应钧编译 上海 商务印书馆 1917 年

2109 野战炮兵操典详解

日本军事研究会原著 徐梦成译 陆军军官学校 第五、六期炮科同学（重印） 1917 年 4 月初版 有图表 24 开，20 + 206 页

2110 （最新）商业簿记

〔日〕吉田良三著 杨蕴三译 上海 群益书社 1917 年初版，1919 年再版

1918

2111 长寿哲学

〔日〕铃木美山著 蒋维乔译 上海 商务印书馆 1918 年 5 月初版，1925 年重版 25 开，273 页

2112 大亚细亚主义论

〔日〕小寺谦吉著 百城书舍译 东京 百城书舍 1918 年 4 月初版，1918 年 11 月再版 24 开，38 + 796 页 精装

2113 道路工程学

〔日〕君岛平八郎著 张丙昌译 陕西 陕西教育图书社 1918 年

2114 富氏产科及妇人科学

丁福保编译 上海 医学书局 1918 年

2115 记忆力增进法（名家实验）

〔日〕桑木严翼等著 刘仁航编译 上海 乐天修养馆 1918 年 1 月初版 25 开，252 页

2116 解析几何学讲义

〔日〕宫本藤吉著 匡文涛编译 寿孝天校 上海 商务印书馆 1918 年 1 月初版，1923 年 5 月 3 版 24 开，340 页 精装

2117 警察犬之研究

〔日〕山本正一著 中国警犬学术研究所译 译者刊 1918 年初版 25 开，172 页

2118 台球榘矱

〔日〕小川文雄著 絜宫斋主人译 译者刊 1918 年 12 月初版 有图像 32 开，122 页

2119 卫生行政法论

〔日〕山田准次郎著 鄂章陵、高仲和译 吴贯

因校　北京　内务部编译处　1918 年 6 月初版
18 开，16 + 390 页

2120　销售法五百种
〔日〕井关十二郎著　蔡文森译　上海　商务印
书馆　1918 年

2121　选举法纲要
〔日〕美浓部达吉著　毕原、张步先合译　北京
内务部编译处　1918 年 3 月初版　16 开，76 页

2122　（养气炼心）北美瑜伽学说
〔日〕忽滑谷快天著　刘仁航译　上海　商务印
书馆　1918 年 3 月初版，1920 年 11 月 5 版　32
开，204 页

2123　战术学教程讲授录
〔日〕仓石忠一郎著　王廷愈译　译者刊　1918
年 8 月初版　有图　24 开，238 页

2124　诊断学（上、下册）
〔日〕下平用彩著　汤尔和译　上海　商务印书
馆　1918 年 12 月—1925 年 3 月　有图表　25 开
二册　精装

2125　最近各国改正选举法论丛
骆继汉编译　吴贯因校阅　北京　内务部编译
处　1918 年 6 月初版　16 开，26 + 150 页

2126　最新财政学
〔日〕松崎藏之助著　张家骝译　上海　群益书
社　1918 年 10 月初版　24 开，314 页　精装

1919

2127　比较归化法
〔日〕立作太郎著　吴源瀚译　北京　内务部编
译处　1919 年

2128　地方财政学
〔日〕小林丑三郎著　姚大中译　卢寿篯校订
上海　崇文书局　1919 年 9 月初版　有表
23 开

2129　断食治病法
〔日〕西川光次郎著　王义和译　上海　商务印
书馆　1919 年 6 月初版，1920 年 4 月再版
24 开

2130　肺病疗养法
〔日〕北里柴三郎著　景得益译　上海　商务印

书馆　1931 年　32 开　（卫生丛书）

2131　肺病疗养法
〔日〕北里柴三郎著　景得益译　上海　中华书
局　1919 年 10 月初版，1931 年 10 月 7 版　32
开　（卫生丛书）

2132　改造汉厂一号二号化铁炉报告书
〔日〕大岛著　汉阳大冶钢铁厂　1919 年 5 月初
版　16 开

2133　冈田式静坐法
〔日〕冈田虎次郎著　蒋维乔译　上海　商务印
书馆　1919 年

2134　冈田式静坐法
〔日〕冈田虎次郎著　蒋维乔译　上海　民智书
局　1919 年

2135　（汉译）日本口语文法教科书
〔日〕松本龟次郎著　东京　笹川书店　1919 年

2136　江间式心身锻炼法
〔日〕江间俊一、纲野灵峰著　江厦云鹤译著
上海　商务印书馆　1919 年 5 月初版，1931 年 5
月 5 版　有图像　32 开

2137　（理化应用）魔术实验法（上、下卷）
〔日〕三泽隆茂著　W.T.O. 译　上海　生计协
会发行部　1919 年 1 月再版　有图　32 开

2138　欧战实验国家总动员
〔日〕佐藤纲次郎著　王作新译　北京　武学书
局　1919 年

2139　（欧战实验）国家总动员
〔日〕佐藤纲次郎著　王作新译　上海　星光书
店　1919 年

2140　平面三角法讲义
〔日〕上野清著　匡文涛译　上海　商务印书馆
1919 年。

2141　平面三角法讲义
〔日〕上野清著　匡文涛译　上海　新生命书局
1919 年

2142　球面三角法讲义
匡文涛编译　上海　申报馆　1919 年

2143 日本公用征收法释义
〔日〕美浓部达吉著 李信臣编译 北京 商务部编译处 1919 年 6 月初版 16 开 （内务部编译处出版 第 24 种）

2144 日本警察法释义（内务部编译处出版第 19 种）
李信臣编译 内务部编译处 1919 年 1 月初版 18 开

2145 日本人之支那问题
日本实业之日本社著 中华书局编译所译 上海 中华书局 1919 年 7 月初版、再版 32 开

2146 日本土地收用法释义
〔日〕樋口祐造著 王侃译 北京 内务部编译处 1919 年 18 开

2147 日华共存论
〔日〕泽柳政太郎、衣斐针吉合著 〔日〕服部操、福泽广太郎译 东京 日华共存论发行所 1919 年

2148 神经衰弱之大研究
华文祺、丁福保译 上海 医学书局 1919 年 12 月再版

2149 视学纲要
〔日〕槇山荣次 王子立译 上海 大江书铺 1919 年

2150 微积分学讲义（二卷）
〔日〕根津千治著 匡文涛译 上海 中华书局 1919 年

2151 微积分学讲义
〔日〕根津千治著 匡文涛译 寿孝天校 上海 商务印书馆 1919 年 7 月初版，1924 年 12 月 3 版 有图表 23 开

2152 物理学精义
〔日〕田丸卓郎著 周昌寿译 上海 商务印书馆 1919 年 12 月初版，1932 年 11 月国难后 1 版，1933 年 7 月国难后 3 版 有图 24 开

2153 小学校须知
〔日〕建部遁吾著 王子立译 上海 华通书局 1919 年

2154 心身锻炼法
〔日〕江间俊一、纲野灵峰著 云鹤译 现代中国社 1919 年

2155 新道德论
〔日〕浮田和民著 周宏业、罗普译 上海 商务印书馆 1919 年 3 月初版，1922 年 6 版 32 开 （尚志学会丛书）

2156 诊断学
〔日〕下平用彩著 汤尔和译 上海 商务印书馆 1919 年

2157 政治道德
〔日〕浮田和民著 陈重民译 北京 内务部编译处 1919 年 12 月初版 18 开

2158 职业技师养成法（原名 工业教育与职工养成）
〔日〕秋保治安著 熊崇煦译 上海 商务印书馆 1919 年 12 月初版 32 开

2159 中国电政意见书
〔日〕中山龙次著 陆家骕、权国垣译 北京 亚东制版印刷局（印） 1919 年 1 月初版 有表 20 开

2160 （最新）高等催眠讲义
〔日〕冈田喜宪著 善哉译 上海 学海书局 1919 年 5 月初版 有照片 32 开 精装

2161 最新商业簿记
〔日〕吉田良三著 杨蕴三译 上海 群益书社 1919 年 9 月再版 24 开

1920

2162 东文读本
〔日〕小山左文二著 文化编译社编译 上海 文化编译社 1920 年

2163 儿童个性之研究
〔日〕大川义行著 杨树达译 北京 新中国杂志社 1920 年初版 23 开

2164 冈田式静坐心理
〔日〕桥本五作著 雷通群译 上海 开明书店 1920 年 25 开

2165 官吏学（第 1 卷）
〔日〕星一著 吴源瀚译 北京 财务部编译处 1920 年 4 月初版 18 开

2166 国际联盟讲评

〔日〕信夫淳平著 王岫庐译 上海 群益书社 1920 年 8 月初版 32 开 （公民丛书 第 1 类）

2167 进化与人生

〔日〕丘浅次郎著 刘文典译 上海 商务印书馆 1920 年 11 月初版，1931 年 3 月 7 版，1934 年 10 月国难后 1 版 有图 （共学社时代丛书）

2168 近世经济思想史论

〔日〕河上肇著 李培天译 上海 泰东图书局 1920 年 9 月初版 32 开 （学术研究会丛书 第 1 册）

2169 近世美学

〔日〕高山林次郎著 刘仁航译 上海 商务印书馆 1920 年 2 月初版，6 月 3 版 25 开

2170 近世美学

〔日〕高山林次郎著 刘仁航译 上海 心灵科学书局 1920 年 25 开

2171 近世社会学

〔日〕远藤隆吉著 覃寿公译 上海 商务印书馆 1920 年 有表 25 开 精装

2172 近世社会学

〔日〕远藤隆吉著 覃寿公译 上海 泰东图书局 1920 年 5 月初版，1924 年 7 月 4 版 有表 25 开 精装

2173 救贫丛谈

〔日〕河上肇著 杨山木译 上海 商务印书馆 1920 年 12 月初版，1926 年 11 月 4 版 有图表 32 开

2174 劳动问题概论

日本卖文社编 冯飞译述 北京 华星印书社 1920 年 7 月初版 32 开 （世界改造丛书第 1 卷第 1 册）

2175 马格思资本论入门

〔美〕马尔西著 〔日〕远藤无水译 李汉俊重译 文化印务局 1920 年 9 月初版 有图 32 开

2176 欧美各国改造问题

〔日〕植原悦三郎著 陈谪生译 上海 群益书社 伊文思图书公司 1920 年 8 月初版 32 开 （岫庐公民丛书 第 2 类 王岫庐主编）

2177 欧美十九世纪外交史

〔日〕有贺长雄著 王文俊译 北京 新社会日刊社 1920 年 10 月初版 有图表 18 开 精装

2178 欧美之社会与日本之社会

〔日〕小林照朗著 刘光藜编译 北京 内务部编译处 1920 年 7 月初版 16 开

2179 贫乏论（原名 贫乏物语）

〔日〕河上肇著 李凤亭译 上海 泰东图书局 1920 年 7 月初版，1923 年 7 月 3 版 25 开 （新人丛书 第 1 种 新人社编）

2180 日本侵略中国之罪案

〔日〕胜田主计等著 1920 年 8 月初版 24 开

2181 商律公司编·公司法草案（朝阳大学法律科讲义）

〔日〕岩谷孙藏讲 北京 朝阳大学 1920 年 16 开

2182 社会问题概观

〔日〕生田长江、本间久雄著 周佛海译 上海 中华书局 1920 年 12 月初版，1921 年 3 月再版，1922 年 8 月 3 版，1930 年 10 版 32 开 （新文化丛书）

2183 实验养蜂历

〔日〕野野垣淳一著 张品南译 上海 新学会社 1920 年 1 月初版，1930 年 5 月 6 版 有图 32 开

2184 实用外科手术

〔日〕松本喜代美著 汪于冈译 上海 商务印书馆 1920 年

2185 释社会问题

〔美〕耶尔吾特著 〔日〕姉崎正治译 黄尊三重译 南京 内务部编译处 1920 年

2186 药理学（上、下卷）

〔日〕林春雄编 余云岫编译 上海 商务印书馆 1920 年 9 月—1939 年 3 月 有图表 25 开 精装

2187 药理学（上、下卷）

〔日〕林春雄编 余云岫编译 上海 华通书局 1920 年 有图表 25 开 精装

2188 英国劳动组合法

〔日〕田子一民纂译 什国庠重译 北京 内务

部编译处 1920 年

2189 （增订）世界史纲
〔日〕上田茂树编 柳岛生译 上海 沪滨书局
1920 年

2190 哲学入门
〔日〕稻毛诅风著 华文祺编译 上海 商务印
书馆 1920 年 11 月初版，1921 年 3 月再版，
1922 年 3 版 25 开

2191 中国剧
〔日〕辻听花著 北京 顺天时报社 1920 年 4
月初版，1920 年 5 月再版 有图 32 开

2192 最新教师修养法
〔日〕波多野著 王子立译 上海 商务印书馆
1920 年

1921

2193 波斯问题
〔日〕宪藤原治著 郑次川译 王岫庐校阅 上
海 公民书局 1921 年 7 月初版 32 开 （公
民丛书 国际类 第 3 种）

2194 大乘起信论义记讲义
〔日〕织田得能编著 黄士复译 上海 商务印
书馆 1921 年

2195 儿女教育贮金法
〔日〕赤川菊村著 王骏声译 上海 商务印书
馆 1921 年 10 月初版，1922 年 8 月再版 有表
32 开

2196 肺病预防及疗养法（上、下卷）
〔日〕原荣著 王颂远译 余云岫订补 上海
商务印书馆 1921 年 3 月初版，1922 年 3 月再
版 48 开 （医学小丛书 王云五主编）

2197 肺痨
〔日〕原荣著 王颂远译 上海 商务印书馆
1921 年 3 月初版，1932 年 11 月国难后 1 版，
1934 年 9 月国难后 4 版，1939 年 6 版 32 开
（医学小丛书）

2198 汉译日本铁道运输规定解释
〔日〕石井满著 交通部译 北京 交通部
1921 年

2199 华棉改良之研究
〔日〕驹井德三著 整理棉业筹备处棉业传习所
编译 天津 编译者刊 1921 年 2 月初版 有
表 23 开 （整理棉业筹备处出版书 2）

2200 华棉改良之研究
〔日〕驹井德三著 整理棉业筹备处棉业传习所
编译 长沙 商务印书馆 1921 年 有表
23 开

2201 教育之改造
〔日〕中岛半次郎著 陈适译 上海 公民书局
1921 年 7 月初版 32 开 （公民丛书 教育类
第 5 种）

2202 近代思想解剖（上、下卷）
〔日〕樋口秀雄著 商务印书馆编译馆译 上海
商务印书馆 1921 年 1 月初版，1926 年 12 月
5 版 （新智识丛书之十二）

2203 近代文学十讲（上、下卷）
〔日〕厨川白村著 罗迪先译述 上海 学术研
究会总会 1921 年 8 月—1935 年 4 月 32 开
（学术研究会丛书）

2204 经济思潮史
〔日〕小林丑三郎著 高一涵译 北京 北京大
学新知书社 1921 年 7 月初版 32 开

2205 经济思想史
〔日〕小林丑三郎著 高一涵译 上海 商务印
书馆 1921 年

2206 欧美各国改造问题
〔日〕植原悦三郎著 陈谪生译 上海 上海公
民书局 1921 年 32 开 （岫庐公民丛书 第
2 类 王岫庐主编）

2207 （欧战实验）各国机关枪战术
〔日〕小野庄造著 王作新编译 北京 武学书
馆 1921 年 8 月初版 有图 32 开

2208 欧洲劳佣问题之大势
〔日〕桑田熊藏著 刘景译 吴贯因校 北京
内务部编译处 1921 年 5 月初版 有表 16 开

2209 人生问题
〔日〕大住啸风著 田桐编译 上海 中华书局
1921 年 2 月初版 25 开

2210 社会改造之八大思想家
〔日〕生田长江、本间久雄著 林本等译 上海
商务印书馆 1921 年 9 月初版，1922 年 8 月再
版，1927 年 6 版 32 开 （新智识丛书 14）

2211 社会问题详解
〔日〕高畠素之著 盟西译 上海 共学社
1921 年 4 月初版 32 开 精装、平装 （社会
丛书）

2212 社会问题详解
〔日〕高畠素之著 盟西译 上海 商务印书馆
1921 年 32 开 精装、平装 （社会丛书）

2213 社会问题总览
〔日〕高畠素之著 李达译 上海 中华书局
1921 年 4 月初版，1926 年 6 月 5 版，1930 年 4
月 10 版，1932 年 8 月 11 版 32 开 精装
（新文化丛书）

2214 苏维埃研究
〔日〕山川均著 王文俊译 北京 新知书社
1921 年 8 月初版 36 开 （新文化运动丛书）

1922

2215 北京繁昌记（第 1 卷）
〔日〕中野江汉著 王朝佑译 北京 支那风物
研究会 1922 年 9 月初版 23 开

2216 产儿制限论
〔日〕安部矶雄著 李达译 上海 商务印书馆
1922 年 10 月初版，1928 年 8 月再版 32 开
（新时代丛书 第 6 种）

2217 儿童学
〔日〕关宽之著 朱孟迁、邵人模、范尧深译
上海 商务印书馆 1922 年 8 月初版，1924 年 3
月再版，1931 年 3 月 5 版，1933 年 10 月国难后
1 版 有表 24 开 （师范丛书）

2218 儿童学
〔日〕关宽之著 朱孟迁、邵人模译 南京 国
立翻译馆 1922 年

2219 儿童学概论（上册）
〔日〕关宽之著 王雪尊译 上海 公民书局
1922 年 2 月初版 32 开 （公民丛书 教育类
第 3 种）

2220 废止货币问题
〔日〕川岛清治郎著 徐冠、刘家驹译 北京
社会经济学社 1922 年 5 月初版 32 开

2221 妇女问题
〔日〕堺利彦著 康伯焜译 上海 民智书局
1922 年 6 月初版，1927 年 6 月 5 版 32 开

2222 汉译日本铁道营业法解释
〔日〕石井满著 任关东等译 北京 交通部路
政司调查处 1922 年 8 月初版 21 开

2223 教育思潮大观
〔日〕中岛半次郎著 郑次川译 上海 商务印
书馆 1922 年 9 月初版，1931 年 3 月 4 版 32
开 （新智识丛书 16）

2224 马克思学说概要
〔日〕高畠素之著 施存统译 上海 商务印书
馆 1922 年 4 月初版 32 开 （新时代丛书
第 3 种）

2225 满州产天然蓝之研究
〔日〕佐藤新次郎著 黄越川译 南满铁道
1922 年

2226 美学纲要
〔日〕黑田鹏信著 俞寄凡译 上海 商务印书
馆 1922 年 6 月初版，1931 年 3 月 4 版 25 开

2227 女性中心说
〔日〕堺利彦编述 李达译 上海 商务印书馆
1922 年 1 月初版 32 开 （社会科学小丛书
何炳松、刘秉麟主编）

2228 人的生活
〔日〕武者小路实笃著 毛咏棠、李宗武译 上
海 中华书局 1922 年 1 月初版，1923 年 8 月 3
版，1929 年 11 月 9 版，1932 年 8 月 10 版 32
开 （新文化丛书）

2229 社会主义与进化论
〔日〕高畠素之著 夏丏尊、李继桢译述 上海
商务印书馆 1922 年 3 月初版，1926 年 6 月 4 版，
1927 年 7 月出版 32 开 （新时代丛书 第 2 种）

2230 现代思潮
〔日〕桑木严翼著 南庶熙译 上海 商务印书
馆 1922 年 1 月初版，1933 年 2 月国难后 1 版
32 开 （共学社时代丛书）

2231 现代小说译丛（第一集）

周作人辑译　上海　商务印书馆　1922 年

2232 现代心理学

〔日〕速水滉著　陶孟和译　北京　北京大学出版部　1922 年 2 月初版　32 开

2233 一个青年的梦

〔日〕武者小路实笃著　鲁迅译　上海　商务印书馆　1922 年　32 开　冠像　（文学研究会丛书）

2234 艺术学纲要（师范学校用）

〔日〕黑田鹏信著　俞寄凡译　上海　商务印书馆　1922 年 6 月初版，1931 年 5 月 3 版　25 开

2235 治水论

〔日〕冈崎文吉著　刘光蔾编译　吴贯因校　北京　南京支那内学院　1922 年　18 开　函装、平装

2236 治水论

〔日〕冈崎文吉著　刘光蔾编译　吴贯因校　北京　内务部编译处　1922 年初版　18 开　函装、平装

2237 自动教学法

〔日〕乙竹岩造著　王子立译　上海　商务印书馆　1922 年

2238 最近物理学概观

〔日〕日下部四郎太著　郑贞文译　上海　商务印书馆　1922 年 11 月初版，1933 年 3 月国难后 1 版　23 开　精装

2239 最新经济思潮史

〔日〕小林丑三郎（小林丑）著　邝摩汉、徐冠译　北京　舆论报社　1922 年 1 月初版　32 开（经济丛书　第 1 种）

1923

2240 美学纲要

〔日〕黑田鹏信著　俞寄凡译　上海　神州国光社　1923 年　25 开

2241 爱因斯坦和相对性原理

〔日〕石原纯著　周昌寿、郑贞文编译　上海　商务印书馆　1923 年 1 月初版　32 开

2242 地方自治精义

〔日〕织田万著　泰东图书局编译　上海　泰东图书局　1923 年 2 月初版，1928 年 3 版，1929 年 8 月 4 版　32 开

2243 东京市之市政

李护编译　上海　民智书局　1923 年

2244 东京市之市政

李护编译　上海　中华书局　1923 年

2245 蜂群管理法

〔日〕驹井春吉著　张伯衡、梦深译　黄希贤、侪甫校　上海　商务印书馆；北京　兴农园　1923 年　32 开

2246 蜂群管理法

〔日〕驹井春吉著　张伯衡、梦深译　黄希贤、侪甫校　北京　直隶书局　1923 年 8 月初版　32 开

2247 佛教大意

〔日〕云照律师著　黄奉西译　上海　商务印书馆　1923 年

2248 妇人和社会主义

〔日〕山川菊荣著　祁森焕译　上海　商务印书馆　1923 年 11 月初版，1926 年 6 月再版　32 开（新时代丛书　第 8 种）

2249 股份公司经济论（新学制高级商业学校教科书）

〔日〕上田贞次郎著　周沉刚译　上海　商务印书馆　1923 年 7 月初版，1924 年 8 月再版，1927 年 8 月 3 版　有表　23 开

2250 教育心理学

〔日〕松本亦太郎、楢崎浅次郎著　朱兆萃、邱陵同译　上海　商务印书馆　1923 年 4 月初版，1924 年 6 月再版　有图表　25 开

2251 近代日本小说集

〔日〕国木田独步等著　夏丏尊等译　上海　商务印书馆　1923 年

2252 科学原理

〔日〕平林初之辅著　周梵公译　任鸿隽校　上海　商务印书馆　1923 年 12 月初版，1933 年 10 月国难后 1 版　有表　32 开　（百科小丛书

王岫庐主编）

2253　老子（创作）

〔日〕大泉黑石著　廖景云译　译者自刊　1923
年　50 开

2254　理论化学

〔日〕水津嘉之一郎著　孔庆莱译　郑贞文校
上海　商务印书馆　1923 年 4 月初版，1933 年 3
月国难后 1 版，1933 年 7 月国难后 2 版　有图表
24 开　（化学集成　第 1 编）

2255　理论化学

〔日〕水津嘉之一郎著　孔庆莱译　郑贞文校
上海　上海乐华图书公司　1923 年　有图表
24 开　（化学集成　第 1 编）

2256　恋爱论

〔日〕厨川白村著　任白涛译　上海　启智书局
1923 年 7 月初版，1932 年 12 月 7 版，1934 年 7
月 9 版　32 开

2257　满蒙各重要铁路概论

〔日〕堀三之助著　1923 年 6 月初版　有地图
21 开

2258　蜜蜂人工养王法

〔日〕驹井春吉著　张伯衡译　北京　广安车站
兴农园　1923 年初版　32 开

2259　蜜蜂人工养王法

〔日〕驹井春吉著　张伯衡译　北京　上海正中
书局；上海　江南书店　1923 年　32 开

2260　蜜蜂自然分封法

〔日〕驹井春吉著　张伯衡译　北京　广安车站
兴农园　1923 年 7 月初版　32 开

2261　蜜蜂自然养王法

〔日〕驹井春吉著　张伯衡译　北京　广安车站
兴农园　1923 年初版　32 开

2262　蜜蜂人工分封法

〔日〕驹井春吉著　张伯衡译　北京　广安车站
兴农园　1923 年　32 开

2263　民国约法与国会

〔日〕藤森龙雄著　黄广（越川）译　上海　商
务印书馆　1923 年

2264　南洋之霸者

〔日〕梅谷光贞著　刘士木译述　温清河校刊
上海　南洋荷属苏门答腊日里留苏华侨学生会
1923 年 10 月初版　50 开

2265　普通选举论

〔日〕吉野作造著　罗家衡译述　北京　译述者
自刊　1923 年 11 月初版　24 开

2266　清凉饮剂制造法

〔日〕川崎近雄著　赤土山人译　上海　商务印
书馆　1923 年 2 月初版　有表　32 开

2267　清凉饮剂制造法

〔日〕川崎近雄著　赤土山人译　上海　辛垦书
店　1923 年　有表　32 开

2268　日本人之新南洋发展策

〔日〕堤林数卫著　刘士木译　上海　中华南洋
协会筹备处　1923 年 10 月初版，1924 年 5 月 2
版　50 开

2269　设计教育大全（师范学校用）

〔日〕松涛泰严著　林本等译　上海　商务印书
馆　1923 年 9 月初版　25 开

2270　社会主义神髓

〔日〕幸德秋水著　高劳译　上海　商务印书馆
1923 年 12 月初版，1925 年 6 月 3 版　48 开
（东方书库　第 26 种）

2271　天界现象

许心芸编译　上海　启智书局　1923 年

2272　土地国有论

〔日〕安部矶雄著　余叔奎译　上海　黎明书局
1923 年　50 开　（社会问题丛书）

2273　土地国有论

〔日〕安部矶雄著　余叔奎译　上海　太平洋
书店　1923 年 2 月初版　50 开　（社会问题
丛书）

2274　无机化学

〔日〕水津嘉之一郎著　孔庆莱译　郑贞文校
上海　商务印书馆　1923 年 2 月初版，1927 年 1
月 4 版，1933 年 1 月国难后 1 版　有图表　24
开（化学集成）

2275 无神论

〔日〕佐野学著　林伯修译　上海　商务印书馆
1923 年　32 开

2276 西洋伦理主义评

〔日〕深井安文著　杨昌济译述　上海　商务印
书馆　1923 年 12 月初版，1925 年 6 月 3 版　50
开　（东方文库　第 35 种）

2277 暹罗

〔日〕山品武著　陈清泉译　上海　商务印书馆
1923 年 2 月初版，1924 年 3 月再版，1931 年 3
版　冠像、有照片　32 开

2278 现代教育思潮（师范学校用）

〔日〕大濑甚太郎著　郑次川、林科棠合译　上
海　商务印书馆　1923 年 6 月初版　32 开

2279 现代日本小说集

〔日〕国木田独步等著　周作人编译　上海　商
务印书馆　1923 年 6 月初版，12 月再版，1925
年 12 月 3 版，1933 年 3 月国难后 1 版，1934 年
9 月国难后 2 版　32 开　（世界丛书）

2280 新俄罗斯

〔日〕川上俊彦著　王揖唐译　上海　商务印书
馆　1923 年 12 月初版，1924 年 6 月再版　有照
片　23 开

2281 新俄罗斯的无产阶级文学

〔日〕升曙梦著　画室译　大连　关东出版社
1923 年

2282 养蜂采蜜管理法

〔日〕青柳浩次郎著　张品南译　上海　新学会
社　1923 年

2283 银行论

〔日〕堀江归一著　陈震异译　上海　商务印书
馆　1923 年 4 月初版，1928 年 6 月 3 版　有表
28 开　精装

2284 哲学概论

〔日〕纪平正美著　彭学浚译　译者自刊　1923
年版　32 开

2285 中国之国际法论

〔日〕今井加信著　李大钊译　日本　健行社
1923 年

1924

2286 初等方程式论

〔日〕林鹤一、小野藤太编著　陈文译　上海
商务印书馆　1924 年 6 月初版，1931 年 5 月再
版　23 开　（算学丛书　4）

2287 都市计划法制要论

〔日〕池田宏著　蒋绍封译　昆明　市政公所
1924 年 1 月初版　32 开　（昆明市政公所市政
丛刊）

2288 都市问题之研究

〔日〕栃内吉胤著　杨名遂译　昆明　市政公所
1924 年 4 月初版　16 开　（市政丛书　2）

2289 杜威教育学说之研究

〔日〕永野芳夫著　林科棠译　上海　商务印书
馆　1924 年 7 月初版，1933 年 7 月国难后 1 版，
1935 年 3 月国难后 2 版　32 开　（师范小丛书）

2290 （对译）速修日本语读本

〔日〕饭河道雄编译　沈阳　东方印书馆
1924 年

2291 儿童图书馆之研究

〔日〕今泽慈海、竹贯宜人著　陈逸译述　上海
商务印书馆　1924 年 6 月初版　有图表　32 开

2292 儿童图书馆之研究

〔日〕今泽慈海、竹贯宜人著　陈逸译述　上海
泰东图书局　1924 年　有图表　32 开

2293 妇女问题十讲

〔日〕本间久雄著　章锡琛译　上海　开明书店
1924 年 8 月初版，1926 年 10 月再版，1927 年 5
月 3 版　32 开　（妇女问题丛书　第 1 种；妇
女问题研究会丛书）

2294 工厂设备

〔日〕胜田一著　方汉城译　上海　商务印书馆
1924 年

2295 工业簿记（新学制高级工业学校教科书）

〔日〕吉田良三著　陈家瓒译　上海　商务印书
馆　1924 年 1 月初版，1932 年 6 月国难后 1 版，
1938 年 10 月国难后 7 版　有表　25 开　精装

2296 工业政策（上、下册）

〔日〕关一著 马凌甫译 上海 商务印书馆 1924 年 1 月初版，1926 年 2 月再版，1927 年 9 月 3 版，1929 年 3 月 4 版，1934 年 10 月国难后 1 版 有表 22 开

2297 基督抹杀论

〔日〕幸德秋水著 狸弔疋译 上海 亚东图书馆 1924 年 12 月初版 25 开

2298 近世簿记法大纲

〔日〕东奭五郎著 陈掖神译 上海 商务印书馆 1924 年 4 月初版 有图表 32 开

2299 近世簿记法大纲

〔日〕东奭五郎著 陈掖神译 上海 华通书局 1924 年 有图表 32 开

2300 近世"我"之自觉史（一名 新理想哲学及其背景）

〔日〕朝永三十郎著 蒋方震译 上海 商务印书馆 1924 年 1 月初版，10 月再版 25 开

2301 近世"我"之自觉史（一名 新理想哲学及其背景）

〔日〕朝永三十郎著 蒋方震译 上海 联合书店 1924 年 25 开

2302 经济学史概论

〔日〕北泽新次郎著 周佛海译述 上海 商务印书馆 1924 年 11 月初版，1930 年 3 月再版 21 开

2303 苦闷的象征

〔日〕厨川白村著 鲁迅译 北京 新潮社 1924 年 12 月初版 冠肖像 有图 28 开 （未名丛刊）

2304 满洲天然蓝研究

日本满铁调查课 黄广译 上海 中华书局 1924 年

2305 欧洲思想大观

〔日〕金子筑水著 林科棠译 上海 商务印书馆 1924 年 6 月初版，1927 年 9 月再版 32 开 （新知识丛书）

2306 欧洲思想大观

〔日〕金子筑水著 林科棠译 上海 神州国光社 1924 年 32 开 （新知识丛书）

2307 人类之过去现在及未来

〔日〕丘浅次郎著 上官垚登节译 上海 商务印书馆 1924 年 1 月初版，1931 年 4 月 3 版 48 开 （百科小丛书 王云五主编）

2308 人类之过去现存及未来

〔日〕丘浅次郎著 上官垚登节译 上海 中山书店 1924 年 48 开

2309 日本现代剧选（第 1 集 菊池宽剧选）

〔日〕菊池宽著 田汉译 上海 中华书局 1924 年 12 月初版，1925 年 11 月再版，1928 年 11 月 4 版，1930 年 9 月 5 版 50 开 （少年中国学会丛书）

2310 儒教与现代思潮

〔日〕服部宇之吉著 郑子雅译 上海 商务印书馆 1924 年 12 月初版，1926 年 1 月再版，1934 年 2 月国难后 1 版 32 开 （万有文库国学小丛书 王云五主编）

2311 社会问题与财政

〔日〕小川乡太郎著 甘浩泽、史维焕译 上海 商务印书馆 1924 年 5 月初版，1927 年 7 月再版 有表 32 开 （新智识丛书）

2312 社会问题与财政

〔日〕小川乡太郎著 甘浩泽、史维焕译 上海 华通书局 1924 年 有表 32 开 （新智识丛书）

2313 生物学

〔日〕丘浅次郎著 薛德焴等译 上海 商务印书馆 1924 年 11 月初版，1925 年 12 月再版，1933 年国难后 1 版 有图 23 开 （高等教育理科丛书 第 3 编）

2314 藤田灵斋先生演讲录

〔日〕藤田灵斋著 集美调和会编译 厦门 编译者刊 1924 年 9 月初版 有图像 25 开

2315 藤田式调和法前传略解

〔日〕藤田灵斋著 陈敬贤译 厦门 集美学校消费公社、厦门大学合作商店 1924 年初版 25 开

2316 文艺思潮论

〔日〕厨川白村著 樊从予译 上海 商务印书馆 1924 年 32 开

2317　文艺思潮论
〔日〕厨川白村著　樊从予译　上海　开明书店
1924 年　32 开

2318　消费合作运动
〔日〕本位田祥男著　林骙、唐敬杲译　上海
商务印书馆　1924 年 7 月初版，1927 年 10 月再
版　32 开

2319　新教授法原论
〔日〕入泽宗寿著　罗迪先译　上海　商务印书
馆　1924 年 6 月初版，1930 年 8 月 3 版，1934
年 2 月国难后 1 版　24 开　（师范丛书）

2320　学龄儿童智力测验法
〔日〕三田谷启著　程浩译　上海　商务印书馆
1924 年 4 月初版，1926 年再版　有图表　42 开
（百科小丛书　第 41 种）

2321　学校剧本集
〔日〕神田丰穗著　徐传霖译　上海　商务印书
馆　1924 年 7 月初版　32 开

2322　学校剧本集
〔日〕神田丰穗著　徐传霖译　上海　大东书局
1924 年　32 开

2323　（增订）妇人问题十讲（上卷）
〔日〕本间久雄著　姚伯麟译　上海　学术研究
会总会　1924 年初版　32 开　（学术研究会丛
书　第 10 册）

2324　支那职员表（第 2 卷第 5 号）
〔日〕波多野乾一编　北京　燕尘社　1924 年 8
月初版　32 开

2325　中国关税制度论
〔日〕高柳松一郎著　李达译　上海　商务印书馆
1924 年 10 月初版，1927 年 10 月 3 版，1933 年 3 月
国难后 1 版　21 开　（经济丛书社丛书　5）

2326　作物泛论教科书（中等农学校用）
〔日〕佐佐木祐太郎著　沈化夔译述　吴赇重订
上海　新学会社　1924 年 9 月 5 版，1928 年 9
月重订 7 版　有图　25 开

1925

2327　中国哲学史概论
〔日〕渡边秀方著　刘侃元译　上海　生活书店

1925 年　有图解　22 开　精装　（哲学丛书）

2328　出了象牙之塔
〔日〕厨川白村著　鲁迅译　北京　未名社
1925 年 12 月初版　有图　32 开　（未名丛刊）

2329　帝国主义
〔日〕幸德秋水著　赵必振译　上海　国耻宣传
部　1925 年 12 月初版　25 开　（一角丛书　3）

2330　东三省古迹遗闻
〔日〕菊池贞二著　沈阳　盛京时报社　1925 年
初版　25 开

2331　都市经营论
〔日〕矢田七太郎著　吴剑秋译　上海　商务印
书馆　1925 年 12 月初版　23 开　（都市丛书）

2332　（对译详注）交际会话
〔日〕饭河道雄编译　沈阳　东方印书馆
1925 年

2333　佛教研究
〔日〕小野清秀著　张绂译　上海　新生命书局
1925 年

2334　佛教哲学
〔日〕小野清秀著　张绂译　上海　广智书局
1925 年

2335　佛教哲学
〔日〕小野清秀撰　张绂译　上海　商务印书馆
1925 年初版　有表、图解　32 开

2336　高粱酒调查书
日本满铁调查课　黄广（越川）译　上海　中
华书局　1925 年

2337　广告心理学
〔日〕井关十二郎著　唐开斌译述　上海　商务
印书馆　1925 年 11 月初版　32 开　（商业丛书
第 10 种）

2338　近世民主政治论
〔日〕森口繁治著　萨孟武译　上海　商务印书
馆　1925 年 4 月初版，1928 年 4 月再版　23 开
（政法丛书　上海商务印书馆主编）

2339　近世综合几何学
〔日〕吉川实夫著　王邦珍编译　上海　商务印

书馆　1925 年 5 月初版，1932 年国难后 1 版
有图　23 开　精装　（算学丛书）

2340　近世综合几何学
〔日〕吉川实夫著　王邦珍编译　上海　民族书
局、开明书局　1925 年　有图　23 开　精装
（算学丛书）

2341　苦闷的象征
〔日〕厨川白村著　丰子恺译　上海　商务印书
馆　1925 年 3 月初版，1932 年 9 月国难后 1 版
32 开　（文学研究会丛书）

2342　类证鉴别皇汉医学要诀
〔日〕大塚敬节著　陈景岐译　上海　中西医药
1925 年

2343　伦理学纲要
〔日〕高山林次郎著　李信臣译述　上海　商务
印书馆　1925 年 5 月初版，12 月再版　有图表
25 开

2344　满洲农家之生产消费
〔日〕野中时雄著　黄广译　上海　时代书店
1925 年

2345　满洲农家之生产与消费
〔日〕野中时雄编　黄越川译　大连　南满铁
道株式会社庶务部调查课　1925 年 5 月初版
有表、摄影　23 开　（汉译调查资料　第
8 编）

2346　妹妹
〔日〕武者小路实笃著　周伯棣译　上海　中华
书局　1925 年 10 月初版，1928 年 10 月 3 版
50 开

2347　欧洲思想大观
〔日〕金子筑水著　蒋桑汉译　上海　泰东图书
局　1925 年 4 月初版，1929 年 4 版　32 开

2348　皮奈西门智力测验改订法
〔日〕久保著　钱鹤译　1925 年

2349　三十三年落花梦
〔日〕宫崎寅藏著　P. Y. 校勘　上海　出版合
作社　1925 年再版，1926 年 9 月 4 版，1934 年
5 月 8 版　32 开

2350　社会学问答
〔日〕纳武津著　甘浩泽译　上海　商务印书馆
1925 年 12 月初版　42 开　（百科问答小丛书）

2351　社会组织与社会革命
〔日〕河上肇著　郭沫若译　上海　商务印书馆
1925 年 5 月初版，1927 年 1 月再版　25 开
精装

2352　身边整理术
〔日〕鹈泽昌和著　邱素臻译　高雄　大众书局
1925 年

2353　同性恋爱论（最新性欲研究）
〔日〕富雅大郎著　吴瑞公译　上海　东亚书局
1925 年初版　32 开

2354　未来世界（哲理小说）
〔日〕押川春浪著　包天笑译述　上海　国学书
室　1925 年 1 月初版　50 开

2355　武者小路实笃集
〔日〕武者小路实笃著　周作人等译　小说月报
社编辑　上海　商务印书馆　1925 年 3 月初版
50 开　（小说月报丛刊　第 46 种）

2356　西洋伦理学史
〔日〕三浦藤作著　谢晋青译　上海　商务印
书馆　1925 年 12 月初版，1933 年国难后 1 版，
1935 年再版　有表　22 开　精装　（哲学
丛书）

2357　宪法学原理
〔日〕美浓部达吉编著　欧宗祐、何作霖译
上海　商务印书馆　1925 年 8 月初版，1929 年
6 月 3 版，1933 年 5 月国难后 1 版　24 开
（政治丛书）

2358　新文学概论
〔日〕本间久雄著　汪馥泉译　上海　上海书店
1925 年 5 月初版，1925 年 7 月再版　32 开

2359　新文学概论
〔日〕本间久雄著　章锡琛译　上海　商务印书
馆　1925 年 8 月初版，1928 年 9 月 4 版　32 开
精装　（文学研究会丛书）

2360　刑法总论
〔日〕冈田朝太郎著　胡长清等译　北京　朝阳
大学出版部　1925 年 6 月再版　有表　24 开

2361　刑法总论
〔日〕冈田朝太郎著　胡长清等译　上海　大江书铺　1925年　有表　24开

2362　性欲通论
〔日〕羽太锐治著　唐轶康译　上海　卿云图书公司　1925年7月初版，1927年4月4版　有表　32开

2363　蚁
〔日〕松村年著　祝枕江译　上海　商务印书馆　1925年7月初版，1926年11月再版　有图　48开　（百科小丛书　王岫庐主编）

2364　艺术教育论
〔日〕小林澄见、大多和显著　唐开斌译　上海　商务印书馆　1925年8月初版　长48开　（师范小丛书）

2365　宇宙
〔日〕石井重美著　黄家金译　张资平校　上海　新生命书局　1925年　32开　（地学小丛书）

2366　宇宙
〔日〕石井重美著　黄家金译　张资平校　武昌　武昌大学地学会　1925年12月初版　32开

2367　宇宙
〔日〕石井重美著　黄家金译　张资平校　武昌　时中合作书社　1935年　32开

2368　怎样同肺病斗争
〔日〕小酒井不木著　任一碧译　上海　商务印书馆　1935年

2369　中国戏曲
〔日〕辻听花（辻武雄）著　北京　顺天时报社　1925年11月初版，1926年2月再版　有图　32开　精装

2370　中国哲学史（上、中、下册）
〔日〕高濑武次郎著　赵兰坪编译　上海　国立暨南学校出版部　1925年1月初版　25开

2371　资本制度浅说
〔日〕山川均著　施存统译　上海书店　1925年　36开　精装

2372　宗教问答
〔日〕安岛健著　甘浩泽译　上海　商务印书馆　1925年5月初版　32开　（百科问答小丛书）

2373　最新查账学
〔日〕三边金藏著　袁愈佺译　上海　商务印书馆　1925年初版　有表、附折表　21开　（现代商业丛书）

2374　最新助产妇学（上、下册）
〔日〕楠田谦藏著　姚昶绪译述　上海　大东书局　1925年9月初版，1932年11月3版　有图　25开

1926

2375　人兽之间
〔日〕佐藤红绿著　张资平译　上海　华通书局　1926年　32开

2376　妇女问题十讲
〔日〕本间久雄著　章锡琛译　上海　北京人人书店　1926年　32开　（妇女问题丛书　第1种；妇女问题研究会丛书）

2377　别宴（日本名家短篇小说集）
〔日〕谷崎精二等著　张资平辑译　武昌　上海　北新书局　1926年　32开

2378　别宴（日本名家短篇小说集）
〔日〕谷崎精二等著　张资平辑译　武昌　时中合作书社　1926年3月初版　32开

2379　博物教授指南
〔日〕山内繁雄著　杜亚泉译　上海　商务印书馆　1926年

2380　财政学
〔日〕美农本夫著　孟森译　上海　商务印书馆　1926年

2381　创造教育论
〔日〕稻毛诅风译　刘经旺译　上海　商务印书馆　1926年7月初版，1932年10月国难后1版　32开　（师范小丛书）

2382　创造教育论
〔日〕稻毛诅风著　刘经旺译　上海　北新书局　1926年　32开

2383　代数学——幂法开法及无理虚数
〔日〕林鹤一、矢田吉熊著　黄元吉译　上海

商务印书馆　1926 年 12 月初版，1934 年 3 月国难后 1 版　32 开　（算学小丛书）

2384　代数学——数及代数式之四则
〔日〕林鹤一、藤原仓平著　崔朝庆译　上海商务印书馆　1926 年 9 月初版，1930 年 10 月再版　48 开　（算学小丛书）

2385　道教概说
〔日〕小柳司气太著　陈彬和译述　上海　商务印书馆　1926 年 11 月初版，1931 年 4 月再版，1934 年 2 月国难后 2 版　32 开　（国学小丛书）

2386　道教概说
〔日〕小柳司气太著　陈彬和译述　上海　亚东图书馆、中华书局　1926 年　32 开　（国学小丛书）

2387　德国教育之精神
〔日〕吉田熊次著　蔡文森译　上海　商务印书馆　1926 年

2388　东北亚洲搜访记
〔日〕鸟居龙藏著　汤尔和译　上海　商务印书馆　1926 年 11 月初版　有照片、地图　25 开（地理丛书）

2389　都市经济与农村经济
〔日〕中泽办次郎著　邱致中译　上海　商务印书馆　1926 年

2390　都市问答
〔日〕弓家七郎著　刘光华译　上海　商务印书馆　1926 年　32 开　（百科问答小丛书）

2391　分析化学
〔日〕水津嘉之一郎著　孔庆莱译　郑贞文校上海　商务印书馆　1926 年 4 月初版，1932 年 9 月国难后 1 版，1933 年 2 月国难后 2 版　有图表23 开　（化学集成　第 4 编）

2392　佛道两家关系论
〔日〕津田左右吉著　李继煌译　上海　商务印书馆　1926 年

2393　佛道两家关系论
〔日〕津田左右吉著　李继煌译　上海　开明书店　1926 年

2394　佛教改革家日莲
〔日〕井上义澄编译　上海　华通书局　1926 年有表　32 开

2395　佛教改革家日莲
〔日〕井上义澄编译　北京　支那风物研究会1926 年 2 月初版　有表　32 开

2396　妇人与社会主义
〔日〕山川菊荣著　李达译　上海　商务印书馆1926 年

2397　国际法讲义
〔日〕美浓部达吉著　金泯澜译　上海　商务印书馆　1926 年

2398　华日人名录
〔日〕堀新太郎编　大连　华日人名录编纂所1926 年 8 月初版，1930 年 3 月 4 版　32 开精装

2399　会计学（新学制高级商业学校教科书）
〔日〕吉田良三著　吴应图译　上海　商务印书馆　1926 年 9 月初版，1929 年 5 月 3 版　有表32 开

2400　金融经济概论（新学制高级商业学校教科书）
〔日〕饭岛幡司著　周佛海译　上海　商务印书馆　1926 年 7 月初版，1931 年 4 月再版　有表32 开

2401　近代思想
日本新潮社编　过耀根译　上海　商务印书馆1926 年

2402　近代思想解剖
〔日〕樋口秀雄著　唐敬杲译　上海　商务印书馆　1926 年

2403　近世法医学
〔日〕田中祐吉　上官悟尘编译　上海　商务印书馆　1926 年 1 月初版，1932 年 11 月国难后第1 版　有插图　23 开　精装

2404　近世妇人科学
〔日〕木下正中、清水由隆著　汤尔和译　上海商务印书馆　1926 年 7 月初版，1929 年 5 月再版，1933 年国难后 1 版　有图　23 开　精装

2405　近世民主政治论
〔日〕本位田祥男等著　萨孟武译　上海　商务印书馆　1926 年

2406　京剧二百年之历史
〔日〕波多野乾一著　鹿原学人编译　洪珍白校

北京　顺天时报馆、东方日报馆（总发行）
1926 年 9 月初版，1926 年 10 月再版　有图
32 开

2407　精选解剖学
〔日〕西成甫编著　汤尔和译　上海　商务印书
馆　1926 年

2408　橘英雄
〔日〕樱井彦一郎著　上海　商务印书馆
1926 年

2409　空中飞艇
〔日〕押川春浪著　海天独啸子译　上海　商务
印书馆　1926 年

2410　孔子
〔日〕宇野哲人著　陈彬和译　上海　商务印书
馆　1926 年 8 月初版　有表　32 开　（国学小
丛书　王云五主编）

2411　孔子
〔日〕宇野哲人著　陈彬和译　上海　上海乐华
图书公司　1926 年　有表　32 开

2412　苦闷的象征
〔日〕厨川白村著　鲁迅译　北京　北新书局
1926 年　冠肖像、有图　28 开　（未名丛刊）

2413　狂言十番（日本古代小喜剧集）
周作人译　北京　北新书局　1926 年 9 月　初
版，1926 年 11 月沪再版　有图　32 开

2414　伦理学纲要
〔日〕高山林次郎著　李信臣译　上海　商务印
书馆　1926 年

2415　伦理学教科书
〔日〕服部宇之吉编著　上海　商务印书馆
1926 年

2416　卖国奴
〔日〕村井弦斋著　（译者不详）　上海　商务
印书馆　1926 年

2417　满蒙之兽疫及其预防之方法
〔日〕葛西胜尔述　南满铁路公司奉天兽疫研究
所　1926 年 5 月初版　32 开

2418　人类之过去现在及未来
〔日〕丘浅次郎著　上官垚登译　上海　商务印

书馆　1926 年

2419　人体解剖实习法
〔日〕石川喜直著　万钧、徐云译　上海　医学
书局　1926 年 6 月初版　24 开　（丁氏医学丛
书　丁福保主编）

2420　妊娠避妊与育儿
〔日〕泽田顺次郎著　怀牲叔译述　上海　文明
书局　1926 年 9 月初版，1933 年 4 月 4 版
23 开

2421　妊孕生产学
〔日〕高桥政秀、伊藤尚贤著　沈郑浩译　吴敬
晖校　上海　大通图书社　1926 年 11 月初版
32 开　（性学丛书　8）

2422　日本民权发达史
〔日〕植原悦二郎著　黄文中译述　上海　商务
印书馆　1926 年 6 月初版，1929 年 1 月再版，
1933 年 10 月国难后 1 版　24 开　（历史丛书）

2423　日本之电气事业与电气大博览会
日本电气协会编　北京　编者刊　1926 年 4 月
初版　附彩折表　16 开

2424　儒道两家关系论
〔日〕津田左右吉著　李继煌译　上海　商务印
书馆　1926 年 1 月初版，1928 年 7 月再版　32
开（国学小丛书　王云五主编）

2425　乳姐妹
〔日〕菊池幽芳著　韵琴译　上海　商务印书馆
1926 年

2426　商品学
〔日〕星野太郎著　李澂译　上海　商务印书馆
1926 年

2427　商业薄记教科书
〔日〕佐野善作编　汪廷襄译　上海　商务印书
馆　1926 年

2428　社会改造之八大思想家
〔日〕生田长江著　毛咏棠译　上海　商务印书
馆　1926 年

2429　身心调和法
〔日〕藤田灵斋著　刘仁航译　上海　商务印书
馆　1926 年

2430 生物界之神秘

〔日〕松村松年著　薛德煚、陈端本译　武昌
时中合作书社　1926 年 8 月初版　32 开

2431 生物学纲要

〔日〕谷津直秀著　上官垚登译　上海　商务印
书馆　1926 年 9 月初版　有图　32 开　（新知
识丛书）

2432 生物学与哲学之境界

〔日〕永井潜著　汤尔和译　上海　商务印书馆
1926 年 2 月初版，1933 年 9 月国难后 1 版　有
图表　23 开　（科学丛书）

2433 生物学与哲学之境界

〔日〕永井潜著　汤尔和译　上海　乐群书店
1926 年　有图表　23 开

2434 生物学之神秘

〔日〕松村松年著　薛德煜、陈端本译　上海
启智书局　1926 年

2435 实验葡萄栽培法

〔日〕内田郁太著　新学会社编辑部编译　上海
新学会社　1926 年 5 月初版，1928 年 9 月再版，
1935 年增订 4 版　有图表　25 开

2436 饲育雏鸡之新研究

〔日〕坪根藤次郎著　赵仰夫译　上海　新学会
社　1928 年

2437 饲育雏鸡之新研究

〔日〕坪根藤次郎著　赵仰夫译　上海　中华书
局　1926 年

2438 算术（百分算及利息算）

〔日〕林鹤一、中村庆次郎著　郑心南译　上海
商务印书馆　1926 年 1 月初版，1933 年 3 月国
难后 1 版　32 开　（算学小丛书）

2439 算术（整数及小数）

〔日〕林鹤一、淡中济著　黄元吉译　陈文校
上海　商务印书馆　1926 年 12 月初版，1933 年
6 月国难后 1 版　32 开　（算学小丛书）

2440 算术（整数之性质）

〔日〕林鹤一、加藤幸重郎原著　崔朝庆译述
上海　商务印书馆　1926 年 9 月初版　36 开

（算术小丛书　第 2 篇）

2441 泰西事物起原

〔日〕涩江保著　傅运森译　上海　文明书局
1926 年 1 月初版　32 开

2442 侠女郎

〔日〕押川春浪著　（译者不详）　上海　商务
印书馆　1926 年

2443 现代理想主义

〔日〕金子筑水著　蒋径三译　上海　商务印书
馆　1926 年 9 月初版，1933 年国难后 1 版　25
开　（哲学丛书）

2444 现代理想主义

〔日〕金子筑水著　蒋径三译　上海　昆仑书店
1926 年　25 开

2445 小学教材博物篇

〔日〕棚桥源太郎编　杜子彬译　上海　商务印
书馆　1926 年

2446 小学教材理化篇

〔日〕棚桥源太郎编著　孔庆莱译　上海　商务
印书馆　1926 年

2447 性欲常识

〔日〕羽太锐治著　华纯甫编译　上海　文明书
局　1926 年初版，1932 年 4 版　32 开

2448 性之原理

〔日〕丁田次郎著　汪厥明译　上海　商务印书
馆　1926 年 9 月初版，1927 年 8 月再版，1934
年 8 月国难后 1 版　有图表　32 开　（新知识
丛书；百科小丛书　王云五主编）

2449 学校播音的理论与实际

〔日〕西本三十二著　金溟若译　上海　商务印
书馆　1926 年初版　有表　32 开　（师范小
丛书）

2450 养鸽法

〔日〕武知彦荣著　周曜丞译　上海　新学会社
1926 年　有图表　32 开

2451 医学百科大全

〔日〕斋藤次六著　杨月川、沈济川校　吴瑞书

译　上海　中西书局　1926 年 8 月初版　32 开
精装

2452　医学与哲学
〔日〕永井潜著　汤尔和译　上海　商务印书馆
1926 年 8 月初版，1928 年 6 月再版　有图像
23 开　精装

2453　与谢野晶子论文集
〔日〕与谢野晶子著　张娴译　上海　妇女问题
研究会　1926 年 6 月初版　32 开　（妇女问题
研究会丛书）

2454　与谢野晶子论文集
〔日〕与谢野晶子著　张娴译　上海　开明书店
1926 年　32 开　（妇女问题研究会丛书）

2455　原子构造概论
〔日〕竹内洁著　陆志鸿译　上海　商务印书馆
1926 年　27 开

2456　原子构造概论
〔日〕竹内洁著　陆志鸿译　上海　中华学艺社
1926 年 1 月初版，1927 年 8 月再版　27 开
（学艺汇刊　8）

2457　直隶省教育行政组织之改革案
〔日〕李建勋著　康绍言译　上海　太平洋书店
1926 年

2458　植物生理学
〔日〕川上泷弥著　吴赎译　童玉民改订　上海
新学会社　1926 年 8 月改订 6 版　有图　23 开

2459　植物学讲义
〔日〕三好学著　黄以仁译　上海　商务印书馆
1926 年

2460　中国伦理学史
〔日〕三浦藤作著　张宗元、林科棠译　上海
商务印书馆　1926 年 2 月初版，1927 年再版
有表、图解　22 开　精装　（哲学丛书）

2461　中国伦理学史
〔日〕三浦藤作著　张宗元、林科棠译　上海
上海南强书局　1926 年　有表、图解　22 开
精装

2462　中国文化史
〔日〕高桑峋吉著　李继煌译　上海　商务印

馆　1926 年 6 月初版，1927 年 6 月再版，1931
年 5 月 4 版，1932 年 10 月国难后 1 版　32 开
平、精装

2463　中国文学概论
〔日〕盐谷温著　陈彬和译　北京　朴社　1926
年 3 月初版　24 开

2464　中国文学概论
〔日〕盐谷温著　陈彬和译　上海　大东书局
1926 年　24 开

2465　中国哲学史概论
〔日〕渡边秀方著　刘侃元译　上海　商务印书
馆　1926 年 9 月初版，1933 年 2 月国难后 1 版
有图解　22 开　精装　（哲学丛书）

2466　中学生理卫生学教科书
〔日〕坪井次郎编　杜亚林译　上海　商务印书
馆　1926 年

2467　自然科学概论
〔日〕大町文卫著　刘文艺译　上海　商务印书
馆　1926 年

2468　租税总论
〔日〕小川乡太郎著　萨孟武译　上海　商务印
书馆　1926 年 9 月初版，1933 年 2 月国难后 1
版，1935 年 6 月国难后 2 版　有表　25 开　精
装　（经济丛书）

2469　最近自然科学
〔日〕田边元著　周昌寿译　上海　商务印书馆
1926 年 3 月初版　32 开

2470　最近自然科学概观
〔日〕大町文卫著　刘文艺译　郑贞文校　上
海　商务印书馆　1926 年 11 月初版，1933 年 5
月国难后 1 版，1935 年 6 月国难后 2 版　有图
表　23 开

1927

2471　辩证法的唯物论
〔日〕堺利彦著　吕一鸣译　北京　北新书局
1927 年 4 月初版，1928 年再版　36 开

2472　财政总论
〔日〕小川乡太郎著　何嵩龄译　上海　开明书
店　1927 年　有表、附折表　25 开　精装

2473　财政总论

〔日〕小川乡太郎著　何嵩龄译　上海　商务印书馆　1927 年 12 月初版，1931 年 6 月再版，1932 年 9 月国难后 1 版　有表、附折表　25 开　精装

2474　出家及其弟子

〔日〕仓田百三著　孙百刚译　上海　创造社出版部　1927 年 10 月初版　36 开

2475　初等口琴练习曲集

〔日〕井奥敬一著　北京　中华乐社　1927 年 3 月初版　32 开

2476　处方集成

〔日〕金子义晁著　沈俭译　东京　同仁会　1927 年

2477　东三省古迹遗闻续编

〔日〕菊池贞二著　盛京时报社译　沈阳　盛京时报社　1927 年 8 月初　25 开

2478　俄国东方政策

〔日〕布施胜治著　刘家愉等译　天津　中华民国圣道会（印）　1927 年 2 月初版　32 开

2479　俄国东方政策

〔日〕布施胜治著　刘家愉等译　天津　中华书局　1927 年　32 开

2480　犯罪心理学

〔日〕寺田精一编著　张廷健译　上海　商务印书馆　1927 年 7 月初版　42 开　（百科小丛书第 124 种　王岫庐主编）

2481　夫妻间之性智识

〔日〕田中香涯著　吴瑞书译　上海　性学研究社　1927 年 2 月初版　32 开　（性学丛书　4）

2482　国际经济总论

〔日〕堀江归一著　王首春译　上海　商务印书馆　1927 年 12 月初版，1933 年 3 月国难后 1 版有表　21 开　精装　（经济丛书）

2483　国际经济总论

〔日〕堀江归一著　王首春译　上海　上海大东书局　1927 年　有表　21 开　精装

2484　国际劳动问题

〔日〕浅利顺次郎著　张月澄译述　广东　国际社会问题研究社　1927 年 6 月初版　32 开　（国际问题丛书）

2485　国木田独步集

〔日〕国木田独步著　夏丏尊译　上海　开明书店　1927 年　冠像　32 开

2486　国木田独步集

〔日〕国木田独步著　夏丏尊译　上海　文学周报社　1927 年 8 月初版，1928 年 4 月再版　冠像 32 开　（文学周报社丛书）

2487　孩子们的音乐

〔日〕田边尚雄著　丰子恺译　上海　开明书店　1927 年 11 月初版，1928 年 3 月再版　有图像 32 开

2488　化学精义

〔日〕高田德佐著　张资模译　郑贞文、郑尊法校订　上海　商务印书馆　1927 年 10 月初版，1935 年 5 月国难后 3 版　有图表　23 开　精装

2489　化学精义

〔日〕高田德佐著　张资模译　郑贞文、郑尊法校订　上海　上海华通书局　1927 年　有图表 23 开　精装

2490　芥川龙之介集

〔日〕芥川龙之介著　鲁迅等译　上海　开明书店　1927 年 12 月初版，1928 年 3 月再版　冠像 32 开

2491　金融原理

〔日〕高岛佐一郎著　高书田译　上海　商务印书馆　1927 年 3 月初版，1933 年 3 月国难后 1 版　25 开　（现代商业丛书）

2492　进化论讲话（上、下册）

〔日〕丘浅次郎著　刘文典译　上海　亚东图书馆　1927 年 11 月初版，1933 年 2 月 3 版　有图 32 开

2493　近世内科全书（上、下册）

〔日〕桥本节斋著　丁福保译　上海　医学书局 1927 年 10 月初版　23 开　精装　（丁氏医学丛书　丁福保主编）

2494　近世社会主义

〔日〕福井准造著　赵必振译　上海　大江书铺 1927 年　32 开

2495　近世社会主义
〔日〕福井准造著　赵必振译　上海　时代书店
1927 年 6 月初版　32 开

2496　近世小儿科学
〔日〕斎藤秀雄著　程瀚章译　顾寿白校　上海
商务印书馆　1927 年 9 月初版，1933 年 5 月国
难后 1 版　23 开　精装

2497　近世小儿科学
〔日〕斎藤秀雄著　程瀚章译　顾寿白校　上海
民智书局　1927 年　23 开　精装

2498　经济学新论
〔日〕安部矶雄著　曾毅译　上海　太平洋书店
1927 年 7 月初版，1928 年 3 月再版，1928 年 8
月 3 版，1928 年 12 月 4 版，1929 年 3 月 5 版
32 开

2499　恋爱病患者
〔日〕菊池宽著　刘大杰译　上海　北新书局
1927 年 9 月初版，1929 年 7 月再版　32 开

2500　恋爱之价值
〔日〕米田正太郎著　卫惠林译　上海　民智书
局　1927 年 8 月初版　32 开

2501　两条血痕及其他（日本小说集）
〔日〕周作人辑译　上海　开明书店　1927 年
10 月初版，1928 年再版　32 开

2502　两性生殖学
〔日〕泽田顺次郎著　吴瑞书编译　平洁生校
上海　新文编译社　1927 年 1 月初版　32 开

2503　棉被
〔日〕田山花袋著　夏丏尊译　南京　大承出版
社　1927 年　32 开

2504　棉被
〔日〕田山花袋著　夏丏尊译　上海　商务印书
馆　1927 年 1 月初版，1929 年 4 月再版，1932
年 9 月国难后 1 版　32 开　（文学研究会丛书）

2505　民族生物学
〔日〕古屋芳雄著　张资平译　上海　民智书局
1927 年　有图表　32 开　（万有文库　第 2 集）

2506　南满铁路记略
〔日〕佐田弘治郎编　大连　南满洲铁道株式会
社　1927 年 4 月初版　有表、摄影　附折图表
21 开　精装

2507　农民问题研究
〔日〕河西太一郎著　周亚屏译　上海　民智书
局　1927 年 10 月初版　有表　32 开

2508　农民问题研究
〔日〕河西太一郎著　周亚屏译　上海　太平洋
书店　1927 年　有表　32 开

2509　农学实验法
〔日〕大塚孙市著　怀献侯译　上海　商务印书
馆　1927 年 6 月初版，1933 年 6 月国难后 1 版
32 开

2510　农学实验法
〔日〕大塚孙市著　怀献侯译　上海　太平洋书
店　1927 年

2511　农业政策纲要
〔日〕桥本傅左卫门编著　黄通译　上海　商务
印书馆　1927 年 3 月初版　有表　23 开

2512　女子之性欲与恋爱
〔日〕田中香涯著　吴瑞书译　上海　性学研究
社　1927 年 4 月初版　32 开　（性学丛书　4）

2513　染色学纲要（职业学校教科书）
〔日〕中岛武太郎、老田他鹿铁著　李文译　喻
飞生校　上海　春明社　1927 年　有图表
32 开

2514　染色学纲要（职业学校教科书）
〔日〕中岛武太郎、老田他鹿铁著　李文译　喻
飞生校　上海　商务印书馆　1927 年 6 月初版，
1932 年 11 月第 1 版，1940 年 6 月长沙改订第 1
版，1947 年 3 月改订第 2 版，1948 年 5 月改订
第 3 版，1949 年 7 月改订第 4 版　有图表
32 开

2515　社会思想史概论
〔日〕波多野鼎著　杨浴泉译　上海　商务印书
馆　1927 年　32 开

2516　社会主义的妇女观
〔日〕山川菊荣著　吕一鸣译　上海　北新书局
1927 年 3 月再版　50 开

2517　社会主义的妇女观
〔日〕山川菊荣著　吕一鸣译　上海　商务印书馆
1927 年　50 开　（社会经济小丛书　2）

2518　社会主义学说大要
〔日〕堺利彦著　吕一鸣译　上海　北新书局
1927 年　48 开

2519　实用工业卫生学
〔日〕稻叶良太郎、小泉亲彦著　程瀚章译　上
海　商务印书馆　1927 年

2520　苏俄的东方政策
〔日〕布施胜治著　半粟译　上海　太平洋书店
1927 年 9 月初版，1927 年 11 月再版，1929 年 2
月 5 版　32 开

2521　苏俄外交政策
〔日〕布施胜治著　刘家愉、高赞鼎译　北京
个人刊　1927 年 2 月初版　16 开

2522　苏俄之赤化运动
〔日〕布施胜治著　冷石译　1927 年　32 开

2523　唯物史观略解
〔日〕桥野升著　吕一鸣译　北京　北新书局
1927 年 3 月再版　50 开　（社会经济小丛书　1）

2524　文艺与性爱
〔日〕松村武雄著　谢六逸译　上海　开明书店
1927 年 9 月初版，1928 年 2 月再版，1929 年 7
月 3 版　44 开

2525　西南亚细亚文化史
〔日〕中原与茂九郎、杉勇编　杨炼译　真善美
书店　1927 年　32 开

2526　西洋文明与唯物主义
〔日〕荒村晓月编　上海　北新书局　1927 年 6
月初版，1928 年 1 月再版　32 开

2527　戏曲研究
〔日〕菊池宽著　夏衍（沈宰白）译　1927 年 6
月初版　长 40 开

2528　乡村学校设施法
古煤译　上海　开明书局　1927 年

2529　新村
〔日〕武者小路实笃著　孙百刚译　上海　光华
书局　1927 年

2530　新村
〔日〕武者小路实笃著　孙百刚译　上海　商务
印书馆　1927 年

2531　新俄的无产阶级文学
〔日〕升曙梦著　画室译　上海　北新书局
1927 年 3 月初版，5 月再版　有照片　28 开
（新俄文艺论述之一）

2532　新俄的演剧运动与跳舞
〔日〕升曙梦著　画室译　上海　北新书局
1927 年

2533　新俄文学的曙光期
〔日〕升曙梦著　画室译　上海　北新书局
1927 年 2 月初版　有图像　32 开　（新俄文艺
论述之一）

2534　新生（上、下卷）
〔日〕岛崎藤村著　徐祖正译　上海　北新书局
1927 年 12 月初版　25 开

2535　新生（上、下卷）
〔日〕岛崎藤村著　徐祖正译　上海　开明书店
1927 年　25 开　（骆驼丛书）

2536　新时代的教育
〔日〕泽柳清子著　上海　北新书局　1927 年 6
月初版，8 月再版　32 开

2537　新时代的教育
〔日〕泽柳清子著　上海　北新书局　1927 年
32 开

2538　扬子江中立论
〔日〕高柳松一郎著　1927 年　32 开

2539　移民政策
〔日〕副岛义一著　刘士木译述　上海　中华南
洋协会　1927 年 8 月初版　42 开

2540　英国田园市
〔日〕弓家七郎著　张维翰译　冯雄校　上海
商务印书馆　1927 年 2 月初版　有图表　32 开
（市政丛书）

2541　有机化学
〔日〕水津嘉之一郎著　孔庆莱译　郑贞文校
上海　商务印书馆　1927 年 3 月初版，1930 年 2
月 3 版，1935 年 5 月国难后 3 版　有图表　23
开　（化学集成　第 3 编）

2542　中国革命实地见闻录
〔日〕池君（断水楼主人）著　乐嗣炳译　吴拯

环校　上海　三民公司　1927 年 10 月初版，
1928 年 8 月再版　32 开

2543　资本论解说

〔德〕考茨基著　〔日〕高畠素之译　戴季陶译
胡汉民补译　上海　民智书局　1927 年 10 月初
版　有表　23 开

2544　资本主义的解剖

〔日〕山川均著　崔物齐译　上海　光华书局
1927 年 2 月初版　32 开

2545　资本主义的玄妙

〔日〕山川均著　吕一鸣译　北京　北新书局
1927 年 6 月初版　32 开

1928

2546　爱欲

〔日〕武者小路实笃著　章克标译　上海　金屋
书店　1928 年 4 月初版　50 开

2547　罢工与怠业

〔日〕野口著　黄昌言译　上海　中山书局
1928 年 7 月初版　有表　32 开

2548　辩证法浅说

施存统、刘若诗译　华通书局　1928 年

2549　财政学新论

〔日〕马场锾一著　李祚辉译　上海　太平洋书
店　1928 年 2 月初版　32 开

2550　草丛中

〔日〕山田清三郎等著　张资平辑译　上海　乐
群书店　1928 年 10 月初版，1929 年 6 月再版
32 开

2551　产业革命史

〔日〕上田贞次郎著　刘宝书译　上海　太平洋
书店　1928 年 3 月初版　50 开　（社会问题
丛书）

2552　衬衣

〔日〕加能作次郎等著　张资平辑译　上海　世
纪书局　1928 年 7 月初版　32 开

2553　痴人之爱

〔日〕谷崎润一郎著　杨骚译　上海　北新书局
1928 年 12 月初版　32 开　（世界文学名著
百种）

2554　代数学——对数及利息数

〔日〕山根新次郎著　骆师曾译　上海　商务印
书馆　1928 年 4 月初版　长 48 开　（算学小
丛书）

2555　地狱

〔日〕金子洋文著　沈端先译　上海　春野书店
1928 年 7 月初版　32 开

2556　东蒙风俗谈

〔日〕松本隽著　吴钦泰译　上海　商务印书馆
1928 年

2557　东蒙风俗谈

〔日〕松本隽著　吴钦泰译　上海　民智书局
1928 年

2558　都会双曲线

〔日〕林房雄著　石儿译　上海　神州国光社
1928 年 6 月初版　32 开

2559　俄国革命运动史

〔日〕山内封介著　卫仁山译　上海　太平洋书
店　1928 年 10 月初版，1929 年 2 月再版　32 开

2560　俄罗斯跳舞伟观

〔日〕升曙梦著　鲁夫译　厦门　国际学术书社
1928 年

2561　法理学大纲

〔日〕穗积重远著　李鹤鸣译　南京　正中书局
1928 年　有表　24 开　（政法丛书）

2562　法理学大纲

〔日〕穗积重远著　李鹤鸣译　上海　商务印书
馆　1928 年 11 月初版，1933 年国难后 1 版　有
表　24 开　（政法丛书）

2563　共产主义批评

〔日〕室伏高信著　沈茹秋译　上海　开明书店
1928 年 7 月初版，1929 年再版　32 开

2564　共产主义批评

〔日〕室伏高信著　沈茹秋译　上海　华通书局
1928 年　32 开

2565　共同社会与利益社会

〔德〕Ferdinand Temnies 著　〔日〕波多野影节
译　杨正宇译　上海　太平洋书店　1928 年 3
月初版　50 开　（社会问题丛书）

2566 关于对华政策失败的原因及今后应取的对策
〔日〕吉井清春讲演　上海　亚细亚和平研究会
1928 年　32 开

2567 国际纷争与国际联盟
〔日〕信夫淳平著　萨孟武译　上海　商务印书
馆　1928 年 4 月初版　24 开　（政法丛书）

2568 国际经济会议之农业问题
〔日〕佐藤宽次著　黄枯桐译　上海　启智书局
1928 年 10 月初版　32 开

2569 国际经济问题
〔日〕堀江归一著　陈家瓒译述　上海　商务印
书馆　1928 年 9 月初版，1933 年 1 月国难后 1
版　有表　21 开　精装　（经济丛书）

2570 国际经济问题
〔日〕堀江归一著　陈家瓒译述　上海　新生命
书局　1928 年　有表　21 开　精装

2571 国际劳工问题
〔日〕浅利顺皿郎著　佘叔奎译　上海　商务印
书馆　1928 年　48 开　（社会问题丛书）

2572 国际劳工问题
〔日〕浅利顺皿郎著　佘叔奎译　上海　太平洋
书店　1928 年 2 月初版　48 开　（社会问题
丛书）

2573 孩子们的音乐
〔日〕田边尚雄著　丰子恺译　天津　大公报社
1928 年　有图像　32 开

2574 寒鸦集
刘大杰辑译　上海　太平洋书店　1928 年

2575 河童
〔日〕芥川龙之介著　黎烈文译　上海　商务印
书馆　1928 年 10 月初版，1930 年 12 月再版，
1934 年 7 月国难后 1 版　冠图像　32 开　（文
学研究会丛书）

2576 基督教社会主义论
〔日〕贺川丰彦著　阮有秋译　上海　太平洋书
店　1928 年

2577 基尔特社会主义
〔日〕北泽新次郎著　佘叔奎译　上海　华通书
局　1928 年

2578 基尔特社会主义
〔日〕北泽新次郎著　佘叔奎译　上海　太平洋
书店　1928 年

2579 级数概论
〔日〕林鹤一、小仓金之助著　欧阳祖纶译　上
海　商务印书馆　1928 年 1 月初版　23 开　精
装　（算学丛书 8）

2580 级数概论
〔日〕林鹤一、小野藤太著　欧阳祖纶译　宁波
新学会社　1928 年

2581 芥川龙之介小说集
〔日〕芥川龙之介著　汤鹤逸译　北京　文化学
社　1928 年 7 月初版　冠像

2582 金融资本论
〔日〕猪俣津南雄著　林伯修译　上海　创造社
出版部　1928 年 10 月初版，1929 年 4 月再版
有图表　32 开

2583 近代的恋爱观
〔日〕厨川白村著　夏丏尊译　上海　解放社
1928 年　32 开　（妇女问题研究会丛书）

2584 近代的恋爱观
〔日〕厨川白村著　夏丏尊译　上海　开明书店
1928 年 9 月初版，1929 年 4 月再版　32 开
（妇女问题研究会丛书）

2585 近代伦理思想小史
〔日〕藤井健治郎著　潘大道译　上海　商务
书馆　1928 年 4 月初版　48 开　（百科小丛书
第 158 种　王云五主编）

2586 近代文艺的背景
〔日〕内崎作三郎著　王璧如译　上海　北新书
局　1928 年 8 月初版，1929 年 3 月再版　24 开

2587 近代文艺的背景
〔日〕内崎作三郎著　王璧如译　上海　改造出
版社　1928 年　24 开

2588 近世病原微生物及免疫学
〔日〕志贺洁著　汤尔和译　上海　商务印书馆
1928 年 4 月初版　有图表　精装

2589 近世病原微生物及免疫学
〔日〕志贺洁著　汤尔和译　上海　民智书局

1928 年　有图表　精装

2590　近世社会思想史
〔日〕波多野鼎著　徐文亮译　上海　开明书店
1928 年 9 月初版，1928 年 11 月再版　32 开

2591　近世社会思想史
〔日〕波多野鼎著　徐文亮译　上海　黎明书店
1928 年　32 开

2592　可兰经
〔日〕坂本健一编著　铁铮译　太原　中国语文
学会　1928 年

2593　空虚
〔日〕细田源吉著　郑佐苍、张资平译　上海
新宇宙书店　1928 年 8 月初版，1931 年 4 月再
版　50 开　（文艺丛书　第 2 种）

2594　劳动经济论
〔日〕北泽新次郎著　朱应祺、朱应会译　上海
启智书局　1928 年　有表、附折表　23 开　平、
精装

2595　劳动经济论
〔日〕北泽新次郎著　朱应祺、朱应会译　上海
泰东图书局　1928 年 4 月初版　有表、附折表
23 开　平、精装

2596　（理论实验）日用化学
〔日〕近藤耕藏著　石鸣球译　上海　商务印书
馆　1928 年 5 月初版，1933 年 10 月国难后 1 版
有图　23 开

2597　马尔莎斯人口论
〔日〕布川静渊著　阮有秋译　上海　商务印书
馆　1928 年

2598　马尔沙斯人口论
〔日〕布川静渊著　阮有秋译　北京　太平洋书
店　1928 年

2599　马克思国家论
〔日〕河野窓著　佘叔奎译　上海　商务印书馆
1928 年

2600　马克思主义经济学
〔日〕河上肇著　温盛光译　上海　启智书局
1928 年 11 月初版　32 开（社会科学丛书　第
2 编）

2601　满洲养猪指南
日本南满洲铁道株式会社兴业部农务课编　大
连　编者刊　1928 年 6 月初版　有图表　32 开

2602　母与子
〔日〕武者小路实笃著　崔万秋译　上海　真美
善书店　1928 年 5 月初版　有图像　32 开

2603　南传念安般经
汤用彤译　上海　商务印书馆　1928 年

2604　农民与政治运动
〔日〕庄原达著　刘宝书译　上海　太平洋书店
1928 年 3 月初版，1928 年 9 月再版　50 开
（社会问题丛书）

2605　农业社会化运动
〔日〕河田嗣郎著　黄枯桐译　上海　启智书局
1928 年 12 月初版　有表　32 开　（社会科学丛
书　第 4 编）

2606　欧洲近代文艺思潮概论
〔日〕本间久雄著　沈端先译　上海　开明书店
1928 年 8 月初版，1929 年 2 月再版，1929 年 10
月 3 版，1930 年 10 月 5 版　冠像　32 开

2607　欧洲思想大观
〔日〕金子马治著　蒋径三译　上海　商务印书
馆　1928 年

2608　欧洲文艺思想史
〔日〕厨川白村著　黄新民译　厦门　国际学术
书社　1928 年

2609　平地风波
〔日〕小岛勘著　郑佐苍、张资平译　上海　乐
群书店　1928 年 9 月初版　50 开

2610　普通选举与无产政党
〔日〕安部矶雄著　罗赳彦译　上海　太平洋书
店　1928 年 3 月初版，1928 年 10 月再版　48 开
（社会问题丛书）

2611　人口食粮问题
〔日〕那须皓著　黄枯桐译　上海　新学会社
1928 年 12 月初版　32 开

2612　人类行动之社会学
〔日〕长谷川万次郎著　阮有秋译　上海　乐群
书店　1928 年　50 开　（社会问题丛书）

2613　人类行动之社会学

〔日〕长谷川万次郎著　阮有秋译　上海　太平洋书店　1928 年 3 月初版，1928 年 10 月再版　50 开　（社会问题丛书）

2614　日本并吞满蒙论

〔日〕细野繁胜著　王慕宁译　上海　太平洋书店　1928 年 11 月初版，1929 年 2 月再版　32 开

2615　日本对华经济侵略之过去及将来

〔日〕胜田主计著　龚德柏译　上海　上海暨南大学南洋文化事业部　1928 年　36 开

2616　日本对华经济侵略之过去及将来

〔日〕胜田主计著　龚德柏译　上海　吴越书店　1928 年 5 月初版　36 开

2617　日本现代剧三种

〔日〕山本有三等著　田汉辑译　上海　东南书店　1928 年 9 月初版　32 开

2618　日本新满蒙政策（日本对华最近野心之暴露）

〔日〕山田武吉著　周佩岚译　上海　民智书局　1928 年 4 月初版，1928 年 5 月再版　32 开

2619　日俄海战史（上、中、下卷）

刘华式译　青岛　海事编译局　1928 年 3 月初版

2620　（日华对照）日本文法讲义

〔日〕堀越喜博等著　大连　大阪屋号　1928 年

2621　日华经济绝交利害问题

〔日〕安川雄之助著　1928 年孟秋　23 开

2622　儒学概论

〔日〕北村泽吉著　欧阳瀚存译　上海　商务印书馆　1928 年 11 月初版　有图解、冠图　22 开

2623　色情文化（现代日本小说集）

呐呐鸥辑译　上海　水沫书店　1928 年初版，1929 年 1 月再版　32 开

2624　商业经济概论

〔日〕户田海市著　周佛海、郭心嵩译　上海　商务印书馆　1928 年 7 月初版，1932 年 11 月国难后 1 版　21 开　（现代商业丛书）

2625　商业心理学

〔日〕大野辰见著　高书田译　上海　商务印书

馆　1928 年 4 月初版，1933 年 7 月国难后 1 版，1935 年 4 月国难后 2 版　32 开　（商学小丛书新智识丛书）

2626　商业心理学

〔日〕大野辰见著　高书田译　上海　华通书局　1928 年　32 开

2627　商业政策

〔日〕津村秀松著　陈家瓒译述　上海　商务印书馆　1928 年 9 月初版，1934 年 3 月国难后 1 版　有表　21 开　平、精装

2628　商业政策

〔日〕津村秀松著　陈家瓒译述　上海　太平洋书店　1928 年　有表　21 开　平、精装

2629　社会改革底必然性

〔日〕河上肇著　沈绮丽译　上海　创造社出版部　1928 年 10 月初版，1929 年 4 月再版　50 开

2630　社会思想概论

〔日〕田制佐重著　无闷译　上海　太平洋书店　1928 年 12 月初版　32 开

2631　社会统计论

〔日〕冈崎文规著　阮有秋译　上海　商务印书馆　1928 年　50 开

2632　社会统计论

〔日〕冈崎文规著　阮有秋译　上海　太平洋书店　1928 年 3 月初版，1928 年 10 月再版　50 开（社会问题丛书）

2633　社会主义评判

〔日〕室伏高信著　潘柱人译　上海　太平洋书店　1928 年

2634　社会主义哲学史要

〔日〕河田嗣郎著　潘大道译　上海　商务印书馆　1928 年 9 月初版　32 开　（新知识丛书）

2635　生命论

〔日〕永井潜著　胡步蟾译　上海　商务印书馆　1928 年 6 月初版，1933 年 9 月国难后 1 版　有图表　24 开　精装　（科学丛书）

2636　失业问题

〔日〕堀江归一著　刘宝书译　上海　太平洋书店　1928 年 3 月初版，10 月再版　50 开　（社

会问题丛书）

2637　世界农民运动之现势
〔日〕河西太一郎著　佘叔奎译　上海　商务印书馆　1928 年　50 开

2638　世界农民运动之现势
〔日〕河西太一郎著　佘叔奎译　上海　太平洋书店　1928 年 2 月初版　50 开　（社会问题丛书）

2639　世界史要
〔日〕上田茂树著　刘叔琴译　上海　开明书店　1928 年 9 月初版，1940 年 8 月 4 版　32 开（开明青年丛书）

2640　世界文艺批评史
〔日〕宫岛新三郎著　美子女士译　厦门　国际学术书社　1928 年

2641　世界资本主义经济之现势
〔日〕丸冈重尧著　佘叔奎译　上海　太平洋书店　1928 年 3 月初版，1928 年 10 月再版　有表、附折表　50 开　（社会问题丛书）

2642　思想·山水·人物
〔日〕鹤见祐辅著　鲁迅译　上海　北新书局　1928 年初版，1929 年再版　有图像　28 开

2643　苏俄的东方政策
〔日〕布施胜治著　半粟译　上海　商务印书馆　1928 年　32 开

2644　土地公有论
〔日〕安部矶雄著　佘叔奎译　北京　太平洋书店　1928 年

2645　妄想
〔日〕森鸥外著　画室译　上海　人间书店　1928 年 6 月初版　冠像　32 开

2646　文学评论
〔日〕夏目漱石著　哲人译　厦门　国际学术书社 1928 年

2647　文学与艺术之技术的革命
〔日〕平林初之辅著　陈望道译　上海　大江书铺　1928 年 12 月初版，1929 年 6 月再版　42 开（文艺理论小丛书）

2648　文学之社会学的研究
〔日〕平林初之辅著　方光焘译　上海　大江书铺　1928 年 12 月初版，1929 年 6 月再版　42 开（文学理论小丛书）

2649　文学之社会学的研究方法及其适用
〔日〕平林初之辅著　林骙译　上海　太平洋书店　1928 年 3 月初版　50 开　（社会问题丛书）

2650　文艺新论
〔日〕藤森成吉著　张资平译　上海　联合书舍　1928 年

2651　我们的一团与他
〔日〕石川啄木著　画室译　上海　光华书局　1928 年 5 月初版　32 开

2652　无产政党与劳动组合
〔日〕麻生久著　阮叔清译　上海　太平洋书店　1928 年 3 月初版，1928 年 10 月再版　50 开（社会问题丛书）

2653　现代文化概论
〔日〕米田庄太郎著　王璧如译　上海　北新书局　1928 年 4 月初版　24 开　平、精装

2654　现实主义哲学的研究
〔日〕金子筑水著　蒋径三译　上海　商务印书馆　1928 年 3 月初版，1933 年 3 月国难后 1 版　25 开　精装　（哲学丛书）

2655　现实主义哲学的研究
〔日〕金子筑水著　蒋径三译　上海　神州国光社　1928 年　25 开　精装

2656　限制生育的理论与实际
〔日〕安部矶雄著　周宪文译　上海　群众图书公司　1928 年 10 月初版　32 开

2657　新的历史戏曲集
〔日〕前田河广一郎著　陈勺水译　上海　乐群书店　1928 年 11 月初版　32 开

2658　新的历史戏曲集
〔日〕前田河广一郎著　陈勺水译　上海　上海南强书局　1928 年　32 开

2659　新俄的文艺政策
〔日〕藏原惟人、外村史郎辑译　画室重译　上

海 光华书局 1928 年 9 月初版，1929 年 7 月再版 32 开 （新俄丛书）

2660 新兴文艺论
〔日〕藤森成吉著 张资平译 上海 联合书店 1928 年 9 月初版，1929 年 9 月再版，1930 年 3 月 3 版 32 开

2661 信托及信托公司论
〔日〕细矢祐治著 资耀华译 上海 商务印书馆 1928 年 1 月初版，1933 年 2 月国难后 1 版，1935 年 4 月国难后 2 版 有表 23 开 精装 （经济丛书）

2662 信托及信托公司论
〔日〕细矢祐治著 资耀华译 上海 上海暨南大学南洋文化事业部 1928 年 有表 23 开 精装 （经济丛书）

2663 养成多产鸡之研究
〔日〕坪根藤次郎著 赵仰夫译 湖南 新学会社 1928 年

2664 一束古典的情书
〔日〕林房雄著 林伯修译 上海 现代书局 1928 年 7 月初版 冠像 32 开

2665 艺术概论
〔日〕黑田鹏信著 丰子恺译 上海 开明书店 1928 年 5 月初版，1928 年 9 月再版，1929 年 10 月 3 版 有图 32 开

2666 艺术简论
〔日〕青野季吉著 陈望道译 上海 大江书铺 1928 年 12 月初版 48 开 （艺术理论小丛书）

2667 英国费边协会发达史
〔日〕川原次吉郎著 李超桓译 上海 太平洋书店 1928 年 8 月初版 50 开 （社会问题丛书）

2668 由猿群到共和国
〔日〕丘浅次郎著 马廷英译 上海 北新书局 1928 年 3 月初版 32 开 （表现丛书）

2669 由猿群到共和国
〔日〕丘浅次郎著 马廷英译 南京 南京书店 1928 年 32 开

2670 再和我接个吻
〔日〕菊池宽著 葛祖兰译 上海 国光印书局

1928 年初版，1929 年再版，1936 年 3 版

2671 再和我接个吻
〔日〕菊池宽著 葛祖兰译 译者自刊，商务印书馆、开明书店经销 1928 年 9 月初版，1929 年 9 月再版，1936 年 1 月 3 版 32 开

2672 （增补对译）日语会话宝典
〔日〕饭河道雄著译 沈阳 东方印书馆 1928 年

2673 （增订）资本制度解说
〔日〕山川均著 施存统译 新东方书店 1928 年 10 月初版 32 开

2674 中国美术史
〔日〕大村西崖著 陈彬龢译 上海 商务印书馆 1928 年 7 月初版，1930 年 3 月再版 23 开 平、精装

2675 中国美术史
〔日〕大村西崖著 陈彬龢译 上海 太平洋书店 1928 年 23 开 平、精装

2676 中国文学概论
〔日〕儿岛献吉郎著 黄玉斋译 厦门 国际学术书社 1928 年

2677 中国之纺织业及其出品
〔日〕井村薰雄著 周培兰译 晋冀日报社 1928 年 有表、附折表 23 开 （实业丛书）

2678 中国之纺织业及其出品
〔日〕井村薰雄著 周培兰译 上海 商务印书馆 1928 年 8 月初版，1933 年 7 月国难后 1 版 有表、附折表 23 开 （衬业丛书）

2679 资本主义经济学之史的发展
〔日〕河上肇著 林植夫译述 上海 商务印书馆 1928 年 3 月初版，1931 年 3 月再版，1933 年 2 月国难后 1 版，1945 年 冠像 23 开 精装 （经济丛书）

2680 资本主义批判
〔日〕山川均著 高希圣译 上海 励群书店 1928 年 10 月初版 42 开

2681 资本主义文化与社会主义文化
〔日〕平林初之辅著 阮有秋译 上海 新宇宙书店、明月书局 1928 年 有表 50 开 （社

会问题丛书）

2682　资本主义文化与社会主义文化
〔日〕平林初之辅著　阮有秋译　上海　太平洋
书店　1928 年 3 月初版　有表　50 开　（社会
问题丛书）

2683　资本主义与战争
〔日〕松下芳男著　徐文亮译　上海　启智书局
1928 年 10 月初版　有图表　32 开　（社会科学
丛书　第 3 编）

2684　走向十字街头
〔日〕厨川白村著　夏绿蕉、刘大杰译　上海
启智书局　1928 年 8 月初版，1930 年 10 月 3 版
32 开　（表现社丛书）

1929

2685　棒喝主义
〔日〕高畠素之著　龙绍臣译　上海　华通书局
1929 年 10 月初版　36 开　（民众文库）

2686　北美印象记
〔日〕厨川白村著　沈端先译　上海　金屋书店
1929 年 4 月初版　36 开

2687　壁下译丛
鲁迅辑译　上海　北新书局　1929 年

2688　辩证法与资本制度
〔日〕山川均著　施伏量译　上海　新生命书局
1929 年订正初版　32 开

2689　渤海史考
〔日〕津田左右吉著　陈清泉译　上海　商务印
书馆　1929 年 6 月初版，1930 年 3 月再版，
1940 年长沙再版　32 开　（史地小丛书）

**2690　步兵战时短期教育与平时补充兵教育对照
研究**
军用图书社辑译　南京　军用图书社　1929 年 3
月初版　有图表　36 开

2691　步哨斥候教育
〔日〕山崎庆一郎著　田松溪译　南京　军用图
书社　1929 年 2 月初版　有图表　50 开

2692　草枕
〔日〕夏目漱石著　崔万秋译　上海　真美善书

店　1929 年 5 月初版　冠像　32 开

2693　赤祸（共产主义的真相）
〔日〕来原庆助著　殷师竹译　上海　科学书局
1929 年 11 月初版　32 开

2694　初春的风
〔日〕中野重治等著　沈端先译　北京　星光出
版社　1929 年

2695　初春的风
〔日〕中野重治等著　沈端先译　上海　大江书
铺　1929 年

2696　初夜权
〔日〕二阶堂招久著　汪馥泉译　上海　北新书
局　1929 年 9 月初版　32 开

2697　代数学——一次方程式
〔日〕林鹤一、高野泰藏著　崔朝庆译　上海
商务印书馆　1929 年 10 月初版，1933 年 3 月国
难后 1 版，1934 年 12 月国难后 3 版，1937 年国
难后 6 版　32 开　（算学小丛书；万有文库
第 1 集　王云五主编）

2698　代数学——因数分解
〔日〕林鹤一、津村定一著　黄元吉译　上海
商务印书馆　1929 年 10 月初版，1934 年 7 月再
版　32 开　（万有文库　第 1 集　王云五主编；
算学小丛书）

2699　帝国主义侵略中国的财团
南满铁道株式会社编　萧百新译　上海　太平
洋书店　1929 年 8 月初版　32 开

2700　帝国主义侵略中国的财团
南满铁道株式会社编　萧百新译　天津　大公
报馆出版部　1929 年　32 开

2701　东三省古迹遗闻续编
〔日〕菊池贞二著　盛京时报社译　上海　新生
命书局　1929 年　25 开

2702　东三省之实况
〔日〕王慕宁编译　上海　太平洋书店　1929 年

2703　都市计划讲习录
日本都市研究会著　李耀商译　上海　商务印
书馆　1929 年 5 月初版　有图表　32 开　（市
政丛书）

2704 俄国革命与农民
〔日〕山川均著 高希圣译 上海 平凡书局
1929 年 12 月初版 32 开 （平凡丛书 9）

2705 俄国革命运动史（五卷）
〔日〕山内封介著 卫仁山译 上海 昆仑书局
1929 年

2706 俄国劳动运动史
〔日〕正藤荣藏著 黄芝葳译 上海 江南书店
1929 年

2707 儿童与社会
〔日〕生江孝之著 陆宗赟译 上海 北新书局
1929 年 32 开

2708 儿童与社会
〔日〕生江孝之著 陆宗赟译 上海 商务印书
馆 1929 年 32 开

2709 法律进化论（政治名著）（第 1 册）
〔日〕穗积陈重著 黄尊三译 上海 商务印书
馆 1929 年 4 月初版 23 开 精装

2710 法律上之进化与进步
〔日〕牧野英一著 朱广文译 上海 中华书局
1929 年 1 月初版 32 开 （法律丛书 第 1 种）

2711 法西斯主义之理论与实际
〔日〕藤井悌著 刑墨卿、陈宝骅译 上海 新
生命书局 1929 年 12 月初版，1934 年 2 月 3
版，1935 年 7 月 4 版 32 开

2712 烦闷与自由
〔日〕丘浅次郎著 张我军译 上海 北新书局
1929 年 9 月初版 32 开

2713 犯罪社会学
〔日〕胜水淳行著 郑玑译 上海 北新书局
1929 年 4 月初版 32 开 （社会科学丛书）

2714 范某的犯罪
谢六逸辑译 上海 现代书局 1929 年 8 月初
版 36 开 （倾盖丛书）

2715 蜂王养成法
〔日〕野野垣淳一著 甘子刚译 上海 新学会
社 1929 年 8 月初版 有图表 32 开

2716 俘虏
林伯修辑译 上海 晓山书店 1929 年 1 月初

版 32 开

2717 妇女问题的本质
〔日〕堺利彦著 吕一鸣译 上海 北新书局
1929 年 6 月初版 32 开

2718 妇女问题的本质
〔日〕堺利彦著 吕一鸣译 上海 民智书局
1929 年 32 开

2719 妇女问题讲话
〔日〕奥ムソオ著 高希圣、郭真译 上海 太
平洋书店 1929 年 7 月初版 32 开

2720 妇女问题与妇女运动
〔日〕山川菊荣著 李达译 上海 远东图书公
司 1929 年 1 月初版 32 开

2721 富美子的脚
〔日〕谷崎润一郎著 白鸥译 上海 寻乐轩
1929 年 10 月初版 32 开

2722 各国地价税制度
日本东京市政调查会编 邓绍先译 上海 华
通书局 1929 年 11 月初版 有表 32 开

2723 各国地价税制度
日本东京市政调查会编 邓绍先译 上海 会
文堂新记书局 1929 年 有表 32 开

2724 各国经济史
〔日〕野村兼太郎等著 陈天鸥等译 上海 新
生命书局 1929 年 8 月出版，1930 年 3 月再版，
1933 年 3 月 3 版 有表 23 开 平、精装

2725 各国劳工运动史
〔日〕林定平著 邓伯粹译 上海 商务印书馆
1929 年

2726 孤独之魂
〔日〕武者小路实笃著 崔万秋译 北京 武学
书局 1929 年 32 开

2727 孤独之魂
〔日〕武者小路实笃著 崔万秋译 上海 中华
书局 1929 年 4 月初版，1931 年 5 月再版 32
开 （现代戏剧选刊）

2728 谷崎润一郎集
〔日〕谷崎润一郎著 章克标译 上海 开明书
店 1929 年 11 月初版 32 开

2729 观念形态论
〔日〕青野季吉著　若俊译　上海　南强书局
1929 年 6 月初版，1930 年 4 月再版　32 开

2730 国际统计（1927 年）
日本统计局编　陈直夫译　上海　新宇宙书店
1929 年 8 月初版　32 开

2731 汉药神效方
〔日〕石原保秀著　沈乾一编译　上海　医学季
刊社　1929 年 8 月初版，1935 年 10 月再版　23
开　精装

2732 贺川丰彦证道谈
〔日〕贺川丰彦著　〔英〕季理斐、谷云阶合译
上海　广学会　1929 年 11 月初版　冠像　32 开

2733 花柳病诊断与治疗法
〔日〕旭宪吉、山田弘伦著　姚伯麟译　上海
商务印书馆　1929 年

2734 基督教社会主义
〔日〕石川三四郎著　李博译　上海　华通书局
1929 年

2735 几何学——轨迹及作用
〔日〕柳原吉次著　崔朝庆译　上海　商务印书
馆　1929 年 10 月初版　32 开　（算学小丛书）

2736 接吻
〔日〕加藤武雄等著　谢六逸译　上海　大江书
铺　1929 年

2737 （节译）田中内阁对满蒙积极政策奏章
〔日〕田中义一著　长春　大东报社　1929 年

2738 （节译）田中内阁对满蒙积极政策奏章
〔日〕田中义一著　新东北学会译　1929 年 9 月
初版　32 开

2739 近代美术史潮论（以"民族底色彩"为主的）
〔日〕板垣鹰穗著　鲁迅译　上海　北新书局
1929 年　有图　25 开

2740 近代日本文艺论集（文艺论述之一）
〔日〕小泉八云等著　韩侍桁辑译　上海　北新
书局　1929 年 2 月初版　30 开

2741 近代日本小品文选
〔日〕佐藤春夫等著　谢六逸辑译　上海　大江
书铺　1929 年 5 月初版，1931 年 3 月再版，
1932 年 9 月 3 版　32 开

2742 近代社会思想史要
〔日〕平林初之辅著　施存统、钟复光译　上海
大江书铺　1929 年　32 开

2743 近世社会学成立史
〔日〕加田哲二著　李培天译　上海　启智书局
1929 年　32 开

2744 经济思想史
〔日〕出井盛之著　刘家鎏译　上海　联合书店
1929 年 11 月初版　32 开

2745 经济思想史
〔日〕出井盛之著　刘家鎏译　上海　新世纪书
局　1929 年　32 开

2746 经济思想史的展开
〔日〕北泽新次郎著　温盛光译　上海　启智书
局　1929 年 8 月初版　32 开

2747 经济学大纲
〔日〕河上肇著　陈豹隐译　上海　乐群书店
1929 年 4 月初版，1929 年 5 月再版，1931 年 5
月 3 版　冠图　32 开

2748 经济学大纲
〔日〕河上肇著　陈豹隐译　上海　商务印书馆
1929 年　冠图　32 开

2749 经济学上的主要学说（上册）
〔日〕高畠素之著　邓绍先译　上海　华通书局
1929 年 11 月初版　36 开　（民众书库）

2750 经济学史
〔日〕小川市太郎著　李祚辉译述　北京　太平
洋书店　1929 年　32 开

2751 经济学史
〔日〕小川市太郎著　李祚辉译述　上海　太平
洋书店　1929 年 7 月初版，1931 年 2 月再版
32 开

2752 经济学新论
〔日〕安部矶雄著　曾毅译　上海　商务印书馆
1929 年　32 开

2753 经营经济学概论
〔日〕增地庸治郎著　阮有秋译　上海　商务印
书馆　1929 年

2754 菊池宽集
〔日〕菊池宽著 章克标选译 上海 开明书店
1929 年 5 月初版，1930 年 5 月再版 32 开

2755 口琴吹奏法
〔日〕川口章吾著 黄涵秋译 上海 开明书店
1929 年 1 月初版，1931 年 3 月 4 版 有图 32
开 平、精装

2756 口琴吹奏法
〔日〕川口章吾著 黄涵秋译 上海 平凡书局
1929 年 有图 32 开 平、精装

2757 临床应用汉方医学解说
〔日〕汤本四郎右卫门著 刘泗桥译 章成之校
上海 东洞学社 1929 年 11 月初版 有图表
23 开 精装

2758 伦勃罗梭犯罪人论
〔日〕水野炼太郎著 徐天一译 刘芦隐校编
上海 立法院编 译处 1929 年 8 月初版
24 开

2759 马克思经济学说的发展
〔日〕河西太一郎等著 萨孟武等译 上海 商
务印书馆 1929 年 有表 25 开

2760 马克思经济学说的发展
〔日〕河西太一郎等著 萨孟武等译 上海 新
生命书局 1929 年 11 月初版，1931 年再版，
1933 年 5 月 3 版 有表 25 开

2761 满蒙经济大观
〔日〕藤冈启著 吴自强译 上海 民智书局
1929 年 12 月初版 有图表、摄影 23 开

2762 满蒙经济大观
〔日〕藤冈启著 吴自强译 上海 华通书局
1929 年 有图表、摄影 23 开

2763 满洲现状
〔日〕野泽源之亟著 徐焕奎译 上海 现代书
局 1929 年

2764 满洲现状
〔日〕野泽源之亟著 徐焕奎译 上海 商务印
书馆 1929 年

2765 美的常识与美术史
〔日〕青山为吉著 杨伯安译 上海 乐群书店

1929 年 1 月初版 32 开

2766 美国大学生活
〔日〕岩堂保著 吴企云译 训练总监部军学编
译处 1929 年

2767 美国宪法政治之民主主义论
〔日〕藤井新一编著 丘仰飞译 上海 启智书
局 1929 年 10 月初版，1935 年 4 月再版 25 开

2768 美国宪法政治之民主主义论
〔日〕藤井新一编著 丘仰飞译 上海 商务印
书馆 1929 年 25 开

2769 美术的表现与背景
〔日〕坂垣鹰穗著 萧石君译 上海 太平洋书
店 1929 年

2770 民众艺术夜话
〔日〕三浦藤作等著 艺园译 厦门 世界文艺
书社 1929 年 6 月初版 32 开 （世界文艺
丛书）

2771 某女人的犯罪
〔日〕江口涣等著 张资平辑译 上海 乐群书
店 1929 年 1 月初版 42 开

2772 难经注疏
〔日〕玄医著 秦伯未校 上海 中医书局
1929 年 10 月初版 32 开

2773 农村经济
〔日〕河田嗣郎著 陈大同、陆善炽译 上海
卿云图书公司 1929 年 11 月初版 有表 32 开
（民众丛书 3）

2774 农民理论之发展
〔日〕河西太一郎著 黄枯桐译 上海 神州国
光社 1929 年

2775 农业理论之发展
〔日〕河西太一郎著 黄枯桐译 上海 乐群书
店 1929 年 10 月初版 32 开

2776 农业的社会化
〔日〕河西太一郎著 邓毅译 上海 新生命社
1929 年

2777 欧美的劳动教育
〔日〕山田敏一著 赵仰夫译 上海 新学会社

1929 年 9 月初版　32 开

2778　欧洲近代文艺思潮概论
〔日〕本间久雄著　沈端先译　南京　正中书局
1929 年　冠像　32 开

2779　欧洲思想大观
〔日〕金子筑水著　蒋燊汉译　北京　朝阳大学
出版部　1929 年　32 开

2780　欧洲政治史
〔日〕今井登志喜著　高希圣译　上海　太平洋
书店　1929 年 8 月初版　32 开

2781　片马问题之考察
〔日〕福崎峰太郎著　马标译　1929 年 9 月初版
24 开

2782　平面几何学（圆）
〔日〕东利作著　黄元吉译　上海　商务印书馆
1929 年 10 月初版，1934 年 7 月再版，1933 年 4
月国难后 1 版　32 开　（算学小丛书；万有文
库　第 1 集　王云五主编）

2783　蒲寿庚考
〔日〕桑原骘藏著　陈裕菁译　上海　商务印书
馆　1929 年　25 开　（南京中国史学会丛书）

2784　蒲寿庚考
〔日〕桑原骘藏著　陈裕菁译　上海　中华书局
1929 年 10 月初版　25 开　（南京中国史学会
丛书）

2785　人口问题批评
〔日〕河上肇著　丁振一译　上海　南强书局
1929 年 4 月初版　32 开

2786　人类及地球之命运
〔日〕石井重美著　朱建霞译　上海　商务印书
馆　1929 年 5 月初版　32 开　（新知识丛书）

2787　人类及地球之命运
〔日〕石井重美著　朱建霞译　上海　潮锋出版
社　1929 年　32 开

2788　日本的农业金融机关
〔日〕牧野辉智著　黄枯桐译　上海　商务印书
馆　1929 年 4 月初版　有表　32 开　（上海市
政府社会局丛书　农业类）

2789　日本对华最近野心之暴露
〔日〕山田武吉著　周佩岚译　上海　新生命书
局　1929 年

2790　日本军队教育令
训练总监部军学编译处译　南京　军用图书社
1929 年 5 月初版　有表　32 开

2791　日本开国五十年史
〔日〕大隈重信等著　上海　商务印书馆
1929 年 10 月初版　有照片　32 开　（万有文
库　第 1 集）

2792　日本民权发达史
〔日〕植原悦二郎著　黄文中译述　上海　新生
命书局　1929 年　24 开　（历史丛书）

2793　日本侵略中国外交秘史
〔日〕陆奥宗光著　龚德柏译　上海　商务印书
馆　1929 年 4 月初版，1933 年 4 月国难后第 1
版　有图像　24 开

2794　日本侵略中国外交秘史
〔日〕陆奥宗光著　龚德柏译　上海　华通书局
1929 年　有图像　24 开

2795　日本社会运动史
〔日〕冈阳之助著　冯叔中译　上海　联合书店
1929 年 9 月初版　32 开

2796　日本新写实派代表杰作集
〔日〕平林泰子等著　陈勺水译　上海　乐群书
店　1929 年

2797　日本新写实派代表杰作集
〔日〕平林泰子等著　陈勺水译　南京　世界兵
学社　1929 年

2798　三角法（二角和差之三角函数）
〔日〕林鹤一、矢袋喜一著　骆师曾译　上海
商务印书馆　1929 年 10 月初版　32 开　（万有
文库　第 1 集　王云五主编；算学小丛书）

2799　三、四人哨之教育法
〔日〕吉井芳村著　训练总监部军学编译处译
南京　军用图书社　1929 年 4 月初版　有图表
32 开　（军队教育丛书）

2800　森林管理学
〔日〕川濑著　李英贤编译　上海　新学会社

1929 年 10 月再版，1935 年 10 月 3 版　23 开

1929 年 6 月初版　32 开

2801　善之研究
〔日〕西田几多郎著　魏肇基译　上海　开明书店　1929 年 2 月初版　32 开

2813　生活与文学
〔日〕有岛武郎著　张我军译　南京　正中书局　1929 年　32 开

2802　善之研究
〔日〕西田几多郎著　魏肇基译　上海　新生命书局　1929 年　32 开

2814　生活与音乐
〔日〕田边尚雄著　丰子恺译　上海　大江书铺　1929 年 10 月初版，1949 年 3 月 4 版　32 开

2803　社会科学概论
〔日〕杉山荣著　李达、钱铁如译　上海　昆仑书店　1929 年初版，1935 年 8 版　32 开

2815　生活与音乐
〔日〕田边尚雄著　丰子恺译　上海　商务印书馆　1929 年　32 开

2804　社会科学概论
〔日〕杉山荣著　李达、钱铁如译　上海　商务印书馆　1929 年　32 开

2816　生理学
〔日〕桥田邦彦著　周颂声、关德润译　东京　同仁会　1929 年

2805　社会思想解说
〔日〕山内房吉著　温盛光译　上海　启智书局　1929 年　32 开

2817　生物进化论
〔日〕古特立区著　周建人译　上海　昆仑书局　1929 年

2806　社会思想解说
〔日〕山内房吉著　熊得山译　上海　昆仑书店　1929 年 1 月初版，1929 年 4 月再版，11 月 3 版　32 开

2818　生物学精义
〔日〕冈村周谛著　汤尔和译　上海　商务印书馆　1929 年 12 月初版，1931 年 6 月再版　有图　32 开　精装　（科学丛书）

2807　社会思想史概论
〔日〕波多野鼎著　杨浴泉译　上海　北新书局　1929 年　32 开

2819　剩余价值学说概要
〔日〕高畠素之著　吕一鸣译　上海　北新书局　1929 年 6 月初版　36 开

2808　社会学概论
〔日〕和田垣谦三著　张我军译　上海　北新书局　1929 年

2820　实验养蜂历
〔日〕野野垣淳一著　张品南译　上海　会文堂新记书局、满汉铁道　1929 年　有图　32 开

2809　社会主义经济学
〔日〕河上肇著　邓毅译　上海　光华书局　1929 年 7 月初版，1930 年再版　32 开

2821　世界各国的左倾政党
〔日〕藤井悌著　盛光译　上海　乐群书店　1929 年 11 月初版　32 开

2810　社会主义经济学史
〔日〕住谷悦治著　宁敦玉译　上海　昆仑书店　1929 年 10 月初版　32 开

2822　世界各国的左倾政党
〔日〕藤井悌著　盛光译　上海　商务印书馆　1929 年　32 开

2811　社会主义思想之史的解说
〔日〕久保田明光著　丘哲译　上海　启智书局　1929 年 5 月初版　32 开　（社会科学丛书第 1 编）

2823　世界经济论
〔日〕高山洋吉著　高希圣译　上海　平凡书局　1929 年 8 月初版　有表　32 开　（平凡丛书）

2812　生活与文学
〔日〕有岛武郎著　张我军译　上海　北新书局

2824　世界经济论
〔日〕高山洋吉著　高希圣译　上海　民智书局　1929 年　有表　32 开　（平凡丛书）

2825 世界社会史
〔日〕上田茂树著 施复亮译 上海 昆仑书店
1929 年 8 月初版，1930 年 3 月再版 32 开

2826 世界文学大纲
〔日〕木村毅著 朱应会译 北京 癸酉编译会
1929 年 32 开

2827 世界文学大纲
〔日〕木村毅著 朱应会译 上海 昆仑书店
1929 年 3 月初版 32 开

2828 数学分式
〔日〕藤田、刘屋、尾岛著 王永灵、胡树楷译
上海 商务印书馆 1929 年

2829 四十年实地经验养蜂实务志
〔日〕青柳浩次郎著 曾仙舟译 北京 民生养
蜂场 1929 年初版 有图 18 开

2830 四十年实地经验养蜂实务志
〔日〕青柳浩次郎著 曾仙舟译 上海 商务印
书馆 1929 年 有图 18 开

2831 苏俄宪法与妇女
〔日〕大竹博吉著 陆宗贽译 上海 平凡书局
1929 年 10 月初版 32 开 （平凡丛书 3）

2832 苏俄宪法与妇女
〔日〕大竹博吉著 陆宗贽译 上海 申报馆
1929 年 32 开

2833 苏俄性生活之实况
〔俄〕德美多维奇著 〔日〕太田信夫译 陈直
夫重译 上海 新宇宙书店 1929 年

2834 苏俄之现势
〔日〕山川均著 汪允揆译 上海 南强书局
1929 年 5 月初版 有图表 32 开

2835 苏俄之现势
〔日〕山川均著 汪允揆译 上海 会文堂新记
书局 1929 年 有图表 32 开

2836 苏俄之现势
〔日〕山川均著 温盛光译 上海 启智书局
1929 年 5 月初版 32 开

2837 算术（比及比例）
〔日〕林鹤一、森启助著 郑心南译 上海 商

务印书馆 1929 年 10 月初版 32 开 （万有文
库第 1 集 王云五主编；算学小丛书）

2838 算术（整数及小数）
〔日〕林鹤一、淡中济著 黄元吉译 陈文校
宁波 新学会社 1929 年 32 开 （算学小
丛书）

2839 藤十郎的恋
〔日〕菊池宽著 胡仲持译 上海 现代书局
1929 年 12 月初版 50 开 （世界戏剧译丛）

2840 体育之科学的基础
〔日〕冈本规矩著 郭人骥译 上海 白河社
1929 年 有图像 32 开

2841 体育之科学的基础
〔日〕冈本规矩著 郭人骥译 上海 斜桥医院
发行 1929 年 6 月初版 有图像 32 开

2842 外科总论（前编上、下卷 后编）
〔日〕下平用彩著 徐云、万钧译 上海 医学
书局 1929 年 5 月再版 有图 23 开 （丁氏
医学丛书）

2843 围着棺的人们
〔日〕秋田雨雀等著 田汉辑译 上海 金屋书
店 1929 年 8 月初版 42 开

**2844 唯物史观经济史（上册：资本主义以前
经济史）**
〔日〕山川均著 熊得山译 上海 昆仑书店
1929 年 10 月初版，1929 年 12 月 3 版，1933 年 4
月 4 版，1938 年 5 月 4 版 25 开

**2845 唯物史观经济史（上册：资本主义以前
经济史）**
〔日〕山川均著 熊得山译 上海 江南书局
1929 年 25 开

**2846 唯物史观经济史（中册：资本主义经
济史）**
〔日〕石滨知行著 施复亮译 上海 昆仑书店
1929 年 9 月初版，1930 年 2 月再版，1937 年 5
月 4 版 有表、附折表 25 开

**2847 唯物史观经济史（下册：社会主义经济
之发展）**
〔日〕河野密著 钱铁如译 上海 昆仑书店
1929 年 10 月初版，1930 年 7 月改译再版 有表
25 开

2848　文艺批评史
〔日〕宫岛新三郎著　黄清嵋译　上海　现代书局　1929 年 11 月初版，1932 年 10 月再版　32 开　（现代文学讲座）

2849　无神论
〔日〕佐野学著　林伯修译　上海　江南书店　1929 年　32 开

2850　武者小路实笃戏曲集
〔日〕武者小路实笃著　崔万秋译　上海　中华书局　1929 年 4 月初版　冠像、有剧照　32 开（现代戏剧选刊）

2851　物观经济学史
〔日〕住谷悦治著　熊得山译　上海　昆仑书店　1929 年 10 月初版　有图　32 开

2852　物观经济学史
〔日〕住谷悦治著　熊得山译　上海　华通书局　1929 年　有图　32 开

2853　物理学讲义
〔日〕田丸卓郎著　周昌寿译　上海　潮锋出版社　1929 年

2854　西洋伦理学史
〔日〕吉田静致著　杨昌济译　北京　北京大学出版部　1929 年 9 月再版　22 开

2855　西原借款真相
〔日〕胜田主计著　龚德柏译　上海　太平洋书店　1929 年初版，1930 年再版　有图像　32 开

2856　牺牲
〔日〕藤森成吉著　沈端先译　上海　北新书局　1929 年 7 月初版　冠像　32 开

2857　牺牲
〔日〕藤森成吉著　沈端先译　南京　正中书局　1929 年　冠像　32 开

2858　洗衣老板与诗人（日本现代戏曲选集）
〔日〕金子洋文等著　杨骚辑译　上海　南强书局　1929 年 5 月初版　32 开

2859　细菌学检查法
〔日〕林宗杨著　李涛译　上海　华通书局　1929 年

2860　显微镜下的资本主义
〔日〕林癸未夫、高桥龟吉著　江裕基译　上海　北新书局　1929 年 5 月初版　32 开

2861　现代俄国文艺思潮
〔日〕升曙梦著　陈俶达译　上海　华通书局　1929 年 10 月初版　36 开　（民众文库）

2862　现代经济学
〔日〕山川均、田所照明著　巴克译　上海　启智书局　1929 年 5 月初版　32 开

2863　现代日本小说
侍桁选译　上海　春潮书局　1929 年 6 月初版　32 开

2864　现代日本小说
侍桁选译　上海　商务印书馆　1929 年　32 开

2865　现代文坛的怪杰
〔日〕土居光知著　冯次行译　上海　现代书局　1929 年

2866　现代新兴文学的诸问题
〔日〕片上伸著　鲁迅译　上海　大江书铺　1929 年 4 月初版，1930 年 2 月再版，1932 年 10 月 3 版　48 开　（文艺理论小丛书）

2867　现代艺术十二讲
〔日〕上田敏著　丰子恺译　上海　开明书店　1929 年 5 月初版，1933 年 6 月 3 版　有图　32 开

2868　现代艺术十二讲
〔日〕上田敏著　丰子恺译　上海　神州国光社　1929 年　有图　32 开

2869　香港政治之史的考察
〔日〕植田捷雄著　石楚耀译　上海　会文堂新记书局　1929 年版　32 开

2870　小部队教练计划指南
〔日〕池田著　训练总监部军学编译处译　南京　军用图书社　1929 年 5 月初版　有图表　32 开（军队教育丛书）

2871　新俄的妇女
〔日〕近藤荣藏著　何盈译　上海　芳草书店　1929 年 5 月初版　32 开

2872　新郎的感想（外三篇）
〔日〕横光利一著　郭建英译　上海　水沫书店

1929 年 5 月初版　42 开　（现代作家小集　1）

2873　新社会政策
〔日〕永井亨著　无闷译　上海　太平洋书店
1929 年 9 月初版　25 开

2874　新演绎学派经济学
〔日〕荒木光太郎著　刘弈译　上海　商务印书馆　1929 年　有图　32 开

2875　新演绎学派经济学
〔日〕荒木光太郎著　刘弈译　上海　联合书店
1929 年 11 月初版　有图　32 开

2876　宣言
〔日〕有岛武郎著　绿蕉译　上海　启智书局
1929 年 12 月初版　32 开

2877　压迫
〔日〕田村俊子等著　张资平译　上海　新宇宙书店　1929 年

2878　医学与现代生活
〔日〕杉田直树著　高逮译　上海　华通书局
1929 年 11 月初版　36 开　（民众文库）

2879　医学与现代生活
〔日〕杉田直树著　高逮译　上海　民智书局
1929 年　36 开　（民众文库）

2880　艺术概论
〔日〕黑田鹏信著　丰子恺译　上海　东京改造社　1929 年　有图　32 开

2881　艺术简论
〔日〕青野季吉著　陈望道译　上海　华通书局
1929 年　48 开　（艺术理论小丛书）

2882　艺术论
〔日〕金子筑水著　蒋径三译　上海　明日书店
1929 年 6 月初版　48 开

2883　英国住宅政策
日本东京市政调查会编　刘光华译　上海　华通书局　1929 年 11 月初版　32 开

2884　在施疗室
〔日〕平林泰子著　沈端先译　上海　水沫书店
1929 年 7 月初版　32 开　（新兴文学丛书）

2885　詹姆士·朱士的《优力栖斯》
〔日〕土居光知著　冯次行译　上海　联合书店
1929 年初版　冠像　50 开　（文学小丛书）

2886　战术学讲授录（卷三）
日本士官学校著　陆军大学校编译　北京　武学书馆　1929 年初版，1930 年再版　有图
24 开

2887　照相学教程
〔日〕小野门之助著　王中玉译　1929 年初版
有图表　18 开

2888　阵中要务令之参考
日本教育总监部编　训练总监部军学编译处编译　南京　军用图书社　1929 年 9 月初版　有表　32 开　（军队教育丛书）

2889　政治学大纲
〔日〕河上肇著　陈豹隐译　上海　乐群书店
1929 年

2890　政治哲学
〔日〕五来欣造著　郑肖厓译　上海　华通书局
1929 年 10 月初版　36 开　（民众文库）

2891　制造化学
〔日〕水津嘉之一郎著　孔庆莱译　郑贞文、郑尊法校订　上海　商务印书馆　1929 年 8 月初版，1931 年 9 月再版　有图表　23 开　平、精装　（化学集成）

2892　中国国民性论
〔日〕渡边秀方著　高明译　上海　北新书局
1929 年 4 月初版　32 开

2893　中国国民性论
〔日〕渡边秀方著　高明译　上海　中华书局
1929 年　32 开

2894　中国领土内帝国主义者资本战
〔日〕长野朗著　丁振一译述　上海　商务印书馆　1929 年　有表　32 开

2895　中国领土内帝国主义者资本战
〔日〕长野朗著　丁振一译述　上海　联合书店
1929 年 10 月初版　有表　32 开

2896　中国文学概论讲话
〔日〕盐谷温著　孙俍工译　北京　北平出版社

1930 年　冠像，有图　32 开

2897　中国文学概论讲话

〔日〕盐谷温著　孙俍工译　上海　开明书店
1929 年 6 月初版，1933 年 6 月 5 版，1940 年 6
月初版（精装）　冠像，有图　32 开

2898　中国哲学思想史

〔日〕武内义雄著　汪馥泉译　长沙　广东博爱
会医院　1929 年　32 开

2899　中华民族之国外发展

〔日〕长野朗著　黄朝琴译述　李长傅等校订
上海　国立暨南大学南洋文化事业部　1929 年 9
月初版　32 开　（南洋丛书　第 5 种）

2900　中华民族之国外发展

〔日〕长野朗著　黄朝琴译述　李长傅等校订
上海　大东书局　1929 年　32 开

2901　中华商轮名录

〔日〕儿岛千治编　上海　中华商轮名录发行所
1929 年 12 月初版　16 开　精装

2902　中日经济关系论

郭其编译　上海　商务印书馆　1929 年

2903　中世欧洲经济史

〔日〕泷本诚一著　徐天一译　南京　立法院
1929 年

2904　资本论入门

〔日〕河上肇著　刘垫平译　上海　晨曦书店
1929 年 9 月初版　32 开

2905　资本主义合理化的各种问题

〔日〕高村洋一著　温盛光译　上海　启智书局
1929 年 7 月初版　有表　32 开

2906　资本主义批判

〔日〕山川均著　高希圣译　上海　平凡书局
1929 年　42 开

2907　自然科学与现代思潮

〔日〕石原纯著　高铦译　上海　华通书局
1929 年 10 月初版　36 开　（民众文库）

2908　自然科学与现代思潮

〔日〕石原纯著　高铦译　上海　商务印书馆
1929 年　36 开　（民众文库）

2909　自然人工蜂王养成法

〔日〕野野垣淳一著　甘子刚译　满汉铁道
1929 年

2910　自然人工蜂王养成法

〔日〕野野垣淳一著　甘子刚译　上海　新学会
社 1929 年

2911　自由恋爱与社会主义

〔日〕守田有秋著　周宪文、何孝怡合译　上海
新建设书店　1929 年 4 月初版　32 开

2912　自由主义

〔日〕泽田谦著　罗超彦译　上海　华通书局
1929 年 10 月初版　36 开　（民众文库）

2913　最新花柳病诊断及治疗

〔日〕旭宪吉、山田弘伦著　姚伯麟译　上海
改造与医学杂志社　1929 年 11 月初版　有图表
16 开

1930

2914　败北

沈端先辑译　上海　神州国光社　1930 年 4 月
初版　32 开

2915　兵站勤务

〔日〕樱井著　陆军大学　1930 年初版　有图表
24 开

2916　波斯民间趣事集

〔日〕清野编译　上海　儿童书局　1930 年 9 月
初版，1932 年 10 月 3 版　有图　32 开

2917　步兵射击

日本步兵学校纂订　训练总监部译　南京　军
用图书社　1930 年 8 月初版　有图表　32 开
（军队教育丛书）

2918　财政学

〔日〕笹川洁著　范迪吉等译　上海　会文学社
1930 年

2919　财政学史

〔日〕阿部贤一著　邹敬芳译　上海　神州国光
社　1930 年 7 月初版　25 开　（社会科学名著
丛刊）

2920　财政政策论

〔日〕阿部贤一著　王长公译　上海　华通书局

1930 年 5 月初版 有表 32 开

2921 财政政策论
〔日〕阿部贤一著 王长公译 上海 中华书局
1930 年 有表 32 开

2922 财政政策论
〔日〕阿部贤一著 邹敬芳译 上海 明月书局
1930 年 12 月初版 有表、附折表 32 开

2923 财政政策论
〔日〕阿部贤一著 邹敬芳译 上海 中国太平
洋国际学会 1930 年 有表、附折表 32 开

2924 草枕
〔日〕夏目金之助（漱石）著 郭沫若译 上海
美丽书店 1930 年

2925 草枕
〔日〕夏目金之助（漱石）著 郭沫若译 南京
正中书局 1930 年

2926 衬衣
〔日〕加能作次郎等著 张资平辑译 上海 光
华书局 1930 年 32 开

2927 出家及弟子
〔日〕仓田百三著 孙百刚译 上海 太平洋书
店 1930 年

2928 初夜的智识
〔日〕羽太锐治著 陆祖才译述 上海 开华书
局 1930 年 11 月初版，1931 年再版 32 开

2929 从康德平和主义到思想问题
〔日〕朝永三十郎著 任白涛译 上海 启智书
局 1930 年 4 月初版 32 开

2930 从康德平和主义到思想问题
〔日〕朝永三十郎著 任白涛译 上海 太平洋
书店 1930 年 32 开

2931 大连写真帖
〔日〕大西守一著 大连 株式会社青云党印刷
1930 年 4 月初版 横 64 开

2932 代数学——二次方程式
〔日〕林鹤一、伊藤新重郎著 郑心南译 上海
商务印书馆 1930 年 4 月初版 32 开 （万有
文库 第 1 集 王云五主编；算学小丛书）

2933 代数学（数及代数式之四则）
〔日〕林鹤一、藤原仓平著 崔朝庆译 宁波
新学会社 1930 年

2934 到田间去
日本南满铁道株式会社农业试验场编 汤尔和
译 上海 商务印书馆 1930 年

2935 到田间去
日本南满铁道株式会社农业试验场编 汤尔和
译 上海 太平洋书店 1930 年

2936 地租思想史
〔日〕高畠素之著 夏维海、胡一贯译 新使命
出版社 1930 年初版 32 开

2937 东京市立第四实业学校卒业纪念
日本东京市立第四实业学校编 编者刊 1930
年 3 月初版 有照片 16 开

2938 东省刮目论
〔日〕藤冈启著 汤尔和译 上海 商务印书馆
1930 年 4 月初版，1933 年 3 月国难后 1 版 有
图表、摄影 21 开 精装 （东省丛刊）

2939 东省刮目论
〔日〕藤冈启著 汤尔和译 上海 中华书局
1930 年 有图表、摄影 21 开 精装 （东省
丛刊）

2940 东西小说发达史
〔日〕木村毅著 美子译 世界文艺书社
1930 年

2941 恶魔
〔日〕谷崎润一郎著 查士元译 上海 华通书
局 1930 年 11 月初版 冠像 32 开

2942 儿童教养法
〔日〕三田谷启著 戴建新译 上海 商务印书
馆 1930 年 12 月初版，1933 年 6 月国难后 1 版
有表 32 开 （新知识丛书）

2943 法理学大纲
〔日〕穗积重远著 欧阳谿译 上海 会文堂新
记书局 1930 年 8 月初版，1937 年 1 月 3 版
有表 25 开 （法学丛书）

2944 法理学大纲
〔日〕穗积重远著 欧阳谿译 上海 乐群书店

1930 年　有表　25 开　（法学丛书）

2945　法律进化论（政治名著）（第 2 册）
〔日〕穗积陈重著　萨孟武、陶汇曾译　上海
商务印书馆　1930 年初版　23 开　精装

2946　法律与阶级斗争
〔日〕平野义太郎著　萨孟武译　上海　新生命书
局　1930 年 6 月初版　23 开　（新法学丛书　1）

2947　肥料学讲义
〔日〕吉村清尚著　刘友惠译　上海　商务印书
馆　1930 年 12 月初版　有表　32 开　（农学
丛书）

2948　（分省）新中国人物志
〔日〕园田一龟著　黄惠泉、刁英华译　上海
良友图书印刷公司　1930 年初版　有图像　23
开　精装

2949　浮士德与城
〔日〕尾濑敬止等著　鲁迅等译　上海　神州国
光社　1930 年

2950　妇女自觉史
〔日〕山川菊荣著　高希圣译　上海　泰东图书
局　1930 年 5 月初版　32 开

2951　副业养鸡法
〔日〕仁部富之助、千叶幸藏著　赵仰夫译　上
海　新学会社　1930 年 4 月再版　有图表
23 开

2952　改造中的欧美教育
任白涛编译　上海　商务印书馆　1930 年

2953　革命亚细亚的展望
〔日〕中谷武世、〔印度〕包司著　牛山译　北
京　新亚洲书局　1930 年 11 月初版　25 开

2954　各国财政史
〔日〕小林丑三郎著　邹敬芳译　上海　新生命
书局　1930 年　23 开

2955　各国财政史
〔日〕小林丑三郎著　邹敬芳译　上海　神州国
光社　1930 年 11 月初版　23 开

2956　各国统计一览
日本内阁统计局编　翁擢秀译　上海　商务印

书馆　1930 年 11 月初版　32 开

2957　工场管理论
〔日〕神田孝一著　余怀清译　上海　商务印书
馆　1930 年 4 月初版　有表　25 开　（实业
丛书）

2958　工会运动底理论与实际
〔日〕山川均著　施复亮、钟复光合译　上海
大江书铺　1930 年 4 月初版　32 开

2959　古屋氏催眠术
〔日〕古屋铁石著　中国心灵研究会译　上海
乐群书店　1930 年　有图片　36 开

2960　古屋氏催眠术
〔日〕古屋铁石著　中国心灵研究会译　上海
心灵科学书局　1930 年 1 月初版　有图片
36 开

2961　广田弘毅传
〔日〕岩崎荣著　汪静之、吴力生译　上海　中
华书局　1930 年　32 开

2962　国际法概论
〔日〕泉哲著　彭学沛译　上海　商务印书馆
1930 年　24 开

2963　国际法概论
〔日〕泉哲著　彭学沛译　上海　神州国光社
1930 年 4 月初版，1931 年 8 月再版　24 开

2964　国际通史
〔日〕田中九一著　陈叔时译　上海　光华书局
1930 年 5 月初版　有表　大 32 开

2965　国际通史
〔日〕田中九一著　陈叔时译　上海　神州国光
社　1930 年　有表　大 32 开

2966　海洋学通论
〔日〕梶山英二著　许心芸译　上海　商务印书
馆　1930 年 12 月初版，1934 年 4 月国难后 1 版
有图表　32 开　（新知识丛书；百科小丛书
王云五主编）

2967　海洋学通论
〔日〕梶山英二著　许心芸译　上海　乐群书店
1930 年　有图表　32 开

2968 汉方新解
〔日〕汤本求真著 徐柏生译 上海 个人刊
1930 年 8 月初版 有图表 27 开

2969 护身术精义（武道正宗）
〔日〕中泽苏伯、小胁国秀著 吴瑞书编译 上
海 中西书局 1930 年 3 月 5 版 有图 32 开
石印 环筒页装

2970 皇汉医学（1—3 卷）
〔日〕汤本求真著 周子叙译 上海 商务印书
馆 1930 年 32 开 平、精装

2971 皇汉医学（1—3 卷）
〔日〕汤本求真著 周子叙译 上海 中华书局
1930 年 9 月初版，1931 年 5 月再版 32 开 平、
精装

2972 皇汉医学（上、下册）
〔日〕汤本求真著 刘泗桥译 上海 东洞学社
1930 年 7 月初版 有图像 23 开 精装

2973 吉林省之林业
日本南满铁道株式会社编 汤尔和译 上海
商务印书馆 1930 年

2974 交通政策
〔日〕增井幸雄著 邹敬芳译 上海 启智书局
1930 年 1 月初版 24 开

2975 胶质化学概要
〔日〕大幸勇吉著 高铦译 上海 商务印书馆
1930 年 28 开

2976 胶质化学概要
〔日〕大幸勇吉著 高铦译 上海 中华学艺社
1930 年 11 月初版，1933 年初版 28 开 （学
艺汇刊 24）

2977 进化与退化
周建人辑译 上海 商务印书馆 1930 年

2978 近代文学
〔日〕伊达源一郎著 张闻天、汪馥泉译 上海
商务印书馆 1930 年 8 月初版 32 开

2979 近代文学
〔日〕伊达源一郎著 张闻天、汪馥泉译 上海
上海立信会计书店 1930 年 32 开

2980 近代心理学
〔日〕久保良英著 张显之译 上海 民智书局
1930 年 4 月初版 有插图、像、表、图解
25 开

2981 近代心理学
〔日〕久保良英著 张显之译 上海 昆仑书店
1930 年 有插图、像、表、图解 25 开

2982 近世法学通论
〔日〕三潴信三著 邓公杰译 上海 民智书局
1930 年 10 月初版 有表 25 开

2983 近世法学通论
〔日〕三潴信三著 邓公杰译 上海 大江书铺
1930 年 有表 25 开

2984 近世社会学成立史
〔日〕加田哲二著 李培天译 上海 商务印书
馆 1930 年 32 开

2985 近世社会学成立史
〔日〕加田哲二著 杨逸棠、张资平合译 上海
乐群书店 1930 年 6 月初版 32 开 （社会学
丛刊 第 2 种）

2986 近世社会学成立史
〔日〕加田哲二著 杨逸棠、张资平合译 上
海 中华书局 1930 年 32 开 （社会学丛刊
第 2 种）

2987 （京音旁注）速修日语会话
〔日〕饭河道雄著 沈阳 东方印书馆 1930 年
11 月初版，1938 年 5 月 26 版 50 开

2988 经济史纲
〔日〕石滨知行著 施复亮、周白隶译 天津
大公报社 1930 年

2989 经济史
〔日〕小林良正著 刘濡译 上海 金马书堂
1930 年

2990 经济思想主潮
〔日〕高畠素之著 朱一民译 国立编译局
1930 年

2991 经济思想主潮（原名 经济学上之主要
学说）
〔日〕高畠素之著 朱一民译 上海 乐群书店

1930 年 1 月初版　32 开

2992　经济学的实际知识
〔日〕高桥龟吉著　巴克译　上海　商务印书馆
1930 年

2993　经济学的实际智识
〔日〕高桥龟吉著　巴克译　上海　联合书店
1930 年 2 月初版　有表　32 开

2994　经济学说史
〔日〕出井盛之著　雷通群译述　上海　商务印
书馆　1930 年 12 月初版　32 开　（社会科学丛
书　何炳松、刘秉麟主编）

2995　经济学原理（总论及生产篇）（卷上）
〔日〕福田德三著　陈家瓒译　上海　晓星书店
1930 年 12 月第 1 版，1932 年 9 月再版　冠像
24 开　平、精装

2996　惊心动魄的日本侵略满蒙政策
〔日〕田中义一著　（出版地不详）　1930 年

2997　军及大军之统帅
〔日〕田中久演讲　方日中口译　赖恺元汇辑
陆军大学校印刷所（印）　1930 年 12 月初版
有图表　24 开

2998　军及大军之统帅
〔日〕田中久演讲　方日中口译　赖恺元汇辑
上海　华通书局及辑译者自行印行　1930 年
有图表　24 开

2999　科学的生命观
〔日〕永井潜著　雷通群译　上海　联合书店
1930 年　32 开

3000　科学的生命观
〔日〕永井潜著　雷通群译　上海　新宇宙书店
1930 年 7 月初版　32 开

3001　骷髅的跳舞
〔日〕秋田雨雀著　一切译　上海　开明书店
1930 年 3 月初版　50 开　（微明丛书）

3002　骷髅的跳舞
〔日〕秋田雨雀著　一切译　上海　上海新知书
店　1930 年　50 开

3003　苦闷的象征
〔日〕厨川白村著　鲁迅译　上海　商务印书馆

1930 年　冠肖像　有图　28 开　（未名丛刊）

3004　劳动法总论
〔日〕孙田秀春著　林众可、盛沛东译　上海
华通书局　1930 年 6 月初版　23 开

3005　劳动法总论
〔日〕孙田秀春著　林众可、盛沛东译　上海
商务印书馆　1930 年　23 开

3006　立体几何学（直线及平面）
〔日〕林鹤一、尾崎敏郎著　郑心南译　上海
商务印书馆　1930 年 10 月初版　32 开　（万有
文库　第 1 集　王云五主编；算学小丛书）

3007　恋爱与牢狱
〔日〕江口涣著　钱歌川译　上海　北新书局
1930 年 6 月初版　32 开

3008　两性问题与生物学
〔日〕木村德藏著　杜季光译　上海　商务印书
馆　1930 年 11 月初版　有图　23 开　精装
（科学丛书）

3009　临床应用汉方医学解说
〔日〕汤本求真著　刘泗桥译　东洞学社
1930 年

3010　马克思底经济学说
〔德〕考茨基著　〔日〕高畠素之译　汪馥泉重
译　上海　神州国光社　1930 年初版　32 开

3011　马克思十二讲
〔日〕高畠素之著　萨孟武、陈宝骅、邢墨卿译
上海　新生命书局　1930 年 10 月初版，1934 年
7 月再版　冠像　25 开　（新生命高等文库）

3012　马克思主义批判者之批判
〔日〕河上肇著　江半庵译　上海　申江书店
1930 年初版　32 开

3013　马克思主义经济学基础理论
〔日〕河上肇著　李达等译　上海　昆仑书店
1930 年 6 月初版　32 开

3014　马克思资本论大纲
〔日〕山川均著　陆志青译　上海　未明社
1930 年 8 月初版　32 开

3015　马脾惩瘀篇
〔日〕栗园浅田著　上海　中医书局　1930 年 7

月初版 32开

3016 卖淫妇
〔日〕叶山嘉树著 张我军译 上海 北新书局
1930年7月初版 冠像 32开

3017 满铁外交论
汤尔和译述 上海 商务印书馆 1930年

3018 盲目兄弟的爱
〔日〕江马修等著 陶晶孙译 厦门 世界文艺
书社 1930年4月初版 32开

3019 没有太阳的街
〔日〕德永直著 何鸣心译 上海 商务印书馆
1930年 32开

3020 没有太阳的街
〔日〕德永直著 何鸣心译 上海 现代书局
1930年9月初版，1932年10月再版 32开
（现代世界文艺丛书）

3021 美的常识与美术史
〔日〕青山为吉著 杨伯安译 上海 北新书局
1930年 32开

3022 美国资本主义发达史
〔日〕石滨知行著 施复亮、周白棣译 上海
春秋书店 1930年9月初版 有表 32开

3023 美国资本主义发达史
〔日〕石滨知行著 施复亮、周白棣译 上海
商务印书馆 1930年 有表 32开

3024 美英法德意的经济统制
〔日〕北泽新次郎著 蔡弃民译 上海 商务印
书馆 1930年

3025 男女交际论
〔日〕福泽谕吉著 张肇桐译 上海 文明书局
1930年7月初版 24开

3026 南洋丛谈
〔日〕藤山雷太著 冯攸译 上海 商务印书馆
1930年12月初版 32开

3027 南洋丛谈
〔日〕藤山雷太著 冯攸译 上海 神州国光社
1930年 32开

3028 能率增进法
〔日〕上中甲堂著 刘新民译 上海 商务印书
馆 1930年5月初版 有表 32开

3029 农村法律问题
〔日〕末弘严太郎著 邓日译 上海 民智书局
1930年 有表 25开

3030 农村法律问题
〔日〕末弘严太郎著 邓日译 政府立法院编译
处 1930年2月初版 有表 25开

3031 农村问题与社会理想
〔日〕那须浩著 刘钧译 上海 民智书局
1930年 32开

3032 农村问题与社会理想
〔日〕那须浩著 刘钧译 上海 神州国光社
1930年10月初版 32开

3033 农业问题之理论
〔日〕河西太一郎著 李达译 上海 昆仑书店
1930年1月初版 有表 32开

3034 农业问题之理论
〔日〕河西太一郎著 李达译 上海 乐群书
店、商务印书馆 1930年 有表 32开

3035 欧美教育史
〔日〕大濑甚太郎著 刘亮译 上海 民智书局
1930年11月初版 25开

3036 欧美文学评论
〔日〕厨川白村著 夏绿蕉译 上海 商务印书
馆 1930年 32开

3037 欧美政界之新趋势
〔日〕水野炼太郎著 徐天一译 国民政府立法
院编译处 1930年2月初版 有表 24开

3038 欧洲近代文学思潮
〔日〕相马御风著 汪馥泉译 南京 中国合
作学社 1930年 32开

3039 欧洲近代文学思潮
〔日〕相马御风著 汪馥泉译 上海 中华书
局 1930年10月初版 32开 （常识丛书
第38种）

3040 欧洲政治之新趋势
〔日〕水野炼太郎著 徐天一译 南京 立法院

1930 年

3041　前清历代皇帝之东巡
〔日〕园田一龟著　沈阳　盛京时报社　1930 年
12 月初版　32 开

3042　清朝全史
〔日〕稻叶君山著　但焘译　上海　商务印书馆
1930 年

3043　清朝全史
〔日〕稻叶君山著　但焘译　上海　中华书局
1930 年

3044　群集社会学
〔日〕新明正道著　雷通群译　上海　新宇宙书
店　1930 年 7 月初版　32 开

3045　群众社会学
〔日〕新明正道著　雷通群译　上海　商务印书
馆　1930 年

3046　人口问题概论
〔日〕矢内原忠雄著　杨开渠译　上海　开明书
店　1930 年 3 月初版　32 开

3047　人口问题概论
〔日〕矢内原忠雄著　杨开渠译　上海　平凡书
店　1930 年　32 开

3048　人生动物学
〔日〕三好学著　许心芸译　上海　大东书局
1930 年

3049　人生植物学
〔日〕三好学著　许心芸译　上海　商务印书馆
1930 年 12 月初版，1932 年 12 月国难后 1 版，
1935 年 7 月国难后 2 版　有图表　24 开　精装
（科学丛书）

3050　日本帝国主义下之台湾
杨开渠译　上海　联合书店　1930 年

3051　日本经济史论
〔德〕（著者不详）　〔日〕福田德三、坂西由
藏译　金奎光重译　上海　华通书局　1930 年

3052　日本经济史论
〔日〕福田德三著　金奎光译　上海　上海商务
印书馆　1930 年　32 开

3053　日本劳动运动发达史
〔日〕赤松编　许秋冈译　上海　中华书局
1930 年　23 开

3054　日本劳动运动发达史
〔日〕赤松编　许秋冈译　上海　现代书局
1930 年 2 月初版　23 开

3055　日本劳动争议调停法论
〔日〕北原安卫著　陈元浩译　上海　商务印书
馆　1930 年 7 月初版　有表　32 开　（社会科
学丛书　何炳松、刘秉麟主编）

3056　日本文学评论
〔日〕宫岛新三郎著　张我军译　上海　大江书
铺　1930 年

3057　日本现代名家小说集
查士元辑译　上海　神州国光社　1930 年　32
开　（新文艺丛书　徐志摩主编）

3058　日本现代名家小说集
查士元辑译　上海　中华书局　1930 年 1 月初
版，1940 年 12 月昆明再版　32 开　（新文艺丛
书　徐志摩主编）

3059　日本现代名家小说集（第 2 辑）
查士元辑译　上海　中华书局　1930 年 11 月初
版，1940 年 12 月昆明 3 版　32 开　（新文艺丛
书　徐志摩主编）

3060　日本与日本人
〔日〕小泉八云著　胡山源译　上海　商务印书
馆　1930 年 11 月初版，1933 年 4 月国难后第 1
版　32 开

3061　日本与日本人
〔日〕小泉八云著　胡山源译　上海　不二书店
1930 年　32 开

3062　日本政党之研究
日本政经研究会著　吴景伯译　成都　永宁
1930 年

3063　日本政府
〔日〕北泽直吉著　梁大鹏译　上海　民智书局
1930 年 10 月初版　32 开

3064　日常生活科学丛谈
〔日〕阪部熊吉著　汪轶群译　上海　商务印书

馆　1930 年 12 月初版，1933 年 5 月国难后 1 版
32 开　（新知识丛书；家庭丛书）

3065　三国佛教略史
〔日〕岛地墨雷、生田得能著　听云、海秋译
上海　佛学书局　1930 年 2 月初版　32 开

3066　三角法（三角函数）
〔日〕林鹤一著　骆师曾译　上海　商务印书馆
1930 年 4 月初版　32 开　（万有文库　第 1 集
王云五主编；算学小丛书）

3067　三角法（三角形之性质及其解法）
〔日〕森吉太郎著　崔朝庆译　上海　商务印书
馆　1930 年 10 月初版，1933 年 6 月国难后 1
版，1934 年 1 月国难后再版　32 开　（万有文
库　第 1 集　王云五主编；算学小丛书）

3068　杀艳
〔日〕谷崎润一郎著　章克标译　上海　水沫书
店　1930 年 3 月初版　36 开

3069　善导大师与日本
〔日〕大野法道著　陈应庄译　净土宗务所
1930 年

3070　社会进化论
〔日〕福本和夫著　施存统译　上海　大江书铺
1930 年

3071　社会进化论
〔日〕福木和夫著　施存统译　上海　商务印书
馆　1930 年

3072　社会进化论（社会的构成及变革过程）
〔日〕福本和夫著　施复亮译　上海　大江书铺
1930 年 2 月初版　32 开

3073　社会科学十二讲
〔日〕杉山荣著　温盛光译　上海　乐华图书
公司　1930 年 10 月初版，1932 年再版　32 开
精装

3074　社会科学十二讲
〔日〕杉山荣著　温盛光译　上海　太平洋书店
1930 年　32 开　精装

3075　社会思想史概论
〔日〕波多野鼎著　张定译　上海　启智书局
1930 年 2 月初版　32 开

3076　社会问题体系
〔日〕河田嗣郎著　阮有秋、阚海霞译　上海
华通书局　1930 年

3077　社会问题体系（卷一）
〔日〕河田嗣郎著　阮有秋译　上海　华通书局
1930 年初版　有表　25 开

3078　社会问题总览
〔日〕高畠素之著　李达译　上海　晓星书店
1930 年　32 开　精装　（新文化丛书）

3079　社会学概论
〔日〕加田哲二著　刘叔琴译　上海　开明书店
1930 年 10 月初版，1933 年 8 月再版　32 开

3080　社会学概论
〔日〕加田哲二著　刘叔琴译　上海　商务印书
馆　1930 年　32 开

3081　社会学总论
〔日〕高田保马著　杜季光译述　上海　商务印
书馆　1930 年 10 月初版　32 开　（社会科学小
丛书　何炳松、刘秉麟主编）

3082　社会运动史
〔日〕石川三四郎著　大西伍一编　北京　青春
书店　1930 年初版　32 开

3083　社会政策原理
〔日〕波多野鼎著　刘侃元译　上海　大江书铺
1930 年 7 月初版　32 开

3084　社会主义批判
〔日〕室伏高信著　上海　乐群书店　1930 年

3085　社会主义原理
〔日〕波多野鼎著　刘侃元译　上海　联合书店
1930 年

3086　生物地学纲要
〔日〕横山又次郎著　林鹨译　上海　商务印书
馆　1930 年 11 月初版　有图　32 开　（新知识
丛书）

3087　实验卫生学讲本
〔日〕山田谦次著　丁福保译　上海　医学书局
1930 年 10 月再版　25 开　（丁氏医学丛书　丁
福保主编）

3088　实用经济学

〔日〕高桥龟吉著　施存统、周伯隶译　上海世界书局　1930 年

3089　实用经济学

〔日〕高桥龟吉著　施复亮、周白隶译　上海春秋书店　1930 年 8 月初版　32 开

3090　实战的步兵操典之研究

〔日〕榎本宫著　训练总监部军学编译处译　南京　军用图书社　1930 年 8 月初版　有图表32 开　（军队教育丛书）

3091　世界革命妇女列传

〔日〕守田有秋著　杨骚译　上海　北新书局1930 年 2 月初版　32 开　精装

3092　世界秘密结社

〔日〕纳武津著　华通书局编译所译　上海　华通书局　1930 年 5 月初版　32 开

3093　世界秘密结社

〔日〕纳武津著　华通书局编译所译　上海　民智书局　1930 年　32 开

3094　世界史纲

〔日〕上田茂树著　柳岛生译　上海　百衲书店1930 年 2 月初版，1938 年 8 月再版　32 开

3095　世界童话研究

〔日〕芦谷重常著　黄源译　上海　华通书局1930 年 3 月初版　32 开

3096　世界童话研究

〔日〕芦谷重常著　黄源译　上海　民智书局1930 年　32 开

3097　世界之成因

〔日〕石井重美著　林寿康译　夏治彬校　上海商务印书馆　1930 年 7 月初版　有图、照片32 开　（新知识丛书）

3098　苏俄文学理论

〔日〕冈泽秀虎著　陈雪帆译　上海　大江书铺1930 年 12 月初版　32 开　（艺术理论丛书）

3099　苏俄新教育之研究

〔日〕仲宗根源和著　金溟若译　上海　商务印书馆　1930 年　有表　32 开

3100　苏俄新教育之研究

〔日〕仲宗根源和著　金溟若译　上海　神州国光社　1930 年 4 月初版　有表　32 开

3101　苏俄新艺术概观

〔日〕尾濑敬止著　雷通群译　上海　新宇宙书店　1930 年 5 月初版　32 开

3102　苏俄艺术概论

〔日〕尾濑敬止著　雷通群译　上海　新宇宙书店　1930 年

3103　苏联经济政策及社会政策

日本改造社著　上海　春秋书店　1930 年

3104　苏联文学理论

〔日〕冈泽秀虎著　陈望道译　南京　中山书局1930 年

3105　算术（复合数）

〔日〕林鹤一、上总享著　林科棠译　上海　商务印书馆　1930 年 4 月初版　32 开　（万有文库　第 1 集　王云五主编；科学小丛书）

3106　算学教育的根本问题

〔日〕小仓金之助著　颜筠译　上海　商务印书馆　1930 年 12 月初版　32 开

3107　台湾民众的悲哀

〔日〕山川均著　宋蕉农译　北京　新亚洲书局　1930 年 9 月初版　32 开　（东方问题研究会丛书　8）

3108　唐宋元代中西通商史

〔日〕桑原骘藏著　冯攸译　上海　商务印书馆1930 年 3 月初版　25 开　（中外交通史料名著丛书）

3109　田园都市

日本内务省地方局编　云南昆明市政公所、张维瀚译　上海　华通书局　1930 年 1 月初版有图23 开

3110　头痛

〔日〕森繁吉著　苏仪贞译　程瀚章校订　上海　商务印书馆　1930 年 2 月初版，1933 年 9月国难后 1 版，1939 年 4 版　32 开　（医学小丛书）

3111　土地经济论

〔日〕河田嗣郎著　李达、陈家瓒译　上海　商

务印书馆 1930 年 10 月初版，1933 年 8 月国难后 1 版 有表 23 开 精装 （大学丛书）

3112 唯物论的哲学
〔日〕佐野学著 巴克译 上海 乐华图书公司
1930 年

3113 唯物论的哲学
〔日〕佐野学著 徐韫知译 上海 乐华图书公司 1930 年 5 月初版 36 开 （新社会科学丛书）

3114 唯物论纲要
〔日〕河上肇著 周拱生译 上海 乐华图书公司 1930 年 6 月初版 36 开 （新社会科学丛书）

3115 唯物论与宗教
〔日〕佐野学著 邓毅译 上海 秋阳书店
1930 年初版 32 开

3116 唯物史观的基础
〔日〕河上肇著 巴克译 上海 明日书店
1930 年 3 月初版，1930 年 9 月再版 32 开
（科学的社会科学丛书 第 1 种）

3117 唯物史观研究
〔日〕河上肇著 郑里镇译 上海 文华书局
1930 年 32 开

3118 文二十八种病
〔日〕遍照金刚著 储皖峰译 上海 劝业印刷所 1930 年 32 开

3119 文二十八种病
〔日〕遍照金刚著 储皖峰译 上海 中国述学社出版部 1930 年 4 月初版 32 开

3120 文化社会学
〔日〕关荣吉著 张资平、杨逸棠译 上海 联合书店 1930 年

3121 文化社会学
〔日〕关荣吉著 张资平、杨逸棠译 上海 乐群书店 1930 年

3122 文学的战术论
〔日〕大宅壮一著 毛含戈译 北京 朴社
1930 年 32 开

3123 文学的战术论
〔日〕大宅壮一著 毛含戈译 上海 联合书店
1930 年 10 月初版 32 开

3124 文学概论
〔日〕本间久雄著 章锡琛译 上海 开明书店
1930 年 3 月初版，1930 年 8 月再版 250 页
32 开

3125 文学入门
〔日〕小泉八云著 杨开渠译 上海 现代书局
1930 年 11 月初版 32 开

3126 文艺批评史
〔日〕宫岛新三郎著 高明译 上海 开明书店
1930 年 2 月初版 32 开

3127 文艺赏鉴论
〔日〕田中湖月著 孙俍工译 上海 黎明书局
1930 年 32 开

3128 文艺赏鉴论
〔日〕田中湖月著 孙俍工译 上海 中华书局
1930 年 11 月初版 32 开

3129 文艺谭
〔日〕小泉八云著 石民译注 上海 北新书局
1930 年 12 月初版 32 开 精装 （自修英文丛刊）

3130 文艺谭
〔日〕小泉八云著 石民译注 上海 中华书局
1930 年 32 开 精装

3131 文艺政策
〔日〕藏原惟人、外村史郎辑译 鲁迅重译 上海 水沫书店 1930 年 6 月初版，10 月再版
32 开 （科学的艺术论丛书 13）

3132 乌托邦社会主义
〔日〕土田杏村著 刘下谷译 上海 春明社
1930 年

3133 乌托邦社会主义
〔日〕土田杏村著 刘下谷译 上海 辛垦书店
1930 年

3134 西洋社会运动史六讲
〔日〕石川三四郎讲 黄源笔记 上海 华通书局 1930 年 1 月初版 36 开 （民众文库）

3135 希腊文明之潮流

〔日〕坂口昂著　王璧如译　上海　商务印书馆
1930 年　32 开

3136 希腊文明之潮流

〔日〕坂口昂著　王璧如译　上海　神州国光社
1930 年 9 月初版　32 开

3137 现代日本文学评论

〔日〕宫岛新三郎著　张我军译　上海　开明书
店　1930 年 7 月初版　32 开

3138 现代社会讲话

〔日〕山川均著　杨冲屿译　新新书店　1930 年
6 月初版　28 开

3139 现代世界文学大纲

〔日〕千叶龟雄等著　张我军译　上海　商务印
书馆　1930 年　有图　32 开

3140 现代世界文学大纲

〔日〕千叶龟雄等著　张我军译　上海　神州国
光社　1930 年 12 月初版　有图　32 开

3141 现代文化概论

〔日〕米田庄太郎著　王璧如译　上海　中华书
局　1930 年　24 开　平、精装

3142 消费合作论

〔日〕山村乔著　刘侃元译　上海　大江书铺
1930 年 7 月初版　有表　32 开

3143 消费合作论

〔日〕山村乔著　刘侃元译　上海　商务印书馆
1930 年　有表　32 开

3144 小家之伍

郁达夫辑译　上海　大江书铺　1930 年

3145 小说研究十六讲

〔日〕木村毅著　高明译　上海　北新书局
1930 年 4 月初版，1934 年 9 月再版　32 开

3146 蟹工船

〔日〕小林多喜二著　潘念之译　上海　大江书
铺　1930 年 4 月初版　32 开

3147 蟹工船

〔日〕小林多喜二著　潘念之译　南京　正中书
局　1930 年　32 开

3148 新本草纲目（前、后编）

〔日〕小泉荣次郎　晋陵下工编译　上海　医
学书局　1930 年 6 月初版，1933 年 8 月再版
23 开　精装

3149 新俄游记

〔日〕秋田雨雀著　文莎诃译　上海　明月书局
1930 年 8 月初版　冠像、有图　32 开

3150 新经济学之任务

〔日〕河上肇著　钱铁如译　上海　昆仑书店
1930 年 3 月初版　32 开

3151 新经济学之任务

〔日〕河上肇著　钱铁如译　上海　神州国光社
1930 年　32 开

3152 新社会政策

〔日〕永井亨著　无闷译　上海　太平洋书店、
神州国光社　1930 年　25 开

3153 新闻概论

〔日〕杉村广太郎著　王文萱译述　上海　通华
书局　1930 年　有表　32 开

3154 新闻概论

〔日〕杉村广太郎著　王文萱译述　上海　联合
书店　1930 年 5 月初版　有表　32 开　（新闻
学丛书）

3155 新文学概论

〔日〕本间久雄著　汪馥泉译　上海　大江书铺
1930 年　32 开

3156 新文学概论

〔日〕本间久雄著　汪馥泉译　上海　亚东图书
馆　1930 年　32 开

3157 新闻纸研究

〔日〕后藤武男著　俞康德译述　上海　光华书
局　1930 年 8 月初版　32 开

3158 新闻纸研究

〔日〕后藤武男著　俞康德译述　上海　明月书
店　1930 年　32 开

3159 新写实主义论文集

〔日〕藏原惟人著　吴之本译　上海　商务印书
馆　1930 年　32 开

3160　新写实主义论文集
〔日〕藏原惟人著　吴之本译　上海　现代书局
1930 年 5 月初版，1933 年 4 月再版　32 开
（拓荒丛书）

3161　新兴艺术概论
〔日〕青野季吉、藏原惟人等著　王集丛译　上
海　辛垦书局　1930 年

3162　新兴艺术概论
〔日〕青野季吉等著　冯宪章译　上海　现代书
局　1930 年 7 月初版　32 开

3163　新制战斗纲要图表解
日本国防研究会编　王梦云译　南京　共和书
局　1930 年 4 月初版　有图表　18 开　精装

3164　新中国人物志
〔日〕园田一龟编　黄惠泉、刁英华译　上海
良友书店　1930 年

3165　新纂儿科学
〔日〕伊藤龟治郎编著　丁福保编译　上海　医
学书局　1930 年 1 月初版　有图 24 开　（丁
氏医学丛书　丁福保主编）

3166　行政学总论
〔日〕蜡山政道著　罗超彦译　上海　新生命书
局　1930 年 8 月初版　23 开

3167　性典
〔日〕赤津诚内著　任一碧译　上海　启智书局
1930 年 11 月初版　32 开　平、精装

3168　性典
〔日〕赤津诚内著　任一碧译　上海　不二书店
1930 年　32 开　平、精装

3169　药理学
〔日〕林春雄著　刘懋淳译　东京　同仁会
1930 年

3170　养蜂采蜜管理法
〔日〕青柳浩次郎著　张品南译　上海　北京书
店　1930 年

3171　叶山嘉树选集
〔日〕叶山嘉树著　冯宪章译　上海　现代书局
1930 年 5 月初版　32 开　（拓荒丛书）

3172　音乐的听法
〔日〕门马直卫著　丰子恺译　上海　大江书铺
1930 年 5 月初版　有图　32 开

3173　音乐的听法
〔日〕门马直卫著　丰子恺译　上海　中国太平
洋国际学会；吴越书店　1930 年　有图　32 开

3174　应用经济学
〔日〕高桥龟吉著　高乔平译　上海　商务印书
馆　1930 年　有表　32 开　（经济学丛书）

3175　应用经济学
〔日〕高桥龟吉著　高乔平译　上海　世界书局
1930 年 6 月初版　有表　32 开

3176　哲学概论
〔日〕金子马治著　彭信威译　上海　华通书局
1930 年　25 开

3177　哲学概论
〔日〕金子马治著　彭信威译　上海　神州国光
社　1930 年初版，1947 年 4 月再版　25 开

3178　政治思想史
〔日〕市村今朝藏著　盛沛东译　上海　华通书
局　1930 年 3 月初版　32 开　（民众文库）

3179　政治思想之变迁
〔日〕高桥清吾著　姜蕴刚译　上海　上海社会
科学研究所　1930 年　25 开　平、精装

3180　政治思想之变迁
〔日〕高桥清吾著　姜蕴刚译　上海　真美善书
店　1930 年 6 月初版　25 开　平、精装　（岩
海丛书）

3181　中国阿剌伯海上交通史
〔日〕桑原骘藏著　冯攸译　上海　商务印书馆
1930 年 9 月国难后 1 版　有折图　32 开　（史
地小丛书）

3182　中国产业组织和资本主义的发展
〔日〕伊藤武雄著　黄逸群译　上海　乐群书店
1930 年 3 月初版　有表　32 开

3183　中国产业组织和资本主义的发展
〔日〕伊藤武雄著　黄逸群译　上海　神州国光
社　1930 年　有表　32 开

3184　中国社会组织
〔日〕长野朗著　朱家清译　上海　光明书局
1930 年

3185　中国文学概论
〔日〕儿岛献吉郎著　胡行之译　上海　北新书局　1930 年 5 月初版，1931 年再版，1933 年 4 月 3 版　32 开

3186　中国文学概论
〔日〕儿岛献吉郎著　张铭慈译　上海　商务印书馆　1930 年 11 月初版　32 开

3187　中国文学论集
〔日〕铃木虎雄著　汪馥泉译　上海　商务印书馆　1930 年　32 开

3188　中国文学论集
〔日〕铃木虎雄著　汪馥泉译　上海　神州国光社　1930 年 5 月初版，1931 年 10 月再版　32 开

3189　中国文学研究译丛
〔日〕盐谷温等著　汪馥泉译　上海　北新书店　1930 年 4 月初版　32 开

3190　中国文学研究译丛
〔日〕盐谷温等著　汪馥泉译　南京　正中书局　1930 年　32 开

3191　中华南部及南洋园艺视察谈
〔日〕樱井方次郎著　林奋方译　上海　商务印书馆　1930 年　32 开　有图

3192　中华南部及南洋园艺视察谈
〔日〕樱井方次郎著　林奋方译　上海　作者自刊　1930 年　32 开　有图

3193　忠厚老实人
〔日〕武者小路实笃著　崔万秋译　上海　真美善书店　1930 年 2 月初版　32 开

3194　资本论
〔日〕小泉信三著　霜晓译　济南　尚志堂　1930 年　36 开

3195　资本论
〔日〕小泉信三著　霜晓译　北京　青春书店　1930 年 5 月初版　36 开

3196　资本论大纲
〔日〕高畠素之著　施存统译　北京　金华书局　1930 年

3197　资本论大纲
〔日〕高畠素之著　施复亮译　上海　大江书铺　1930 年 12 月初版　有表　32 开

3198　资本论大纲
〔日〕山川均著　傅烈译　上海　广州方圆社　1930 年　32 开

3199　资本论大纲
〔日〕山川均著　傅烈译　上海　辛垦书店　1930 年 3 月初版　32 开

3200　资本论概要
〔德〕考茨基著　〔日〕石川准十郎改编　洪涛译　上海　神州国光社　1930 年 6 月初版　32 开

3201　自然人类学概论
〔日〕长谷部言人著　汤尔和译　上海　商务印书馆　1930 年 11 月初版　有图表　23 开

3202　自然人类学概论
〔日〕长谷部言人著　汤尔和译　上海　大东书局　1930 年　有图表　23 开

3203　（最新）世界殖民史
〔日〕大盐龟雄著　葛绥成译　上海　大江书铺　1930 年

3204　最新世界殖民史
〔日〕大盐龟雄著　葛绥成译述　刘传亮校订　上海　商务印书馆　1930 年 10 月初版，1934 年 1 月国难后 1 版　有图表　18 开

3205　作诗法讲话
〔日〕森泰次郎著　张铭慈译　上海　商务印书馆　1930 年 11 月初版，1933 年 8 月国难后 1 版　32 开

1931

3206　经济学史
〔日〕小川市太郎著　李祚辉译述　上海　商务印书馆　1931 年　32 开

3207　算术（整数之性质）
〔日〕林鹤一、加藤幸重郎原著　崔朝庆译述　宁波　新学会社　1931 年　36 开　（算术小丛

书　第 2 篇）

3208　步兵连之战斗教练
〔日〕工藤豪吉著　训练总监部军学编译处译
南京　军用图书社　1931 年 5 月初版　有图
32 开　（军队教育丛书）

3209　步兵排之战斗教练
〔日〕工藤豪吉著　训练总监部军学编译处译
南京　军用图书社　1931 年 3 月初版，1934 年 1
月再版　有图　32 开　（军队教育丛书）

3210　步兵炮班教练（射击操作）主要着眼表
训练总监部军学编译处译　南京　军用图书社
1931 年 7 月初版　25 开

3211　步兵营之战斗教练
〔日〕工藤豪吉著　训练总监部军学编译处译
南京　军用图书社　1931 年 7 月出版，1933 年 3
月再版　有图　32 开　（军队教育丛书）

3212　赤军野外教令
训练总监部军学编译处译　南京　军用图书社
1931 年 10 月初版

3213　从生产经济学到信用经济学
〔日〕土田杏村著　刘家筠译　上海　华通书局
1931 年 4 月初版　23 开

3214　代数学（幂法开法及无理数虚数）
〔日〕林鹤一、矢田吉熊著　黄元古译　宁波
新学会社　1931 年

3215　代数学——顺列组合及级数
〔日〕佐藤充、水田文平著　崔朝庆译　上海
商务印书馆　1931 年 4 月初版，1934 年 4 月国
难后 1 版　32 开　（万有文库　第 1 集　王云
五主编；算学小丛书）

3216　德美殖民史
〔日〕大盐龟雄著　刘涅夫译　上海　星光书店
1931 年 12 月初版　32 开

3217　地文地理集成
〔日〕高桥纯一著　杜季光译　上海　商务印书
馆　1931 年 2 月初版　23 开　（地理丛书　王
云五、苏继顾主编）

3218　地租思想史
〔日〕高畠素之著　王亚南译　上海　商务印书

馆　1931 年　有表　24 开

3219　地租思想史
〔日〕高畠素之著　王亚南译　上海　神州国光
社　1931 年 6 月初版　有表　24 开

3220　东洋和汉医学实验集
〔日〕渡边熙著　张仲任译　上海　徐小圃医士
1931 年

3221　都会的忧郁
〔日〕佐藤春夫著　查士元译　上海　华通书局
1931 年

3222　都会的忧郁
〔日〕佐藤春夫著　查士元译　上海　商务印书
馆　1931 年

3223　都市论
〔日〕米田庄太郎著　林肇民译　上海　春秋书
店　1931 年　32 开

3224　都市论
〔日〕米田庄太郎著　林肇民译　上海　新生命
书局　1931 年 11 月初版　32 开

3225　（对译）日本语法易解
〔日〕饭河道雄编译　沈阳　东方印书馆
1931 年

3226　（对译详注）初等日本语读本（合订本）
〔日〕饭河道雄编译　沈阳　东方印书馆
1931 年

3227　儿童新教学
〔日〕朝日文彦著　吴承均译　上海　儿童书局
1931 年 9 月初版，1933 年 1 月 3 版　32 开

3228　法国殖民史
〔日〕大盐龟雄著　刘涅夫译　上海　星光书店
1931 年初版　32 开

3229　法兰西近代画史
〔日〕板垣鹰穗著　许达译　上海　文华美术图
书印刷公司　1931 年 11 月初版　有图　32 开

**3230　法隆寺与汉六朝建筑式样之关系·玉虫厨
子之建筑价值**
〔日〕滨田耕作著　刘敦桢译、补注　中国营造
学社　1931 年 12 月初版　有图像　16 开

3231 法律思想史概说
〔日〕小野清一郎编著 刘正杰译 上海 商务
印书馆 1931 年 32 开

3232 法律思想史概说
〔日〕小野清一郎编著 刘正杰译 上海 中华
学艺社 1931 年 8 月初版，1933 年 3 月国难后 1
版 32 开 （学艺汇刊 31）

3233 法律哲学要论
〔日〕高柳贤三著 张舆公译 上海 法学编译
社 1931 年 9 月初版 25 开 （法学丛书 上
海法学编译社主编）

3234 法律哲学要论
〔日〕高柳贤三著 张舆公译 上海 太平洋书
店；会文堂 1931 年 25 开

3235 法西斯主义的理论与实际
〔日〕藤井悌著 邢墨卿、陈宝骅译 上海 商
务印书馆 1931 年

3236 高等针灸学讲义
日本延命山针灸学院编 缪绍予、张俊义译
上海 申报馆 1931 年

3237 工业常识
〔日〕中村康之助著 白鹏飞译 上海 昆仑书
店 1931 年

3238 国际军事通论
〔日〕铃木一马著 训练总监部军学编译处编译
南京 军用图书社 1931 年 1 月初版 32 开

3239 国民革命与农村问题（上、下册）
〔日〕田中忠夫著 李育文译 蓝梦九校 北平
村治月刊社 1931 年 6 月—1932 年 9 月 有表
25 开 （村治月刊社村治丛书 2）

3240 国民经济学原理（上册）
〔日〕津村秀松著 陈绍谟译 上海 明月书局
1931 年 2 月初版 有表、附折表 32 开

3241 航空战术讲授录
〔日〕山本健儿讲述 训练总监部军学编译处编
译 南京 军用图书社 1931 年 9 月初版 24 开

3242 和汉医学真髓
〔日〕松园渡边熙著 沈松年译 上海 昌明医
学书局 1931 年 7 月初版，1934 年 7 月再版

有表 25 开

3243 黑龙江
日本中东铁路局商业部编 汤尔和译 上海
商务印书馆 1931 年

3244 化学与量子
〔日〕片山正夫著 郑贞文译 上海 商务印书
馆 1931 年 4 月初版 32 开 （万有文库 第
1 集 王云五主编；百科小丛书）

3245 婚姻法之近代化
〔日〕栗生武天著 胡长清译 南京 法律评论
社 1931 年 8 月初版 21 开 （法律评论丛书
第 5 种）

3246 极限论
〔日〕竹内端三著 朱纯熙译 上海 商务印书
馆 1931 年 1 月初版，1933 年 2 月国难后 1 版，
1935 年 6 月国难后 2 版 有图表 23 开 精装
（算学丛书）

3247 交通警察概论
〔日〕高桥雄豺著 张仲芙、刘大勋译 上海
大东书局 1931 年 5 月初版 有图 32 开
（市政丛书）

3248 交通警察概论
〔日〕高桥雄豺著 张仲芙、刘大勋译 上海
民智书局 1931 年 有图 32 开

3249 交通政策
〔日〕增井幸雄著 邹敬芳译 上海 商务印书
馆 1931 年 24 开

3250 近代社会思想史
〔日〕平林初之辅著 许亦非译 上海 中华书
局 1931 年 10 月初版 冠像 32 开

3251 近代世界殖民史略
〔日〕大盐龟雄著 王锡纶编译 中华书局
1931 年 10 月初版 有图表 20 开 （丛书）

3252 近代思想史
〔日〕平林初之辅著 许亦非译 上海 商务印
书馆 1931 年

3253 近代文学十讲
〔日〕厨川白村著 杨开渠译 上海 现代书局
1931 年

3254　近世社会思想史纲
〔日〕小泉信三著　张资平译　上海　大东书局　1931年4月初版　有表　25开　（现代文化丛书　1）

3255　近世社会思想史纲
〔日〕小泉信三著　张资平译　上海　商务印书馆　1931年　有表　25开

3256　近世社会思想史
〔日〕平林初之辅著　许亦非译　上海　中华书局　1931年

3257　近世社会思想史要
〔日〕平林初之辅著　许亦非译　南京　正中书局　1931年

3258　近世社会学成立史
〔日〕加田哲二著　刘叔琴译　上海　开明书店　1931年初版　32开

3259　近世社会学成立史
〔日〕加田哲二著　刘叔琴译　上海　商务印书馆　1931年　32开

3260　近世社会主义运动史
〔日〕石川三四郎著　胡石明译　上海　大成出版公司　1931年

3261　经济史纲
〔日〕石滨知行著　施复亮、周白棣译　上海　大江书铺　1931年

3262　经济政策纲要
〔日〕河津暹著　洪涛译　上海　华通书局　1931年3月初版　23开　（华通经济学丛书）

3263　经济政策纲要
〔日〕河津暹著　周宪文译　上海　中华书局　1931年

3264　经营经济学
〔日〕增地庸治郎著　潘念之译　上海　太平洋书店　1931年　32开

3265　经营经济学
〔日〕增地庸治郎著　潘念之译　上海　中华书局　1931年10月初版　32开　（新文化丛书）

3266　经营经济学引论
〔日〕增地庸治郎著　阮有秋译述　上海　商务

印书馆　1931年5月初版　32开　（社会科学丛书　何炳松、刘秉麟主编）

3267　经营统计
〔日〕小林新著　李致远译　上海　商务印书馆　1931年10月初版，1934年11月再版　有图表　32开　（社会科学丛书　何炳松、刘秉麟主编）

3268　菊池宽杰作集
〔日〕菊池宽著　黄凤仙译　上海　集成书局　1931年6月初版　32开

3269　考古学通论
〔日〕滨田耕作著　俞剑华译　上海　商务印书馆　1931年5月初版，1933年9月国难后第一版　32开　有插图　（百科小丛书）

3270　考古原人史
〔日〕佐藤傅藏著　周景濂译　上海　商务印书馆　1931年8月初版　32开　（新知识丛书）

3271　科学中之哲学方法
〔日〕桑木严翼著　谷神译　上海　商务印书馆　1931年5月初版，1933年9月国难后1版，1935年6月国难后2版　32开　（百科小丛书）

3272　科学中之哲学方法
〔日〕桑木严翼著　谷神译　上海　译者自行刊印　1931年　32开

3273　昆虫学通论
〔日〕三宅恒方著　缪端生、于景让译　上海　商务印书馆　1931年，1937年5月初版，1938年11月长沙再版　有图　25开　（大学丛书　中华教育文化基金董事会编辑委员会主编）

3274　劳工保护法
〔日〕林癸未夫著　何环源译　上海　商务印书馆　1931年　有表　32开

3275　劳工保护法
〔日〕林癸未夫著　何环源译　上海　新世纪书局　1931年5月初版　有表　32开

3276　乐谱的读法
〔日〕门马直卫著　缪天瑞译　上海　大江书铺　1931年

3277　乐谱的读法
〔日〕门马直卫著　缪天瑞译　上海　上海外国

语文出版社　1931 年

3278　六国表订误及其商榷
〔日〕武内义雄著　王锤麟译　南京　金陵大学
1931 年初版　16 开

3279　六十年来日本经济发达史
〔日〕高桥龟吉等著　查士骥译　北京　国立华
北编译馆　1931 年　有表　25 开

3280　六十年来日本经济发达史
〔日〕高桥龟吉等著　查士骥译　上海　华通书
局　1931 年 10 月初版　有表　25 开　（日本研
究丛书）

3281　伦理学
〔日〕吉田敬致著　王向荣编译　天津　百城书
局　1931 年 8 月初版　32 开

3282　伦理学
〔日〕吉田敬致著　王向荣译　上海　商务印书
馆　1931 年

3283　伦理学
〔日〕吉田敬致著　王向荣译　天津　百城书局
1931 年

3284　满蒙铁路网
〔日〕大岛与吉著　太平洋国际学会译　河南教
育厅　1931 年　有图表、附折页地图　32 开

3285　满蒙铁路网
〔日〕大岛与吉著　太平洋国际学会译　上海
译者刊　1931 年 1 月初版　有图表、附折页
地图　32 开　（太平洋国际学会丛书）

3286　满蒙形势之严重化与实力发动
〔日〕细野繁胜著　王璧如等译　南京　东南印
刷所　1931 年 10 月初版　有图　32 开

3287　美国资本主义发达史
〔日〕石滨知行著　陈绶荪译　上海　新世纪书
局　1931 年 9 月初版　25 开

3288　美术的表现与背景
〔日〕坂垣鹰穗著　萧石君译　上海　开明书店
1931 年

3289　民法与社会主义
〔日〕冈村司著　刘仁航、张铭慈译　上海　商

务印书馆　1931 年 5 月初版，1933 年 10 月国难
后 1 版　23 开　（政法丛书）

3290　民事证据论
〔日〕松冈义正著　张知本译　上海　会文堂新
记书局　1931 年

3291　民事证据论
〔日〕松冈义正著　张知本译　上海　中华书局
1931 年

3292　南满洲铁道附属地农事统计（昭和五年度）
〔日〕松岛鉴编　南满洲铁道株式会社殖产部农
务课　1931 年 5 月初版　32 开

3293　南洋丛谈
〔日〕藤山重太著　张铭慈译　上海　国立暨南
大学南洋文化事业部　1931 年 10 月初版　32 开
（南洋丛书　第 26 种）

3294　南洋丛谈
〔日〕藤山重太著　张铭慈译　上海　泰东图书
局　1931 年　32 开

3295　农业地理
盛述功编译　上海　神州国光社　1931 年

3296　女运动员临阵以前
〔日〕人见绢枝著　刘家坝译　上海　勤奋书局
1931 年 10 月初版　有照片、表　32 开　（体
育丛书）

3297　欧美文学评论
〔日〕厨川白村著　夏绿蕉译　上海　大东书局
1931 年　32 开

3298　欧洲的传说
〔日〕松村武雄著　钟子岩译　上海　开明书店
1931 年 3 月初版　冠图　32 开　（世界少年文
学丛书：寓言）

3299　欧洲的传说
〔日〕松村武雄著　钟子岩译　上海　商务印书
馆　1931 年　冠图　32 开　（世界少年文学丛
书：寓言）

3300　欧洲最近文艺思潮
〔日〕宫岛新三郎著　高明译　上海　商务印书
馆　1931 年　32 开

3301 欧洲最近文艺思潮
〔日〕宫岛新三郎著 高明译 上海 现代书局
1931 年 12 月初版 32 开 （现代文学讲座）

3302 平面几何学（比例及相似形）
〔日〕山地哲太郎、林鹤一著 崔朝庆译 宁波
新学会社 1931 年 32 开

3303 平面几何学（比例及相似形）
〔日〕山地哲太郎、林鹤一著 崔朝庆译 上海
商务印书馆 1931 年 4 月初版，1934 年 4 月国难
后 1 版，1935 年 5 月国难后 3 版 32 开 （万有
文库 第 1 集 王云五主编；算学小丛书）

3304 奇妙的虫界生活
〔日〕松村松年著 王历农译 上海 商务印书
馆 1931 年 4 月初版 32 开

3305 人类学泛论
〔日〕西村真次著 张我军译 胡先骕校 上海
商务印书馆 1931 年 有图 24 开

3306 人类学泛论
〔日〕西村真次著 张我军译 胡先骕校 上海
神州国光社 1931 年 3 月初版 有图 24 开

3307 人生动物学
〔日〕中泽毅一著 朱建霞译 杜亚泉校 上海
商务印书馆 1931 年 1 月初版，1932 年 3 月国
难后 1 版，1935 年 3 月国难后 2 版 有图表 23
开 （科学丛书）

3308 认识论之根本问题
〔日〕淀野耀淳著 罗韩青译 上海 大东书局
1931 年 有表 22 开 精装

3309 认识论之根本问题
〔日〕淀野耀淳著 罗韩青译 上海 商务印书
馆 1931 年 9 月初版 有表 22 开 精装
（哲学丛书）

3310 日本兵役法（征兵令对照）
训练总监部军学编译处译 南京 军用图书社
1931 年 3 月初版

3311 日本并吞满蒙毒计
〔日〕田中义一著 桂林 爱国同志社 1931 年

**3312 日本帝国主义阴谋下之满蒙（日本前首
相田中义一之密奏）**
〔日〕田中义一著 北平 北平各界扩大宣传联

席会议 1931 年 10 月初版 32 开

3313 日本对华侵略之过去及将来
〔日〕胜田主计著 龚德柏译 上海 光华书局
1931 年 10 月再版 32 开

3314 日本飞机队教练暂行规则（除徒步）
训练总监部军学编译处译 南京 军用图书社
1931 年 12 月再版 32 开

3315 日本故事集
谢六逸译 上海 世界书局 1931 年 12 月初版
有图 32 开

3316 日本航空兵射击教育暂行规则
训练总监部译 南京 军用图书社 1931 年 5
月初版 有图 64 开

3317 日本航空兵照相教育暂行规则
日本陆军航空部发布 训练总监部军学编译处
译 南京 军用图书社 1931 年 10 月初版 有
图表 32 开

3318 日本航空兵侦察及战斗原则
训练总监部译 南京 军用图书社 1931 年 4
月初版 64 开

3319 日本航空兵侦察教育暂行规则
训练总监部军学编译处译 南京 军用图书社
1931 年 8 月初版 有图表 32 开

3320 日本经济概况
〔日〕猪间骥一著 赵兰坪编译 上海 大东书
局 1931 年

3321 日本经济概况
〔日〕猪间骥一著 赵兰坪编译 上海 黎明书
局 1931 年

3322 日本口语文法教科书
〔日〕松本龟次郎著 上海 商务印书馆
1931 年

3323 日本侵略满蒙之供状
〔日〕田中义一著 北京 志成中学校 1931 年
10 月初版 32 开

3324 日本侵略满蒙之积极政策
〔日〕田中义一著 1931 年初版 32 开 （丛书）

3325 日本社会史
〔日〕佐野学著 徐孔曾译 长沙 商务印书馆 1931 年

3326 日本社会史
〔日〕佐野学著 徐孔曾译 上海 华通书局 1931 年

3327 日本田中内阁侵略满蒙之积极政策
〔日〕田中义一著 上海 中国国民党上海特别市执行委员会 1931 年 32 开

3328 日本田中侵略满蒙积极政策
〔日〕田中义一著 钟梯之注 日本研究社 1931 年

3329 日本童话集
许达年译 朱文叔校 上海 中华书局 1931 年 10 月初版，1934 年 1 月再版 32 开 （学生文学丛书）

3330 日本维新卅年史
〔日〕高山林次郎等编 古同资译 上海 华通书局 1931 年 11 月初版 25 开

3331 日本维新卅年史
〔日〕高山林次郎等编 古同资译 上海 商务印书馆 1931 年 25 开 （日本研究丛书）

3332 日本维新史
〔日〕重野安绎著 上海 华通书局 1931 年 10 月初版 25 开

3333 日本维新史
〔日〕重野安绎著 上海 商务印书馆 1931 年 25 开 （日本研究丛书）

3334 日本刑法改正案评论
〔日〕冈田朝太郎著 胡长清译述 上海 会文堂 1931 年 25 开

3335 日本刑法改正案评论
〔日〕冈田朝太郎著 胡长清译述 上海 法学编译社 1931 年 8 月初版 25 开 （法学丛书 上海法学编译社主编）

3336 日本政府纲要
〔日〕北泽直吉著 胡庆育译 北京 太平洋书店 1931 年 32 开

3337 日本政府纲要
〔日〕北泽直吉著 胡庆育译 上海 太平洋书店 1931 年 3 月初版 32 开

3338 日本之农村都市
日本东京市研究所编 吴孝侯编译 上海 大东书局 1931 年

3339 日本之农村都市
日本东京市研究所编 吴孝侯编译 上海 商务印书馆 1931 年

3340 日本之农村社会
日本东京市研究所编 吴孝侯编译 上海 大东书局 1931 年

3341 日用新本草（科学说明家庭药物）
〔日〕房雄著 殷师竹编译 上海 中西书局 1931 年 7 月初版 有图 32 开

3342 少年艺术史（上、下卷）
〔日〕木村庄八著 洛三译 上海 神州国光社 1931 年 6 月—1931 年 9 月 有图 32 开 （少年时代丛书）

3343 社会构成论
〔日〕高田保马著 杜季光译 上海 商务印书馆 1931 年初版 32 开 （社会科学丛书）

3344 社会学概论
〔日〕高田保马著 伍绍恒译 上海 华通书局 1931 年 10 月初版 24 开 （华通社会学丛书）

3345 社会学概论
〔日〕高田保马著 伍绍恒译 上海 上海商务印书馆 1931 年 24 开

3346 社会政策论
〔日〕北泽新次郎著 周宪文译 上海 商务印书馆 1931 年 32 开

3347 社会政策论
〔日〕北泽新次郎著 周宪文译 上海 新生命书局 1931 年 11 月初版 32 开

3348 生物地理概说
〔日〕横山又次郎著 张资平、黄嘉今译 上海 商务印书馆 1931 年 3 月初版，1933 年 3 月国难后 1 版 有图 32 开

3349 （实验活用）养兔百余话
〔日〕千叶晚香著 李幻尘译 北京 京城印书局 1931年8月初版 32开

3350 世界的大势
〔日〕米田实著 佘任民译 上海 开明书店 1931年3月初版 32开 平、精装

3351 世界的大势
〔日〕米田实著 佘任民译 上海 上海文艺书局 1931年 32开 平、精装

3352 世界各国之政治组织
〔日〕熊川千代喜著 刘百闵编译 上海 光华书局 1931年12月初版 24开

3353 世界史纲
〔日〕上田茂树著 施复亮译 上海 大江书铺 1931年3月3版,1932年8月改订4版 32开 （大江百科文库）

3354 世界王者谁
日本国际问题研究会编 陈辛木译 上海 华通书局 1931年 有表 32开

3355 世界王者谁
日本国际问题研究会编 陈辛木译 上海 神州国光社 1931年8月初版 有表 32开

3356 世界往何处去（最近各国经济现势确报）
〔日〕东川嘉一原辑 立华译 上海 良友图书公司 1931年12月初版 有图表、附折图 16开 （世界经济丛刊）

3357 世界战术与战史
〔日〕伊藤政之助著 王成斋译 上海 华通书局 1931年3月初版,1933年3月再版 有图 23开

3358 四人及其他
〔日〕武者小路实笃著 王古鲁、徐祖正译 南京 南京书店 1931年8月初版 32开

3359 四人及其他
〔日〕武者小路实笃著 王古鲁、徐祖正译 南京 商务印书馆 1931年 32开

3360 速成日语读本
〔日〕桥爪政之著 上海 开华书局 1931年

3361 孙子之新研究
〔日〕阿多俊介著 耒伟良、孔蔼如译 南京 共和书局 1931年初版 32开

3362 她的肖像
〔日〕加藤武雄著 叶作舟译 上海 开华书局 1931年1月初版 32开 （新时代文艺丛书）

3363 她的肖像
〔日〕加藤武雄著 叶作舟译 上海 商务印书馆 1931年 32开

3364 田中内阁密折（日人谋吞中国计划之一）
〔日〕田中义一著 1931年 32开

3365 田中奏折
〔日〕田中义一著 金陵兵工厂 1931年初版 32开

3366 威格那大陆浮动说
〔日〕竹内时男著 蔡元明译 上海 商务印书馆 1931年 有图 32开

3367 威格那大陆浮动说
〔日〕竹内时男著 蔡元明译 上海 中华学艺社 1931年4月初版,1933年11月国难后1版 有图 32开 （学艺丛刊 26）

3368 唯物辩证法者的理论斗争
〔日〕河上肇著 江半庵译 上海 星光书店 1931年11月改版 32开

3369 唯物辩证论的理论斗争
〔日〕河上肇著 江半庵译 上海 申报馆 1931年

3370 文学讲义
〔日〕小泉八云著 惟夫编译 北京 联华书店 1931年4月初版 32开

3371 文学讲义
〔日〕小泉八云著 惟夫编译 上海 商务印书馆 1931年 32开

3372 文学论
〔日〕夏目漱石著 张我军译 上海 神州国光社 1931年11月初版 32开

3373 文学十讲
〔日〕小泉八云著 杨开渠译 上海 商务印书

馆　1931 年

3374　文学概论
〔日〕本间久雄著　章锡琛译　上海　商务印书馆　1931 年　250 页　32 开

3375　文学十讲
〔日〕小泉八云著　杨开渠译　上海　现代书局　1931 年

3376　文艺批评史
〔日〕宫岛新三郎著　高明译　上海　有志书屋　1931 年　32 开

3377　倭奴侵占中国之毒谋
〔日〕田中义一著　广州　光华抗日支会　1931 年

3378　无机化学综观
〔日〕岩永源作著　吴坚译　北京　国立师大附中　1931 年

3379　无机化学综观
〔日〕岩永源作著　吴坚译　上海　黎明书局　1931 年

3380　西藏游记
〔日〕青木文教著　唐开斌译　上海　商务印书馆　1931 年 8 月初版　32 开

3381　先秦经籍考（上、中、下册）
〔日〕内藤虎次郎等著　江侠庵编译　上海　商务印书馆　1931 年 2 月初版，1933 年 10 月国难后第 1 版

3382　现代日本小说
〔日〕森鸥外等著　侍桁译　上海　开明书店　1931 年

3383　现代社会经济思想问题
〔日〕土田杏村著　查士骥译　北京　求是学社　1931 年　32 开

3384　现代社会经济思想问题
〔日〕土田杏村著　查士骥译　上海　大东书局　1931 年 2 月初版　32 开

3385　现代文学十二讲
〔日〕升曙梦著　汪馥泉译　上海　北新书局　1931 年 7 月初版　32 开

3386　现代文学十二讲
〔日〕升曙梦著　汪馥泉译　上海　太平洋书店　1931 年　32 开

3387　现代文学十二讲
〔日〕生田长江、野上白川、升曙梦、森田草平著　汪馥泉译　上海　北新书局　1931 年

3388　小说底创作和鉴赏
〔日〕木村毅著　高明译　上海　商务印书馆　1931 年　32 开

3389　小说底创作和鉴赏
〔日〕木村毅著　高明译　上海　神州国光社　1931 年 4 月初版　32 开

3390　新财政学
〔日〕阿部贤一著　施存统译　上海　文艺书局　1931 年

3391　新财政学
〔日〕阿部贤一著　施复亮译　上海　大江书铺　1931 年 8 月初版，1933 年再版　有表　32 开

3392　新兴俄国教育
〔日〕山下德治著　祝康译　上海　商务印书馆　1931 年　24 开　（教育丛书）

3393　新兴俄国教育
〔日〕山下德治著　祝康译　上海　中华书局　1931 年 9 月出版，1933 年 5 月再版　24 开（教育丛书）

3394　新撰处方
〔日〕黑田昌惠、本多芳太郎著　牟鸿彝译　上海　黎明书局　1931 年

3395　新撰处方
〔日〕黑田昌惠、本多芳太郎著　牟鸿彝译　上海　北新书局　1931 年

3396　行政法总论
〔日〕美浓部达吉著　黄屈译　上海　商务印书馆　1931 年　24 开

3397　言语学大纲
〔日〕安藤正次著　雷通群译　上海　商务印书馆　1931 年 5 月初版　32 开　（新知识丛书）

3398　养兔百余话
〔日〕千叶晚香著　李幻尘译　上海　商务印书

馆 1931 年

3399　议会制度论
〔日〕美浓部达吉著　邹敬芳译　上海　华通书局　1931 年 9 月初版　32 开　（华通政治学丛书）

3400　应用诊断学
〔日〕下平用彩编著　万钧译述　上海　医学书局　1931 年 4 月再版　24 开　（丁氏医学丛书　丁福保主编）

3401　哲学问答
〔日〕松本悟郎著　唐开乾译　上海　商务印书馆　1931 年 6 月初版　44 开　（百科问答小丛书）

3402　诊病奇侅
〔日〕丹波元简编　〔日〕松井操子、静汉译　王慎轩重订　上海　中华书局　1931 年　有图　25 开

3403　诊病奇侅
〔日〕丹波元简编　〔日〕松井操子、静汉译　王慎轩重订　苏州　苏州国医书社　1931 年 7 月初版　有图　25 开

3404　蜘蛛男
〔日〕江户川乱步著　黄宏铸译　南京　南京书店　1931 年 8 月初版　32 开

3405　植物生物学
〔日〕松本巍著　吴印禅译　上海　商务印书馆　1931 年 4 月初版，1933 年 4 月国难后 1 版　有图　23 开　精装　（科学丛书）

3406　制造化学
〔日〕水津嘉之一郎著　孔庆莱译　郑贞文、郑尊法校订　上海　中华书局　1931 年　有图表　23 开　平、精装　（化学集成）

3407　中国近世戏曲史
〔日〕青木正儿著　王古鲁译　上海　商务印书馆　1931 年初版　25 开　精装

3408　中国民法债编总则论
〔日〕我妻荣著　洪锡恒译　北京　法律评论社　1931 年　有表　23 开

3409　中国人口问题研究
〔日〕饭田茂三郎著　洪炎秋、张我军译　上海

大成出版公司　1931 年　32 开

3410　中国社会组织
〔日〕长野郎著　朱家清译　上海　华通书局　1931 年

3411　中国文学
〔日〕儿岛献吉郎著　隋树森译　上海　世界书局　1931 年 2 月初版，1932 年 6 月再版　32 开　精装　（文化科学丛书）

3412　中国文学概论
〔日〕儿岛献吉郎著　胡行之译　上海　神州国光社　1931 年　32 开

3413　中国医学书目（正续编）
〔日〕黑田源次著　沈阳　满洲医科大学中国医学研究室　1931 年 8 月初版　23 开　精装

3414　（中日对译）中等日本语读本（卷 3）
〔日〕饭河道雄著译　沈阳　东方印书馆　1931 年

3415　中日交通史（上、下册）
〔日〕木宫泰彦著　陈捷译　上海　商务印书馆　1931 年 5 月初版，1932 年 8 月国难后 1 版　22 开

3416　中日交通史（上、下册）
〔日〕木宫泰彦著　陈捷译　上海　乐群书店　1931 年　22 开

3417　周公
〔日〕林泰辅著　钱穆译　上海　商务印书馆　1931 年 1 月初版，1933 年国难后 1 版　32 开　（国学小丛书）

3418　竹林培养法
〔日〕岛村继夫、大岛甚三郎著　赵仰夫译　上海　商务印书馆　1931 年　有图表　32 开

3419　竹林培养法
〔日〕岛村继夫、大岛甚二郎著　赵仰夫译　湖南　新学会社　1931 年 4 月初版　有图表　32 开

3420　主证治疗学（治方原则）
〔日〕松园渡边熙著　卢励俭译　卢抑甫校　天津　卢氏医院刊物部　1931 年 10 月初版　20 开　（新医学丛书）

3421 自然界之矛盾与进化
〔日〕加藤弘之著 王璧如译 上海 世界书局
1931 年初版 32 开

3422 最近世界各国政治组织
〔日〕熊川千代喜著 项桂荪译 上海 商务印
书馆 1931 年 12 月初版 32 开 （社会科学丛
书 何炳松、刘秉麟主编）

1932

3423 暴日侵华排外之自供录（1—9 册）
〔日〕佐藤清胜等著 傅无退、陆筱海译 上海
日本检讨会 1932 年—1933 年 1 月 32 开

3424 北欧神话
〔日〕中岛孤岛著 汪馥泉译 上海 中华书局
1932 年 9 月初版 有图 32 开 （新文化丛书）

3425 步兵团教育计划
训练总监部军学编译处译 南京 军用图书社
1932 年 2 月初版 有表 25 开

3426 产业革命史
〔日〕上田贞次郎著 郑诚译 上海 商务印书
馆 1932 年 23 开

3427 产业革命史
〔日〕上田贞次郎著 郑诚译 上海 中华书局
1932 年 7 月初版 23 开

3428 出了象牙之塔
〔日〕厨川白村著 鲁迅译 上海 商务印书
馆、北新书局 1932 年 有图 32 开 （未名
丛刊）

3429 初级战术讲座
日本教育总监部编 训练总监部军学编译处译
南京 军用图书社 1932 年 5 月初版 有图
25 开

3430 大同教之在中国·我为什么信仰大同教
曹云祥、〔日〕藤崎著 大同教社译 上海 大
同教社 1932 年 12 月初版 32 开

3431 德意志经济思想史
〔日〕加田哲二著 周承福译 上海 华亭书屋
1932 年

3432 德意志经济思想史
〔日〕加田哲二著 周承福译 上海 神州国光
社 1932 年

3433 地球
〔日〕原田三夫著 许达年译 北京 晨报社
1932 年 有图 32 开

3434 地球
〔日〕原田三夫著 许达年译 上海 中华书局
1932 年 10 月初版，1936 年 4 月再版 有图 32
开 （通俗科学全集 第 2 集）

3435 第二期营教练检阅计划（军队教育参考资料）
训练总监部军学编译处译 南京 军用图书社
1932 年 2 月初版 有图表 25 开

3436 订正高等英文典
〔日〕神田乃武编 （译者不详） 上海 商务
印书馆 1932 年

3437 东北问题与日本军阀的大陆政策
〔日〕佐藤清胜著 宋达樵、郝商隐校译 上海
时事编译社 1932 年 8 月初版 32 开

3438 东北之交通
〔日〕田中秀著 上海 商务印书馆 1932 年

3439 东北之交通
〔日〕田中秀著 沈镇灵译 东北问题研究社
1932 年 8 月初版 有表 32 开

3440 东亚文化之黎明
〔日〕滨田耕作著 汪馥泉译 上海 黎明书局
1932 年 12 月初版 有图 32 开

3441 东亚文化之黎明
〔日〕滨田耕作著 汪馥泉译 南京 中日文化
协会 1932 年 有图 32 开

3442 东亚文化之黎明
〔日〕滨田耕作著 孟世杰译 上海 儿童书局
1932 年 有图 32 开

3443 东亚文化之黎明
〔日〕滨田耕作著 孟世杰译 北京 文化学社
1932 年 4 月初版 有图 32 开

3444 对华问题之百科全书（上海邮务工人抗日救国运动委员会宣传组宣传品之一）
日本大阪商工会议所著 范文中编译 上海

上海邮务同人抗日救国运动委员会宣传组　1932
年1月初版　有表　24开

3445　儿童体育心理
〔日〕松井三雄著　萧百新译　上海　新中国书
局　1932年11月初版　32开　（新中国教育
丛书）

3446　法律思想史概说
〔日〕小野清一郎著　何建民译　上海　民智书
局　1932年10月初版　25开

3447　法律思想史概说
〔日〕小野清一郎著　何建民译　上海　世界书
局　1932年　25开

3448　法律哲学原理
〔日〕高柳贤三著　汪翰章译　上海　大东书局
1932年1月初版　24开　（大夏大学法律
丛书）

3449　法律哲学原理
〔日〕高柳贤三著　汪翰章译　上海　新亚书店
1932年　24开

3450　法律之矛盾与调和
〔日〕牧野英一著　张蔚然译　北京　春秋书店
1932年10月初版　18开

3451　法西斯帝主义之思想与运动及政策
〔日〕土方成美著　王长公译　上海　华通书局
1932年

3452　法西斯蒂主义运动论
〔日〕今中次麿著　查士骥译　上海　华通书局
1932年　有表　32开

3453　法西斯蒂主义运动论
〔日〕今中次麿著　查士骥译　上海　中华书局
1932年10月初版　有表　32开　（独裁政治论
丛书　第3卷）

3454　法西斯统治下之意大利
〔日〕室伏高信著　野茶译　国际译报社
1932年

3455　犯罪心理学
〔日〕寺田精一编著　吴景鸿译述　上海　上海
法学编译社　1932年7月初版，1933年4月丛
书本初版　有图表　25开　精装　（法学丛书）

3456　犯罪心理学
〔日〕寺田精一编著　吴景鸿译述　上海　会文
堂　1932年　有图表　25开　精装　（法学
丛书）

3457　放浪记
〔日〕林芙美子著　崔万秋译　上海　新时代书
局　1932年1月初版

3458　妇女参政运动
〔日〕森口繁治著　刘絜敖译　上海　商务印书
馆　1932年10月初版　32开　（新时代史地丛
书　蔡元培等主编）

3459　（改订）国民经济学原论（上、下册）
〔日〕津村秀松著　马凌甫译　上海　启智书局
1932年10月改订初版，1935年重印　有表
21开

3460　给养史讲授录
〔日〕森武夫编著　军需学校　1932年12月初
版　23开　（军需学校丛书）

3461　国际政治之理论与实况
〔日〕蜡山政道著　余汉平译　上海　太平洋书
店　1932年　有表　32开

3462　国际政治之理论与实况
〔日〕蜡山政道著　余汉华译　上海　神州国光
社　1932年5月初版　有表　32开

3463　汉字之优点与劣点
〔日〕服部宇之吉著　中国太平洋国际学会译
上海　商务印书馆　1932年

3464　汉字之优点与劣点
〔日〕服部宇之吉著　中国太平洋国际学会译
上海　上海知行书局　1932年

3465　红雀（小川未明童话集）
〔日〕小川未明著　张晓天译　上海　新中国书
局　1932年1月初版，9月再版　50开

3466　魂之雕刻
〔日〕贺川丰彦著　明灯报社编译　上海　广学
会　1932年初版，1933年再版；上海　中华书
局　1933年　32开

**3467　机关枪夜间教练（机关枪教育参考书
第3卷）**
日本陆军步兵学校编　训练总监部军学编译处

译 南京 军用图书社 1932 年 6 月初版 有
图 32 开

3468 基本班教练 (机关枪教育参考书 第 1 卷)
日本陆军步兵学校编 训练总监部军学编译处
译 南京 军用图书社 1932 年 3 月初版 有
图 32 开

3469 甲午战前日本挑战史
〔日〕田保桥洁著 王仲廉译 北京 文化学社
1932 年 有图像 24 开

3470 甲午战前日本挑战史
〔日〕田保桥洁著 王仲廉译 南京 南京书店
1932 年 11 月初版 有图像 24 开

3471 交通论
〔日〕伊藤重郎著 史维焕译 上海 商务印书
馆 1932 年

3472 交通论
〔日〕伊藤重郎著 史维焕译 上海 中国农业
书局 1932 年

3473 交通政策
〔日〕增井幸雄著 邹敬芳译 上海 华通书局
1932 年 24 开

3474 教育社会学
〔日〕田制佐重著 刘世尧译 上海 民智书局
1932 年 4 月初版 24 开

3475 教育社会学
〔日〕田制佐重著 刘世尧译 上海 商务印书
馆 1932 年 24 开

3476 金融论
〔日〕牧野辉智著 徐文波译 上海 民智书局
1932 年 3 月初版 有表 25 开

3477 金融论
〔日〕牧野辉智著 徐文波译 上海 中华书局
1932 年 有表 25 开

3478 空地连合演习必携
〔日〕荒莳义胜著 训练总监部军学编译处译
南京 军用图书社 1932 年 5 月初版 有图表
32 开

3479 苦闷的象征
〔日〕厨川白村著 丰子恺译 上海 北京书店

1932 年 32 开 (文学研究会丛书)

3480 辽金乣军及金代兵制考
〔日〕箭内亘著 陈捷、陈清泉译 上海 商务
印书馆 1932 年 12 月初版 32 开

3481 马克思主义经济学大纲
〔日〕河上肇著 江伯玉译 著者刊 1932 年 5
月初版 25 开

3482 满蒙论
〔日〕室伏高信著 周威堂译 上海 神州国光
社 1932 年 4 月初版 32 开

3483 满蒙问题
日本朝日新闻社编 黄伦方译 上海 北新书
局 1932 年

3484 满洲华商名录
〔日〕佐佐木孝三郎编 奉天 奉天兴信所
1932 年 6 月初版 23 开

3485 美国不足惧
〔日〕池崎忠孝著 徐茂先、林仲易译 上海
中华书局 1932 年

3486 蒙古史研究
〔日〕箭内亘著 陈捷、陈清泉译 上海 商务
印书馆 1932 年 12 月初版 32 开 精装

3487 蒙古史研究
〔日〕箭内亘著 陈捷、陈清泉译 上海 开明
书局 1932 年 32 开 精装

3488 名将拿破仑之战略与外交
〔日〕伊藤政之助著 徐世倬译 南京 共和书
局 1932 年 8 月初版 有图 32 开 精装

3489 莫索里尼
〔日〕松平道夫著 康同衍译 上海 上海中译
1932 年 32 开 (名人传记丛书)

3490 莫索里尼
〔日〕松平道夫著 康同衍译 上海 中华书局
1932 年 11 月初版, 1933 年 10 月再版, 1935 年
9 月 3 版 32 开 (名人传记丛书)

3491 脑筋健全法
〔日〕杉田直树等著 牟鸿彝译 杭州 浙江高
级中学 1932 年

3492　农村金融概论

〔日〕牧野辉智著　王世颖译　上海　黎明书局
1932 年

3493　农村金融概论

〔日〕牧野辉智著　王世颖译　上海　商务印书
馆　1932 年

3494　农业金融概论

〔日〕牧野辉智著　王世颖译　上海　黎明书局
1932 年 9 月初版　有表　23 开

3495　欧洲各国宪兵警察制度

〔日〕植木镇夫著　申听禅译　南京　南京军用
图书社　1932 年　有表　32 开

3496　欧洲各国宪兵警察制度

〔日〕植木镇夫著　申听禅译　南京　首都宪兵
司令部　1932 年 1 月初版　有表　32 开

3497　潜水舰的大活动（海军军事小说）

〔日〕广濑彦太著　哈汉仪译述　天津　海事编
译局　1932 年 12 月初版　冠照片　32 开

3498　潜水舰的大活动（海军军事小说）

〔日〕广濑彦太著　哈汉仪译述　上海　商务印
书馆　1932 年　冠照片　32 开

3499　人性医学（附恋爱学）

〔日〕正木不如丘著　张我军译　北京　人文书
店　1932 年 7 月初版　32 开

3500　人性医学（附恋爱学）

〔日〕正木不如丘著　张我军译　上海　大成出
版公司　1932 年　32 开

3501　壬午鸡林事变（近藤真锄手记事变录）

〔日〕宫武外骨编　陈信德译　东京　花房太郎
发行　1932 年

3502　日本兵役法纲要

〔日〕中井良太郎著　训练总监部军学编译处译
南京　军用图书社　1932 年 6 月初版　有图表
32 开

3503　日本兵役法纲要

〔日〕中井良太郎著　训练总监部军学编译处译
上海　民智书局、南洋公学　1932 年有图表
32 开

3504　日本步兵操典改正理由书

训练总监部军学编译处译　南京　军用图书社
1932 年 9 月初版　32 开

3505　日本步兵学校战车讲话

训练总监部军学编译处译　南京　军用图书社
1932 年 7 月初版　有表　25 开

3506　日本参谋本部满蒙国防计划意见书

〔日〕金谷范三著　北京　东北问题研究会
1932 年 8 月初版　25 开

3507　日本的农业恐慌

〔日〕稻村隆一、稻田顺三著　艾秀峰编译　天
津大公报社出版部　1932 年 9 月初版　有表
32 开

3508　日本对华投资

〔日〕金冶井谷著　中国太平洋国际学会编译
上海　编译者刊　1932 年 8 月初版　18 开
（中国太平洋国际学会丛书）

3509　日本对华投资

〔日〕金冶井谷著　中国太平洋国际学会编译
上海　黎明书局　1932 年　18 开　（中国太平
洋国际学会丛书）

3510　日本国势之解剖

〔日〕矢野恒太著　王骏声等译　上海　商务印
书馆　1932 年　有图表　24 开

3511　日本国势之解剖

〔日〕矢野恒太著　王骏声等译　杭州　浙江高
级中学　1932 年 1 月初版　有图表　24 开

3512　日本经济与中国东北问题

〔日〕神原周平著　潘文安、殷师竹译　上海
商务印书馆　1932 年　有图表　32 开

3513　日本经济与中国东北问题

〔日〕神原周平著　潘文安、殷师竹译　上海
上海文艺书局　1932 年　有图表　32 开

3514　日本军备论

〔日〕仓冈彦助著　张一梦译　天津　白河社
1932 年 3 月初版，1932 年 4 月再版　32 开

3515　日本军备论

〔日〕仓冈彦助著　张一梦译　上海　商务印书
馆　1932 年　32 开

3516　日本军人眼中之日美危机
〔日〕匝瑳胤次著　杨敬慈译述　天津　大公报社　1932 年 11 月初版　有图像、表　24 开

3517　日本陆军演习令
训练总监部编译　南京　军用图书社　1932 年 9 月初版　有表　32 开

3518　日本农业恐慌
〔日〕稻村隆一著　艾秀峰译　天津　大公报1932 年

3519　日本人民对东北事件公论
沈叔之、吴觉农编译　上海　黎明书局1932 年

3520　日本现代经济史论
〔日〕高桥龟吉著　霍本一译　北京　求是学社1932 年 4 月初版　有表　32 开

3521　日本现代经济史论
〔日〕高桥龟吉著　霍本一译　上海　商务印书馆　1932 年　有表　32 开

3522　日本刑政与佛教
〔日〕渡边海旭述　上海　佛学书局　1932 年 1 月初版　64 开　（佛学小丛书）

3523　（日本昭和六年度）第二期连教练检阅计划
训练总监部军学编译处译　南京　军用图书社1932 年 9 月初版　有图表　25 开

3524　日本殖民史
〔日〕大盐龟雄著　刘涅夫译　上海　星光书店1932 年 1 月初版　32 开

3525　日本资本主义发达史
〔日〕高桥龟吉著　刘家鋆译　上海　大东书局1932 年 10 月初版　有表　32 开

3526　日本辎重勤务之参考
训练总监部军学编译处译　南京　军用图书社1932 年 5 月初版　有图表　25 开

3527　日本最近之经济
〔日〕神原周平著　潘文安、殷师竹译　上海神州国光社　1932 年　有表　32 开

3528　日本最近之经济
〔日〕神原周平著　潘文安、殷师竹译　上海

上海文艺书局　1932 年 1 月初版　有表　32 开

3529　日美战争（第 2 卷　日美可战乎）
〔日〕关根郡平等著　北平晨报编辑处译　北京晨报书品部　1932 年 9 月初版，1932 年 10 月 2、3 版，1932 年 11 月 4 版　有图表　25 开　（北晨丛书）

3530　日美战争（第 3 卷　日美果战乎）
〔日〕石丸藤太著　北平晨报编辑处译　北京晨报书品部　1932 年 11 月初版，1932 年 12 月再版、3 版　有图表　25 开　（北晨丛书）

3531　日美战争（第 4 卷　美国不足惧）
〔日〕池崎忠孝著　北平晨报编辑处译　北京晨报书品部　1932 年 12 月初版　有图像　25 开（北晨丛书）

3532　日美战争与中国
〔日〕石丸藤太著　方治、陶芳新合译　上海神州国光社　1932 年 9 月初版　有表　24 开

3533　日人对我东北言论集（附录　满洲伪国法令汇编）
〔日〕中野正永等著　新中国建设学会编译　上海　新中国建设学会出版科　1932 年初版32 开

3534　儒教之国家观念
〔日〕五来欣造原著　陈配德摘译　1932 年初版16 开　环筒页装

3535　三年后日本对世界战争
〔日〕石丸藤太著　天心译　上海　中华民国国难救济会　1932 年初版　32 开

3536　杉山真传百法铁术
〔日〕杉山和一著　缪舒译　东方针灸学社1932 年

3537　社会政策新原理
〔日〕林癸未夫著　周宪文译　上海　开明书局1932 年　25 开

3538　社会政策新原理
〔日〕林癸未夫著　周宪文译　上海　中华书局1932 年 9 月初版　25 开

3539　世界产业大全（上、下册）
〔日〕牧野辉智著　冯达夫译　北京　人人书店

1932 年 有表 25 开

3540 世界产业大全（上、下册）
〔日〕牧野辉智著 冯达夫译 上海 中华书局
1932 年 7 月初版 有表 25 开

3541 世界各国贸易政策底趋势（经济）
〔日〕竹内谦二著 吕一鸣译 北京 世界编译
所 1932 年 11 月初版 有表 23 开 （世界
集刊）

3542 世界经济史
〔日〕野村兼太郎等著 凌璧如译 上海 中华
书局 1932 年 10 月初版 有表 32 开

3543 世界史纲
〔日〕上田茂树编 施存统译 上海 商务印书
馆 1932 年

3544 世界战事美军数字的纪录
日本参谋本部编 训练总监部重译 南京 军
用图片社 1932 年

3545 苏俄军备与日俄战争
〔日〕佐佐木一雄著 北平晨报编辑处译述 北京
北平晨报编辑处 1932 年 10 月初版，1932 年 11 月
再版 有图像、表 23 开 （北晨丛书 1）

3546 苏俄军备与日俄战争
〔日〕佐佐木一雄著 北平晨报编辑处译述 上
海 大成出版公司 1932 年 有图像、表 23 开
（北晨丛书 1）

3547 苏俄新兴教育
〔日〕山下德治著 朱一民译 上海 黎明书局
1932 年 4 月初版，1932 年 12 月再版 24 开

3548 苏俄新兴教育之理论与实际
〔日〕山下德治著 朱一民译 上海 商务印书
馆 1932 年

3549 苏俄之政治经济社会
〔日〕山内一雄著 王锡纶译 上海 新生命书
局 1932 年 6 月初版 24 开

3550 太阳与花园
〔日〕秋田雨雀等著 林雪清译 上海 儿童书
局 1932 年

3551 天空的神秘
〔日〕原田三夫著 许达年译 上海 中华书局

1932 年 10 月初版 有图表 32 开 （通俗 科
学全集 第 1 集）

3552 通俗剩余价值论（社会科学之部）
〔日〕河上肇著 钟古熙译 施复亮校 上海
神州国光社 1932 年 6 月 3 版 32 开

3553 通信概说
〔日〕川并著 训练总监部军学编译处译 南京
译者刊 1932 年 3 月初版 23 开

3554 童话世界
〔日〕藤川淡水选辑 冯亨嘉译述 上海 太平
洋书店 1932 年 有图 32 开

3555 童话世界
〔日〕藤川淡水选辑 冯亨嘉译述 上海 世界
书局 1932 年 12 月初版 有图 32 开 （世界
少年文库 13）

3556 土地公有论
〔日〕安部矶雄著 张知本译 上海 华通书局
1932 年 8 月初版 有表 32 开

3557 土地公有论
〔日〕安部矶雄著 张知本译 北京 文化学社
1932 年

3558 文学研究法
〔日〕本间久雄著 李自珍译 上海 商务印书馆
1932 年 42 开

3559 文学研究法
〔日〕本间久雄著 李自珍译 北京 星云堂书
店 1932 年 7 月初版 42 开 （星云小丛书
第 3 种）

3560 文学之社会学的研究
〔日〕广重恭著 方光焘译 江西 广智书庄
1932 年

3561 文学之社会学的研究
〔日〕平林初之辅著 方光焘译 上海 商务印
书馆 1932 年 42 开 （文学理论小丛书）

3562 文艺批评史
〔日〕宫岛新三郎著 黄清嵋译 上海 开明书
局 1932 年 32 开 （现代文学讲座）

3563 兀良哈及鞑靼考
〔日〕箭内亘著 陈捷、陈清泉译 上海 商务
印书馆 1932 年 12 月初版，1933 年 7 月再版

32 开　（史地小丛书）

3564　物观日本史
〔日〕佐野学著　陈公培译　上海　神州国光社
1932 年 8 月初版　32 开

3565　西洋艺术史话
〔日〕木村庄八著　钱君陶译　上海　开明书店
1932 年 5 月初版　有图像　32 开

3566　西洋艺术史话
〔日〕木村庄八著　钱君陶译　上海　商务印书
馆　1932 年　有图像　32 开

3567　西域文明史概说
〔日〕羽田亨著　钱稻孙译　北京　泉寿东文书
藏　1932 年

3568　夏目漱石集
〔日〕夏目漱石著　章克标选译　上海　开明书
店　1932 年 7 月初版　冠像　32 开

3569　先生的坟
〔日〕秋田雨雀等著　孙百刚辑译　上海　开明
书局　1932 年 1 月初版，1934 年 4 月再版　32
开　（世界少年文学丛刊　童话 20）

3570　现代独裁政治史概说
〔日〕今中次麿著　万青选译　北京　北平中法
大学　1932 年

3571　现代独裁政治史总说
〔日〕今中次麿著　万青选译　上海　华通书局
1932 年 11 月初版　有表　32 开　（独裁政治
论丛书　第 2 卷）

3572　现代独裁政治学概论
〔日〕今中次麿著　万青选译　上海　华通书局
1932 年 11 月初版，1933 年 9 月再版　32 开
（独裁政治论丛书　第 1 卷）

3573　现代社会经济思想问题
〔日〕土田杏村著　刘家筠译　上海　华通书局
1932 年

3574　宪兵教育参考书（第 1—5 种）
首都宪兵司令部译述　南京　译者刊　1932 年
10 月—1932 年 12 月

3575　新珠
〔日〕菊池宽著　周伯棣译　上海　大陆书局

1932 年 10 月初版　32 开

3576　性爱研究及初夜的智识
〔日〕羽太锐治著　黄孤观译　上海　启智书局
1932 年再版　24 开

3577　雪上老人（小川未明童话集）
〔日〕小川未明著　张晓天译　上海　新中国书
局　1932 年 9 月初版，1933 年 2 月再版　50 开

3578　以世界为背景的日本现代史
〔日〕长谷川如是闲著　彭信威译　上海　神州
国光社　1932 年 4 月初版　32 开

3579　英国文学研究
〔日〕小泉八云著　孙席珍译　上海　北新书店
1932 年　32 开

3580　英国文学研究
〔日〕小泉八云著　孙席珍译　上海　现代书局
1932 年 11 月初版　32 开　（现代文学讲座）

3581　英日美对华经济侵略实况
日本世界经济批判会编　纪眉译　上海　联合
书店　1932 年

3582　鱼与天鹅（小川未明童话集）
〔日〕小川未明著　张晓天译　上海　新中国书
局　1932 年 1 月初版，9 月再版　50 开

3583　育儿法
〔日〕濑川昌耆著　卢寿籛译　上海　中华书局
1932 年

3584　育儿
〔日〕濑川昌耆著　卢寿籛译　上海　中国太平
洋国际学会　1932 年

3585　元代蒙汉色目待遇考
〔日〕箭内亘著　陈捷、陈清泉译　上海　商务
印书馆　1932 年 12 月初版　32 开

3586　元代蒙汉色目待遇考
〔日〕箭内亘著　陈捷、陈清泉译　上海　上海
斜桥医院　1932 年　32 开

3587　战斗班教练（机关枪教育参考书第 2 卷）
日本陆军步兵学校编　训练总监部军学编译处
译　南京　军用图书社　1932 年 5 月初版　有
图　32 开

3588 （朝日新闻社）满蒙问题
日本朝日新闻社编　黄伦方译　译者刊行
1932 年

3589 哲理应用健脑术
〔日〕深谷瑞辅著　余萍客编译　上海　心灵科
学书局　1932 年 6 月初版　有图 32 开

3590 正宗白鸟集
〔日〕正宗白鸟著　方光焘选译　上海　商务印
书馆　1932 年　冠像　32 开

3591 支配日本少壮军人思想之日本改造法案
〔日〕北一辉著　艾秀峰译　天津　大公报社出
版部　1932 年初版　有图像 32 开

3592 中风预防名灸
〔日〕吉原昭道著　陈景岐译述　张俊义校阅
宁波　东方针灸学社　1932 年 12 月初版　有图
32 开　（东方针灸丛书　第 1 种）

3593 中风预防名灸
〔日〕吉原昭道著　陈景岐译述　张俊义校阅
上海　平凡书局　1932 年

3594 中国的财政改良与公债整理问题
〔日〕木村增太郎著　中国太平洋国际学会译
上海　商务印书馆　1932 年　有表 18 开
（中国太平洋国际学会丛书）

3595 中国的财政改良与公债整理问题
〔日〕木村增太郎著　中国太平洋国际学会译
上海　译者自刊　1932 年初版　有表 18 开
（中国太平洋国际学会丛书）

3596 中国古代文艺论史
〔日〕铃木虎雄著　孙俍工译　上海　北新书局
1932 年

3597 中国古代文艺论史
〔日〕铃木虎雄著　孙俍工译　上海　译者自刊
1932 年

3598 中国土地制度研究
〔日〕长野郎著　陆璞译　上海　光华书局
1932 年　有表 25 开　精装

3599 中国土地制度的研究
〔日〕长野郎著　强我译　上海　群力书店
1932 年　有表 32 开

3600 中国土地制度的研究
〔日〕长野郎著　强我译　上海　神州国光社
1932 年 4 月初版，1934 年 7 月再版　有表
32 开

3601 资本论大纲
〔日〕高畠素之著　施存统译　上海　勤奋书屋
1932 年

3602 最初的欧罗巴之旗
〔日〕村山知义著　袁殊译　上海　湖风书局
1932 年 1 月初版　冠像、有图 32 开　（世界
文学　名著译丛）

3603 最近日本之经济概况
〔日〕青野健夫著　程文蔼译　上海　民智书局
1932 年 4 月初版　有表 32 开

3604 最近日本之经济概况
〔日〕青野健夫著　程文蔼译　上海　中华书局
1932 年　有表 32 开

3605 作曲入门
〔日〕井上武士著　缪天瑞译　上海　光华书店
1932 年

1933

3606 白纸战术系统的研究
日本军事研究会编　骆湘浦译述　南京　共和
书局　1933 年 1 月初版　有表 25 开

3607 被包围的日本
〔日〕石丸藤太著　卜少夫译　汉口　光明书局
1933 年 7 月初版 32 开

3608 不如归
〔日〕德富芦花著　林雪清译　上海　太平书局
1933 年 32 开

3609 不如归
〔日〕德富芦花著　林雪清译　上海　亚东图书
馆　1933 年 9 月初版 32 开

3610 步兵操典、战斗纲要教程
日本陆军教育总监部编　训练总监部军学编译
处译　南京　军用图书社　1933 年 2 月—1933
年 4 月　有图表 25 开

3611 步兵重火器之运用
〔日〕富永著　训练总监部军学编译处编　南京

军用图书社 1933 年 2 月初版 有图 32 开

3612 财政学大纲
〔日〕大内兵卫著 施存统译 上海 大江书铺
1933 年

3613 财政学大纲
〔日〕大内兵卫著 施存统译 上海 作家书屋
1933 年

3614 财政学大纲
〔日〕大内兵卫著 施复亮译 上海 大江书铺
1933 年 12 月初版 有表 23 开

3615 成本会计纲要
〔日〕渡部寅二、渡部义雄著 陆善炽编译 上海 徐永祚会计师事务所 1933 年 12 月初版 有图表 25 开 精装 （会计丛书）

3616 成功之路
〔日〕冲野岩三郎著 徐敬言译 上海 大东书局 1933 年 有图 32 开

3617 成功之路
〔日〕冲野岩三郎著 徐敬言译 上海 世界书局 1933 年 4 月初版 有图 32 开 （世界少年文库 42）

3618 从考古学上观察中日古文化之关系
〔日〕原田淑人著 钱稻孙译 北京 泉寿东文书藏 1933 年

3619 大战后之世界文学
〔日〕千叶龟雄著 徐翔译 上海 光华书局
1933 年 4 月初版 32 开

3620 代数学——因数分解
〔日〕林鹤一、津村定一著 黄元吉译 宁波新学会社 1933 年 32 开

3621 代数学（对数及利息算）
〔日〕山根新次郎著 骆师曾译 上海 商务印书馆 1933 年

3622 代数学（二次方程式）
〔日〕林鹤一、伊藤新重郎著 郑心南译 宁波社会科学研究社 1933 年

3623 代数学（二次方程式）
〔日〕林鹤一、伊藤新重郎著 郑心南译 宁波

新学会社 1933 年

3624 道教源流
〔日〕小柳司气太著 傅代言译 上海 中华书局 1933 年

3625 德国新教育
〔日〕小川正行著 廖鸾扬译 上海 民智书局
1933 年 10 月初版

3626 德国新教育
〔日〕小川正行著 廖鸾扬译 上海 开明书店
1933 年 25 开

3627 东洋天文学史研究
〔日〕新城新藏著 沈璇译 上海 乐群书店
1933 年 有表 23 开

3628 东洋天文学史研究
〔日〕新城新藏著 沈璇译 上海 中华学艺社
1933 年 7 月初版 有表 23 开

3629 动物形象图说
日本朝日新闻社编 毕丁编译 上海 良友图书公司 1933 年 7 月初版 有图 16 开

3630 动物园
〔日〕小泉丹著 王式丹、马培文译 上海 商务印书馆 1933 年 4 月初版 32 开 （百科小丛书 王云五主编）

3631 独裁政治论
〔日〕今中次麿著 陈天行译 上海 新生命书局 1933 年 6 月初版 32 开

3632 短刀术及应用劈刺术之研究
日本陆军户山学校编 训练总监部军学编译处译 南京 军用图书社 1933 年 12 月初版 有图 25 开

3633 对位法概论
〔日〕伊庭孝著 缪天瑞译 上海 开明书店
1933 年

3634 俄国劳动运动史
〔日〕正藤荣藏著 黄芝葳译 上海 现代书局
1933 年

3635 俄国现代思潮及文学
〔日〕升曙梦著 许亦非译 上海 海军编译局

1933 年　有像　25 开

3636　俄国现代思潮及文学
〔日〕升曙梦著　许亦非译　上海　现代书局
1933 年 8 月初版　有像　25 开

3637　儿童新教学
〔日〕朝日文彦著　吴承均译　上海　华丽书店
1933 年　32 开

3638　耳鼻咽喉科之病理与疗法
〔日〕伊藤尚贤著　吴正风译　上海　中西医药
书局　1933 年

3639　法国警察制度
〔日〕宇野慎三著　高蓣堪、申僧诗译　宪兵司
令部宪兵杂志社　1933 年初版　32 开

3640　法国童话集
〔日〕永桥卓介著　许达年、许亦非译　上海
良友图书印刷公司　1933 年　有图　32 开

3641　法国童话集
〔日〕永桥卓介著　许达年、许亦非译　上海
中华书局　1933 年 6 月初版，1934 年 1 月再版
1940 年 6 月 3 版，1945 年 10 月 5 版　有图　32
开　（世界童话丛书）

3642　法律与阶级斗争
〔日〕平野义太郎著　萨孟武译　上海　太平书
局　1933 年　23 开　（新法学丛书　1）

3643　法律哲学
〔日〕高柳贤三、〔德〕Radbruch Gustav 著　张
舆公、徐苏中译　上海　上海法学编译社　1933
年 4 月初版　32 开　精装　（法学丛书　上海
法学编译社主编）

3644　法西斯蒂之怒潮
〔日〕伊达龙城著　敷之译　上海　中国出路研
究社　1933 年 4 月初版　有图表　24 开

3645　法西斯蒂之怒潮
〔日〕伊达龙城著　敷之译　东京　作者印行
1933 年

3646　法西斯蒂主义运动论
〔日〕今中次麿著　张我军译　北京　人文书店
1933 年

3647　法西斯主义运动论
〔日〕今中次麿著　张我军译　北京　人文书店
1933 年 2 月初版

3648　法西斯主义组织理论
〔日〕河野密著　天囚译　上海　华通书局
1933 年 4 月初版　有表　32 开　（独裁政治论
丛书　第 5 卷）

3649　犯罪搜查法（上、下册）
〔日〕南波本三郎原著　徐苏中译述　上海　上
海法学编译社　1933 年 4 月初版　32 开　精装
（法学丛书）

3650　肺病实验新疗法
〔日〕小田部庄三郎著　丁惠康校　上海　医学
书局　1933 年 6 月初版　32 开　精装

3651　肺病预防疗养教则（上集）
〔日〕原荣讲述　谢筼寿译述　孙去病校　上海
社会医报馆　1933 年 4 月初版　有图表　25 开
（社会医学丛书　3）

3652　肺病预防疗养原则
〔日〕原荣著　谢筼寿译　上海　北新书局
1933 年

3653　分析化学
〔日〕水津嘉之一郎著　孔庆莱译　郑贞文校
上海　中华书局　1933 年　有图表　23 开
（化学集成　第 4 编）

3654　告日本国民书
〔日〕荒木贞夫著　刘文典译　天津　大公报
1933 年

3655　告日本国民书
〔日〕荒木贞夫著　叶怀英译　上海　人生研究
社　1933 年 9 月初版　有图像　32 开

3656　告日本国民书
〔日〕荒木贞夫著　叶怀英译　上海　华通书局
1933 年　有图像　32 开

3657　何谓毒气
〔日〕八木录郎著　训练总监部军学编译处译
南京　军用图书社　1933 年初版　有图表
25 开

3658　鸿蒙古迹考
〔日〕鸟居龙藏著　陈念本译　上海　商务印书
馆　1933 年 10 月初版　32 开　（史地小丛书）

3659　化学学生实验教程
〔日〕高田德佐著　郑贞文译　上海　商务印书馆　1933 年

3660　简易日语读本（入门篇）
〔日〕饭河道雄编译　沈阳　东方印书馆　1933 年

3661　教育病理学
〔日〕富士川游著　李安仁编译　南宁　广西省教育厅　1933 年

3662　结婚二重奏（长篇小说）
〔日〕菊池宽著　张品译述　济南　渤海丛书社　1933 年 12 月初版　32 开

3663　结婚二重奏
〔日〕菊池宽著　浩然译　上海　长城书局　1933 年 9 月初版　32 开

3664　结婚二重奏
〔日〕菊池宽著　浩然译　上海　天马书店　1933 年　32 开

3665　结婚社会学
〔日〕木村松代著　华通书局编译所译　上海　华通书局　1933 年 6 月初版　25 开

3666　结婚社会学
〔日〕木村松代著　华通书局编译所译　上海　开明书店　1933 年　25 开

3667　进化论讲话（上、下册）
〔日〕丘浅次郎著　刘文典译　上海　上海星云堂书店　1933 年　有图　32 开

3668　进化思想十二讲
〔日〕小栗度太郎著　胡行之译　上海　开明书店　1933 年 10 月初版　25 开

3669　进化思想十二讲
〔日〕小栗度太郎著　胡行之译　上海　中华书局　1933 年　25 开

3670　近世大发明家小传
〔日〕北畠利男著　弹指居士译　上海　商务印书馆　1933 年

3671　近世妇人科学
〔日〕木下正中、清水由隆著　汤尔和译　上海

北新书局　1933 年　有图　23 开　精装

3672　近世美术史概论
〔日〕板垣鹰穗著　赵世铭译　上海　女子书店　1933 年 7 月初版　36 开　（青年文艺丛书）

3673　近世美术史概论
〔日〕板垣鹰穗著　赵世铭译　上海　开明书店　1933 年　36 开

3674　经济学原理（卷下）
〔日〕福田德三著　陈家瓒译　上海　晓星书店　1933 年 4 月初版　冠像　24 开

3675　灸法医学研究
〔日〕原志免太郎著　黄子叙译　上海　光华书局　1933 年　有图表　32 开　精装

3676　灸法医学研究
〔日〕原志免太郎著　黄子叙译　上海　中华书局　1933 年 2 月初版，1940 年 9 月 3 版　有图表 32 开　精装

3677　局部麻醉
〔日〕阿部健著　杨蔚荪译　东京　同仁会　1933 年

3678　军舰及潜水艇之新智识
〔日〕平田润雄、秋田保郎著　训练总监部译　南京　军用图书社　1933 年 3 月初版　有照图 32 开

3679　凯末尔传
〔日〕泽田谦著　何双璧译　南京　国际译报社　1933 年 2 月初版　32 开

3680　考古学通论
〔日〕滨田耕作著　俞剑华译　上海　太平书局　1933 年　32 开　有插图　（百科小丛书）

3681　科学玩具制作法
〔日〕渡边军治著　缪超群译　上海　商务印书馆　1933 年　有图表　32 开

3682　科学玩具制作法
〔日〕渡边军治著　缪超群译　上海　新亚书店　1933 年 11 月初版　有图表　32 开

3683　空中战
〔日〕大场弥平著　陈华译　上海　开明书局

1933 年　有图照、表　25 开

社　1933 年 4 月初版　32 开

3684　空中战
〔日〕大场弥平著　陈华译　北京　星光出版社
1933 年 6 月初版　有图照、表　25 开

3685　拉丁亚美利加史
〔日〕朝日胤一著　葛绥成译　上海　商务印书
馆　1933 年 12 月初版，1934 年 1 月初版　32 开
（万有文库　第 1 集　154 种）

3686　拉丁亚美利加史
〔日〕朝日胤一著　葛绥戌译　上海　中华书局
1934 年　32 开

3687　喇嘛教及喇嘛与英俄之关系
〔日〕多贺万一著　洪涛译　南昌　内外通讯社
1933 年 12 月初版　25 开　（内外类编　第
8 册）

3688　两条血痕（汉文译注）
〔日〕石川啄木著　日语研究社注释　上海　开
华书局　1933 年 3 月初版　32 开　（日语文学
丛刊）

3689　林房雄集
〔日〕林房雄著　林伯修译　上海　商务印书馆
1933 年　冠像　32 开

3690　林房雄集
〔日〕林房雄著　林伯修译　上海　现代书局
1933 年 10 月初版　冠像　32 开

3691　林房雄集
〔日〕林房雄著　适夷选译　上海　开明书店
1933 年 10 月初版　32 开

3692　林政学
〔日〕川濑原著　李英贤编译　上海　新学会社
1933 年初版　23 开

3693　伦理学
〔日〕速水滉著　汪馥泉译　上海　民智书局
1933 年 3 月初版　有表、图解　25 开

3694　伦理学
〔日〕速水滉著　汪馥泉译　上海　世界书局
1933 年　有表、图解　25 开

3695　马克思主义经济论初步问答
〔日〕河上肇著　潘敬业编译　北京　华北编译

3696　马匹处理者之参考
〔日〕内山雄次郎著　张龙文译述　南京　军用
图书社　1933 年初版　32 开

3697　满蒙古迹考
〔日〕鸟居龙藏著　陈念本译　上海　商务印书
馆　1933 年

3698　满洲国职员录
〔日〕冈一朗编　大连　斋藤印刷所出版部
1933 年 3 月初版　有表　24 开

3699　美国不足惧
〔日〕池崎忠孝著　晨报社译　北京　晨报社
1933 年

3700　美国战时计划经济
〔日〕森武夫著　陈文鹭译　上海　申报馆
1933 年 8 月初版　有表　32 开　（申报丛书
第 13 种）

3701　美国战时计划经济
〔日〕森武夫著　陈文鹭译　上海　现代书局
1933 年　有表　32 开

3702　泌尿生殖器科之病理与疗法
〔日〕伊藤尚贤著　吴正风译　上海　中西医学
1933 年

3703　苗族调查报告
〔日〕鸟居龙藏著　国立编译馆译　上海　中华
书局　1933 年　23 开　有图表

3704　民法原论
〔日〕富井政章著　陈海瀛译　上海　商务印书
馆　1933 年

3705　民事证据论（上、下册）
〔日〕松冈义正著　张知本译述　上海　上海法
学编译社　1933 年 4 月初版　25 开　精装
（法学丛书）

3706　民族的社会主义论
〔日〕今中次麿著　金奎光译　上海　华通书局
1933 年 1 月初版　有图表　32 开　（独裁政治
论丛书　第 4 卷）

3707　民族的社会主义论
〔日〕今中次麿著　金奎光译　上海　中华书局

1933 年　有图表　32 开

3708　莫斯科·柏林·罗马
〔日〕鹤见祐辅著　徒然译　上海　长城书局
1933 年 9 月初版　有图像　32 开

3709　莫斯科·柏林·罗马
〔日〕鹤见祐辅著　徒然译　上海　商务印书馆
1933 年　有图像　32 开

3710　内科学（第 1 卷）
〔日〕小泽修造著　吴祥凤等译　东京　同仁会
1933 年

3711　农村经济研究
〔日〕中泽辨次郎著　莫仇、林梓译　北京　平
凡社　1933 年 1 月初版　有表　32 开

3712　农村经济研究
〔日〕中泽辨次郎著　莫仇、林梓译　上海　联
合书店　1933 年　有表　32 开

3713　女性社会史考
〔日〕石滨知行著　特伟译　上海　白水社
1933 年　32 开

3714　女性社会史考
〔日〕石滨知行著　特伟译　上海　女子书店
1933 年 3 月初版 32 开　（女子文库　女子历
史丛书）

3715　女医者
〔日〕秋琴女史著　缪乃澄译　北京　民友书局
1933 年

3716　欧美大学生活
〔日〕马郡健次郎著　洪秋雨译　上海　光华书
局　1933 年 1 月初版 32 开

3717　欧美大学生活
〔日〕马郡健次郎著　洪秋雨译　上海　商务印
书馆　1933 年　32 开

3718　徘徊歧途的日本
〔日〕尾崎行雄著　武瑞霖译　上海　华通书局
1933 年 9 月初版　32 开

3719　徘徊歧途的日本
〔日〕尾崎行雄著　武瑞霖译　上海　开明书店
1933 年　32 开

3720　贫民政策
〔日〕海野幸德著　王新命译　上海　华通书局
1933 年 3 月初版　25 开

3721　贫民政策
〔日〕海野幸德著　王新命译　上海　亚东图书
局　1933 年　25 开

3722　平林泰子集
〔日〕平林泰子著　沈端先译　上海　现代书局
1933 年 8 月初版　冠像　32 开

3723　平面几何学（直线图形）
〔日〕林鹤一、菅集人著　黄元吉译　宁波　新
学会社　1933 年　32 开

3724　平面几何学（直线图形）
〔日〕林鹤一、菅集人著　黄元吉译　上海　商
务印书馆　1933 年 4 月初版，1934 年 7 月再版
32 开　（算学小丛书；万有文库　第 1 集　王
云五主编）

3725　祈祷
〔日〕洼川绮妮子著　华蒂译　上海　光华书局
1933 年 11 月初版　50 开　（光华小文库）

3726　清乾隆东巡道里考
〔日〕园田一龟著　茅乃文译　北京　青梅书店
1933 年 6 月初版　32 开

3727　人口问题批评
〔日〕河上肇著　丁振一译　上海　中华书局
1933 年　32 开

3728　日本的假想敌劳农赤军（一名　日俄战
与日美战的预测）
〔日〕平田晋策著　张孤山译　上海　南京书店
1933 年 1 月初版　有图像、表　23 开

3729　日本帝国主义者对中国民族性之解剖
〔日〕原媳兵卫著　吴藻溪译　北京　东方学社
1933 年 10 月初版　32 开

3730　日本法西斯运动
〔日〕座间胜平著　北平晨报编辑部译述　北京
北平晨报社 1933 年 4 月初版 25 开　（北晨
丛书）

3731　日本法西斯运动
〔日〕座间胜平著　舒贻上译　北京　北平晨报

社　1933 年

3732　日本警察法总论
陈祖同译述　个人刊　1933 年 12 月初版　32 开

3733　日本警察行政研究
〔日〕菊池慎三著　高赞鼎译　南京　宪兵司令部杂志社　1933 年 4 月初版　32 开

3734　日本军事公债论
〔日〕阿部贤一著　张百衣译　南京　日本评论社　1933 年 12 月初版　有表 32 开　（日本研究会小丛书　第 37 种）

3735　日本军事训练教程
〔日〕成武堂编　赵次襄译　上海　现代书局
1933 年初版　32 开

3736　日本陆军大臣荒木贞夫告全日本国民书
〔日〕荒木贞夫著　刘文典译　天津　大公报馆
1933 年初版　36 开

3737　日本人所见之一九三六年（内外类编第 2 册）
〔日〕桥爪明男等著　南昌　内外通讯社　1933
年 11 月初版　24 开

3738　日本人心理的解剖
〔日〕元田作之进著　管怀琮译　上海　华通书局　1933 年 4 月初版　32 开

3739　日本人心理的解剖
〔日〕元田作之进著　管怀琮译　上海　中华书局　1933 年　32 开

3740　日本思想史上否定之论理的发达（上、下册）
〔日〕家永三郎著　张我军译　北京　近代科学图书馆　1933 年 8 月初版　18 开　（北京近代科学图书馆丛刊　第 23 号）

3741　日本童话集
许达年译　朱文叔校　上海　商务印书馆　1933
年　32 开　（学生文学丛书）

3742　日本现代人物论
孙怀仁编译　上海　商务印书馆　1933 年

3743　日本新兴文学选译
〔日〕前田河广一郎著　张一岩译　上海　商务

印书馆　1933 年　32 开

3744　日本新兴文学选译
〔日〕前田河广一郎著　张一岩译　北京　星云堂书店　1933 年 4 月初版　32 开

3745　日本行政法撮要（上、下册）
〔日〕美浓部达吉著　杨开甲译　南京　考试院
1933 年 9 月初版　24 开

3746　日本战时经济
日本东洋经济社著　罗叔和编译　上海　乐群书店　1933 年

3747　日本战时经济
日本东洋经济社著　罗叔和编译　上海　申报馆　1933 年

3748　日本之国防
〔日〕和田龟治著　杨言昌译　南京　训练总监部军学编译处　1933 年 11 月初版　有图表
32 开

3749　日人眼中之东北经济
〔日〕小岛精一等著　张其春、夏禹勋译　上海
文化生活出版社　1933 年　有图表　16 开

3750　日人眼中之东北经济
〔日〕小岛精一等著　张其春、夏禹勋译　南京
钟山书局　1933 年 9 月初版　有图表　16 开
（人地学会丛书）

3751　日语指南
〔日〕川濑待郎著　东京　大阪屋号　1933 年

3752　柔术入门
〔日〕竹田浅次郎著　殷师竹译　上海　武侠社
1933 年 8 月初版　有图　32 开

3753　塞外史地论文译丛（第一辑）
〔日〕白鸟库吉著　王古鲁译　上海　北新书局
1933 年

3754　商业尺牍教科书
〔日〕福田胜藏著　上海　东亚同文书院大学东亚研究部　1933 年 2 月初版，1936 年改订再版，
1939 年 4 月 3 版，1942 年 10 月 4 版　23 开

3755　社会学
〔日〕高田保马著　杜季光译　上海　商务印书

馆 1933 年 12 月初版 32 开 （万有文库 第
1 集 第 111 种；百科小丛书）

3756 社会制度发展史
〔日〕高桥清吾著 潘念之译 上海 大江书铺
1933 年 2 月初版 32 开

3757 社会主义讲话
〔日〕山川均著 徐懋庸译 上海 生活书店
1933 年 9 月初版，1937 年 4 月 3 版 24 开

3758 生育限制法
〔日〕大川浩著 沈石顽译 上海 昌明医药学
社 1933 年 9 月初版 有图 32 开

3759 诗的原理
〔日〕荻原朔太郎著 程鼎声节译 上海 北新
书局 1933 年 32 开

3760 诗的原理
〔日〕荻原朔太郎著 程鼎声节译 上海 知行
书店 1933 年 10 月初版 32 开

3761 诗底原理
〔日〕荻原朔太郎著 孙俍工译 上海 长城书
店 1933 年 32 开

3762 诗底原理
〔日〕荻原朔太郎著 孙俍工译 上海 中华书
局 1933 年 2 月初版 32 开 （新文化丛书）

3763 实用助产学
〔日〕川添正道著 程瀚章译 上海 商务印书
馆 1933 年 11 月初版 有图 25 开

3764 实用助产学
〔日〕川添正道著 程瀚章译 上海 大江书铺
1933 年 有图 25 开

3765 世界大战史讲话
〔日〕森五六著 训练总监部军学编译处译 南
京 军用图书社 1933 年 2 月初版 有图
23 开

3766 世界经济发展史论
〔日〕野村兼太郎著 徐文波译 上海 商务印
书馆 1933 年 12 月初版，1934 年 3 月初版（原
题） 有表 32 开 （万有文库 第 1 集）

3767 世界列强战备比较论
〔日〕神田孝一著 训练总监部军学编译处译

南京 军用图书社 1933 年 12 月初版 有表
32 开

3768 世界文化史
〔日〕西村真次著 金溟若译 上海 现代书局
1933 年 有图 32 开

3769 世界文化史
〔日〕西村真次著 金溟若译 上海 世界书局
1933 年 3 月初版 有图 32 开

3770 世界战术与战史
〔日〕伊藤政之助著 王成斋译 上海 现代书
局 1933 年 有图 23 开

3771 世界宗教史
〔日〕加藤玄智著 铁铮译述 上海 商务印书
馆 1933 年 1 月初版，1933 年 6 月再版 32 开
（百科小丛书）

3772 世界宗教史
〔日〕加藤玄智著 铁铮译述 上海 开明书店
1933 年

3773 竖琴
鲁迅辑译 上海 现代书局 1933 年

3774 四书研究
日本教育学会著 王向荣编译 天津 直隶书
局 1933 年 11 月初版 有表 32 开

3775 苏俄文学理论
〔日〕冈泽秀虎著 陈望道译 上海 开明书店
1933 年 4 月初版 32 开

3776 苏联计划经济
日本经济批判会译 冬青重译 东京 作者印
行 1933 年

3777 苏联经济地理
〔日〕国松久弥、川西勇著 许亦非译 上海
商务印书馆 1933 年

3778 算术（比及比例）
〔日〕林鹤一、森启助著 郑心南译 宁波 新
学会社 1933 年 32 开

3779 算术（分数四则）
〔日〕林鹤一等著 黄元吉译 宁波 新学会
社、南京书店 1933 年

3780 算术（分数四则）
〔日〕林鹤一等著 黄元吉译 上海 商务印书馆 1933 年 5 月初版，1934 年 3 月再版，1939 年长沙版 32 开 （算学小丛书）

3781 唐代僧侣及其活动
〔日〕小笠原宣秀著 威音译 上海 佛学书局 1933 年

3782 唐代庄园考 唐宋柜坊考
〔日〕加藤繁著 王桐龄译 北京 星云堂书店 1933 年 16 开

3783 唐代庄园考 唐宋柜坊考
〔日〕加藤繁著 王桐龄译 北京 国立北平师范大学 1933 年 1 月初版 16 开

3784 藤森成吉集
〔日〕藤森成吉著 森堡译 上海 现代书局 1933 年 10 月初版 冠像 32 开

3785 田园之忧郁
〔日〕佐藤春夫著 李漱泉译 上海 中华书局 1933 年

3786 同盟经济
〔日〕蜡山政道著 查士骥译 上海 华通书局 1933 年 6 月初版 有表 32 开 （世界经济问题讲座 第 1 课）

3787 同盟经济
〔日〕蜡山政道著 查士骥译 上海 中华书局 1933 年 有表 32 开

3788 统制经济的基础知识
〔日〕井关孝雄著 宋斐如、盛导吾译 上海 民智书局 1933 年 10 月初版 有图表 32 开 （民智百科丛书）

3789 统制经济的基础知识
〔日〕井关孝雄著 宋斐如、盛导吾译 上海 中华书局 1933 年

3790 土耳其童话集
〔日〕永桥卓介著 许达年译 上海 中华书局 1933 年 1 月初版，1935 年 9 月 3 版 有图 32 开 （世界童话丛书）

3791 外科学总论
〔日〕茂木藏之助著 时振麟、李祖蔚译 东京 同仁会 1933 年

3792 外科学（总论）
〔日〕茂木藏之助著 时振麟译 上海 商务印书馆 1933 年

3793 微积分学
〔日〕秋山武太郎著 仲光然译 上海 商务印书馆 1933 年 有图 32 开

3794 微积分学
〔日〕秋山武太郎著 仲光然译 上海 世界书局 1933 年 5 月初版 有图 32 开

3795 文艺新论
〔日〕藤森成吉著 张资平译 上海 现代书局 1933 年

3796 文艺一般论
〔日〕芥川龙之介、武者小路实笃著 高明译 上海 光华书局 1933 年 4 月初版 50 开 （光华小文库）

3797 西伯利亚出征私史
〔日〕西川虎次郎著 训练总监部军学编译处译 南京 军用图书社 1933 年 9 月初版 有图 25 开

3798 西洋文学概论
〔日〕吉江乔松著 高明译 上海 商务印书馆 1933 年 25 开

3799 西洋文学概论
〔日〕吉江乔松著 高明译 上海 现代书局 1933 年 5 月初版 25 开

3800 西域之佛教
〔日〕羽溪了谛著 贺昌群译 上海 商务印书馆 1933 年 5 月初版 32 开 （佛学丛书）

3801 西域之佛教
〔日〕羽溪了谛著 贺昌群译 上海 现代书局 1933 年 32 开

3802 戏剧概论
〔日〕岸田国士著 陈瑜译 上海 中华书局 1933 年 3 月初版 32 开

3803 戏剧概论
〔日〕岸田国士著 田汉译 上海 生活书店

1933 年

3804　现代日本童话集
〔日〕小川未明等著　许亦非辑译　上海　现代书局　1933 年 11 月初版　有图　32 开

3805　现代物理学
〔日〕佐藤充、庄司彦六著　夏承法译　上海　大江书铺　1933 年 3 月初版　有图表　32 开

3806　现代物理学
〔日〕佐藤充、庄司彦六著　夏承法译　上海　中华书局　1933 年　有图表　32 开

3807　宪政的原理及其应用
〔日〕森口繁治著　萨孟武等译　上海　新生命书局　1933 年

3808　小战例集（第 1、2 辑　附录）
日本陆军士官学校生徒队本部编　训练总监部军学编译处译　南京　军用图书社　1933 年 5 月初版　25 开

3809　新兴艺术概论
〔日〕青野季吉、藏原惟人等著　王集丛译　上海　现代书局　1933 年

3810　新选处方
〔日〕黑田昌惠、本多芳太郎著　张克成译　上海　现代书局　1933 年

3811　新撰处方（临床必携）
〔日〕黑田昌惠、本多芳太郎著　张克成译　上海　生活医院出版部　1933 年 6 月再版　有表　36 开　精装

3812　刑法读本
〔日〕泷川幸辰著　陶希圣、黄得中译　上海　中华书局　1933 年　有冠图　24 开

3813　行政裁判法
〔日〕美浓部达吉著　邓定人译　上海　商务印书馆　1933 年 9 月初版　24 开　（政法丛书）

3814　行政裁判法
〔日〕美浓部达吉著　邓定人译　上海　文化生活出版社　1933 年

3815　行政法总论
〔日〕美浓部达吉著　黄屈译　上海　民智书局

1933 年　24 开

3816　性典——一切性的泉源
〔日〕赤津诚内著　范天磬、唐真如译　上海百新书店　1933 年 9 月初版，1935 年 5 月再版　24 开

3817　亚细亚孟罗主义批判
〔日〕横田喜三郎著　吴宿光译　上海　现代书局　1933 年 11 月出版，1934 年 6 月再版　24 开（内外类编　第 4 种）

3818　眼科学
〔日〕石原忍著　石锡祜译　东京　同仁会　1933 年

3819　养蜂始业
张伯衡译述　上海　中华书局　1933 年

3820　药治学讲义
〔日〕林春雄著　张克成译　上海　生活医院　1933 年 7 月初版，1935 年 8 月再版　有图　25 开

3821　叶山嘉树集
〔日〕叶山嘉树著　冯宪章译　上海　现代书局　1933 年 11 年初版　冠像　32 开

3822　叶山嘉树选集
〔日〕叶山嘉树著　冯宪章译　上海　华通书局　1933 年　32 开　（拓荒丛书）

3823　艺术方法论
〔日〕川口浩著　森堡译　上海　大江书铺　1933 年 5 月初版　32 开　（文艺理论小丛书）

3824　意大利童话集
〔日〕马场睦夫著　康同衍译　上海　中华书局　1933 年初版，1946 年 6 月 5 版　有图　32 开（世界童话丛书）

3825　银行论
〔日〕高垣寅次郎著　顾高扬、宋家修译　上海民智书局　1933 年 10 月初版　有表　23 开（民智商学丛书）

3826　银行论
〔日〕高垣寅次郎著　顾高扬、宋家修译　上海文化生活出版社　1933 年　有表　23 开

3827　印度童话集
〔日〕丰岛二郎著　许达年译　上海　中华书局
1933 年 4 月初版，1941 年 4 版　有图　32 开
（世界童话丛书）

3828　英国阵中要务令（第 2 卷）
训练总监部军学编译处译　南京　军用图书社
1933 年 5 月初版　有表　32 开

3829　有岛武郎论文集
〔日〕有岛武郎著　任白涛译　上海　神州国光
社　1933 年 5 月初版　有照片　32 开

3830　元朝怯薛及斡耳朵考
〔日〕箭内亘著　陈捷、陈清泉译　上海　商务
印书馆　1933 年 3 月初版，1934 年 4 月再版
32 开（史地小丛书）

3831　元朝怯薛及斡耳朵考
〔日〕箭内亘著　陈捷、陈清泉译　上海　文化生
活出版社　1933 年　32 开

3832　元代奴隶考
〔日〕高有岩著　贺扬灵译　上海　光华书局
1933 年 7 月初版　32 开（中国文史丛书　第
1 辑第 9 种）

3833　元代奴隶考
〔日〕高有岩著　贺扬灵译　上海　大江书铺
1933 年　32 开

3834　原始佛教思想论
〔日〕木村泰贤著　欧阳瀚存译　上海　商务印
书馆　1933 年 5 月初版　32 开（佛学丛书）

3835　原始佛教思想论
〔日〕木村泰贤著　欧阳瀚存译　上海　大江书
铺　1933 年　32 开

3836　战争地理学总论
〔日〕小川琢治、太田喜久雄著　张其春译　南
京钟山书局　1933 年 4 月初版　16 开（国防
丛刊　人地学会丛书）

3837　战争论
〔日〕荒烟寒村著　沈兹九译　上海　申报馆
1933 年 8 月初版　32 开（申报丛书　第 34 种
上海文库主编）

3838　昭和五年日本陆军大学校初试问题答解
训练总监部军学编译处译　南京　军用图书社
1933 年 4 月初版

3839　哲理应用健脑术
〔日〕深谷瑞辅著　余萍客编译　上海　商务印
书馆　1933 年　有图　32 开

3840　政治经济常识丛书
〔日〕高畠素之等著　刘友惠、邓绍先等译　上
海华通书局　1933 年 5 月初版　36 开　精装
（民众文库）

3841　政治经济常识丛书
〔日〕高畠素之等著　刘友惠、邓绍先等译　武
昌　时中合作书社　1933 年

3842　政治·小说·旅行
〔日〕鹤见祐辅著　沈思译　上海　光华书局
1933 年 8 月初版　50 开　（光华小文库）

3843　政治学概论
〔日〕户泽铁彦著　温互生、李致平译　上海
民智书局　1933 年 3 月初版　23 开　（政治丛
书　上海民智书局主编）

3844　政治学概论
〔日〕户泽铁彦著　温互生、李致平译　上海
北新书局　1933 年　23 开

3845　政治学说史
〔日〕今中次磨著　温互生译　上海　民智书局
1933 年 11 月初版　23 开　（政治丛书）

3846　政治学说史
〔日〕今中次磨著　温互生译　上海　神州国光
社　1933 年　23 开

3847　织布工场之合理化与成本计算
〔日〕喜多卯吉郎著　纺织周刊社译　上海　纺
织周刊社　1933 年 10 月初版　32 开　（纺织周
刊社丛著　第 1 种）

3848　蜘蛛男
〔日〕江户川乱步著　黄宏铸译　南京　译者自
刊　1933 年　32 开

3849　植物园
〔日〕矢部吉祯著　许心芸、朱成之译　上海
商务印书馆　1933 年 4 月初版，1933 年 8 月再
版　32 开　（百科小丛书　王云五主编）

3850 植物园
〔日〕矢部吉祯著 许心芸、朱成之译 上海 中华书局 1933 年 32 开

3851 中国古代文艺思潮论
〔日〕青木正儿著 王俊瑜译 长春 新京满日文化协会 1933 年 32 开

3852 中国古代文艺思潮论
〔日〕青木正儿著 王俊瑜译 北京 人文书店 1933 年 12 月初版 32 开

3853 中国关税制度论
〔日〕高柳松一郎著 李达译 山西省立农专出版部 1933 年 21 开

3854 中国近代戏曲史
〔日〕青木正儿著 郑震译 上海 北新书局 1933 年

3855 中国近代戏曲史
〔日〕青木正儿著 郑震译 上海 现代书局 1933 年

3856 中国算学之特色
〔日〕三上义夫著 林科棠译 上海 商务印书馆 1933 年 3 月初版，1934 年 1 月再版 32 开 （国学小丛书 王云五主编）

3857 中国土地制度研究
〔日〕长野郎著 陆璞译 上海 新生命书局 1933 年 4 月初版 有表 25 开 精装

3858 中国音乐小史
〔日〕田边尚雄著 缪天瑞译 上海 现代书局 1933 年

3859 中药浅说
丁福保编译 上海 北新书局 1933 年

3860 诸子百家考
〔日〕儿岛献吉郎著 陈清泉译述 上海 商务印书馆 1933 年 3 月初版 32 开 平、精装

3861 助产妇学
〔日〕楠田谦吉著 姚昶绪译 上海 大东书局 1933 年

3862 转形期底经济理论
〔日〕山川均著 施复亮、钟复光译 上海 中

华书局 1933 年 有表 32 开

3863 转形期底经济理论
〔日〕山川均著 施复亮、钟复光译 上海 新生命书局 1933 年 2 月订正初版 有表 32 开

3864 资本主义社会的解剖
〔日〕山川均等著 张我军译 北京 青年书店 1933 年 3 月初版 32 开

3865 资平译品集
〔日〕藤森成吉等著 张资平译编 上海 现代书局 1933 年 7 月初版 32 开

3866 自然科学概论
〔日〕石原纯著 谷神译 上海 商务印书馆 1933 年 5 月初版，1934 年 8 月再版 24 开 精装 （科学丛书）

3867 自然科学概论
〔日〕石原纯著 谷神译 上海 知行书店 1933 年

3868 （自修）英文方法大全
〔日〕山崎贞著 金则人编译 上海 世界书局 1933 年 8 月初版，1946 年 2 月新 5 版 32 开 （英语自修丛书）

3869 族制进化论
〔日〕有贺长雄著 广智书局译 上海 申报馆 1933 年

3870 最近国际思想史
〔日〕浅野利三郎著 杨祥荫译述 大连 实验印书馆 1933 年 23 开

3871 最近国际思想史
〔日〕浅野利三郎著 杨祥荫译述 上海 商务印书馆 1933 年 11 月初版 23 开 （政法丛书）

3872 最新日语速成篇
〔日〕大久保千代治编译 奉天 大同学堂 1933 年

3873 最新世界航空大观
日本陆军航空本部第二班编 罗牧、罗为雄译 上海 南京书店 1933 年 5 月初版 有图表、摄影、附折表 23 开

3874　佐藤春夫集
〔日〕佐藤春夫著　高明译　上海　现代书局
1933 年 8 月初版　冠像　32 开

3875　作诗法讲话
〔日〕森泰次郎著　张铭慈译　上海　湖风书局
1933 年　32 开

1934

3876　白纸战术之演习法与研究法
日本军学指针社编　训练总监部军学编译处译
南京　军用图书社　1934 年 1 月初版　有图
25 开

3877　保险学概论
〔日〕柴官六著　管怀琮译　上海　商务印书馆
1934 年 2 月初版，1938 年 7 月再版　有表　32
开　（社会科学小丛书　何炳松、刘秉麟主编）

3878　保险学概论
〔日〕柴官六著　管怀琮译　上海　开明书店
1934 年　有表　32 开

3879　标题目录要论
〔日〕加藤宗厚著　李尚友译　上海　商务印书
馆　1934 年

3880　标题目录要论
〔日〕加藤宗厚著　李尚友译　武昌　武昌文华
图书馆学专科学校　1934 年 12 月初版　有图
16 开　（武昌文华图书馆专科学校小丛书）

3881　步枪、轻机关枪、手枪射击教范之研究
〔日〕小川喜一著　训练总监部军学编译处译
南京　军用图书社　1934 年 4 月初版　有图表
25 开

3882　财政统计
〔日〕汐见三郎著　周乐山、张汉炎译　上海
商务印书馆　1934 年 3 月初版　有表　32 开
（社会科学小丛书　何炳松、刘秉麟主编）

3883　产科之病理与疗法
〔日〕伊藤尚贤著　吴正风译　上海　中西医药
书局　1934 年

3884　朝鲜通史
〔日〕林泰辅著　陈清泉译　上海　商务印书馆

1934 年 4 月初版　有图　24 开　精装　（历史
丛书）

3885　朝鲜通史
〔日〕林泰辅著　陈清泉译　上海　永祥印书馆
1934 年

3886　齿牙的病理及疗法
〔日〕宫原虎著　汤尔和译　上海　商务印书馆
1934 年 11 月初版　有图像　23 开　精装

3887　赤军防空教令
日本陆军航空本部译　训练总监部军学编译处
重译　南京　军用图书社　1934 年 10 月初版
有图表　32 开

3888　丹麦童话集
〔日〕大户喜一郎著　许达年译　上海　大东书
局　1934 年　有图　32 开

3889　丹麦童话集
〔日〕大户喜一郎著　许达年译　上海　中华书
局　1934 年 10 月初版，1946 年 6 月 5 版　有图
32 开　（世界童话丛书）

3890　德国国社党
〔日〕安达坚造著　薛品源编译　上海　黎明书
局　1934 年 7 月初版，1934 年 11 月再版　有图
像　32 开

3891　德国国社党
〔日〕安达坚造著　薛品源编译　上海　上海乐
华图书公司　1934 年　有图像　32 开

3892　德国新兴教育
〔日〕冲祯介著　上海　商务印书馆　1934 年

3893　德国新兴教育
〔日〕小川正行著　张安国译　上海　商务印书
馆　1934 年 2 月初版　32 开　（师范小丛书）

3894　第二接吻
〔日〕菊池宽著　胡思铭编述　上海　中学生书
局　1934 年 11 月初版　32 开　（通俗本文学名
著丛刊）

3895　东胡民族考
〔日〕白鸟库吉著　方壮猷译　上海　商务印书
馆　1934 年 9 月初版　25 开

3896　东胡民族考

〔日〕白鸟库吉著　方壮猷译　上海　大江书铺
1934 年　25 开

3897　东西文学评论

刘大杰译撰　上海　开明书店　1934 年

3898　东亚文明之黎明

〔日〕滨田耕作（原题　滨田青陵）著　徐翔穆
译　上海　神州国光社　1934 年 7 月初版
32 开

3899　都市地域制度

日本东京市政调查会编　王光强译　南京　中
国地政学会　1934 年初版　32 开

3900　法律进化论（政治名著）（合订本）

〔日〕穗积陈重著　黄尊三、萨孟武、陶汇曾、
易家钺译　上海　商务印书馆　1934 年 7 月国
难后 1 版　23 开　精装

3901　法西斯主义浅说

〔日〕坪田武四郎著　卫仁编译　上海　文艺书
局　1934 年 2 月初版　32 开

3902　法制之过去及将来

〔日〕三宅福马著　长春　（伪满）国务院总务
厅情报处　1934 年 1 月初版　32 开　（满洲国
大系　第 9 辑　法制）

3903　耳鼻咽喉科之病理与疗法

〔日〕伊藤尚贤著　吴正风译　上海　神州国光
社　1934 年

3904　肺病治疗原理

〔日〕松永佛骨著　吴藻溪译　北京　东方学社
1934 年 2 月初版　32 开

3905　肺病治疗原理

〔日〕松永佛骨著　吴藻溪译　北京　上海商务
印书馆　1934 年　32 开

3906　肺结核疗养新术

〔日〕远藤繁清著　文介藩、彭丰根译　上海
商务印书馆、开明书店　1934 年　32 开

3907　肺结核疗养新术

〔日〕远藤繁清著　文介藩、彭丰根译　上海
中华学艺社　1934 年 10 月初版，1935 年 4 月再
版　32 开　（学艺丛书　21）

3908　妇人科之病理与疗法

〔日〕伊藤尚贤著　吴正风译　上海　中西医药
书局　1934 年

3909　各国陆军之精锐

〔日〕满井佐吉著　周之鸣译　南昌　中国文化
学会　1934 年 7 月初版

3910　工业经济学概要

〔日〕川西正鉴著　管怀琮译　上海　联华书店
1934 年　32 开

3911　工业经济学概要

〔日〕川西正鉴著　管怀琮译　上海　商务印书
馆　1934 年 4 月初版　32 开　（社会科学丛书
何炳松、刘秉麟主编）

3912　郭果尔研究

〔日〕冈泽秀虎著　韩侍桁译　上海　中华书局
1937 年 1 月初版　1939 年　32 开

3913　郭果尔研究

〔日〕冈泽秀虎著　韩侍桁译　上海　现代书局
1934 年　32 开

3914　国防本义与其强化之提倡

日本陆军部发表　1934 年初版　有表　16 开

3915　国防原论

〔日〕佐藤六平著　训练总监部军学编译处译
南京　军用图书社　1934 年 2 月初版，1935 年 7
月再版　有表　25 开

3916　果树

〔日〕田中长三郎著　贾祖璋译　上海　商务印
书馆　1934 年 4 月初版　32 开　（百科小丛书
王云五主编）

3917　呼吸科之病理与疗法

〔日〕伊藤尚贤著　吴正风译　上海　开明书店
1934 年

3918　华严宗要义

〔日〕凝然著述　上海　佛学书局　1934 年 2 月
初版　50 开　（佛学小丛书）

3919　货币论

〔日〕桥爪明男著　颜高扬译　上海　民智书局
1934 年 6 月初版　有表　24 开　（民智商学
丛书）

3920 家
〔日〕菊池宽著 田作霖译 上海 开明书店
1934 年

3921 家族的研究
〔日〕户田贞三著 王荣佳译 上海 商务印书
馆 1934 年 3 月初版 32 开 （家庭丛书）

3922 家族的研究
〔日〕户田贞三著 王荣佳译 上海 华通书局
1934 年 32 开

3923 将来的列强海军情势
〔日〕关根郡平著 洪涛译 南昌 内外通讯社
1934 年 2 月初版 25 开 （内外类编 第
20 册）

3924 芥川龙之介集
〔日〕芥川龙之介著 冯子韬辑译 上海 中华
书局 1934 年 9 月初版，1940 年 11 月昆明再版
32 开 （现代文学丛刊）

3925 近世社会思想史大纲
〔日〕小泉信三著 陈灿章译 广州 东升印务
局 1934 年初版 32 开

3926 经济地理学原理
〔日〕川西正鉴著 刘润生译 上海 开明书局
1934 年 有表 23 开 精装

3927 经济地理学原理
〔日〕川西正鉴著 刘润生译 上海 世界书局
1934 年 4 月初版，1935 年 9 月再版 有表 23
开 精装

3928 经济学原理（卷下）
〔日〕福田德三著 陈家瓒译 上海 商务印书
馆 1934 年 冠像 24 开

3929 经济政策学原理
〔日〕那须皓著 彭道夫译 上海 商务印书馆
1934 年 8 月初版 有图解 32 开 （社会科学
小丛书 何炳松、刘秉麟主编）

3930 经学史论
〔日〕本田成之著 江侠庵译 上海 商务印书
馆 1934 年 5 月初版，1935 年 5 月再版 32 开
（国学小丛书）

3931 经营统计
〔日〕小林新著 李致远译 上海 北新书局

1934 年 有图表 32 开

3932 菊池宽戏曲集
〔日〕菊池宽著 黄九如译 上海 北新书局
1934 年 32 开

3933 菊池宽戏曲集
〔日〕菊池宽著 黄九如译 上海 中华书局
1934 年 9 月初版 32 开 （现代戏剧选刊）

3934 军队教育要论
〔日〕沼田德重著 训练总监部军学编译处译
南京 军用图书社 1934 年 6 月初版 有表
23 开

3935 空袭下之日本
〔日〕匝瑳胤次等述 黄宇庙译 北京 和济印
书局（印） 1934 年 5 月初版 32 开

3936 劳动法原理
〔日〕津曲藏之丞著 陈任生译 上海 商务印
书馆 1934 年 4 月初版 有图表 23 开 （政
法丛书）

3937 劳动法原理
〔日〕津曲藏之丞著 陈任生译 上海 开明书
店 1934 年 有图表 23 开

3938 劳动统计
〔日〕森数树著 李致远译 上海 商务印书馆
1934 年 5 月初版，1934 年 6 月再版 有表 32
开 （社会科学丛书 何炳松、刘秉麟主编）

3939 劳作教育
〔日〕小西重直著 张安国译 上海 商务印书
馆 1934 年 2 月初版，1935 年 4 月再版 32 开
（师范小丛书）

3940 劳作教育
〔日〕小西重直著 张安国译 上海 北新书局
1934 年 32 开

3941 立体几何学（直线及平面）
〔日〕林鹤一、尾崎敏郎著 郑心南译 上海
群益书局 1934 年 32 开

3942 列强军队比较论
〔日〕神田孝一著 何济翔编译 上海 申报馆
1934 年 4 月初版 32 开 （申报丛书 第 15 种）

3943 列强现在之军势
〔日〕西垣新七著 训练总监部军学编译处译
南京 军用图书社 1934 年初版 32 开

3944 列强战略比较论
〔日〕神田孝一著 傅无退编 上海 商务印书馆 1934 年 3 月初版，1938 年 10 月长沙再版 有表 32 开

3945 落下伞部队
〔日〕柳居伍六著 上海 中华书局 1934 年

3946 满蒙作战必携
日本关东军司令部编 卓献书、沈向奎译述 南京 拔提书店 1934 年 6 月初版 有图表 23 开

3947 满洲国安东省辑安县高句丽遗迹
〔日〕池内宏编 钱稻孙译 满日文化协会 1934 年

3948 墨索里尼
〔日〕泽田谦著 张慕霖译 南昌 中国文化学会 1934 年 5 月初版 25 开 （内外类编 第42 册）

3949 脑脊髓神经科之病理与疗法
〔日〕伊藤尚贤著 吴正风译 上海 商务印书馆 1934 年

3950 脑脊髓神经科之病理与疗法
〔日〕伊藤尚贤著 吴正风译 上海 中西医药书局 1934 年

3951 农业经济学
〔日〕河田嗣郎著 郑里镇译 上海 文华书局 1934 年 9 月初版 有表 25 开

3952 欧美学校教育发达史
〔日〕阿部重考著 廖英华译 上海 商务印书馆 1934 年 10 月初版 25 开 （师范丛书）

3953 欧人之汉学研究
〔日〕石田干之助著 朱滋萃译 上海 现代书局 1934 年 21 开

3954 欧人之汉学研究
〔日〕石田干之助著 朱滋萃译 北京 中法大学 1934 年初版 21 开 （北平中法大学文学院丛刊 1）

3955 炮兵操典问答
〔日〕内山雄二郎著 训练总监部军学编译处译
南京 军用图书社 1934 年 12 月初版 32 开

3956 平面几何学（轨迹及作图）
〔日〕柳原吉次著 崔朝庆译 上海 商务印书馆 1934 年

3957 七十五法
〔日〕古德撰 上海 佛学书局 1934 年 4 月初版 64 开 （佛学小丛书）

3958 群论
〔日〕圆正造著 萧君绛译 上海 商务印书馆 1934 年 7 月初版 有图表 25 开 平、精装 （大学丛书）

3959 群论
〔日〕圆正造著 萧君绛译 上海 上海万叶书店 1934 年 有图表 25 开 平、精装

3960 热河概况
〔日〕北条太洋著 洪涛编译 南昌 内外通讯社 1934 年 3 月初版 有表 24 开 （内外类编 第29、30 册合刊）

3961 人体旅行记（科学物语）
〔日〕小川荣著 黄重建编译 陈载耘校 上海 儿童书局 1934 年 8 月初版，1935 年 5 月再版 有图 32 开

3962 日本警察实录
〔日〕关诚太郎著 宪兵司令部编辑 南京 宪兵司令部宪兵杂志社 1934 年 1 月初版 32 开

3963 日本救济农村法规汇编
日本政府编 罗理、张觉人、彭新民译 南京 行政院农村复兴委员会 1934 年

3964 日本军部之国防论
日本陆军省编 南柔译 南京 日本评论社 1934 年 11 月初版 32 开 （日本研究会小丛书 第 74 种）

3965 日本军事政策（军事科学讲座第 2 编）
〔日〕冈田铭太郎著 训练总监部军学编译处译
南京 军用图书社 1934 年 11 月初版 25 开

3966 日本陆军大学校满鲜战史旅行讲话集
〔日〕牛岛贞雄编 训练总监部军学编译处译

南京　军用图书社　1934 年 4 月初版　有图表
23 开

3967　日本陆军法规辑要（第 1—4 集）
训练总监部军学编译处译　南京　军用图书社
1934 年 2 月初版　有表　25 开

3968　日本论
〔日〕室伏高信著　徐渊若译　上海　北新书局
1934 年　32 开

3969　日本论
〔日〕室伏高信著　徐渊若译　上海　申报馆
1934 年 6 月初版　32 开　（申报丛书　第 38 种
上海文库主编）

3970　日本人口之预测
〔日〕本上田员次郎著　李立侠译　南京　正中
书局　1934 年 3 月初版　有表　32 开　（日本
研究会小丛书　第 47 种）

3971　日本少年文学集
〔日〕小川未明等著　钱子衿编译　上海　儿童
书局　1934 年 6 月初版　有图　32 开

3972　日本戏曲集
〔日〕冈本绮堂等著　章克标译　上海　中华书
局　1934 年

3973　日本戏曲集
〔日〕山本有三等著　章克标译　上海　中华书
局　1934 年 9 月初版　32 开　（现代文学
丛刊）

3974　日本政治沿革史
〔日〕秦政治郎编　郑元芳译　上海　商务印书
馆　1934 年

3975　日常气象学
〔日〕原田三夫著　许达年译　上海　大江书铺
1934 年

3976　日常气象学
〔日〕原田三夫著　许达年译　上海　中华书局
1934 年 9 月初版　有图表　32 开　（通俗科学
全集　3）

3977　日俄关系论
〔日〕古田信治著　南昌　内外通讯社　1934 年
3 月初版　有表　24 开　（内外类编　第 27 册）

3978　日英同盟之始末
〔日〕信夫淳平著　刘竞译　南京　日本评论社
1934 年 10 月初版　32 开　（日本研究会小丛书
第 71 种　日本评论社主编）

3979　儒教对于德国政治思想的影响
〔日〕五来欣造著　刘百闵、刘燕谷译　上海
现代书局　1934 年　25 开

3980　儒教政治哲学
〔日〕五来欣造著　胡朴安、郑啸厓译　上海
商务印书馆　1934 年 4 月初版　32 开　（国学
小丛书　王云五主编）

3981　儒教政治哲学
〔日〕五来欣造著　胡朴安、郑啸厓译　上海
上海读者书店　1934 年　32 开

3982　三国干涉之检讨
〔日〕鹿岛守之助著　吴宿光译　南昌　内外通
讯社　1934 年 1 月初版　24 开　（内外类编
第 16 册）

3983　三论宗纲要
〔日〕前田慧云著　李元善译　上海　商务印书
馆　1934 年

3984　三十三年落花梦
〔日〕宫崎寅藏著　A. K. 校刊　中国研究社
1934 年 3 版　32 开

3985　三十三年落花梦
〔日〕宫崎寅藏著　王文英标点　上海　大达图
书供应社　1934 年版，1936 年 2 月再版　32 开

3986　山东林相变化与国运之消长
〔日〕本多静六著　谢申图译　实业部直辖山东
模范林场　1934 年 10 月初版　23 开

3987　商业应用文件集
〔日〕福田胜藏编　上海　东亚同文书院支那研
究部　1934 年 4 月初版　23 开

3988　社会文艺概论
胡行之辑译　上海　中华书局　1934 年

3989　社会问题体系（五卷）
〔日〕河田嗣郎著　阙海霞译　上海　华通书局
1934 年 6 月初版　24 开　平、精装

3990　神经衰弱与眼
〔日〕前田珍男子著　任一碧译　南京　正中书局　1934 年　有图表　32 开

3991　神经衰弱与眼
〔日〕前田珍男子著　任一碧译　上海　商务印书馆　1934 年 3 月初版，1939 年长沙 4 版　有图表　32 开　（医学小丛书）

3992　神与人之间
〔日〕谷崎润一郎著　李漱泉译　上海　中华书局　1934 年 10 月初版　冠像　32 开　（世界文学全集）

3993　生物学通论
〔日〕大岛正满著　稽联晋译　上海　开明书店　1934 年 5 月初版　有图　32 开

3994　生物学新论
〔日〕石井友幸、石原辰郎著　危淑元译　上海　正中书局　1934 年　24 开

3995　实验蚕卵稀盐酸人工孵化法
〔日〕中井五二著　汪协如译　上海　女子书店　1934 年　有表　23 开

3996　实验蚕卵稀盐酸人工孵化法
〔日〕中井五二著　汪协如译　上海　亚东图书馆　1934 年　有表　23 开

3997　世界列强军备比较论
〔日〕神田孝一著　何济翔译　上海　启智书局　1934 年

3998　世界十杰传
〔日〕泽田谦著　安中译　南京　拔提书店　1934 年 4 月初版，1935 年 12 月再版　有照片　32 开

3999　世界十杰传
〔日〕泽田谦著　安中译　上海　世界书局 1934 年　有照片　32 开

4000　世界危机·一九三六年
〔日〕小岛精一著　周天放、汪向宸译　上海　中华书局　1934 年 2 月初版　有图表　32 开

4001　输血实施法
〔日〕佐伯重治著　李墀身译　上海　商务印书馆　1934 年 3 月初版　有图表　32 开　（医学小丛书）

4002　输血实施法
〔日〕佐伯重治著　李墀身译　上海　开明书店　1934 年　有图表　32 开

4003　宋元刊本刻工名表初稿
〔日〕长泽规矩也著　邓衍林译　1934 年 11 月初版　有表　16 开

4004　苏俄访问记（外三篇）
〔日〕鹤见祐辅著　樊仲云译　上海　新生命书局　1934 年 1 月初版　有照片　32 开　（社会与教育社丛书　14）

4005　苏联交通概观（内外类编　第 38 册）
〔日〕铃木尚三著　洪涛译　南昌　内外通讯社　1934 年 5 月初版　有表　25 开

4006　苏联经济概论
〔日〕桥木胜彦、加田哲二著　徐渊若译　上海　申报馆　1934 年 5 月初版　32 开　（申报丛书第 6 种　上海文库主编）

4007　谈谈我的父亲
〔日〕东乡彪著　陈信德译　东京　实业之日本社　1934 年

4008　田园之忧郁
〔日〕佐藤春夫著　李漱泉译　上海　北新书局　1934 年

4009　统制经济论
〔日〕井关孝雄著　刘国义译　上海　商务印书馆　1934 年 9 月初版，1935 年 5 月再版　有表　32 开　（社会科学丛书　何炳松、刘秉麟主编）

4010　统制经济论
〔日〕井关孝雄著　刘国义译　上海　世界书局　1934 年　有表　32 开

4011　图书分类法
〔日〕村岛靖雄著　毛春翔译　上海　开明书店　1934 年 11 月初版　有表　32 开

4012　唯物辩证法读本
〔日〕大森义太郎著　罗叔和译　上海　北新书局　1934 年　32 开

4013　唯物辩证法读本
〔日〕大森义太郎著　罗叔和译　上海　申报馆

1934 年 3 月初版　32 开　（申报丛书　第20 种）

4014　唯物辩证法读本
〔日〕大森义太郎著　杨允修译　北京　北平未名社　1934 年　有肖像　32 开

4015　唯物辩证法读本
〔日〕大森义太郎著　杨允修译　上海　新生命书局　1934 年 5 月初版　有肖像　32 开　（新生命中学文库）

4016　唯物论的哲学
〔日〕佐野学著　巴克译　上海　北新书局1934 年

4017　未来的日俄大战记
〔日〕平田晋策著　思进译　北京　民友书局1934 年 1 月初版　32 开　（民友丛书　第 2 种）

4018　未来的日俄大战记
〔日〕平田晋策著　思进译　上海　现代书局1934 年　32 开

4019　文学的畸人
〔日〕小泉八云讲演　韩侍桁（原题　侍桁）译上海　商务印书馆　1934 年 3 月初版　32 开

4020　物权法提要（上、下卷）
〔日〕三潴信三著　孙芳译述　上海　商务印书馆　1934 年 3 月初版　23 开　（政法丛书）

4021　物权法提要（上、下卷）
〔日〕三潴信三著　孙芳译述　上海　中华书局1934 年

4022　西班牙童话集
〔日〕丰岛次郎著　许达年译　上海　正中书局1934 年　有图　32 开

4023　西班牙童话集
〔日〕丰岛次郎著　许达年译　上海　中华书局1934 年 10 月初版，1939 年 11 月再版，1941 年1 月 3 版　有图　32 开　（世界童话丛书）

4024　（西医百日通）产科之病理与疗法（通俗医科大学讲座译本）
〔日〕伊藤尚贤著　吴正风译　上海　中西医药书局　1934 年 8 月初版　32 开

4025　（西医百日通）耳鼻咽喉科之病理与疗法（通俗医科大学讲座译本）
〔日〕伊藤尚贤著　吴正风译　上海　中西医药书局　1934 年 8 月初版　32 开

4026　（西医百日通）妇人科之病理与疗法（通俗医科大学讲座译本）
〔日〕伊藤尚贤著　吴正风译　上海　中西医药书局　1934 年 8 月初版　32 开

4027　（西医百日通）呼吸器科之病理与疗法（通俗医科大学讲座译本）
〔日〕伊藤尚贤著　吴正风译　上海　中西医药书局　1934 年 8 月初版　32 开

4028　（西医百日通）泌尿生殖器科之病理与疗法（通俗医科大学讲座译本）
〔日〕伊藤尚贤著　吴正风译　上海　中西医药书局　1934 年 8 月初版　32 开

4029　（西医百日通）脑脊髓神经科之病理与疗法（通俗医科大学讲座译本）
〔日〕伊藤尚贤著　吴正风译　上海　中西医药书局　1934 年 8 月初版　32 开

4030　（西医百日通）皮肤及花柳病科之病理与疗法（通俗医科大学讲座译本）
〔日〕伊藤尚贤著　吴正风译　上海　中西医药书局　1934 年 8 月初版　32 开

4031　（西医百日通）神经衰弱科之病理与疗法（通俗医科大学讲座译本）
〔日〕伊藤尚贤著　吴正风译　上海　中西医药书局　1934 年 8 月初版　有表　32 开

4032　（西医百日通）胃肠科之病理与疗法（通俗医科大学讲座译本）
〔日〕伊藤尚贤著　吴正风译　上海　中西医药书局　1934 年 8 月初版　32 开

4033　（西医百日通）小儿科之病理与疗法（通俗医科大学讲座译本）
〔日〕伊藤尚贤著　吴正风译　上海　中西医药书局　1934 年 8 月初版　32 开

4034　西域南海史地考证译丛
冯承钧辑译　上海　良友书店　1934 年

4035　西域文明史概论
〔日〕羽田亨著　郑元芳译　上海　商务印书馆

1934 年 5 月初版，1934 年 6 月再版　32 开
（史地小丛书）

4036　西域文明史概论
〔日〕羽田亨著　郑元芳译　上海　中华书局
1934 年　32 开

4037　西园寺公望传
吴藻溪编译　商务印书馆　1934 年

4038　细菌之变异及菌解素
〔日〕小林六造著　魏嵒寿译　上海　形象艺术
社　1934 年

4039　现代绘画概论
〔日〕外山卯三郎著　倪贻德译　上海　开明书
店　1934 年 1 月初版　有图　32 开

4040　现代绘画概论
〔日〕外山卯三郎著　倪贻德译　上海　大江书
铺　1934 年　有图　32 开

4041　现代军备概论
芥舟译　北京　他山译学社　1934 年 9 月初版
有图表　25 开

4042　现代日本短篇杰作集
丘晓沧选译　上海　大东书局　1934 年 4 月初
版　32 开　（新文学丛书）

4043　现代日本短篇杰作集
丘晓沧选译　上海　亚东图书馆　1934 年
32 开

4044　现代世界文学小史
〔日〕成濑清著　胡雪译　上海　光华书局
1934 年

4045　现代政治之科学的观测
〔日〕高桥清吾著　刘杰敖译　上海　商务印书
馆　1934 年 10 月初版　25 开　（社会科学小丛
书　何炳松、刘秉麟主编）

4046　现代政治之科学的观测
〔日〕高桥清吾著　刘杰敖译　上海　现代书局
1934 年　25 开

4047　现地战术
〔日〕宝藏寺编　杨友墨译　上海　拔提书店
1934 年 4 月初版　有图　28 开　精装

4048　（详解）日语肯綮大全
〔日〕松本龟次郎编　东京　有邻书屋　1934 年

4049　想定作为及战术统裁法讲义录
训练总监部军学编译处译　南京　军用图书社
1934 年 12 月初版，1936 年 4 月再版　有图表
24 开

4050　小部队之想定作为及统裁要领并范例
〔日〕萩原著　训练总监部军学编译处译　南京
军用图书社　1934 年 10 月初版　有图表　25 开

4051　小乘佛学概论
〔日〕舟桥水哉著　慧圆译　武昌　武昌佛学院
1934 年 1 月初版　25 开　（武昌佛学院丛书）

4052　新生
〔日〕岛崎藤村著　罗洪编译　上海　开华书局
1934 年 4 月初版　32 开　（通俗本文学名著
丛刊）

4053　行政法撮要
〔日〕美浓部达吉著　程邻芳、陈思谦译述　上
海　商务印书馆　1934 年 8 月初版　23 开　精
装　（政法丛书）

4054　行政学总论
〔日〕蜡山政道著　黄昌源译　上海　商务印书
馆　1934 年　32 开

4055　行政学总论
〔日〕蜡山政道著　黄昌源译　上海　中华书局
1934 年 3 月初版　32 开

4056　行政组织论
〔日〕蜡山政道著　顾高扬译　上海　民智书局
1934 年 3 月初版　23 开

4057　训育论
〔日〕野田义夫著　苏芗雨译　北京　人人书店
1934 年 5 月初版　32 开

4058　训育论
〔日〕野田义夫著　苏芗雨译　上海　现代书局
1934 年　32 开

4059　养心术
〔日〕越智真逸著　任一碧译　上海　商务印书
馆　1934 年 3 月初版　有图　32 开　（百科小
丛书　王云五主编）

4060　鹦笑楼语录
〔日〕龟山正夫著　上海　内山书店　1934 年
10 月初版　25 开　精装

4061　药治通义
〔日〕丹波元简著　张功全节录　秦伯未校　上
海　中医书局　1934 年 5 月初版　32 开

4062　夜战大讲座（战史引证）（上）
〔日〕前田岩太郎原著　吴声镐译述　南京　军
用图书社　1934 年 5 月初版　24 开

4063　夜战大讲座（战史引证）（下）
〔日〕前田岩太郎原著　吴声镐译述　南京　军
用图书社　1934 年 8 月初版　24 开

4064　一九三六年与日美海军
〔日〕佐藤铁城著　于伟译　南京　日本评论社
1934 年 11 月初版　有图表　32 开　（日本研究
会小丛书　第 73 种）

4065　英吉利法研究
〔日〕宫本英雄著　骆通译　上海　商务印书馆
1934 年 10 月初版　20 开　（政法丛书）

4066　元朝制度考
〔日〕箭内亘著　陈捷、陈清泉译　上海　商务
印书馆　1934 年 4 月初版　32 开　（史地小
丛书）

4067　元朝制度考
〔日〕箭内亘著　陈捷、陈清泉译　上海　现代
书局　1934 年

4068　元代经略东北考
〔日〕箭内亘著　陈捷、陈清泉译　上海　商务
印书馆　1934 年 10 月初版，1935 年 2 月再版
32 开　（史地小丛书）

4069　元代经略东北考
〔日〕箭内亘著　陈捷、陈清泉译　上海　中华
书局　1934 年

4070　元代农民之生活
〔日〕高有严著　黄现璠译　蓓蕾学社　1934 年
1 月初版　32 开

4071　元代农民之生活
〔日〕高有严著　黄现璠译　上海　中华书局
1934 年　32 开

4072　造林学本论（林学教科书第二卷）
〔日〕本多静六著　沈化夔译述　上海　新学会
社　1934 年 5 月 5 版　24 开

4073　战斗之实相
〔日〕志歧守治著　训练总监部军学编译处译
南京　军用图书社　1934 年 12 月初版　有图
25 开

4074　战后世界各国财政
〔日〕高木寿一著　徐文波译　上海　民智书局
1934 年 3 月初版　有表、附折表　32 开　（民
智时代丛书）

4075　战术学讲话
〔日〕中村定吉著　唐天闲、李国良译　南京
军用图书社　1934 年 4 月再版　有图　24 开

4076　战争
〔日〕渡边等著　训练总监部军学编译处译　南
京　军用图书社　1934 年初版　32 开

4077　战争
〔日〕中泽三夫等编　训练总监部军学编译处译
南京　军用图书社　1934 年 7 月初版　有图表
25 开

4078　战争与经济
〔日〕正木千秋著　艾秀峰编译　天津　大公报
社代办部　1934 年 12 月初版　有表、附折表
32 开

4079　战争与经济
〔日〕正木千秋著　艾秀峰编译　上海　北新书
局　1934 年　有表、附折表　32 开

4080　张骞西征考
〔日〕桑原骘藏著　杨炼译　上海　商务印书馆
1934 年 9 月初版，1935 年 4 月再版　32 开

4081　张骞西征考
〔日〕桑原骘藏著　杨炼译　上海　中华书局
1934 年　32 开

4082　正统学派的价值学说
〔日〕波多野鼎著　杨及玄译述　上海　商务印
书馆　1934 年 5 月初版　有表　21 开　精装
（经济丛书）

4083　正统学派的价值学说
〔日〕波多野鼎著　杨及玄译述　上海　神州国光

社 1934 年

4084 中国货币史纲
〔日〕吉田虎雄著 周伯棣译 上海 北新书局
1934 年 有彩图、表 25 开 （社会科学
丛书）

4085 中国货币史纲
〔日〕吉田虎雄著 周伯棣译 上海 中华书局
1934 年 9 月初版 有彩图、表 25 开

4086 中国昆虫研究趋势（上海自然科学研究所生物学科报告）
〔日〕大内义郎著 上海自然科学研究所 1934
年 12 月初版 16 开 （上海自然科学研究所汇
报 第 4 卷别册 1）

4087 中国农业经济研究
〔日〕田中忠夫著 汪馥泉译 上海 大东书局
1934 年 3 月初版 有表 32 开

4088 中国农业经济研究
〔日〕田中忠夫著 汪馥泉译 上海 商务印书
馆 1934 年 有表 32 开

4089 中国农业经济资料
〔日〕田中忠夫著 汪馥泉译 南京 大东书局
1934 年 3 月初版 有表 32 开

4090 中国农业经济资料
〔日〕田中忠夫著 汪馥泉译 上海 北新书局
1934 年 有表 32 开

4091 中国人口问题研究
〔日〕饭田茂三郎著 洪炎秋、张我军译 北京
人人书店 1934 年 32 开

4092 中国算学之特色
〔日〕三上义夫著 林科棠译 上海 大东书局
1934 年 32 开

4093 中华南部及南洋园艺视察谈
〔日〕樱井方次郎著 林奄方译 上海 美洲文
化事业部 1934 年 32 开 有图

4094 中野重治集
〔日〕中野重治著 尹庚译 上海 中华书局
1934 年 冠像 32 开

4095 中野重治集
〔日〕中野重治著 尹庚译 上海 现代书局

1934 年 3 月初版 冠像 32 开

4096 自治政策
〔日〕入江俊郎著 李冠礼译 广州 民智书局
1934 年 4 月初版 有表 24 开

4097 自治政策
〔日〕入江俊郎著 李冠礼译 上海 水沫书店
1934 年 有表 24 开

4098 最近世界各国政治组织
〔日〕熊川千代喜著 项桂荪译 上海 商务印
书馆 1933 年

4099 最近政治思想史
〔日〕高桥清吾著 薛品源译 上海 正中书局
1934 年 7 月初版 25 开

4100 最新世界殖民史
〔日〕大盐龟雄著 葛绥成译述 刘传亮校订
上海 开明书店 1934 年 有图表 18 开

1935

4101 基本图案学
〔日〕金子清次著 傅抱石译 上海 宝泉堂
1935 年。

4102 阿比西尼亚与世界黑人（上、下册）
〔日〕大山卯次郎等著 王佛崖译 杭州 大风
社 1935 年 11 月初版 有照片 50 开 （大风
文库 第 7、8 种）

4103 爱国教育
〔日〕白土千秋著 罗献平译述 南京 建国月
刊社 1935 年 11 月初版 32 开 （建国丛书
第 5 种）

4104 安全保障问题在国际上的研究
〔日〕横田喜三郎著 刘曼山译 上海 民智书
店 1935 年

4105 倍勒科哺之战
〔日〕堀毛著 训练总监部军学编译处译 南京
军用图书社 1935 年 11 月初版 有图 32 开

4106 标准日语发音图解
〔日〕饭河道雄编译 沈阳 东方印书馆
1935 年

4107　兵器篇
〔日〕藤堂高象著　训练总监部军学编译处译　南京　军用图书社　1935年5月初版　有图照、表　25开　（军事科学讲座　第5篇）

4108　长安史迹考
〔日〕足立喜六著　杨炼译　北京　老实话社　1935年　25开　精装

4109　长安史迹考
〔日〕足立喜六著　杨炼译　上海　商务印书馆　1935年9月初版　25开　精装

4110　崇明岛产鱼志
〔日〕木村重著　上海　上海自然科学研究所　1935年10月初版　16开　（中国淡水鱼之生物学的研究　第3报；上海自然科学研究所汇报　第5卷）

4111　初等方程式论
〔日〕林鹤一、小野藤太编著　陈文译　宁波　新学会社　1935年　23开　（算学丛书　4）

4112　初等几何学　（伽利略不能问题）
〔日〕林鹤一著　陈怀书等译　上海　商务印书馆　1935年2月初版　23开　（算学小丛书）

4113　初等几何学　（作图不能问题）
〔日〕林鹤一著　任诚等译　宁波　新学会社　1935年

4114　初等几何学　（作图不能问题）
〔日〕林鹤一著　任诚等译　长沙　商务印书馆　1935年2月初版

4115　初级中学化学学生实验教程
〔日〕高田德佐著　郑贞文译　上海　商务印书馆　1935年初版　32开

4116　初级中学物理学学生实验教程
〔日〕高田德佐著　郑贞文译　上海　商务印书馆　1935年初版　有图表　32开

4117　川岛大将
〔日〕大野慎著　训练总监部军学编译处译　南京　军用图书社　1935年10月初版　32开

4118　达夫所译短篇集
郁达夫辑译　上海　商务印书馆　1935年

4119　大兵棋学
〔日〕林部一次著　宗明杰编译　南京　军用图书社　1935年8月初版　有表　16开

4120　大军之统帅
〔日〕荻洲立兵讲授　陆军大学校编著　南京　军用图书社　1935年5月初版　有图　23开

4121　大气温度
〔日〕国富信一著　沈懋德译　上海　商务印书馆　1935年3月初版　有图表、照片　32开　（万有文库　第2集）

4122　大气压力
〔日〕国富信一著　沈懋德译　上海　商务印书馆　1935年3月初版　有图表　36开　（万有文库　第2集）

4123　大气中之光电现象
〔日〕国富信一著　沈懋德译　上海　商务印书馆　1935年6月初版　有图表、照片　32开　（自然科学小丛书　王云五、周昌寿主编）

4124　德国重整军备与其经济情势
〔日〕圆地与四松著　萧启文译　北京　华北学院　1935年　有表　32开

4125　德国重整军备与其经济情势
〔日〕圆地与四松著　萧启文译　北京　集文印书局（印）　1935年6月初版　有表　32开

4126　地理学新论
〔俄〕古卫哥里页夫等著　〔日〕桥木弘毅译　沈因明重译　上海　辛垦书店　1935年

4127　地球（上、下册）
〔日〕松山基范著　王谟译　上海　商务印书馆　1935年3月初版　有图表　32开　（万有文库　第2集）

4128　地球之灭亡
〔日〕石井重美著　谭勤余译　上海　商务印书馆　1935年3月初版　有图　32开　（万有文库　第2集）

4129　地中宝库
〔日〕渡边万次郎著　陆志鸿译　上海　商务印书馆　1935年9月初版　有图表　32开　（万有文库　第2集）

4130　东北开发史
〔日〕稻叶岩吉著　杨成能、史训迁译　北京
辛未编译社　1935 年 6 月初版　20 开

4131　东北开发史满洲发达史
〔日〕稻叶岩吉著　杨成能、史训迁译　沈阳
盛京时报社　1935 年

4132　东亚文明的曙光
〔日〕滨田耕作著　杨炼译　上海　商务印书馆
1935 年 6 月初版　有图　32 开　（史地小丛书）

4133　动物生态学
〔日〕川村多实二著　舒贻上译　上海　商务印
书馆　1935 年 9 月初版　有表　32 开　（万有
文库　第 2 集）

4134　动物之雌雄性
〔日〕内田亨著　舒贻上译　上海　商务印书馆
1935 年 3 月初版　有图　32 开　（万有文库
第 2 集）

4135　动物之呼吸
〔日〕小久保清治著　舒贻上译　上海　商务印
书馆　1935 年 3 月初版　有图表　32 开　（万
有文库　第 2 集）

4136　都市与骚音
〔日〕守田荣著　1935 年初版　有图表　21 开
（北京近代科学图书馆丛刊　第 7）

4137　对华基础的观念
日本陆军某要人记述　天津　中美晚报社　1935
年 9 月初版　24 开

4138　（对译详注）日满交际礼法与会话
〔日〕饭河道雄著　沈阳　东方印书馆　1935 年
7 月初版，1938 年 3 月 21 版　有图　32 开

4139　（对译详注）伊索寓言
〔日〕饭河道雄译注　沈阳　东方印书馆
1935 年

4140　（对译）新体日语读本（入门篇）
〔日〕饭河道雄编译　沈阳　东方印书馆
1935 年

4141　儿科学
〔日〕中村政司著　周颂声、冯启亚译　东京
同仁会　1935 年

4142　儿童学原理
〔日〕关宽之著　俞寄凡译　上海　中华书局
1935 年　23 开

4143　发生学
〔日〕八田三郎著　潘锡九译　上海　商务印书
馆　1935 年 4 月初版　有图　32 开　（万有文
库　第 2 集）

4144　法西斯国家论
〔日〕具岛兼三郎著　周之鸣译　上海　民族书
局　1935 年 4 月初版，1936 年 12 月再版　有表
32 开

4145　法西斯国家论
〔日〕具岛兼三郎著　周之鸣译　上海　商务印
书馆　1935 年　有表　32 开

4146　法西斯主义及其国家理论
〔日〕五来欣造著　梁畏之译　上海　民族书局
1935 年 10 月初版　有表　32 开

4147　法西斯主义及其国家理论
〔日〕五来欣造著　梁畏之译　上海　神州国光
社　1935 年　有表　32 开

4148　非常时日本之国际经济
〔日〕森武夫著　张白衣译　南京　正中书局
1935 年 10 月初版，1936 年 11 月再版　32 开
（时代丛书）

4149　肺结核之常识
〔日〕今村荒男著　张矫然译　上海　商务印书
馆　1935 年 11 月初版，1943 年 12 月渝 1 版
有表　32 开　（医学小丛书）

4150　肺结核之常识
〔日〕今村荒男著　张矫然译　上海　新生命书
局　1935 年

4151　焚火
〔日〕志贺直哉著　叶素译　沈阳　盛京时报社
1935 年　冠像　32 开

4152　焚火
〔日〕志贺直哉著　叶素译　上海　天马书店
1935 年 5 月初版　冠像　32 开

4153　（高级小学）日语读本（卷 2　会话体篇）
〔日〕饭河道雄著　沈阳　东方印书馆　1935 年

4154　更生记
〔日〕佐藤春夫著　查士骥译　上海　商务印书馆　1935 年　32 开

4155　更生记
〔日〕佐藤春夫著　查士骥译　上海　中华书局　1935 年 3 月初版　32 开　（现代文学丛刊）

4156　公民教育概观
〔日〕小尾范治著　崔叔青译　上海　商务印书馆　1935 年

4157　公民教育概观
〔日〕小尾范治著　崔叔青译　上海　中华书局　1935 年

4158　古代中国文化
〔日〕西村真次著　东白译　北京　中华飞鸿学社　1935 年

4159　古典学派的恐慌学说
〔日〕谷口吉彦著　陈敦常译　上海　商务印书馆　1935 年 9 月初版　有图　32 开　（社会科学小丛书　何炳松、刘秉麟主编）

4160　古生代前之地球历史
〔日〕早坂一郎著　黄士弘译　上海　商务印书馆　1935 年 3 月初版　有图　32 开　（万有文库　第 2 集）

4161　古生代前之地球历史
〔日〕早坂一郎著　黄士弘译　上海　群益书局　1935 年　有图　32 开

4162　国际经济战略
日本庆应大学三田同学会编　熊得山译　上海　商务印书馆　1935 年 3 月初版　有表　21 开　精装　（经济丛书）

4163　国家论
〔日〕堀真琴著　高叔康译　上海　政治月刊社　1935 年

4164　国社党之法律
〔日〕极村章三郎等编著　叶翔之译　南京　正中书局　1935 年 11 月初版　32 开　（时代丛书）

4165　果树接木法
〔日〕守屋贯雅著　温守诚译　上海　商务印书馆　1935 年　32 开　（园艺丛书　1）

4166　果树接木法
〔日〕守屋贯雅著　温守诚译　中外语文学会　1935 年 7 月初版　32 开

4167　海洋
〔日〕野满隆治著　张资平、蔡源明译　上海　商务印书馆　1935 年 3 月初版　有图表　32 开　（万有文库　第 2 集）

4168　轰炸对防空
〔日〕山田新吾著　训练总监部军学编译处译　南京　军用图书社　1935 年 9 月初版　有表　25 开

4169　轰炸瞄准具概念
〔日〕爱岩通英著　训练总监部军学编译处译　南京　军用图书社　1935 年 6 月初版　有图表　24 开

4170　湖沼
〔日〕田中馆秀三著　傅角今译　上海　商务印书馆　1935 年 9 月初版　有图表　32 开　万有文库　第 2 集）

4171　化石人类学（1—5 册）
〔日〕鸟居龙藏著　张资平译　上海　商务印书馆　1935 年 3 月初版　有图表　32 开　（万有文库　第 2 集）

4172　化石生物学
〔日〕槙山次郎著　毛文麟译　上海　商务印书馆　1935 年 9 月初版　有图表　32 开　（万有文库　第 2 集）

4173　化学的故事
〔日〕益田苦良著　任一碧译　上海　开明书店　1935 年 9 月初版　有图表　32 开　（开明青年丛书）

4174　化学的故事
〔日〕益田苦良著　任一碧译　上海　商务印书馆　1935 年　有图表　32 开

4175　化学工业用机械
〔日〕友田宜孝著　吴坚译　郑光昭校　上海　商务印书馆　1935 年 5 月初版　有图像　32 开　（工学小丛书）

4176　化学故事
〔日〕益田苦良著　郭振乾、吴羹梅译　上海　商

务印书馆　1935 年 7 月初版，1935 年 10 月再版
有图表　32 开　（百科小丛书　王云五主编）

4177　化学故事
〔日〕益田苦良著　郭振乾、吴羹梅译　上海
中华书局　1935 年　有图表　32 开

4178　化学故事
〔日〕益田苦良著　武奕译　上海　商务印书馆
1935 年　有图表　32 开

4179　化学故事
〔日〕益田苦良著　武奕译　上海　中华书局
1935 年 2 月初版　有图表 32 开　（少年科学
丛书　第 1 种）

4180　化学基础
〔日〕永海佐一郎著　郭辉南译　上海　商务印
书馆　1935 年 3 月初版，1938 年 6 月长沙 5 版，
1941 年 2 月长沙 7 版　32 开

4181　回銮训民诏书衍义
〔日〕佐藤知恭执笔　国务院总务厅情报处
1935 年 5 月初版　24 开

4182　会计学概论
〔日〕太田哲三著　袁愈佺译　上海　商务印书
馆　1935 年　有图表、附折表　25 开

4183　会计学概论
〔日〕太田哲三著　袁愈佺译　上海　中华书局
1935 年 1 月初版，1941 年 2 月 3 版　有图表，
附折表　25 开

4184　婚姻法之近代化
〔日〕栗生武天著　胡长清译　上海　商务印书
馆　1935 年　21 开

4185　极性与侧性
〔日〕冈田要著　费鸿年译　上海　商务印书馆
1935 年 9 月初版　32 开　（万有文库　第 2 集
王云五主编；自然科学小丛书）

4186　舰队航海术讲义
〔日〕寺冈谨平著　上海　海军部　1935 年初版
16 开

4187　结晶体
〔日〕渡边万次郎著　张资平译　上海　商务印
书馆　1935 年 1 月初版　有图表　32 开　（自

然科学小丛书　王云五、周昌寿主编）

4188　金元经济学
〔日〕猪俣津南雄著　汪耀之译　上海　商务印
书馆　1935 年

4189　进化论
〔日〕石川千代松著　罗宗洛译　上海　商务印
书馆　1935 年 9 月初版　有图表　32 开　（万
有文库　第 2 集）

4190　进化论要因
〔日〕小泉丹著　任一碧译　上海　商务印书馆
1935 年 9 月初版　32 开　（万有文库　第 2 集
王云五主编；自然科学小丛书）

4191　近代地理发现史
〔日〕岩根保重编　葛绥成译　上海　商务印书
馆　1935 年

4192　近代地理发现史
〔日〕岩根保重编　葛绥成译　上海　中华书局
1935 年 1 月初版

4193　经济政策学原理
〔日〕那须皓著　彭道夫译　上海　开明书局
1935 年　有图解　32 开　（社会道学小丛书
何炳松、刘秉麟主编）

4194　经学史论
〔日〕本田成之著　江侠庵译　上海　上海三民
公司　1935 年　32 开　（国学小丛书）

4195　军备与国民经济
〔苏〕Daniloff 著　（日译者不详）　孙伯坚重
译　上海　辛垦书店　1935 年

4196　菌类
〔日〕小南清著　于景让译　上海　商务印书馆
1935 年 3 月初版　32 开　（万有文库　第 2 集
王云五主编；自然科学小丛书）

4197　康德与现代哲学
〔日〕桑木严翼著　余又荪译　上海　商务印书馆
1935 年 12 月初版　22 开　精装　（哲学丛书）

4198　康德与现代哲学
〔日〕桑木严翼著　余又荪译　上海　大江书铺
1935 年　22 开　精装

4199　科学方法论
〔日〕户坂润著　谭吉华译　上海　中华书局
1935 年　22 开

4200　科学方法论
〔日〕户坂润著　谭吉华译　上海　辛垦书店
1935 年 9 月初版　22 开

4201　科学总论
〔日〕永井潜著　黄其佺译　上海　商务印书馆
1935 年 3 月初版　有图　32 开　（万有文库
第 2 集）

4202　空袭与空防
〔日〕野田政一著　吴口夫译　杭州　大风社
1935 年 11 月初版　有照片　50 开　（大风文库
第 5 种）

4203　空袭与空防
〔日〕野田政一著　吴口夫译　南京　正中书局
1935 年　有照片　50 开

4204　空中时代（防空教育）
〔日〕野口昂著　训练总监部军学编译处译　南
京　军用图书社　1935 年 9 月初版　有表
32 开

4205　空中战
〔日〕大场弥平著　训练总监部军学编译处译
南京　军用图书社　1935 年 5 月初版　有图照、
表　25 开　（军事科学讲座　第 6 篇）

4206　空中战争论
〔日〕楢崎敏雄著　训练总监部军学编译处译
南京　军用图书社　1935 年 9 月初版　25 开

4207　矿床生因论
〔日〕加藤武夫著　张资平译　上海　商务印书
馆　1935 年 4 月初版，1939 年 4 月长沙 3 版
有图　23 开

4208　矿床生因论
〔日〕加藤武夫著　张资平译　上海　中华书局
1935 年　有图　23 开　（大学丛书　中华教育
文化基金董事会编辑委员会主编）

4209　矿物与岩石
〔日〕渡边万次郎著　张资平译　上海　商务印
书馆　1935 年 3 月初版　有图表　32 开　（万
有文库　第 2 集）

4210　昆虫生态学
〔日〕矢野宗干著　薛德焴译　上海　商务印书
馆　1935 年 9 月初版　32 开　（万有文库　第
2 集　王云五主编；自然科学小丛书）

4211　劳作教育思想史
〔日〕小林澄兄著　周心安译　上海　商务印书
馆　1935 年　32 开

4212　劳作教育思想史
〔日〕小林澄兄著　周心安译　上海　世界书局
1935 年 6 月初版　32 开　（世界新教育丛书）

4213　（类证鉴别）汉医要诀
〔日〕大塚敬节著　唐慎坊述　苏州　苏州国
医编辑馆　1935 年 8 月初版，1936 年 4 月再版
32 开

4214　力织机构学
〔日〕大住吾八著　曹骥才译　陈中杰校　上海
北新书局　1935 年　有图表　23 开　精装

4215　林业经营学
赵仰夫译　上海　新学会社　1935 年

4216　陆军法规
〔日〕太田公秀著　训练总监部军学编译处译
南京　军用图书社　1935 年 10 月初版　有表
23 开　（军事科学讲座　第 7 篇）

4217　满汉礼俗
〔日〕武田昌雄著　大连　金凤堂书店　1935 年
4 月初版，1935 年 10 月改订第 2 版　32 开
精装

4218　毛之生物学
〔日〕阿部余四男著　胡哲齐译　上海　商务印
书馆　1935 年 9 月初版　有图表　32 开　（万
有文库　第 2 集）

4219　密宗要诀钞（1—10 编）
〔日〕海惠上人记　胡厚甫译　上海　菩提研究
社　1935 年 9 月初版，1936 年 7 月初版　25 开

4220　民族地理学
〔日〕小牧实繁著　郑震译　长春　艺文书店
1935 年　有照片　32 开

4221　鸟类
〔日〕鹰司信辅著　舒贻上译　上海　商务印书

馆 1935 年 9 月初版 有图表 32 开 （万有
文库 第 2 集）

4222 农仓经营论
〔日〕井上龟五郎著 欧阳翰存译 上海 商务
印书馆 1935 年 1 月初版 有表 21 开 精装
（经济丛书）

4223 农仓经营论
〔日〕井上龟五郎著 欧阳翰存译 上海 华通
书局 1935 年 有表 21 开 精装

4224 农村复兴原理与计划
〔日〕冈田温著 李化方译 上海 华通书局
1935 年 有表 32 开

4225 农村复兴原理与计划
〔日〕冈田温著 李化方译 译者自刊 1935 年
12 月初版 有表 32 开

4226 农村经济
〔日〕清水长乡著 张佳玖译 上海 商务印书
馆 1935 年 6 月初版，1936 年 10 月再版 21 开
精装 （经济丛书）

4227 农村经济
〔日〕清水长乡著 张佳玖译 上海 世界书局
1935 年 21 开 精装

4228 农业金融新论
〔日〕小平权一著 欧阳瀚存译 上海 商务印
书馆 1935 年

4229 农业经济学
〔日〕河田嗣郎著 田作霖译 长沙 商务印书
馆 1935 年

4230 农业政策
〔日〕气贺勘重著 谭国栋译 南京 正中书局
1935 年

4231 农业政策
〔日〕气贺勘重著 谭国栋译 上海 商务印书
馆 1935 年 11 月初版 有表 25 开

4232 女运动员临阵以前
〔日〕人见绢枝著 刘家埧译 上海 商务印书
馆 1935 年 有照片、表 32 开 （体育
丛书）

4233 欧美林业教育概论
〔日〕三浦伊八郎 陈植节译 上海 北新书局
1935 年

4234 欧洲各国农村合作制度
〔日〕本位田祥男著 王大文等译 南京 中国
合作学社 1935 年 11 月初版 有表 32 开

4235 欧洲各国农村农业制度
〔日〕本位田祥男著 孙鉴秋等译 蓓蕾学社
1935 年

4236 欧洲各国之农业合作
〔日〕本位田祥男著 王沿津译 上海 商务印
书馆 1935 年 12 月初版 有表 32 开 （社会
科学丛书 何炳松、刘秉麟主编）

4237 欧洲各国之农业合作
〔日〕本位田祥男著 王沿津译 上海 开明书
店 1935 年 有表 32 开

4238 欧洲思想史
〔日〕金子马治著 胡雪译 上海 商务印书馆
1935 年 5 月初版 32 开 （社会科学小丛书）

4239 欧洲思想史
〔日〕金子马治著 胡雪译 上海 辛垦书店
1935 年 32 开

4240 皮肤及性病学
〔日〕土肥章司著 蹇先器译 东京 同仁会
1935 年 有图 16 开

4241 骑兵操典研究之参考
日本骑兵学校辑 训练总监部军学编译处译
南京 军用图书社 1935 年 12 月初版 有图
32 开

4242 （铅笔淡影）速写画法
〔日〕太田三郎著 程思进译 朱凤竹校订 上
海 形象艺术社 1935 年 6 月初版 有图
36 开

4243 强身之道家庭医学
〔日〕冈本京太郎著 陈维宝编译 上海 商务
印书馆 1935 年

4244 人类之由来
〔日〕石川千代松著 杨悼孙译 北京 东北问
题研究会 1935 年 32 开

4245　人类之由来
〔日〕石川千代松著　杨倬孙译　上海　商务印书馆　1935 年 3 月初版　32 开　（万有文库第 2 集　王云五主编；自然科学小丛书）

4246　人体写真十四经穴图谱
〔日〕玉森贞助编　宁波东方针灸学社编译　宁波　东方针灸学社　1935 年 10 月初版　有图　32 开

4247　人体写真十四经穴图谱
〔日〕玉森贞助编　宁波东方针灸学社编译　上海　中华书局　1935 年　有图　32 开

4248　人文地理学概论
〔日〕野口保市郎著　陈湜译　上海　商务印书馆　1935 年 2 月初版　有照片　32 开　（新时代史地丛书　蔡元培等主编）

4249　人文地理学概论
〔日〕野口保市郎著　盛叙功译　上海　开明书店　1935 年 2 月初版　有表　32 开

4250　人文地理学概论
〔日〕野口保市郎著　盛叙功译　上海　中华书局　1935 年　有表　32 开

4251　日本的新农村
〔日〕江坂佐太郎著　黄重建编译　上海　商务印书馆　1935 年 9 月初版　有表　32 开　（社会科学小丛书　何炳松、刘秉麟主编）

4252　日本短篇小说集（上、中、下册）
〔日〕芥川龙之介等著　高汝鸿选译　上海　商务印书馆　1935 年 3 月初版，1939 年 12 月简编版　36 开　（万有文库　第 2 集及 1、2 集简编　王云五主编）

4253　日本及列国陆军军备
〔日〕樋山光四郎著　叶筱泉译　天津　大公报馆出版部　1935 年 8 月初版　有表　32 开

4254　日本及列国陆军军备
〔日〕樋山光四郎著　叶筱泉译　上海　商务印书馆　1935 年　有表　32 开

4255　日本教育史
〔日〕小原国芳著　吴家镇、戴景曦译　长沙　商务印书馆　1935 年　有图表　32 开　（师范小丛书）

4256　日本教育史
〔日〕小原国芳著　吴家镇、戴景曦译　上海　商务印书馆　1935 年 9 月初版　有图表　32 开　（师范小丛书）

4257　日本教育行政通论
〔日〕高田休广、小笠原丰光著　马宗荣译　长沙　商务印书馆　1935 年　25 开

4258　日本教育行政通论
〔日〕高田休广、小笠原丰光著　马宗荣译　上海　商务印书馆　1935 年 12 月初版　25 开

4259　日本教育制度
〔日〕下村寿一著　马宗荣译　上海　商务印书馆　1935 年 3 月初版　23 开　（师范丛书）

4260　日本消费合作年表（1934 年）
〔日〕奥谷松治编　孟昭杜译　译者自刊　1935 年 10 月初版　32 开　（合作丛书）

4261　日本之防空
〔日〕水岛周平等著　训练总监部军学编译处译　南京　军用图书社　1935 年 12 月初版　有图照、表　32 开

4262　日本之南生命线
〔日〕松村金助著　刘士木译　上海　中南文化协会　1935 年 12 月初版，1936 年 5 月 2 版　有摄影、地图　32 开

4263　口俄战术原则对照
训练总监部军学编译处译　南京　译者刊　1935 年 9 月初版

4264　日俄中英美远东政略战略的检讨
〔日〕平田晋策著　郭祖劼译　上海　商务印书馆　1935 年　32 开

4265　日俄中英美远东政略战略的检讨
〔日〕平田晋策著　郭祖劼译　北京　四十年代杂志社　1935 年 10 月初版　32 开　（四十年代丛书　第 2 种）

4266　（日华对译）现代日本语会话文法
〔日〕堀越喜博等编译　大连　大阪屋号　1935 年

4267　日美战未来记
〔日〕福永恭助著　金良本译　南京　中央航空

学校 1935年4月初版 有图 32开

4268 三四郎
〔日〕夏目漱石著 崔万秋译 上海 商务印书馆 1935年 冠像 32开

4269 三四郎
〔日〕夏目漱石著 崔万秋译 上海 中华书局 1935年2月初版 冠像 32开 （现代文学丛刊）

4270 森林数学
〔日〕本多静六著 徐承镕译 上海 新学会社 1935年4月增订9版 有表 25开

4271 社会教育的设施及理论
〔日〕吉田熊次著 马宗荣译 上海 太平洋书店 1935年 有表 23开

4272 社会教育的设施及理论
〔日〕吉田熊次著 马宗荣译 上海 中华书局 1935年1月初版 有表 23开

4273 沈约年谱
〔日〕铃木虎雄著 马导源编译 上海 商务印书馆 1935年3月初版 32开 （中国史学丛书 何炳松主编）

4274 生物物理化学
〔日〕野村七郎著 魏喦寿译 上海 商务印书馆 1935年9月初版 有图表 32开 （万有文库 第2集）

4275 生物学大观
〔日〕石川光春著 林崇智译 厦门 慈勤女子中学校出版委员会 1935年12月初版 25开

4276 生物学史逸话
〔日〕中川逢吉著 魏喦寿译 上海 商务印书馆 1935年11月初版 有图 32开

4277 生物之相互关系
〔日〕内田亨著 梁希、沙俊译 上海 商务印书馆 1935年3月初版 有图表 32开 （万有文库 第2集）

4278 湿度
〔日〕国富信一著 沈懋德译 上海 商务印书馆 1935年3月初版 有图表 32开 （万有文库 第2集）

4279 世界独裁英雄谭
〔日〕小林知治著 韩鹏译 上海 玉泉堂 1935年5月初版 冠像 32开

4280 世界文化地理
〔日〕西田卯八著 葛绥成编译 上海 中华书局 1935年

4281 世界文化地理
〔日〕西田卯八著 葛绥成编译 北京 艺光出版社 1935年

4282 世界之动向
日本新闻联合社编 由迪译 杭州 贞社 1935年7月初版 50开

4283 收支簿记会计法
〔日〕下野直太郎著 萧学海、钟恺译述 南京 中国计政学会 1935年10月初版 有图表、附折表 32开 （中国计政学会丛书）

4284 苏俄合作制度
〔日〕泽村康著 唐易庵、孙九录译 长沙 商务印书馆 1935年 有表 25开 精装 经济丛书

4285 苏俄合作制度
〔日〕泽村康著 唐易庵、孙九录译 上海 商务印书馆 1935年11月初版 有表 25开 精装 （经济丛书）

4286 苏联母性与儿童之保护
日本俄国问题研究会编 林启明译 上海 商务印书馆 1935年5月初版 有图 32开 （百科小丛书 王云五主编）

4287 速写画法
〔日〕太田三郎著 程思进译 南京 拔提书店 1935年

4288 台球术
〔日〕小和田嘉一著 傅贯如译 上海 华亭书店 1935年

4289 台球术
〔日〕小和田嘉一著 傅贯如译 上海 商务印书馆 1935年

4290 唐宋贸易港研究
〔日〕桑原骘藏著 杨炼译述 上海 商务印书馆 1935年7月初版 有表 32开 （史地丛书）

4291　唐宋之绘画
〔日〕金原省吾著　傅抱石译　上海　商务印书馆　1935年2月初版　有图　32开

4292　唐宋之绘画
〔日〕金原省吾著　傅抱石译　上海　申报馆　1935年　有图　32开

4293　（题解中心）代数学辞典
〔日〕长泽龟之助著　薛德炯、吴戴耀译　上海　新亚书局　1935年初版，1948年5版　32开　精装

4294　（题解中心）几何学辞典
〔日〕长泽龟之助著　薛德炯、吴戴耀译　上海　新亚书店　1935年4月初版，1941年1月2版，1948年2月3版　有图　32开　精装

4295　（题解中心）三角法辞典
〔日〕长泽龟之助著　薛德炯、吴戴耀译　上海　新亚书店　1935年11月初版，1941年3月3版　有图表　32开　精装

4296　（题解中心）算术辞典
〔日〕长泽龟之助著　薛德炯、吴戴耀译　上海　新亚书店　1935年初版，1947年2版　32开　精装

4297　天空的神秘
〔日〕原田三夫著　许达年译　上海　商务印书馆　1935年　有图表　32开　（通俗科学全集　第1集）

4298　童话与儿童的研究
〔日〕松村武雄著　钟子岩译　上海　开明书店　1935年

4299　童话与儿童的研究
〔日〕松村武雄著　钟子岩译　北京　辛未编译社　1935年

4300　童话与儿童的研究
〔日〕松村武雄著　钟子岩译　北京　中日文化研究所　1935年

4301　晚近步兵部队长之战斗指挥
〔日〕井上正雄编　训练总监部军学编译处译　南京　军用图书社　1935年1月初版　有图表　25开

4302　王摩诘
〔日〕梅泽和轩著　傅抱石译　上海　商务印书馆　1935年5月初版　冠像　32开

4303　微生物
〔日〕竹内松次郎著　魏嵒寿译　上海　商务印书馆　1935年3月初版　有图　32开　（万有文库　第2集）

4304　物理学概论（1—4册）
〔日〕石原纯著　周昌寿译　上海　商务印书馆　1935年3月初版　有图表　32开　（万有文库　第2集）

4305　物理学史
〔日〕弓场理泰著　谭吉华译　上海　商务印书馆　1935年　24开

4306　物理学史
〔日〕弓场理泰著　谭吉华译　上海　辛垦书店　1935年8月初版　24开

4307　西北古地研究
〔日〕藤田丰八等著　杨炼译　上海　商务印书馆　1935年

4308　西北古地研究
〔日〕藤田丰八等著　杨炼译　上海　开明书店；世界书局　1935年

4309　希特拉主义法律论
〔日〕杉村章三郎、我妻荣、后藤清著　周之鸣译　上海　民族书局　1935年12月初版　32开

4310　细胞学概论
〔日〕山羽仪兵著　任一碧译　上海　商务印书馆　1935年9月初版　有图表　32开　（万有文库　第2集）

4311　细胞之生化学
〔日〕柿内三郎著　于景让译　上海　商务印书馆　1935年　32开

4312　细胞之生化学
〔日〕柿内三郎著　于景让译　上海　中华学艺社　1935年3月初版　32开　（学艺丛刊　35）

4313　细菌之阴暗及菌解素
〔日〕小林六造著　魏嵒寿译　上海　商务印书馆　1935年3月初版　有图　32开　（万有文

库；自然科学小丛书　王云五等主编）

4314　现代空中战之都市攻防
〔日〕山田新吾著　航空委员会译　航空委员会
第二处第八科　1935 年 3 月初版　有图像　23 开

4315　心
〔日〕小泉八云著　杨维铨译　上海　文建出版
社　1935 年　32 开

4316　心
〔日〕小泉八云著　杨维铨译　上海　中华书局
1935 年 2 月初版　32 开　（现代文学丛刊）

4317　新兵器之知识
〔日〕佐藤清胜著　训练总监部军学编译处译
南京　军用图书社　1935 年 11 月初版　有照
片、表　32 开

4318　新推理研究化学解法
〔日〕滋贺多喜雄著　岑维球译　南京　国立编
译馆　1935 年

4319　新推理研究化学解法
〔日〕滋贺多喜雄著　岑维球译　上海　商务印
书馆　1935 年

4320　（新推理研究）化学解法
〔日〕滋贺多喜雄著　岑维球译　上海　商务印
书馆　1935 年 5 月初版，1941 年 2 月长沙 6 版
32 开

4321　（新增）东洋汉方要诀（第 1 册）
〔日〕长泽道寿原著、中山三柳新增、山友松子
按　王南山译　苏州　苏州国医学校编译馆
1935 年 9 月初版　25 开

4322　（新增）东洋汉方要诀（第 3 册）
〔日〕长泽道寿原著、中山三柳新增、北山友松
子按　王南山译　苏州　苏州国医学校编译馆
1935 年 9 月初版　24 开

4323　新哲学纲要
〔日〕德永直、渡边顺三著　慎修等译　上海
商务印书馆　1935 年　25 开

4324　新哲学纲要
〔日〕德永直、渡边顺三著　慎修等译　上海
辛垦书店　1935 年 9 月初版　25 开

4325　性及生殖
〔日〕户泽富寿著　高铦译　上海　商务印书馆
1935 年 9 月初版　有图表　32 开　（万有文库
第 2 集）

4326　选举制度论
〔日〕森口繁治著　刘光华译　上海　商务印书
馆　1935 年 2 月初版　有表　23 开　（政法
丛书）

4327　选举制度论
〔日〕森口繁治著　刘光华译　上海　上海国立
暨南大学　1935 年　有表　23 开

4328　言语学与国际语
〔俄〕斯皮义多维奇撰　〔日〕高木弘译　孙伯
坚重译　上海　辛垦书店　1935 年

4329　药物学大全
〔日〕森岛库太著　杨月川译　上海　大华书局
1935 年

4330　药学
〔日〕伊藤靖著　舒贻上译　上海　商务印书馆
1935 年 9 月初版　32 开　（万有文库；自然科
学小丛书）

4331　药征
〔日〕东洞吉益著　上海　永泰祥书店　1935 年

4332　药征全书
〔日〕东洞吉益著　李启贤校　上海　中医书局
1935 年 9 月再版　32 开

4333　药治学
〔日〕林春雄著　张克成译　上海　北新书局
1935 年

4334　野战筑城学讲授录
〔日〕吉原矩讲述　训练总监部军学编译处译
南京　军用图书社　1935 年 1 月初版　有图表
23 开

4335　野战筑城学讲授录
〔日〕吉原矩著　泰学渊译　上海　光华书局
1935 年

4336　伊藤博文传
〔日〕久米正雄著　梁修慈译　上海　商务印书
馆　1935 年 6 月初版，1935 年 12 月再版　32 开

4337 伊藤博文传

〔日〕久米正雄著 梁修慈译 上海 正中书局 1935年 32开

4338 印度哲学宗教史

〔日〕高楠顺次郎、木村泰贤著 高观庐译 上海 商务印书馆 1935年9月初版 有表、图解、地图 32开 精装 （汉译世界名著）

4339 营养的基本知识

〔日〕照内丰著 薛德焴、缪维水编译 上海 新亚书店、商务印书馆 1935年 有表 32开 （科学知识普及丛书 薛德焴主编）

4340 营养化学

〔日〕三浦政太郎、松冈登著 周建侯译 上海 商务印书馆 1935年9月初版 32开 （万有文库；自然科学小丛书 王云五等主编）

4341 永田铁山论

〔日〕松下芳男著 外交部情报司译 译者自刊 1935年初版 32开

4342 游泳学教程

日本教育部编著 彭莱文编译 上海 南华书店 1935年8月初版 有图 32开

4343 有岛武郎集

〔日〕有岛武郎著 沈端先译 上海 中华书局 1935年2月初版 32开 （现代文学丛刊）

4344 宇宙壮观（1—5册）

〔日〕山本一清著 陈遵妫编译 上海 商务印书馆 1935年3月初版 有图 32开 （万有文库 第2集）

4345 元代驿传杂考

〔日〕羽田亨著 何健民译 国立武汉大学 1935年12月初版 有图 16开

4346 陨石

〔日〕加赖勉著 陈志鸿译 上海 商务印书馆 1935年9月初版 有图表 32开 （万有文库 第2集）

4347 怎样同肺病斗争

〔日〕小酒井不木著 任一碧译 上海 北新书局 1935年

4348 战时经济论

〔日〕森武夫著 曹贯一译述 上海 商务印书馆 1935年11月初版 有表 32开

4349 战时经济论

〔日〕森武夫著 曹贯一译述 上海 大江书铺 1935年 有表 32开

4350 战时统制经济论

〔日〕森武夫著 陈绶荪译述 南京 国立编译馆 1935年5月初版，1938年3月3版 有图表 21开

4351 战时统制经济论

〔日〕森武夫著 陈绶荪译述 上海 商务印书馆 1935年 有图表 21开

4352 阵中勤务参考书

日本教育总监部编纂 训练总监部军学编译处译 南京 军用图书社 1935年11月初版 有图表 32开

4353 政治哲学

〔日〕五来欣造著 李毓田译述 上海 商务印书馆 1935年5月初版 32开 （社会科学小丛书 何炳松、刘秉麟主编）

4354 植物分类

〔日〕三好学著 沙俊译 上海 商务印书馆 1935年9月初版 有图 32开 （万有文库 第2集）

4355 植物与圤境

〔日〕吉田义次著 周建侯译 上海 商务印书馆 1935年3月初版 有图表 32开 （万有文库 第2集）

4356 植物之生殖

〔日〕原田正人著 高铦译 上海 商务印书馆 1935年9月初版 32开 （万有文库 第2集 王云五主编；自然科学小丛书）

4357 植物之组织及机能

〔日〕郡场宽著 于景让译 上海 商务印书馆 1935年9月初版 32开 （万有文库 第2集 王云五主编；自然科学小丛书）

4358 志贺直哉集

〔日〕志贺直哉著 谢六逸译 上海 中华书局 1935年3月初版 冠像 32开 （现代文学丛刊）

4359 中国经学史
〔日〕本田成之著 孙俍工译 上海 开明书店
1935 年 25 开

4360 中国经学史
〔日〕本田成之著 孙俍工译 上海 中华书局
1935 年 6 月初版 25 开

4361 中国历代社会研究
〔日〕驹井和爱等著 杨炼译 上海 商务印书
馆 1935 年

4362 中国秘密社会史
〔日〕平山周著 上海 光华书局 1935 年

4363 中国民族性之检讨
沈介人编译 上海 商务印书馆 1935 年

4364 中国文学通论（上、中、下卷）
〔日〕儿岛献吉郎著 孙俍工译 上海 商务印
书馆 1935 年 6—12 月初版 25 开

4365 中国哲学概论
〔日〕宇野哲人著 王璧如译 上海 商务印书
馆 1935 年 有表、图解 25 开 （哲学
丛书）

4366 中国哲学概论
〔日〕宇野哲人著 王璧如译 南京 有正书局
1935 年 有表、图解 25 开

4367 中国哲学概论
〔日〕宇野哲人著 王璧如译 南京 正中书局
1935 年 12 月初版，1936 年 11 月再版，1947 年 9
月沪 1 版 有表、图解 25 开 （哲学丛书）

4368 （中日对译详注）中等日本语读本（卷 4）
〔日〕饭河道雄著译 沈阳 东方印书馆
1935 年

4369 中生代后之地球历史
〔日〕早坂一郎著 黄士弘译 上海 商务印书
馆 1935 年 3 月初版 32 开 （万有文库 第
2 集 王云五主编；自然科学小丛书）

4370 资本主义经济学之史的发展
〔日〕河上肇著 林植夫译述 上海 商务印书
馆 1935 年 冠像 23 开 精装 （经济丛书）

4371 组织学
〔日〕合田绎辅著 韩士淑译 上海 商务印书

馆 1935 年 3 月初版 有图表 32 开 （万有
文库 第 2 集）

4372 最近各国关税政策
〔日〕上田贞次郎著 陈城译 上海 商务印书
馆 1935 年 6 月初版 有图表、附折表 32 开
（社会科学小丛书）

4373 最新财政学纲要
〔日〕宇都宫鼎著 区华山译 广州 美华书局
1935 年 7 月初版 25 开

4374 最新查账学
〔日〕三边金藏著 袁愈伦译 上海 辛垦书店
1935 年 有表、附折表 21 开 （现代商业
丛书）

4375 最新化学工业大全（1—15 册）
〔日〕田中芳雄等著 聂汤谷等译 〔日〕仲摩
照久编辑 王云五、周昌寿校译 上海 商务印
书馆 1935 年 11 月—1939 年 11 月 有图表 23
开 平、精装

4376 作曲法
〔日〕黑泽隆朝著 缪天瑞译 上海 大东书局
1935 年 5 月初版 有图 25 开

4377 作曲法
〔日〕黑泽隆朝著 缪天瑞译 上海 商务印书
馆 1935 年 有图 25 开

1936

4378 爱因斯坦传
〔日〕桑木彧雄编著 沈因明译 上海 商务印
书馆 1936 年

4379 白纸战术集（第 1 辑）
日本偕行社编 训练总监部军学编译处译 南
京 军用图书社 1936 年 12 月初版 有图
32 开

4380 比较消化生理
〔日〕篠田统著 程瀚章译 上海 商务印书馆
1936 年 9 月初版，1939 年 5 月长沙再版 有图 32
开 （自然科学小丛书 王云五、周昌寿主编）

4381 采冶工程概论
〔日〕宫崎虎一著 郝新吾译 林仁之校 上海
商务印书馆 1936 年 2 月初版 有图表 32 开

（工学小丛书）

4382　蚕种学
〔日〕梅谷与七郎著　汪协如译　上海　商务印书馆　1936 年 10 月初版　有图表　32 开　（农学丛书）

4383　蚕种学
〔日〕梅谷与七郎著　汪协如译　上海　相海营养研究所　1936 年

4384　初产安全之指导
〔日〕安政秀雄撰　姚蓬心译　上海　康健书局　1936 年 6 月初版　有图表　32 开　（康健丛书）

4385　初产安全之指导
〔日〕安政秀雄撰　姚蓬心译　上海　商务印书馆　1936 年　有图表　32 开

4386　初年兵教育之参考
〔日〕山崎庆一郎著　训练总监部军学编译处译　南京　军用图书社　1936 年 9 月初版　有图表　25 开

4387　春琴抄
〔日〕谷崎润一郎著　陆少懿译　上海　文化生活出版社　1936 年 9 月初版　冠像　32 开（现代日本文学丛刊　31）

4388　大牟伸之埋论与头际
〔日〕喜多印吉郎著　何达译　上海　华商纱厂联合会　1936 年 5 月初版　有图表　23 开（华商纱厂联合会发行书籍　第 9 种）

4389　德国社会经济史
〔日〕加田哲二著　徐汉臣译　上海　商务印书馆　1936 年 10 月初版，1937 年 2 月再版　有表　32 开　精装　（各国社会经济史丛书）

4390　地理学序论
〔日〕小川琢治著　何忆译　上海　商务印书馆　1936 年 10 月初版，1940 年 3 月长沙初版　36 开（万有文库　第 2 集　第 597 种）

4391　地球物理学
〔日〕寺田寅彦、坪井宗二著　郝新吾译　上海　商务印书馆　1936 年 9 月初版　32 开　（万有文库　第 2 集　王云五主编；自然科学小丛书）

4392　地形学
〔日〕花井重次郎著　谌亚达译　上海　商务印书馆　1936 年 3 月初版　有图表　32 开　（万有文库　第 2 集）

4393　地形学
〔日〕香川干一著　葛绥成编译　上海　商务印书馆　1936 年　有图表　32 开

4394　地形学
〔日〕香川干一著　葛绥成编译　上海　中华书局　1936 年 11 月初版，1947 年 10 月再版　有图表　32 开

4395　东三省物产资源与化学工业（上、下册）
日本工业化学会满洲支部辑　沈学源译　上海　商务印书馆　1936 年 7 月初版　有图表　附彩色折页地图　25 开

4396　动物标本简易制作法
〔日〕坂本喜一著　凌昌焕译　上海　中华书局　1936 年 6 月初版，1941 年 1 月 4 版　有图　32 开　（初中学生文库）

4397　动物地理学
〔日〕川村多实二著　蔡弃民译　上海　商务印书馆　1936 年 9 月初版　32 开　（万有文库第 2 集　王云五主编；自然科学小丛书）

4398　动物与环境（上、下册）
〔日〕田中义麿著　萧百新译　上海　商务印书馆　1936 年 9 月初版　32 开　（万有文库　第 2 集　王云五主编；自然科学小丛书）

4399　都市经济与农村经济
〔日〕中泽办次郎著　邱致中译　上海　有志书屋　1936 年

4400　（对译初级小学校）日本语教科书
〔日〕饭河道雄编译　沈阳　东方印书馆　1936 年

4401　（对译）日本商业实务读本
〔日〕饭河道雄编译　沈阳　东方文化会　1936 年 11 月初版，1937 年 8 月 2 版　有彩图、折图表 21 开

4402　（对译）日本新闻读本
〔日〕饭河道雄编译　沈阳　东方印书馆　1936 年

4403　（对译详注）高等日本语读本

〔日〕饭河道雄编译　沈阳　东方印书馆
1936 年

4404　（对译详注）日本商业实务读本

〔日〕饭河道雄编译　沈阳　东方印书馆
1936 年

4405　（对译详注）日语地理读本

〔日〕饭河道雄编译　沈阳　东方印书馆
1936 年

4406　（对译详注）日语历史读本

〔日〕饭河道雄编译　沈阳　东方印书馆
1936 年

4407　俄国社会经济史

〔日〕小林良正著　顾志坚译　上海　商务印书
馆　1936 年 11 月初版，1937 年 3 月 3 版　有表
32 开　（各国社会经济史丛书）

4408　俄国社会经济史

〔日〕小林良正著　顾志坚译　上海　华通书局
1936 年　有表　32 开

4409　法之本质

〔日〕美浓部达吉著　林纪东译　上海　商务印
书馆　1936 年 9 月初版　23 开　（政法丛书）

4410　法之本质

〔日〕美浓部达吉著　林纪东译　上海　世界书
局　1936 年　23 开

4411　非常时期之统制经济论

〔日〕水岛穗一著　龚心印译　湖南育才中学校
1936 年 3 月初版　有表　32 开　（湖南育才中
学丛书　3）

4412　妇科学

〔日〕安井修平著　王同观译　东京　同仁会
1936 年初版

4413　高等数学概论

〔日〕挂谷宗一著　周达如译　上海　商务印书
馆　1936 年　27 开

4414　高等数学概论

〔日〕挂谷宗一著　周达如译　上海　世界书局
1936 年 12 月初版　27 开

4415　各国合作事业史

〔日〕高须虎六著　杨智译　上海　商务印书馆
1936 年 7 月初版，1939 年长沙再版　有表　36
开　（社会科学丛书　何炳松、刘秉麟主编）

4416　各国所得税制度论

〔日〕汐见三郎著　宁柏青译　上海　商务印书
馆　1936 年 5 月初版　有图表　25 开　精装
（经济丛书）

4417　（公开表演）理化幻术

〔日〕藤木源吾著　薛逢元译　上海　中华书局
1936 年

4418　（公开表演）理化幻术

〔日〕藤木源吾著　薛逢元译　上海　新亚书店
1936 年 1 月初版，1946 年 11 月再版　有图
36 开

4419　古物研究

〔日〕滨田耕作等著　杨炼译　上海　商务印书
馆　1936 年 7 月初版　32 开　（史地小丛书）

4420　古玉概说

〔日〕滨田耕作著　胡肇椿译　上海　商务印书
馆　1936 年　23 开

4421　古玉概说

〔日〕滨田耕作著　胡肇椿译　上海　中华书局
1936 年 11 月初版，1940 年 2 月再版　23 开
（上海博物馆丛书　丙类 4）

4422　胍学辑要评

〔日〕丹波元简著　廖平评译　上海　商务印书
馆　1936 年

4423　观察实验图解植物学

日本广岛文理科大学广岛高等师范学校博物学
会编　嵇联晋译　上海　商务印书馆　1936 年 9
月初版　24 开　精装　（科学丛书）

4424　广田弘毅传

〔日〕岩崎荣著　吴力生译　上海　商务印书馆
1936 年 12 月初版

4425　国防之知识

〔日〕竹内荣喜著　训练总监部军学编译处译
南京　军用图书社　1936 年 2 月初版　有图表
32 开

4426　国社党人物评传
〔日〕北上健著　叶翔之译　南京　拔提书店
1936 年 12 月初版　有照片　32 开

4427　害虫及益虫
〔日〕矢野宗干著　褚乙然译　上海　商务印书
馆　1936 年　36 开　（自然科学小丛书）

4428　汉医要诀
〔日〕大塚敬节著　唐慎坊译　长沙　中华书局
1936 年

4429　汉译日本口语文法教本
黄邦柱编译　上海　量材业余补习学校
1936 年

4430　合伙股东责任之研究
〔日〕土肥武雄著　李培皋、叶致中译　上海
上海市商会　1936 年 6 月初版　23 开

4431　河川
〔日〕野满隆治著　盛叙功译　上海　商务印书
馆　1936 年 9 月初版　32 开　（万有文库　第
2 集　王云五主编；自然科学小丛书）

4432　河童
〔日〕芥川龙之介著　黎烈文等译　上海　文化
生活出版社　1936 年 9 月初版　冠像　32 开
（现代日本文学丛刊 52）

4433　黑格尔哲学入门
〔日〕甘粕石介著　沈因明译　上海　商务印书
馆　1936 年　22 开

4434　黑格尔哲学入门
〔日〕甘粕石介著　沈因明译　上海　辛垦书店
1936 年 5 月初版　22 开

4435　呼吸及发酵
〔日〕荣田桂太、田宫博著　魏嵒寿译　上海
商务印书馆　1936 年 9 月初版　32 开　（万有
文库；自然科学小丛书）

4436　华北经济概论
〔日〕田中忠夫著　姜般若译　北京　北京出版
社　1936 年 4 月初版　有表　32 开

4437　华北经济概论
〔日〕田中忠夫著　姜般若译　上海　辛垦书店
1936 年　有表　32 开

4438　化石生物
〔日〕槙山次郎著　上海　商务印书馆　1936 年

4439　化学兵器
〔日〕中村隆寿著　训练总监部军学编译处译
南京　军用图书社　1936 年 10 月初版　有图表
24 开

4440　基本图案学
〔日〕金子清次著　傅抱石译　上海　商务印书
馆　1936 年

4441　极性与侧性
〔日〕冈田要著　费鸿年译　上海　中华书局
1936 年　32 开

4442　佳人奇遇（政治小说）
〔日〕柴四郎著　梁启超译　上海　中华书局
1936 年 3 月初版　32 开　（饮冰室专集）

4443　（假名汉字）日华两用辞典
〔日〕芳贺矢一编　周融、周萍译　上海　世界
书局　1936 年

4444　将来战兵团之防空
〔日〕大谷清磨著　训练总监部军学编译处译
南京　军用图书社　1936 年 10 月初版　有图
25 开

4445　教练之参考（步兵用）
日本教育总监部编　训练总监部军学编译处译
南京　军用图书社　1936 年 6 月初版　有图表
32 开

4446　教练之参考（骑兵用）
日本教育总监部编　训练总监部军学编译处译
南京　军用图书社　1936 年 9 月初版　有图表
32 开

4447　教育行政法
〔日〕武部钦一著　梁之相译述　北京　译者刊
1936 年 9 月初版　24 开　精装

4448　结婚医学
〔日〕柏原长弘著　殷启华译　上海　大通图书
社　1936 年 9 月初版　32 开

4449　进化要因论
〔日〕小泉丹著　任一碧译　上海　商务印书馆
1936 年

4450 进化要因论
〔日〕小泉丹著 任一碧译 上海 中华书局
1936 年

4451 经济学前史（上、下册）
〔日〕高桥诚一郎著 熊子骏译述 上海 商务
印书馆 1936 年 11 月初版 32 开 精装 （汉
译世界名著）

4452 景观地理学
〔日〕辻村太郎著 曹沉思译 上海 商务印书
馆 1936 年 9 月初版，1940 年 3 月长沙初版
有图 36 开 （万有文库 第 2 集）

4453 警察学纲要
〔日〕松井茂著 吴石译 山西省立农专学校
1936 年 32 开

4454 警察学纲要
〔日〕松井茂著 吴石译 上海 商务印书馆
1936 年 1 月初版 32 开 （市政丛书）

4455 看护学全书三种
〔日〕五十岚玲等著 〔日〕确居龙太主编 丁
惠康译 上海 医学书局 1936 年 2 月初版
32 开

4456 康居粟特考
〔日〕白鸟库吉著 傅勤家译 南京 国立编译
馆 1936 年 32 开

4457 康居粟特考
〔日〕白鸟库吉著 傅勤家译 上海 商务印书
馆 1936 年 8 月初版 32 开 （史地小丛书）

4458 科学的生命观
〔日〕永井潜著 危淑元译 上海 商务印书馆
1936 年 32 开

4459 科学的生命观
〔日〕永井潜著 危淑元译 上海 辛垦书店
1936 年出版 32 开

4460 科学战争
〔日〕寺岛柾史著 赵立云、吕鹏博译述 上海
商务印书馆 1936 年 7 月初版，1944 年 9 月初
版 32 开

4461 空军
〔日〕大场弥平著 训练总监部军学编译处译

南京 军用图书社 1936 年 1 月初版 有图
16 开

4462 口腔与齿牙
〔日〕石原久著 任一碧译 上海 抚矿编委会
1936 年 32 开

4463 口腔与齿牙
〔日〕石原久著 任一碧译 上海 商务印书馆
1936 年 9 月初版，1938 年长沙再版 32 开
（医学小丛书）

4464 矿石
〔日〕加濑勉郎著 陆志鸿译 上海 新亚书店
1936 年

4465 矿物与岩石
〔日〕渡边万次郎著 张资平译 上海 开明书
店 1936 年 有图表 32 开

4466 昆虫生态学
〔日〕矢野宗干著 薛德焴译 上海 上海中华
学艺社 1936 年 32 开

4467 乐浪与平壤的传说
〔日〕八田已之助辑 张雁深、张绿子译 东京
平壤研究会 1936 年

4468 力织机构学
〔日〕大住吾八著 曹骥才译 陈中杰校 上海
商务印书馆 1936 年 2 月初版，1939 年 5 月长
沙再版，1940 年 10 月长沙 4 版 有图表 23 开
精装

4469 力织机构学
〔日〕大住吾八著 曹骥才译 陈中杰校 上海
神州国光社 1936 年 有图表 23 开 精装

4470 历史与经济组织
〔日〕石滨知行著 曾仲谋译 广州 方圆社
1936 年 11 月初版 32 开

4471 历史与经济组织
〔日〕石滨知行著 曾仲谋译 上海 商务印书
馆 1936 年 32 开

4472 灵枢识（1—6 册）
〔日〕丹波元简著 上海 大东书局 1936 年
10 月初版 32 开 （中国医学大成 第 1 集
医经类）

4473 脉学辑要评
〔日〕丹波元简著 廖平评 上海 大东书局
1936 年 12 月初版 32 开 （中国医学大成 第
2 集 诊断类）

4474 毛诗楚辞考
〔日〕儿岛献吉郎著 隋树森译 上海 商务印
书馆 1936 年 2 月初版 32 开 （国学小丛书
王云五主编）

4475 美国社会经济史
〔日〕堀经夫著 许啸天译 上海 商务印书馆
1936 年

4476 美国社会经济史
〔日〕猪谷善一著 张定夫译 上海 商务印书
馆 1936 年 7 月初版，1937 年 2 月再版 有表
32 开 （各国社会经济史丛书）

4477 苗族调查报告
〔日〕鸟居龙藏著 国立编译馆译 上海 商务
印书馆、国立编译馆 1936 年 23 开 有图表

4478 民法总论
〔日〕鸠山一郎著 留云奇译 北京 仁和堂
1936 年 6 月初版 25 开

4479 民法总论
〔日〕鸠山一郎著 留云奇译 上海 中华书局
1936 年 25 开

4480 民族地理学
〔日〕小牧实繁著 郑震译 上海 商务印书馆
1936 年 3 月初版 有照片 32 开 （万有文库
第 2 集）

4481 民族生物学
〔日〕古屋芳雄著 张资平译 上海 商务印书
馆 1936 年 3 月初版 有图表 32 开 （万有
文库 第 2 集）

4482 男女贞操读本
〔日〕河崎纳志等著 殷启华译 上海 大通图
书社 1936 年 7 月初版 32 开

4483 农林种子学（教本）（上卷）
〔日〕近藤万太郎著 杨开渠译 上海 商务印
书馆 1936 年 3 月初版 有图表 25 开 （大
学丛书）

4484 农业金融新论
〔日〕小平权一著 欧阳瀚存译 上海 中华书
局 1936 年

4485 农业土木学
〔日〕田中贞次著 樊作哲译 上海 商务印书
馆 1936 年 76 页 23 开

4486 农业土木学
〔日〕田中贞次著 樊作哲译 上海 中国科学
公司 1936 年 4 月初版 76 页 23 开

4487 欧洲经济史纲
〔日〕石滨知行著 陈绶荪、邓伯粹译 上海
商务印书馆 1936 年 21 开

4488 欧洲经济史纲
〔日〕石滨知行著 陈绶荪、邓伯粹译 上海
中华书局 1936 年 9 月初版 21 开

4489 欧洲经济通史
〔日〕东晋太郎著 熊得山译 上海 商务印书
馆 1936 年 4 月初版 有表 22 开

4490 炮兵战术讲授录（原则之部）
〔日〕畑勇三郎、宝藏寺久雄讲述 训练总监部
译 南京 军用图书社 1936 年 3 月初版 有
图 24 开

4491 普通动物学
〔日〕饭塚启著 稽联晋译 南京 正中书局
1936 年 7 月初版，1947 年 3 月沪 1 版 有图表
25 开 精装 （自然科学丛书）

4492 七经孟子考文（并补遗）
〔日〕山井鼎辑 物观等补遗 1936 年 12 月
初版

4493 千曲川素描
〔日〕岛崎藤村著 黄源译 上海 新生命书局
1936 年

4494 青年团之使命
〔日〕田泽义铺著 高乃同、黄仲图译 浙江
浙江省立嘉兴民众教育馆 1936 年 11 月初版
32 开 （青年训练丛书 第 1 种 高乃同主编）

4495 驱虫剂与杀菌剂
〔日〕佐藤宽次撰 戴虹溥译 上海 商务印书
馆 1936 年 有图表 32 开

4496 驱虫剂与杀菌剂
〔日〕佐藤宽次撰 戴虹溥译 太原 太原中外语言学会 1936 年初版 有图表 32 开

4497 趣味的天空
〔日〕原田三夫著 单稼书编译 夏丏尊校 上海 光明书局 1936 年 9 月初版 有图、肖像 30 开

4498 全唐诗逸
〔日〕河世宁纂辑 1936 年 12 月初版 （初编 1766）

4499 人生的意义与道德的渊源
〔日〕远山椿吉著 曹钦源译 上海 商务印书馆 1936 年

4500 人兽之间
〔日〕佐藤红绿著 张资平译 上海 商务印书馆 1936 年 3 月初版 32 开

4501 人体生理（职业学校教科书）
〔日〕上野一晴著 顾寿白译 上海 商务印书馆 1936 年 9 月初版 有图像 32 开 精装（万有文库；自然科学小丛书）

4502 日本产业概论
陈湜编译 南京 正中书局 1936 年

4503 日本复兴农村经济计划及新生活运动
龚心印译 上海 育才中学校 1936 年 1 月初版 有表、附折表 32 开 （育才中学丛书）

4504 日本国势图解（一名 日本国力图解）
〔日〕矢野恒太、白崎享一著 李择一译 山西省立农专学校 1936 年 有图表 25 开

4505 日本国势图解（一名 日本国力图解）
〔日〕矢野恒太、白崎享一著 李择一译 上海 商务印书馆 1936 年 11 月初版 有图表 25 开

4506 日本军部对俄备战之策励
日本陆军省新闻班编 外交部情报司译 译者刊 1936 年 4 月初版 有表 32 开 （国际丛书 第 10 种）

4507 日本陆军读本
〔日〕平田晋策著 训练总监部军学编译处译 南京 军用图书社 1936 年 1 月初版 有图照及表 25 开

4508 日本陆军士官学校丛谈
〔日〕本村武佐著 训练总监部军学编译处译 译者刊 1936 年 10 月初版 32 开

4509 日本农村合作运动
〔日〕千石兴太郎著 孙鉴秋译 南京 中国合作社 1936 年 9 月初版 有表 32 开

4510 日本社会经济史
〔日〕内田繁隆著 陈敦常译 上海 商务印书馆 1936 年 6 月初版，1937 年 2 月再版 32 开（各国社会经济史丛书）

4511 日本委任统治岛的社会组织
〔日〕矢内原忠雄著 朱伟文译 上海 国立暨南大学海外文化事业部 1936 年 3 月初版 有图表 32 开 （海外丛书 南洋之部）

4512 日本文化史概论
〔日〕西村真次著 徐碧晖译 上海 商务印书馆 1936 年 3 月初版 有图 25 开 （日本研究会丛书）

4513 日本阵中要务令详解（第 1、3、4、5、7 卷）
训练总监部军学编译处译 军学编辑局印行 1936 年 有图表 32 开

4514 日本政治机构（军部制霸的基础）
日本政治研究会著 吴世汉、邢必信译 南京协社出版部 1936 年 2 月初版 32 开

4515 日清战史讲授录
〔日〕誉田甚八著 训练总监部军学编译处译 南京 译者自刊 1936 年 9 月初版 23 开

4516 日语大文典
〔日〕曾野一路著 东京 学艺社 1936 年

4517 日语模范文选
〔日〕佐伯筬四郎编 上海 语文研究社 1936 年

4518 山灵
〔朝鲜〕张赫宙等著 胡风辑译 上海 文化生活出版社 1936 年

4519 商业政策发展史
〔日〕竹内谦二著 陈敦常译 上海 商务印书馆 1936 年 3 月初版 32 开

4520　商业政策发展史
〔日〕竹内谦二著　陈敦常译　上海　世界书局　1936年　32开　（商学小丛书）

4521　社会政策原论
〔日〕河田嗣郎著　梁于民译　上海　商务印书馆　1936年1月初版　32开　（社会科学小丛书　何炳松、刘秉麟主编）

4522　神经系统
〔日〕高桥坚著　潘锡九译　上海　商务印书馆　1936年3月初版　有图　32开　（万有文库　第2集）

4523　生物学概论（上、下册）
〔日〕镝木外歧雄著　罗宗洛译　上海　商务印书馆　1936年9月初版　32开　（万有文库　第2集　王云五主编；自然科学小丛书）

4524　生物学小史
〔日〕谷津直秀著　林重光译　上海　商务印书馆　1936年9月初版，1939年长沙版，1947年3月再版　32开　（万有文库　第2集　王云五主编；自然科学小丛书）

4525　生物学新论
〔日〕石井友幸、石原辰郎著　危淑元译　上海　辛垦书店　1936年　24开

4526　生物学与人类的进步
〔日〕内田升三著　萧百新译　武昌　时中合作书社　1936年

4527　生物学与人生问题
〔日〕内田升三著　萧百新译　上海　商务印书馆　1936年4月初版　32开　（自然科学小丛书）

4528　生物与电
〔日〕桥田邦彦著　许善齐译　上海　商务印书馆　1936年9月初版，1939年9月长沙初版，1940年　有图　32开　（万有文库　第2集）

4529　生殖生理学
〔日〕荻野久作著　缪端生编译　上海　新亚书店　1936年12月初版　32开

4530　实验发生学
〔日〕冈田要著　舒贻上译　上海　商务印书馆　1936年3月初版　32开　（万有文库　第2集

王云五主编；自然科学小丛书）

4531　实验生命论
〔日〕阿部余四男著　周建侯译述　上海　商务印书馆　1936年3月初版　有图　32开　（万有文库　第2集）

4532　世界大战概史
〔日〕川原贞男编著　训练总监部军学编译处译　南京　军用图书社　1936年4月初版　有图　25开

4533　世界地体构造（上、下册）
〔日〕青山信雄著　张资平译　上海　商务印书馆　1936年10月初版　有图表　32开　（万有文库　第2集）

4534　世界集团经济论
〔日〕蜡山政道（腊山政道）著　沈钟灵编译　上海　商务印书馆　1936年　有图表　32开　（时代丛书）

4535　世界集团经济论
〔日〕蜡山政道（腊山政道）著　沈钟灵编译　南京　正中书局　1936年1月初版　有图表　32开

4536　世界经济论
〔日〕生岛广治郎著　陈怀德译　上海　中华书局　1936年　有表　窄25开　（社会科学丛刊）

4537　世界经济论
〔日〕生岛广治郎著　陈怀德译　南京　正中书局　1936年11月初版，1939年8月渝再版　有表　窄25开

4538　宋代之市舶司与市舶条例
〔日〕藤田丰八著　魏重庆译　上海　商务印书馆　1936年10月初版　32开　（史地丛书）

4539　宋以前医籍考（第1辑）
〔日〕黑田源次著　沈阳　满洲医科大学东亚医学研究所　1936年8月初版　有表　16开

4540　苏俄经济地理
〔日〕川西勇、国松久弥著　许亦非、许达年译　上海　商务印书馆　1936年　有表　23开

4541　苏俄经济地理
〔日〕川西勇、国松久弥著　许亦非、许达年译

上海　中华书局　1936 年 2 月初版　有表　23
开　（社会科学丛书）

4542　苏联经济地理
〔日〕平竹传三著　陈此生、廖璧光译　上海
商务印书馆　1936 年 11 月初版　有图表、地图
21 开

4543　隋唐燕乐调研究
〔日〕林谦三著　郭沫若译　上海　商务印书馆
1936 年

4544　隋唐燕乐调研究
〔日〕林谦三著　郭沫若译　上海　开明书店
1936 年

4545　隋唐燕乐调研究
〔日〕林谦三著　中法文化出版委员会编　上海
商务印书馆　1936 年 11 月初版　有图　25 开
精装

4546　胎产问题
〔日〕长谷川茂治著　程浩译　上海　商务印书
馆　1936 年 9 月初版，1939 年 1 月 3 版　有图
表　32 开　（家庭丛书）

4547　台密纲要
〔日〕福田尧颖讲述　谈玄编译　武昌　佛学院
1936 年 11 月再版　32 开　（密教丛书）

4548　太阳研究之新纪元
〔日〕关口鲤吉著　杨倬孙译　上海　商务印书
馆　1936 年 9 月初版，1939 年 9 月长沙初版
32 开　（万有文库　第 2 集　王云五主编；自
然科学小丛书）

4549　唐钞本韵书及印本切韵之断片
〔日〕武内义雄著　万斯年译　北京　国立北平
图书馆　1936 年 10 月初版　有表　16 开

4550　（题解中心）续几何学辞典
〔日〕长泽龟之助著　薛德炯、吴戴耀译　上海
新亚书店　1936 年 4 月初版，1948 年 2 月 4 版
有图　32 开　精装

4551　统制经济论
〔日〕向井鹿松著　（译者不详）　上海　商务
印书馆　1936 年

4552　唯物史观的文学论
〔日〕森山启著　廖必光译　上海　上海杂志公

司　1936 年

4553　文化移动论
〔日〕西村真次著　李宝瑄译述　上海　商务印
书馆　1936 年 2 月初版　有图像　32 开　（史
地小丛书）

4554　文学论
〔日〕森山启著　廖苾光译　上海　读者书房
1936 年 7 月初版　32 开　（丛书月刊　5）

4555　文学论
〔日〕森山启著　廖苾光译　上海　商务印书馆
1936 年　32 开

4556　（文言口语对照）现代日本语文法
〔日〕松浦珪三著　东京　文求堂　1936 年

4557　我是猫
〔日〕夏目漱石著　程伯轩、罗芷译　东京　凤
文书院　1936 年

4558　西方美术东渐史
〔日〕关卫著　熊得山译　上海　商务印书馆
1936 年 10 月初版　有图　32 开　精装

4559　西方美术东渐史
〔日〕关卫著　熊得山译　上海　中华书局
1936 年　有图　32 开　精装

4560　西南亚细亚文化史
〔日〕中原与茂九郎、杉勇编　杨炼译　上海
商务印书馆　1936 年　32 开

4561　现代经济学论
〔日〕波多野鼎著　彭迪先译　上海　商务印书
馆　1936 年 8 月初版　有图表　32 开　（社会
科学丛书　何炳松、刘秉麟主编）

4562　现代看护学（1—4 册）
〔日〕确居龙太著　丁惠康译　长沙　商务印书
馆　1936 年 11 月初版，1939 年 12 月 5 版　有
图　36 开

4563　现代空军
〔日〕大场弥平著　陶鲁书译述　航空委员会第
二处第八科　1936 年 4 月初版　有图像、表
23 开

4564　现代日本
〔日〕渡边铗藏著　萧治平译　1936 年　32 开

4565 现代日本论（上册）
〔日〕清泽洌著 荆冬青编译 广州 译者刊
1936 年 1 月初版 32 开

4566 现代日本小说译丛
黄源选译 上海 商务印书馆 1936 年 3 月初
版，9 月再版 42 开 精装 （文学研究会世
界文学名著丛书）

**4567 现代新教育彻览（原名 现代革新教育
的进展）**
〔日〕岛田正藏著 雷通群译 上海 商务印书
馆 1936 年 6 月初版 有表 23 开 （师范
丛书）

4568 现代之战略战术
〔日〕佐藤清胜著 王旭夫译 南京 军用图书
社 1936 年 12 月初版 有表 25 开

4569 香港政治之史的考察
〔日〕植田捷雄著 石楚耀译 上海 上海国立
暨南大学海外文化事业部 1936 年 32 开

4570 新兵器之知识
〔日〕佐藤清胜著 葛建时译 山西省立农专学
校 1936 年 有照片、表 32 开

4571 新兵器之知识
〔日〕佐藤清胜著 葛建时译 南京 正中书局
1936 年 6 月初版，1936 年 10 月 2 版，1940 年 5
月渝初版 有照片、表 32 开

4572 新社会科学讲话（原名 第二贫乏物语）
〔日〕河上肇著 雷敢译 北京 朴社 1936 年
4 月初版 有表 32 开

4573 新社会主义讲话
〔日〕河上肇著 雷敢译 上海 商务印书馆
1936 年

4574 （新撰）日本语读本（续篇）
〔日〕大出正笃编译 大连 满洲文化普及会
1936 年

4575 信鸽训练法
〔日〕岩田岩著 贺云编译 上海 商务印书馆
1936 年 有图表、摄影 32 开

4576 信鸽训练法
〔日〕岩田岩著 贺云编译 上海 中国农业书

局 1936 年 11 月初版 有图表、摄影 32 开

4577 行列论
〔日〕藤原松三郎著 萧君绛译 上海 商务印
书馆 1936 年 6 月初版 25 开

4578 行列论
〔日〕藤原松三郎著 萧君绛译 上海 正中书
局 1936 年 25 开

4579 刑法读本
〔日〕泷川幸辰著 陶希圣、黄得中译 上海
新生命书局 1936 年 有冠图 24 开

4580 性风俗夜话
方纪生辑译 华北编译馆 1936 年

4581 血液型与民族性
〔日〕古川竹二著 姚蓬心译 上海 康健书局
1936 年 7 月初版 有图 32 开 （康健丛书）

4582 血液型与民族性
〔日〕古川竹二著 姚蓬心译 上海 商务印书
馆 1936 年 有图 32 开

4583 血液型之概说
〔日〕古畑种基著 广东博爱会医院编译 广州
编译者刊 1936 年 2 月初版 有图表 16 开

4584 岩矿化学
〔日〕渡边万次郎著 张资平译 上海 商务印
书馆 1936 年 11 月初版 有图表 32 开 （自
然科学小丛书 王云五、周昌寿主编）

4585 岩矿化学
〔日〕渡边万次郎著 张资平译 上海 相海营
养研究所 1936 年 有图表 32 开

4586 养分之摄取与同化物质之利用
〔日〕大槻虎男著 刘克济译 上海 商务印书
馆 1936 年 3 月初版 有图表 32 开 （万有
文库 第 2 集）

4587 野战炮兵之运用与战斗原则图表解
〔日〕高德昌编译 南京 军学编译社 1936 年
6 月初版 有表 32 开

4588 一个日本人的中国观
〔日〕内山完造著 尤炳圻译 上海 开明书店
1936 年 8 月初版，1939 年 2 月 4 版，1941 年 8

月 5 版　32 开

4589　医籍考

〔日〕丹波元胤著　上海　中西医学　1936 年

4590　遗传学纲要

〔日〕木原均著　于景让译　上海　商务印书馆 1936 年 8 月初版　有图表　32 开　（百科小丛 书　王云五主编）

4591　遗传学纲要

〔日〕木原均著　于景让译　上海　文明编译印 书局　1936 年　有图表　32 开

4592　遗传与结婚

〔日〕三宅骥一、今井喜孝著　史良元译　南京 正中书局　1936 年 12 月初版，1947 年 7 月沪 1 版　32 开　（趣味中心正中科学知识丛书）

4593　艺术学新论

〔日〕甘粕石介著　谭吉华译　上海　商务印书 馆　1936 年　23 开

4594　艺术学新论

〔日〕甘粕石介著　谭吉华译　上海　辛垦书店 1936 年 2 月初版　23 开

4595　（译解详注）日本语自修全书

〔日〕岩井武男著　东京　文求堂　1936 年

4596　意大利社会经济史

〔日〕山口正太郎著　陈敦常译　上海　商务印 书馆　1936 年 8 月初版　有表　32 开　（各国 社会　经济史丛书）

4597　印度古代文化

〔日〕武田丰四郎著　杨炼译　上海　商务印书 馆　1936 年 4 月初版　32 开　（史地小丛书）

4598　印度童话集

〔日〕丰岛二郎著　许达年译　上海　商务印书 馆　1936 年　有图　32 开　（世界童话丛书）

4599　英国社会经济史

〔日〕堀经夫著　许啸天译述　上海　商务印书 馆　1936 年 6 月初版，1937 年 2 月再版　有表 32 开　（各国社会经济史丛书）

4600　有机化学精义

〔日〕松井元兴著　薛德炯译　上海　商务印书

馆　1936 年 12 月初版　有图　25 开

4601　域外小说集

周作人辑译　上海　中华书局　1936 年

4602　原动机及电机概论

〔日〕内田浩、东条喜一著　范致远、郝新吾译 上海　商务印书馆　1936 年 2 月初版，1938 年 12 月长沙 3 版　有图像　32 开　（工学小 丛书）

4603　战术教育之指导研究法图表解

王旭夫译　南京　军用图书社　1936 年 9 月 初版

4604　照相化学（上、下册）

〔日〕铃木庸生著　高铦译　朱仁宝校　上海 商务印书馆　1936 年 3 月初版　有图表　32 开 （万有文库　第 2 集；自然科学小丛书）

4605　照相化学（上、下册）

〔日〕铃木庸生著　高铦译　朱仁宝校　上海 北新书局　1936 年

4606　针灸则

〔日〕菅沼长之著　东方针灸学社　1936 年

4607　真宗十讲（清国俘虏说教）

〔日〕小栗栖香顶口讲、小栗栖龙藏笔记　芝峰 校阅　佛学书局　1936 年初版　有照片　32 开 环筒页装

4608　政治心理论

〔日〕稻田周之助著　廖文奎译述　上海　大承 出版社　1936 年 7 月初版　23 开　（中央政治 学校研究部丛书　2）

4609　政治心理论

〔日〕稻田周之助著　廖文奎译述　上海　商务 印书馆　1936 年　23 开

4610　植物病理原论

〔日〕草野俊助著　陈铭石译　上海　商务印书 馆　1936 年 3 月初版　32 开　（万有文库）

4611　植物群落学小引

〔日〕中野治房著　于景让译　上海　商务印书 馆　1936 年 3 月初版　32 开　（万有文库　第 2 集　王云五主编；自然科学小丛书）

4612　植物系统解剖学
〔日〕小仓谦著　舒贻上译　上海　商务印书馆
1936 年 9 月初版，1939 年 5 月长沙版　有图
32 开　（万有文库　第 2 集）

4613　植物与水分
〔日〕颣缅理一郎著　谢循贯译　上海　商务印
书馆　1936 年 3 月初版　有图表　32 开　（万
有文库　第 2 集）

4614　植物之发生生长及器官形成
〔日〕郡场宽著　薛德焴译　上海　商务印书馆
1936 年 9 月初版，1939 年 5 月长沙初版　32 开
（万有文库　第 2 集　王云五主编；自然科学小
丛书）

4615　植物之生殖
〔日〕原田正人著　高铦译　东京　教科书辑译
社　1936 年

4616　植物之生殖
〔日〕原田正人著　高铦译　上海　商务印书馆
1936 年

4617　中国古代经济思想及制度
〔日〕田崎仁义著　王学文译　上海　商务印书
馆　1936 年 1 月初版　23 开

4618　中国近世戏曲史
〔日〕青木正儿著　王古鲁译　上海　商务印书
馆　1936 年　25 开　精装

**4619　中国经济的现势及其动向（中国经济情
报——一九三六年上半期）**
〔日〕滨田峰太郎著　胡一声译　上海　引擎出
版社　1936 年 11 月初版，1937 年 1 月再版　有
表　32 开　（现世界丛书）

4620　中国民法债编总则论
〔日〕我妻荣著　洪锡恒译　上海　商务印书馆
1936 年　有表　23 开

4621　中国南海古代交通丛考
〔日〕藤田丰八著　何健民译　上海　商务印书
馆　1936 年 7 月初版　32 开　（汉译世界名著）

4622　中国农村社会论战批判
〔日〕玉木英夫著　刘怀溥、徐德乾译　上海
不二书店　1936 年 9 月初版　有表　32 开

4623　中国农村社会论战批判
〔日〕玉木英夫著　刘怀溥、徐德乾译　上海
商务印书馆　1936 年　有表　32 开

4624　中国青铜器时代考
〔日〕梅原末治著　胡厚宣译　上海　商务印书
馆　1936 年 5 月初版　有图　32 开　（史地小
丛书）

4625　中国上古天文
〔日〕新城新藏著　沈璇译　上海　商务印书馆
1936 年　有图表　32 开

4626　中国上古天文
〔日〕新城新藏著　沈璇译　上海　中华学艺社
1936 年 1 月初版　有图表　32 开　（学艺汇刊
38）

4627　中国社会经济史
〔日〕森谷克己著　陈昌蔚译述　上海　商务印
书馆　1936 年 9 月初版，1937 年 3 月 3 版　有
表　32 开　精装　（各国社会经济史丛书）

4628　中国社会经济史
〔日〕森谷克己著　陈昌蔚译述　上海　中华书
局　1936 年　有表　32 开　精装

4629　中国社会经济史
〔日〕森谷克己著　孙怀仁译　上海　商务印书
馆　1936 年　有图表　23 开　平、精装

4630　中国社会经济史
〔日〕森谷克己著　孙怀仁译　上海　中华书局
1936 年 11 月初版　有图表　23 开　平、精装
（大学用书）

4631　中国文学发达
〔日〕青木正儿著　郭虚中译　上海　商务印书
馆　1936 年 10 月初版　32 开　（国学小丛书
王云五主编）

4632　中国文学思想史纲
〔日〕青木正儿著　汪馥泉译　上海　商务印书
馆　1936 年 12 月初版　32 开　（百科小丛书
王云五主编）

4633　中国文学思想史纲
〔日〕青木正儿著　汪馥泉译　上海　开明书店
1936 年　32 开

4634　中国文学研究
〔日〕儿岛献吉郎著　胡行之译　上海　北新书局　1936年10月初版　25开

4635　中国文学研究
〔日〕儿岛献吉郎著　胡行之译　上海　商务印书馆　1936年　25开

4636　中国资本主义发达史
〔日〕长野朗著　胡雪译　上海　中华书局　1936年5月初版　有表　23开　（社会道学丛书）

4637　（中日对照）日语读本
〔日〕永持德一编　北京　东亚公司　1936年

4638　重臣集团之真相
〔日〕村田清太郎著　外交部情报司译　外交部　1936年初版　32开

4639　紫外线
〔日〕山田幸五郎著　程思进译　上海　商务印书馆　1936年9月初版，1939年8月长沙初版，1947年3月再版　32开　（万有文库　第2集　王云五主编；自然科学小丛书）

4640　自律神经系
〔日〕吴健著　萧百新译　上海　商务印书馆　1936年

4641　自然科学概论
〔日〕石原纯著　周昌寿译　上海　商务印书馆　1936年

4642　组织学
〔日〕平光吾一著　沈恭译　东京　同仁会　1936年

4643　最惠国条款论
〔日〕手冢寿郎著　郑允恭译　上海　商务印书馆　1936年7月初版　18开　（政法丛书）

4644　最惠国条款论
〔日〕手冢寿郎著　郑允恭译　上海　大江书铺　1936年　18开

4645　最新助产妇学（上、下册）
〔日〕楠田谦藏著　姚昶绪译述　南京　中日文化协会　1936年　有图　25开

1937

4646　埃及童话集
〔日〕永桥卓介著　许达年译　上海　商务印书馆　1937年　有图　32开

4647　埃及童话集
〔日〕永桥卓介著　许达年译　上海　中华书局　1937年4月初版，1941年1月昆明3版，1945年10月3版　有图　32开　（世界童话丛书）

4648　安子（新女性气质）
〔日〕小林多喜二著　杨骚译　上海　思潮出版社　1937年

4649　病理学（上卷）
〔日〕木村哲二著　徐诵明译　东京　同仁会　1937年

4650　撤废治外法权之真意
〔日〕濑沼三郎编　长春　满洲国通讯社　1937年12月初版　32开

4651　淡水鱼类之婚姻色与殊星之研究（第1报）
〔日〕本村重、陶虞孙合著　上海　上海自然科学研究所　1937年1月初版　有图表　16开

4652　稻之遗传与育种
〔日〕长尾正人著　彭先泽译　上海　商务印书馆　1937年5月初版　23开

4653　稻之遗传与育种
〔日〕长尾正人著　彭先泽译　上海　正中书局　1937年　23开

4654　地租论
〔日〕鹫野隼太郎著　史文忠译　南京　县市行政讲习所　1937年3月初版　23开　（县政丛书）

4655　第二次世界战争
〔日〕石丸藤太著　阮有秋译　上海　中华书局　1937年6月初版　24开

4656　第二的母亲
〔日〕武者小路实笃著　周作人译　上海　启明书局　1937年

4657　（对译高级小学校）日本语教科书
〔日〕饭河道雄编译　沈阳　东方印书馆
1937 年

4658　（对译）日本法制读本
〔日〕饭河道雄编译　沈阳　东方印书馆
1937 年

4659　（对译）日本童话集
〔日〕饭河道雄编译　沈阳　东方印书馆
1937 年

4660　（对译）日本语与其特质
〔日〕岩泽岩编著　沈阳　东方印书馆　1937 年

4661　（对译详解）日本寻常小学国语读本
日本文部省编　〔日〕饭河道雄译著　沈阳
东方印书馆　1937 年

4662　（对译详解）现代日本文范
陈远民译注　〔日〕饭河道雄校阅　沈阳　东
方印书馆　1937 年

4663　（对译详注）日本普通尺牍
〔日〕饭河道雄编译　沈阳　东方印书馆
1937 年

4664　（对译）新体日语读本（卷 2　口语体篇）
〔日〕饭河道雄编译　沈阳　东方印书馆
1937 年

4665　俄林贸易理论
〔日〕谷口重吉著　汤元炳译　上海　商务印书
馆　1937 年 2 月初版，1937 年 4 月再版　有图
表　32 开　（社会科学小丛书　何炳松、刘秉
麟主编）

4666　发明的故事
〔日〕广濑基著　华书伦译　南京　正中书局
1937 年 5 月初版　有图　32 开

4667　法律哲学原理
〔日〕三谷隆正著　徐文波译述　上海　商务印
书馆　1937 年 5 月初版　32 开　（社会科学小
丛书　何炳松、刘秉麟主编）

4668　法显传考证
〔日〕足利喜六著　何健民、张小柳译　上海
商务印书馆　1937 年

4669　放浪记
〔日〕林芙美子著　崔万秋译　上海　大光书局
1937 年

4670　肺结核之常识
〔日〕今村荒男著　傅麓崖译　上海　商务印书
馆　1937 年　32 开

4671　肺结核之常识
〔日〕今村荒男著　傅麓崖译　上海　中华书局
1937 年 7 月初版，1949 年 3 月再版　32 开
（卫生丛书）

4672　高尔基评传
〔日〕升曙梦著　胡雪译　上海　开明书店
1937 年 6 月初版　32 开

4673　工业经济概论
〔日〕林癸未夫著　熊怀若译　上海　商务印书
馆　1937 年 2 月初版

4674　工业经济论
〔日〕林癸未夫著　熊怀若译　上海　开明书局
1937 年

4675　工业日本精神
〔日〕藤原银次郎著　陈博藩译　上海　上海日
报社　1937 年 5 月初版　有表、附折页地图
21 开　精装

4676　公法与私法
〔日〕美浓部达吉编著　陈正明译　汉口　陈正
明律师事务所　1937 年 2 月初版　32 开

4677　公法与私法
〔日〕美浓部达吉著　黄冯明译　上海　商务
书馆　1937 年 3 月初版　36 开　（汉译世界名
著；万有文库　第 2 集　123 种）

4678　国防之本义及其强化之提倡
日本陆军省新闻班编　张孤山译　1937 年 6 月
初版　有表　64 开

4679　国际法
〔日〕横田喜三郎著　韩桂琴译　上海　民智书
局　1937 年

4680　国际法（上卷）
〔日〕横田喜三郎著　韩桂琴译　上海　商务印
书馆　1937 年 1 月初版　23 开　（政法丛书）

4681　国际经济的理论与问题
〔日〕谷口吉彦著　陈寿琦译　上海　商务印书馆　1937年5月初版　有表　32开　（社会科学小丛书　何炳松、刘秉麟主编）

4682　国际经济的理论与问题
〔日〕谷口吉彦著　陈寿琦译　上海　大江书铺　1937年　有表　32开

4683　国家财政概论
〔日〕井藤半弥著　王国栋译　北京　大成书局　1937年1月初版　有表　23开

4684　国家财政概论
〔日〕井藤半弥著　王国栋译　上海　新宇宙书店　1937年　有表　23开

4685　化学概论（上、中、下册）
〔日〕伊藤靖、贵志二郎著　郑贞文、薛德炯译　上海　商务印书馆　1937年3月初版　有图　36开　（万有文库　第2集）

4686　货币的实际知识
〔日〕宫田保郎著　赵乐人译　上海　商务印书馆　1937年　有表　25开

4687　货币的实际知识
〔日〕宫田保郎著　赵乐人译　上海　新知书店　1937年4月初版　有表　25开

4688　货币与物价
〔日〕荒木光太郎著　马咸译　上海　商务印书馆　1937年　有图表　25开　（社会科学丛刊）

4689　货币与物价
〔日〕荒木光太郎著　马咸译　南京　正中书局　1937年3月初版，1939年4月渝3版，1943年渝6版，1947年沪1版　有图表　25开　（社会科学丛刊）

4690　价格统制论
〔日〕河合良成著　薛学海译述　上海　商务印书馆　1937年1月初版，1940年6月长沙再版　有表　21开

4691　间接成本之研究
〔日〕吉田良三著　安子介译　上海　商务印书馆　1937年12月初版，1938年长沙再版　有图表　21开　（现代商业丛书）

4692　简明儿科学
日本讲医会编辑部编　谢寿明译　上海　商务印书馆　1937年7月初版，1939年10月长沙2版　32开　（医学丛书）

4693　健美常识
〔日〕石原忍等著　任一碧译　上海　商务印书馆　1937年3月初版　有图　32开

4694　蒋介石传
〔日〕石丸藤太著　施洛英译述　上海　光华出版社　1937年3月初版，1937年5月3版　有图像　32开

4695　蒋介石的批判与反正
〔日〕石丸藤太著　许啸天译　上海　九州书局　1937年5月初版　有图像　32开

4696　蒋介石评传
〔日〕石丸藤太著　吴世汉、邢必信译　南京　经世半月刊社　1937年3月初版，1937年4月再版　冠像　32开

4697　蒋介石评传
〔日〕石丸藤太著　吴世汉、邢必信译　南京　正中书局　1937年　冠像　32开

4698　蒋介石伟大
〔日〕石丸藤太原著　汗血社译　刘百川校　上海　汗血书店　1937年4月初版，再版　32开　平、精装

4699　交通地理学概论
〔日〕松尾俊郎著　孔涤菴译　上海　商务印书馆　1937年3月初版　有图表　36开　（万有文库　第2集）

4700　金融统制论
〔日〕高桥龟吉著　徐文波译　上海　商务印书馆　1937年2月初版　有表　32开　（社会科学小丛书　何炳松、刘秉麟主编）

4701　近代唯物论
〔日〕森宏一著　寇松如译　上海　进化书局　1937年7月初版　32开　（唯物论全书）

4702　经济地理学导言
〔日〕黑正岩著　张宏英译述　上海　商务印书馆　1937年3月初版　有图表　32开　（社会科学丛书　何炳松、刘秉麟主编）

4703 经济政策纲要
〔日〕河津暹著 尹凤阁译 北京 金华印书局
1937 年 1 月初版 23 开

4704 经济政策纲要
〔日〕河津暹著 尹凤阁译 上海 辛垦书店
1937 年 23 开

4705 经济组织论
〔日〕北泽新次郎著 吴斐丹译 长沙 商务印
书馆 1937 年 有表 23 开 精装 （经济
丛书）

4706 经济组织论
〔日〕北泽新次郎著 吴斐丹译 上海 商务印
书馆 1937 年 4 月初版 有表 23 开 精装
（经济丛书）

4707 精撰解剖学（上、下册）
〔日〕西成甫著 汤尔和译 1937 年 9 月初版
有图 25 开 精装

4708 科学的历史观
〔日〕永田广志著 阮均石译 上海 新知书店
1937 年 8 月初版 25 开

4709 科学界的伟人
〔日〕吉松虎畅著 张建华译 上海 商务印书
馆 1937 年 1 月初版，1939 年 8 月长沙再版
有图 32 开

4710 枯叶
〔日〕林芙美子著 张建华译 上海 商务印书
馆 1937 年 冠像 32 开

4711 枯叶
〔日〕林芙美子著 张建华译 上海 文化生活
出版社 1937 年 3 月初版 冠像 32 开 （现
代日本文学丛刊 80）

4712 列强军需资源论
日本资源调查局编著 陈配德译 上海 世界
书局 1937 年 4 月初版 有图表 25 开 （内
外政治经济编译社丛书）

4713 列强在华经济斗争
〔日〕原胜著 石炎译 上海 不二书店 1937
年 3 月初版 有表 32 开

4714 列强在华经济斗争
〔日〕原胜著 石炎译 上海 商务印书馆

1937 年 有表 32 开

4715 罗伦彻及蒲朗克传
〔日〕菅井准一著 周昌寿译 上海 商务印书
馆 1937 年 6 月初版 冠像 36 开 （万有文
库 第 2 集）

4716 满洲新六法
〔日〕中根不羁雄编译 长春 满洲行政学会
1937 年 10 月初版，3 版 42 开 精装

4717 美国铁道之发达及其影响
〔日〕太田黑敏男著 王际宪译 北京 金华印
书局 1937 年 2 月初版 有表、地图 25 开

4718 米谷贮藏之理论与实际
〔日〕近藤万太郎著 忻介六译 上海 商务印
书馆 1937 年 5 月初版 有图表 32 开 （农
学丛书）

4719 米谷贮藏之理论与实际
〔日〕近藤万太郎著 忻介六译 上海 辛垦书
店 1937 年

4720 泌尿科学
〔日〕北川正淳著 寒先器译 东京 同仁会
1937 年

**4721 穆天子传地名考（禹贡半月刊第七卷第
六、七合期单行本）**
〔日〕小川琢治著 刘厚滋译 1937 年初版
16 开

4722 能觉悟了这个才是现代的好国民
〔日〕星野述 姚任编 长春 满洲国通信社
1937 年 12 月初版 有图像 36 开

4723 鸟类标本剥制法
〔日〕小野田伊久马著 王历农译 上海 商务
印书馆 1937 年 3 月初版 有图 32 开

4724 农产物病害防除知识
〔日〕三浦密成著 满洲行政学会编译 农业部
农务司农产科 1937 年 3 月初版 有图表
32 开

4725 农业保险之机能与组织
〔日〕小平权一著 殷公武译 上海 商务印书
馆 1937 年 有图表 23 开 （社会科学
丛刊）

4726 农业保险之机能与组织
〔日〕小平权一著 殷公武译 上海 正中书局
1937 年 3 月初版

4727 农业合作学
〔日〕东钿精一著 田作霖译 上海 商务印书
馆 1937 年

4728 农艺化学泛论
〔日〕后藤格次著 周建侯译 上海 商务印书
馆 1937 年 3 月初版 有表 32 开 （万有文
库 第 2 集 376 种；自然科学小丛书）

4729 女子律动体操
〔日〕长田博著 万蓉译 上海 商务印书馆
1937 年 6 月初版 有图 32 开

4730 气象器械学
〔日〕冈田武松著 王应伟译 中国气象学会
1937 年 5 月初版 16 开

4731 请看今日之中国
〔日〕太田宇之助著 中国文化教育馆译 黄杰
校订 上海 中庸书店 1937 年 6 月初版
32 开

4732 全线
〔日〕村山知义著 华蒂译 曙星剧社 1937 年
（曙星剧社脚本丛刊）

4733 日本法西斯主义
〔日〕木下半治著 林纪东译述 上海 商务印
书馆 1937 年 5 月初版 32 开 （新时代史地
丛书）

4734 日本故事选集
〔日〕内山美男、张少山译 大连 梅友社
1937 年

4735 日本国家机构略解
日本政治研究会著 宋斐如译 上海 中华书
局 1937 年 12 月初版 32 开 （现代政治
丛书）

4736 日本精神与近代科学
〔日〕永井潜著 钱稻孙译 北京 北京近代科
学图书馆 1937 年 6 月初版 18 开 （北京近
代科学图书馆丛刊 第 1 号）

4737 日本陆海空军国防观
张孤山译著 南京 正中书局 1937 年 7 月
初版

4738 日本南进论
〔日〕室伏高信著 龚心印译 长沙 湖南育才
中学校 1937 年 5 月初版 32 开 （湖南育才
中学丛书 4）

4739 日本农民教育馆的真精神
〔日〕横尾惣三郎著 丁松成译 上海 商务印
书馆 1937 年 6 月初版 32 开 （师范小
丛书）

4740 日本文明概说
〔日〕大川周明著 〔日〕中岛信一编译 长春
满洲帝国协和会 1937 年初版 24 开

4741 日本现代村塾论
〔日〕小野武夫著 方铭竹译 济南 乡村书店
1937 年 7 月初版 32 开

4742 日本小品文
〔日〕德富芦花等著 缪崇群译 昆明 中华书
局 1937 年 7 月初版，1939 年 11 月再版 32 开

4743 日本新童话 （上、下册）
日本童话会编辑 张逸父选译 上海 商务印
书馆 1937 年 3 月初版 32 开 （世界儿童文
学丛书）

4744 日本之产业 （1—5）
日本三菱经济研究所编 郑君平译述 长沙
商务印书馆 1937 年 12 月初版 有表 36 开

4745 日本之工业
〔日〕山本保编 上海 上海日报社 1937 年 4
月初版 有图表、摄影 12 开 精装

**4746 儒学之目的与宋儒庆历至庆元百六十年间
之活动**
〔日〕诸桥辙次著 唐卓群译 南京 首都女子
学术研究会 1937 年 7 月初版 有表 22 开

4747 食物及营养
〔日〕永井潜著 顾寿白译 上海 商务印书馆
1937 年 2 月初版 有图表 32 开 （自然科学
小丛书 王云五、周昌寿主编）

4748 神经系统
〔日〕高桥坚著 潘锡九译 上海 中华书局
1937 年 有图 32 开 （万有文库 第 2 集）

4749 食用作物学
〔日〕宗正雄著 田作霖编译 上海 商务印书馆 1937 年

4750 世界各国之食粮政策
日本农林省米谷局编 沐绍良等译 上海 商务印书馆 1937 年 3 月初版 有表 23 开 精装

4751 世界经济学
〔日〕作田庄一著 熊子骏译 上海 商务印书馆 1937 年 5 月初版 32 开 （社会科学小丛书 何炳松、刘秉麟主编）

4752 世界十大战争
陆军大学校函授处编译 南京 编译者刊 1937 年初版 1939 年 328 页

4753 兽学
〔日〕青木文一郎著 杨子奉译 上海 商务印书馆 1937 年 3 月初版，1940 年 12 月长沙 1 版 36 开 （万有文库 第 2 集 王云五主编；自然科学小丛书）

4754 数理地理学
〔日〕北田宏藏著 管怀琮译 上海 商务印书馆 1937 年 12 月初版 有图 32 开 （地理丛书 王云五、苏继顾主编丛书）

4755 水力学（教本）
〔日〕歌源定二著 刘肇龙译 王养吾、胡达聪校 上海 商务印书馆 1937 年 3 月初版 有图表 23 开 平、精装 （大学丛书）

4756 思想战与宣传战
〔日〕神田孝一编著 余仲瑶译 汉口 华中图书公司 1937 年 11 月初版，1938 年 2 月再版 36 开 （武汉留日同学会日本问题研究丛书第 2 辑）

4757 死之忏悔
〔日〕古田太次郎著 伯峰译 上海 文化生活出版社 1937 年 8 月初版，1941 年 2 月 4 版 36 开 （文化生活丛刊第 22 种 巴金主编）

4758 算术（百分算及利息算）
〔日〕林鹤一、中村庆次郎著 郑心南译 宁波新学会社 1937 年 32 开 （算学小丛书）

4759 算学基本问题详解（上、下册）
〔日〕松冈文太郎著 楼谔民编译 南京 国立编译馆 1937 年 32 开

4760 算学基本问题详解（上、下册）
〔日〕松冈文太郎著 楼谔民编译 上海 商务印书馆 1937 年 5 月初版 32 开

4761 孙子兵法之综合研究
李浴日译著 上海 商务印书馆 1937 年；长沙 商务印书馆 1938 年 2 月初版，1940 年 11 月 9 版；重庆

4762 特用作物学
〔日〕宗正雄著 田作霖编译 上海 商务印书馆 1937 年

4763 体温生理学
〔日〕小泉清明著 胡步蟾译 南京 正中书局 1937 年 6 月初版，1947 年 7 月沪 1 版 有图 25 开 （自然科学丛书）

4764 通俗资本论读本
〔日〕川上贯一著 林文译 上海 潮锋出版社 1937 年 4 月初版 有图表 23 开

4765 通俗资本论读本
〔日〕川上贯一著 林文译 上海 商务印书馆 1937 年 有图表 23 开

4766 统制经济论
〔日〕向井鹿松著 周炳鑫译 力勤书局 1937 年

4767 外蒙之现势
〔日〕吉村忠三著 李祖伟译 上海 商务印书馆 1937 年 2 月初版 32 开 （新时代史地丛书）

4768 唯识三十论讲话
〔日〕井上玄真著 芝峰译 武昌 武昌佛学院 1937 年 5 月初版 32 开

4769 唯物三十论讲话
〔日〕井上玄真著 释芝峰、寂颖译 上海 商务印书馆 1937 年

4770 唯物史观日本经济概况
〔日〕纪莽著 刘披云译 上海 商务印书馆 1937 年

4771 唯物战争观
〔日〕堀伸二著 任季高译 上海 辛垦书店

1937 年 2 月初版 有表 32 开

4772 伟大的蒋介石
〔日〕石丸藤太著 顾徂东译 上海 新生书局
1937 年 6 月再版 有图像 36 开

4773 卫生和空气水土
〔日〕晖峻义等著 杨祖诒译 上海 商务印书
馆 1937 年 3 月初版 有图表 32 开 （万有
文库；自然科学小丛书 王云五等主编）

4774 卫生和衣住清洁
〔日〕晖峻义等著 杨祖诒译 上海 商务印书
馆 1937 年 3 月初版 32 开 （万有文库；自
然科学小丛书 王云五等主编）

4775 文学研究法
〔日〕丸山学著 郭虚中译 上海 商务印书馆
1937 年 3 月初版 32 开 （百科小丛书 王云
五主编）

4776 武士道论语
〔日〕山本常朝著 〔日〕大木阳堂编著 四明
道子译 上海 个人刊 1937 年 3 月初版
32 开

4777 武士道论语
〔日〕山本常朝著 〔日〕大木阳堂编著 四明
道子译 上海 上海阮金旒 1937 年 32 开

4778 舞姬
〔日〕森鸥外著 林雪清译 上海 文化生活出
版社 1937 年 5 月初版 冠像 32 开 （现代
日本文学丛刊 2）

4779 西洋哲学史
〔日〕秋泽修二著 熊得山、金声译 上海 生
活书店 1937 年 7 月初版，1938 年 7 月汉口再
版 25 开

4780 西域研究
〔日〕藤田丰八著 杨炼译 上海 商务印书馆
1937 年 1 月初版 32 开 （汉译世界名著；万
有文库 610 种）

4781 细胞学概论
〔日〕山羽仪兵著 于景让译 长沙 商务印书
馆 1937 年 有图 25 开

4782 细胞学概论
〔日〕山羽仪兵著 于景让译 南京 国立编译

馆 1937 年 1 月初版，1945 年 2 月渝 1 版 有
图 25 开

4783 细菌学实习提要
〔日〕佐藤秀三编 祖照基译 上海 商务印书
馆 1937 年 8 月初版 有图表 23 开 （大学
丛书 中华教育文化基金董事会编辑委员会
主编）

4784 先哲医话
〔日〕浅田惟常著 上海 大东书局 1937 年 1
月初版 32 开 （中国医学大成 第 13 集
杂著）

4785 显微镜中之奇观 （1—5 册）
〔日〕仲摩照久编 林克庸译 上海 商务印书
馆 1937 年 3 月初版 有图 32 开 （万有文
库 第二集）

4786 现代唯物论
〔日〕永田广志著 卢心远译 上海 辛垦书店
1937 年 25 开

4787 现代唯物论
〔日〕永田广志著 施复亮、钟复光译 上海
进化书局 1937 年 7 月初版 32 开 （唯物论
全书）

**4788 （效果的速成式）标准日本语读本
（卷 2）**
〔日〕大出正笃著 奉天 满洲图书文具株式会
社 1937 年初版，1942 年 10 月 59 版 24 开

4789 新闻法制论
〔日〕榛村专一著 袁殊译 上海 商务印书馆
1937 年

4790 新哲学讲话
〔日〕德永直、渡边顺三著 包刚译 上海 上
海杂志公司 1937 年 5 月初版 32 开

4791 行政法学方法论之变迁
〔日〕铃木义男、杉村章三郎著 陈汝德译 北
京 国立北平大学法商学院 1937 年 1 月初版
16 开 （国立北平大学法商学院研究室丛书
第 1 辑第 1 种）

4792 性智识百问百答
〔日〕秋琴著 李佐成译 上海 上海健康书社
1937 年 2 版 32 开

4793 眼镜
〔日〕山田幸五郎著 程思进译 上海 商务印书馆 1937 年 1 月初版 32 开 （百科小丛书 王云五主编）

4794 眼镜
〔日〕山田幸五郎著 程思进译 上海 正中书局 1937 年 32 开

4795 药征
〔日〕东洞吉益著 曹炳章校点 上海 大东书局 1937 年 1 月初版 32 开 （中国医学大成 第 2 集 药物类）

4796 药征续编
〔日〕村井杶著 曹炳章校点 上海 大东书局 1937 年 1 月初版 32 开 （中国医学大成 第 2 集 药物类）

4797 药征续编
〔日〕村井杶著 曹炳章校点 上海 商务印书馆 1937 年 32 开

4798 伊朗童话集
〔日〕永桥卓介著 许达年译 上海 中华书局 1937 年 5 月初版，1941 年 3 月 3 版 有图 32 开 （世界童话丛书）

4799 伊藤博文传
〔日〕久米正雄著 周容译 长沙 商务印书馆 1937 年 32 开

4800 伊藤博文传
〔日〕久米正雄著 周容译 上海 世界书局 1937 年 4 月初版 32 开

4801 （译注）初等日本语读本
〔日〕大出正笃编译 北京 大亚印书局 1937 年

4802 （译注）日本语趣味读本（正续篇）
〔日〕大出正笃编译 北京 大亚印书局 1937 年

4803 （译注）中等日本语读本
〔日〕大出正笃编译 北京 大亚印书局 1937 年

4804 音乐教育论
〔日〕青柳善吾著 吴承均编译 上海 商务印书馆 1937 年 32 开 （教育小丛书）

4805 音乐教育论
〔日〕青柳善吾著 吴承均编译 上海 正中书局 1937 年 3 月初版，1947 年 12 月沪 1 版 32 开

4806 印度故事集
〔日〕丰岛次郎著 叶炽强译 上海 启明书局 1937 年 1 月初版 32 开 （世界故事名著集）

4807 英国产业革命史略
〔日〕上田贞次郎著 熊怀若编译 上海 商务印书馆 1937 年 3 月初版，1940 年再版 32 开 （百科小丛书 王云五主编）

4808 应用化学概论
〔日〕阿藤质著 薛逢元译 南京 正中书局 1937 年 4 月初版，1941 年 5 月渝 4 版，1947 年 7 月沪 1 版 有图表 25 开 平、精装 （实用自然科学丛书）

4809 应用农业经济学
〔日〕北原金司著 章澄若译 上海 商务印书馆 1937 年 7 月初版 有表 23 开 精装

4810 英国产业革命史略
〔日〕上田贞次郎著 熊怀若编译 武昌 时中书社 1937 年 32 开

4811 育种学概要
〔日〕明峰正夫著 许调履译 上海 中国农业书局 1937 年 8 月初版 23 开

4812 原形质
〔日〕坂村彻著 罗宗洛译 上海 商务印书馆 1937 年 3 月初版 有图 32 开 （万有文库 第 2 集）

4813 政治方案汇编
〔日〕木下一郎著 1937 年 9 月初版 32 开

4814 植物学通论
〔日〕山羽仪兵著 陶秉珍编译 南京 正中书局 1937 年 7 月初版，1947 年 2 月沪 1 版 有图 25 开 （自然科学丛书）

4815 植物之运动
〔日〕山口弥辅著 舒贻上译 上海 商务印书馆 1937 年 3 月初版 32 开 （万有文库 第

2 集　王云五主编；自然科学小丛书）

4816　殖民地民族问题的基础知识
〔日〕中山耕太郎、武藤丸南著　陈明译　上海
一般书店　1937 年 2 月初版　36 开

4817　中国产斗鱼科鱼类之研究（上海自然科学研究所生物学科报告）
〔日〕木村重著　上海　上海自然科学研究所
1937 年 4 月初版　16 开

4818　中国绘画史
〔日〕中村不折著　郭虚中译　上海　商务印书
馆　1937 年　有图　20 开

4819　中国绘画史
〔日〕中村不折著　郭虚中译　上海　正中书局
1937 年 3 月初版　有图　20 开

4820　中国建筑史
〔日〕伊东忠太著　陈清泉译补　上海　商务印
书馆　1937 年 8 月初版　有图　32 开　精装
（中国文化史丛书）

4821　中国历史教程
〔日〕佐野袈裟美著　刘惠之、刘希宁译　上海
读书生活出版社　1937 年 6 月初版，1939 年 4
月 3 版，1945 年订正版　32 开

4822　中国文学概论
〔日〕青木正儿著　隋树森译　上海　开明书店
1937 年

4823　中国文学思想史
〔日〕青木正儿著　汪馥泉译　上海　商务印书
馆　1937 年

4824　中国音乐史
〔日〕田边尚雄著　陈清泉译　长沙　商务印书
馆　1937 年　有图　32 开　精装

4825　中国音乐史
〔日〕田边尚雄著　陈清泉译　上海　商务印书
馆　1937 年 5 月初版　有图　32 开　精装
（中国文化史丛书）

4826　中国韵文史（上、下册）
〔日〕泽田总清著　王鹤仪译　上海　商务印书
馆　1937 年 4 月初版　32 开　精装　（中国文
化史丛书　第 2 辑）

4827　种畜近亲交配法
〔日〕西爱霍司著　穆率农译　上海　商务印书
馆　1937 年

4828　助产学
〔日〕木下正中著　汤器译　东京　同仁会
1937 年

4829　最新化学工业大全
〔日〕仲摩照久辑　王云五、周昌寿校译　上海
商务印书馆　1937 年

4830　最新货币学原理——货币学之实证的研究
〔日〕牧野辉智著　李荫南译　上海　商务印书
馆　1937 年　有表　23 开

4831　最新货币学原理——货币学之实证的研究
〔日〕牧野辉智著　李荫南译　上海　黎明书局
1937 年 4 月初版　有表　23 开　（黎明商业
丛书）

4832　最新养蛙法
〔日〕部坂晋三著　黄中成编译　成善出版社
1937 年 7 月初版　32 开

1938

4833　白纸战术集
〔日〕泽边哲彦编纂　戴坚译　汉口　译者刊
1938 年 6 月初版　有图表　32 开

4834　白纸战术（上、下集）
日本偕行社编　戴坚撰译　同仇学社　1938 年 6
月—1939 年 7 月　有图　32 开　精装

4835　被包围的日本
〔日〕石丸藤太著　杨宝琛编译　上海　战时读
物编译社　1938 年 2 月初版，1938 年 3 月汉口
再版　36 开

4836　磁及静电
〔日〕三枝彦雄著　周斌译　长沙　商务印书馆
1938 年 7 月初版　有图表　32 开　（自然科学
小丛书　王云五、周昌寿主编）

4837　醋及调味料制造法
〔日〕铃木彰著　蔡弃民译　殷师竹校　北京
国立华北编译馆　1938 年　有图表　32 开

4838 醋及调味料制造法
〔日〕铃木彰著 蔡弃民译 殷师竹校 长沙
商务印书馆 1938年7月初版,1947年3月沪5
版 有图表 32开 （新中学文库；实用工艺
丛书 第1集）

4839 敌兵阵中日记
夏衍、田汉编译 广州 离骚出版社 1938年3
月初版 32开

4840 敌国战车队教练规定
军事委员会军训部军学编译处译 译者刊 1938
年9月初版 有图表 32开

4841 敌军战记
夏烈编译 广州 新群出版社 1938年5月初
版 32开

4842 地理政治学
〔日〕阿部市五郎著 李长傅、周宋康译 长沙
商务印书馆 1938年4月初版 28开 （地理
学丛书）

4843 动物生殖生理学
〔日〕犬饲哲夫著 胡步蟾译 长沙 商务印书
馆 1938年7月初版 25开 （大学丛书 中
华教育文化基金董事会编辑委员会主编）

4844 （对译详注）高等日本语读本（卷2）
〔日〕饭河道雄编译 沈阳 东方印书馆
1938年

4845 发明与自由恋爱（戏曲）
〔日〕武藤富男著 长春 满日文化协会 1938
年2月初版 有图 32开 （东方国民文库
第2编）

4846 防水防火物料制造法
〔日〕藤田龙藏著 蔡弃民译 谭勤余校订 长
沙 商务印书馆 1938年7月初版 有图表
32开 （实用工艺丛书 第1集）

4847 罐头及食品制造法
〔日〕星忠太郎著 舒贻上译 长沙 商务印书
馆 1938年7月初版,1941年4月3版 有图
表 36开 （实用工艺丛书 第1集）

4848 国际间谍
〔日〕木村缘编 杨宝琛译 广州 群力书店
1938年5月初版 32开

4849 国民革命之社会学
〔日〕新明正道著 袁世裕译 长沙 商务印书
馆 1938年4月初版,11月再版 32开 （社
会科学小丛书）

4850 （汉语解释）日语尺牍之译读法及作法
〔日〕岩井武男著 赵文选校阅 东京 文求堂
1938年

4851 核学
〔日〕桑田义备著 于景让译 王煊蕃校 长沙
商务印书馆 1938年7月初版 有图表 32开
（自然科学小丛书）

4852 化合力
〔日〕水岛三一郎著 舒贻上译 长沙 商务印
书馆 1938年7月初版 32开 （自然科学小
丛书 王云五、周昌寿主编）

4853 绘图颜料蜡笔墨汁制造法
〔日〕渡边忠一著 蔡弃民译 杨冀成校 长沙
商务印书馆 1938年7月初版 有图表 32开
（实用工艺丛书 第1集）

4854 活着的兵队
〔日〕石川达三著 张十方译 广州 文摘社
1938年6月初版 32开 （文摘小丛书 3）

4855 记忆减退的治疗
〔日〕三宅矿一著 牟鸿彝译 昆明 中华书局
1938年

4856 简明口腔外科学
〔日〕三条慎悟著 陈朝政译 广州 上海商务
印书馆 1938年 32开

4857 简明口腔外科学
〔日〕三条慎悟著 陈朝政译 广州 中华书局
1938年10月初版 32开

4858 教育环境学
〔日〕细谷俊夫著 雷通群译 长沙 商务印书
馆 1938年1月初版,1938年沪1版 23开
（师范丛书）

4859 教育环境学
〔日〕细谷俊夫著 雷通群译 长沙 上海开明
书局 1938年 23开 （师范丛书）

4860 金属着色法及电镀法
〔日〕福井幸雄著 蔡弃民译 谭勤余校订 长

沙　商务印书馆　1938 年 7 月初版，1939 年 5
月再版，1940 年 8 月 3 版　有图表　32 开
（实用工艺小丛书　第 1 集）

4861　经济思想史
〔日〕小林丑三郎著　周宪文、柯瀛译述　广州
上海商务印书馆　1938 年

4862　经济思想史
〔日〕小林丑三郎著　周宪文、柯瀛译述　广州
中华书局　1938 年 10 月初版，1947 年 9 月再版
23 开（社会科学丛书）

4863　救急疗法与应急手段
〔日〕富水哲夫著　任一碧译　长沙　商务印书
馆　1938 年 11 月初版，1939 年 3 月再版　有图
表　32 开　（家庭丛书）

4864　矿业税法讲义
〔日〕山田新一讲述　财务职员养成所　1938 年
9 月初版　有表　23 开

4865　麦与兵队
〔日〕火野苇平著　哲非译　上海　杂志社
1938 年 12 月初版　32 开

4866　满洲国国家总动员之释义
〔日〕织田五郎编　长春　（伪）满洲国通信社
出版部　1938 年 5 月初版，1939 年 4 月 4 版
32 开

4867　满洲森林与文化
〔日〕藤山一雄著　长春　满日文化协会　1938
年 3 月初版　有图表　32 开　（东方国民文库
第 3 编）

4868　民族结合为人类平等途径（给贫穷的日本）
〔日〕高田保马著　人民会宣传部译　南京　人
民会出版部　1938 年 9 月初版，1938 年 10 月再
版　32 开　（民德丛书　第 1 种）

4869　南北戏曲源流考
〔日〕青木正儿著　江侠庵译　长沙　商务印书
馆　1938 年 10 月初版，1939 年 2 月再版　32 开
（国学小丛书　王云五主编）

4870　侵略者的魔手——日本间谍
许范译　汉口　中苏文化杂志社　1938 年 3 月
初版　32 开　（中苏文化杂志社丛书　袁孟超
主编）

4871　清凉饮料制造法
〔日〕安乐冈清造著　曹沉思译　谭勤余校订
长沙　商务印书馆　1938 年 7 月初版，1939 年 5
月再版　有图表　36 开　（实用工艺丛书　第
1 集）

4872　人口地理学
〔日〕石桥五郎著　沐绍良译　长沙　商务印书
馆　1938 年 4 月初版　32 开　（地理学丛书
王云五、苏继顾主编）

4873　日本经济往哪里去？
〔日〕乡诚之助等著　华华译　上海　一心书店
1938 年 4 月初版　36 开　（日本动态　2）

4874　日本经济与经济制裁
赵洵、黄一然译　汉口　上海杂志公司
1938 年

4875　日本开发华北企图（日本动态之一）
王干一译　上海　一心书店　1938 年 2 月初版
32 开

4876　日本外交
〔日〕小岛宪等著　王干一编译　上海　大中国
出版社　1938 年 3 月初版　有图像　32 开
（青年知识丛书　8）

4877　日本外交的当前目标
〔日〕直海善三著　静观译　国魂书店　1938 年
初版　24 开　（国论国际问题丛刊）

4878　日英必战论
〔日〕石丸藤太著　周新节译　上海　新兴书店
1938 年 1 月初版，1938 年 2 月再版　36 开
（时代知识丛书）

4879　（日语华译）国昔日语宝典指南
〔日〕柳笃恒著　苏观浩译　北京　华昌书局
1938 年

4880　日粤会话读本
〔日〕长野政来、神田树著　台北　福大公司
1938 年

4881　儒教对于德国政治思想的影响
〔日〕五来欣造著　刘百闵、刘燕谷译　长沙
商务印书馆　1938 年 4 月初版　25 开

4882　塞外史地论文译丛（第一辑）
〔日〕白鸟库吉著　王古鲁译　上海　商务印书

馆　1938 年

4883　诗经的星·从西湖三塔说到雷峰塔
〔日〕野尻抱影、青木正儿著　张我军译　北京
北京近代科学图书馆　1938 年初版　25 开

4884　苏俄的对欧政策
〔日〕和田祯纯著　张希为译　汉口　国魂书店
1938 年初版　24 开　（车论国际问题丛刊）

4885　通背拳法
〔日〕武田熙著　北京　商务印书馆　1938 年再
版　有图表　32 开

4886　通俗辩证法读本
〔日〕德永直、渡边顺三著　包刚译　汉口　读
者书房　1938 年 5 月初版　32 开

4887　唯物史观讲话
〔日〕永田广志著　阮均石译　桂林　新知出版
社　1938 年 8 月再版，1939 年 1 月 3 版　25 开

4888　未死的兵
〔日〕石川达三著　白木译　上海　杂志社
1938 年 8 月初版，10 月再版　有图　32 开

4889　未死的兵
〔日〕石川达三著　夏衍译　广州　南方出版社
1938 年 7 月初版，10 月再版　有图　32 开

4890　我的丈夫郭沫若
〔日〕佐藤富子著　广州　民力书局　1938 年 5
月初版　32 开

4891　乡下姑娘
〔日〕藤森成吉等著　卢任钧选译　上海　商务
印书馆　1938 年初版　42 开　精装　（文学研
究会世界文学名著丛书）

4892　小儿科（上、下卷）
〔日〕三轮信太郎著　宋虞琪、牟鸿彝译　上海
商务印书馆　1938 年 7 月—1946 年 2 月　有图
表　25 开

4893　新编满洲职员录
〔日〕芝田研三著　大连　满洲日日新闻社
1938 年 1 月初版　32 开

4894　新国民之资格
〔日〕塚越芳太郎著　湖南编译局　1938 年

4895　新婚
〔日〕平林泰子著　沈端先译　上海　文光书局
1938 年 9 月再版　32 开

4896　新京官话指针
〔日〕普康、武藤富男著　长春　满洲行政学会
1938 年 6 月初版　32 开　精装

4897　新满洲风土记
〔日〕藤山一雄著　杉村勇选译　长春　满日文
化协会　1938 年 1 月初版　32 开　（东方国民
文库　1）

4898　新民六法
〔日〕泷川政次郎编　北京　新民印书馆　1938
年 11 月初版　有图表　64 开

4899　（新撰）解剖学讲义（1—4 册）
〔日〕森田齐次著　丁福保译　上海　医学书局
1938 年 7 月 3 版　有图表　25 开　（丁氏医学
丛书　丁福保主编）

4900　油漆制造及使用法
〔日〕酒见恒太郎著　李克农译　王煊蕃校　长
沙　商务印书馆　1938 年 7 月初版，1939 年 4
月再版　有图　32 开　（实用工艺丛书　第
1 集）

4901　远东军备现势
〔日〕及川六三四著　张一正译　文摘社　1938
年 2 月初版　有表　32 开　（文摘小丛书）

4902　增殖生物学
〔日〕寺尾新著　王梦淹译　长沙　商务印书馆
1938 年 7 月初版　32 开　（自然科学小丛书
王云五、周昌寿主编）

4903　增殖生物学
〔日〕寺尾新著　王梦淹译　长沙　上海正中书
局　1938 年　32 开

4904　支那陆军职员并系统一览表
日本参谋本部编　编者刊　1938 年 12 月初版
16 开

4905　殖民地民族革命
〔日〕中山耕太郎著　陈明译　民族出版社
1938 年 12 月初版　32 开

4906　中国古代经济史
〔日〕田崎仁义著　曹贯一译　广州　上海杂志

公司　1938 年 9 月初版　32 开

4907　中国文学概说
〔日〕青木正儿著　隋树森译　上海　开明书店
1938 年 11 月初版，1947 年 3 月再版　32 开
（开明文史丛刊）

4908　（最新）中华南北详细图（附极东连络要图）
〔日〕固城三郎著　大中维新社　1938 年　全开

1939

4909　步兵重火器十讲
〔日〕近藤孝义原著　训练总监部军学编译处译
军用图书社　1939 年 10 月初版，1940 年 7 月再版　有图表　32 开

4910　茶与文化
〔日〕诸冈存著　吕叔达编译　浙江省油茶棉丝管理处茶叶部　1939 年 12 月初版　36 开　（茶叶丛刊　第 1 种）

4911　从军日记
〔日〕佐藤强著　杨庆杰译　第三十集团军总司令部参谋处　1939 年初版　32 开

4912　大众政治概论
〔日〕堀伸二著　谢叔良译　上海　潮锋出版社
1939 年 4 月初版　32 开

4913　地球物理学
〔日〕坪井宗二、寺田寅彦著　郝新吾译　上海
广益书局　1939 年

4914　东方哲学史（东方哲学特质的分析）
〔日〕秋泽修二著　汪耀三、刘执之译　上海
生活书店　1939 年 6 月初版　25 开

4915　东亚联盟建设纲领
〔日〕杉浦晴男著　赵春霖译　北京　新民印书馆　1939 年 12 月初版　32 开

4916　东亚联盟论
〔日〕宫崎正义著　杨堃桂译　长春　个人刊
1939 年 12 月初版　32 开

4917　动物分类（上、下册）
〔日〕内田亨等著　董功甫译　长沙　商务印书馆　1939 年 1 月初版　有图　36 开　（自然科

学小丛书　王云五、周昌寿主编）

4918　动物学精义（上、中、下卷）
〔日〕惠利惠著　杜亚泉、朱建霞、林仁之译
长沙　商务印书馆　1939 年 7 月初版　有图
25 开

4919　奉天经济统计年报
〔日〕加藤治雄编　奉天　奉天商工会　1939
年 10 月初版　16 开

4920　感应及真空放电
〔日〕三枝彦雄著　周斌译　北京　人文书店
1939 年　32 开

4921　感应及真空放电
〔日〕三枝彦雄著　周斌译　长沙　商务印书馆
1939 年 1 月初版　32 开　（自然科学小丛书
王云五、周昌寿主编）

4922　河川
〔日〕野满隆治著　盛叙功译　上海　上海康健
书局　1939 年　32 开

4923　华兴商业银行概述
〔日〕中尾满筹著　上海　华兴商业银行　1939
年初版　有表　23 开

4924　化学本论（上、下册）
〔日〕片山正夫著　张定钊、郑贞文、陈之霖译
长沙　商务印书馆　1939 年 5 月初版　有图
25 开

4925　化学变化之途径
〔日〕竹村贞二著　杨若诚、郁仁贻译　长沙
商务印书馆　1939 年 2 月初版，1940 年 3 月再版　32 开　（自然科学小丛书　王云五、周昌寿主编）

4926　化学之克服（上、下册）
〔日〕川岛源司著　张墨飞译　长沙　商务印书馆　1939 年　32 开

4927　绘图颜料蜡笔墨汁制造法
〔日〕渡边忠一著　蔡弃民译　杨冀成校　长沙
杭州新医书局　1939 年　有图表　32 开

4928　积分学问题详解
〔日〕松室隆光著　储真译　昆明　中华书局
1939 年 8 月初版，1941 年 4 月再版　32 开

4929　加工纸及赛璐珞制造法
〔日〕黑川美雄著　曹沉思译　徐寿龄校　长沙
商务印书馆　1939 年 5 月初版，1940 年 7 月再
版　有图　32 开　（实用工艺丛书）

4930　酱油酿造法
〔日〕槙村定治郎著　蔡弃民译　谭勤余校订
长沙　商务印书馆　1939 年 4 月初版，1941 年 1
月 3 版　有图表　32 开（实用工艺丛书　第
1 集）

4931　酱油酿造法
〔日〕槙村定治郎著　蔡弃民译　谭勤余校订
上海　康健书局　1939 年　有图表　32 开

4932　结膜炎之诊断与治疗
〔日〕石原忍讲述　顾宗余译注　上海　复兴中
医社　1939 年 12 月初版　32 开

4933　金属着色法及电镀法
〔日〕福井幸雄著　蔡弃民译　谭勤余校订　长
沙　杭州新医书局　1939 年　有图表　32 开

4934　牢狱的五月祭
〔日〕林房雄著　林伯修译　风行出版社　1939
年　32 开

4935　临时、维新两政府法令辑览
〔日〕泷川政次郎编　北京　新民印书馆　1939
年 8 月初版　有图表　16 开

4936　麦田里的兵队
〔日〕火野苇平著　雪笠译　长春　满洲国通讯
社出版部　1939 年 3 月初版　有照片32 开

**4937　满洲农业（1. 满洲农业概况　2. 农产物
交易场法）**
〔日〕河村清著　长春　满洲帝国政府特设满洲
事情安内所　1939 年 9 月初版　有表、附折图
表　20 开

4938　满洲农业概况
〔日〕河村清著　长春　满洲帝国政府特设满洲
事情安内所　1939 年 9 月初版　有彩图25 开

4939　满洲职员录（满洲年鉴附录）
〔日〕田中总一郎编　大连　满洲日日新闻社支
店　1939 年初版　32 开

4940　蒙古民间故事
辛嘉译　上海　商务印书馆　1939 年

4941　密宗要旨
〔日〕神林隆净著　欧阳瀚存译　上海　中华书
局　1939 年 8 月初版　25 开

4942　葡萄酒及果酒酿造法
〔日〕下濑川一郎著　曹沉思译述　谭勤余校订
殷师竹校　长沙　商务印书馆　1939 年 4 月初版
有图表　32 开　（实用工艺丛书　第 1 集）

4943　葡萄酒及果酒酿造法
〔日〕下濑川一郎著　曹沉思译述　谭勤余校订
殷师竹校　上海　中西医药书局　1939 年有图
表　32 开

4944　人类的脑髓
〔日〕平光吾一著　郑君平译　长沙　东亚交通
公社　1939 年　36 开

4945　人类的脑髓
〔日〕平光吾一著　郑君平译　长沙　商务印书
馆　1939 年 8 月初版　36 开　（自然科学小丛
书　王云五、周昌寿主编）

4946　人类生活史
〔日〕金牧民、山田太郎著　金相海译　上海
商务印书馆　1939 年

4947　日本的黑幕
〔日〕井东宪著　牛光夫译　重庆　中华民国留
日同学会　1939 年 8 月初版　32 开　（日本研
究资料丛书　第 1 种）

4948　日本金石年表·百砖考·学古编
〔日〕西田直养辑　（清）吕佺孙著　（元）
吾丘衍著　1939 年 12 月初版　（初编 1539）

**4949　日本人的九国公约观（中国事变与九国
公约）**
〔日〕立作太郎著　国际宣传处编译　重庆　编
译者刊　1939 年初版　32 开

4950　日本人的性格
〔日〕竹内始万著　徐秋澌译　张家口　蒙疆新
闻社　1939 年初版，1941 年 4 月再版　32 开

4951　日本外交
〔日〕小岛宪等著　三通书局编辑部编译　上海
三通书局　1939 年 5 月初版　有表　42 开
（三通小丛书　三通书局编辑部编）

4952 日本音乐发达之概观及其本质
〔日〕田边尚雄著 洪炎秋译 北京 北京近代
科学图书馆 1939 年初版 25 开 （北京近代
科学图书馆馆刊 第 24 号）

4953 日本政治史大纲
〔日〕今中次麿著 孙筱默译 长沙 商务印书
馆 1939 年 10 月初版 有表 32 开

4954 日本政治史大纲
〔日〕今中次麿著 孙筱默译 长沙 上海正中
书局 1939 年 有表 32 开

4955 日本资本主义论战
〔日〕内田穰吉著 宋斐如译 上海 上海杂志
公司 1939 年 2 月初版 25 开

4956 生物与电
〔日〕桥田邦彦著 许善齐译 上海 东大医学
院出版部 1939 年 有图 32 开

4957 世界大战回顾录
〔日〕池崎忠孝著 雷通群译 香港 时代批评
社 1939 年 7 月初版 24 开 （时代丛书 军
事组 第 1 种）

4958 苏联航空的全貌
〔日〕泽青鸟著 张白衣译 长沙 商务印书馆
1939 年 10 月初版 有图表、摄影 36 开

4959 太阳研究之新纪元
〔日〕关口鲤吉著 杨倬孙译 上海 中西医药
书局 1939 年 32 开

4960 铁
〔日〕岩藤雪夫著 巴人译 人民书店 1939 年
8 月初版 32 开

4961 土壤学概要 （职业学校教科书）
〔日〕关丰太郎著 兰梦九译 殷师竹校 长沙
商务印书馆 1939 年 7 月初版，1946 年 12 月沪
4 版 有图表 32 开

4962 土与兵
〔日〕火野苇平著 金谷译 北京 东方书店
1939 年 1 月初版 冠像 32 开

4963 微分学问题详解
〔日〕松室隆光著 储真译 昆明 中华书局
1939 年 8 月初版 32 开

4964 物价指数之理论与实际
〔日〕森田优三著 许亦非译 长沙 商务印书
馆 1939 年 11 月初版，1943 年 3 月再版 有图
表 32 开

4965 现代日常科学
〔日〕竹内时男著 管怀琮译 长沙 商务印书
馆 1939 年 8 月初版 有图表 32 开

4966 现代日常科学
〔日〕竹内时男著 朱建霞译 上海 世界书局
1939 年 10 月初版，1947 年 7 月 3 版 有图
32 开

4967 现代文坛怪杰
〔日〕土居光知著 冯次行译 上海 新安书局
1939 年 5 月初版 36 开

4968 乡土地理研究法
〔日〕佐佐木清治 葛绥成译 上海 商务印书
馆 1939 年

4969 香料及化妆品制造法 （第一集）
〔日〕大槻广著 曹沉思译 褚志政校 长沙
商务印书馆 1939 年 5 月初版，1940 年 10 月再
版 有图表 36 开 （实用工艺丛书 第 1 集）

4970 香料及化妆品制造法 （第一集）
〔日〕大槻广著 曹沉思译 褚志政校 长沙
西北联大出版部 1939 年 有图表 36 开

4971 新经济地理学
〔日〕高桥次郎著 周宋康译 上海 中华书局
1939 年 8 月初版，1941 年 5 月再版 有图表
32 开 （地理丛书）

4972 兴邦兴亚之原理
〔日〕三枝茂智著 林明哲等译 北京 新民印
书馆 1939 年 7 月初版 32 开

4973 畜产学通论
〔日〕冈本宽著 王凌汉译 杭州 杭州新医书
局 1939 年

4974 宣传、宣抚参考手册
日本杉山部队报道科编 1939 年 2 月初版
32 开

4975 扬子江之秋及其他
〔日〕尾崎士郎等著 林焕平译 香港 民革出
版社 1939 年 10 月初版 32 开

4976 一个日本士兵的阵中日记
陈辛人译 浙江金华 集纳出版社 1939 年 5
月初版 32 开 （集纳丛书）

4977 医学史话
〔日〕石川光昭著 沐绍良译 杭州 新医书局
1939 年 有图 32 开

4978 医学史话
〔日〕石川光昭著 沐绍良译 长沙 商务印书
馆 1939 年 2 月初版 有图 32 开 （自然科
学小丛书 王云五、周昌寿主编）

4979 油墨及墨水制造法
〔日〕黑泷慎三郎著 李克农译 王永榜校 东
京同仁会 1939 年 有图表 32 开

4980 油墨及墨水制造法
〔日〕黑泷慎三郎著 李克农译 王永榜校 长沙
商务印书馆 1939 年 1 月初版，1940 年 1 月再版
有图表 32 开 （实用工艺丛书 第 1 集）

4981 油漆制造及使用法
〔日〕酒见恒太郎著 李克农译 王煊蕃校 长
沙 上海中西医药书局 1939 年 有图 32 开

4982 原形质之物理化学
〔日〕山羽仪兵著 舒贻上译 东京医学协会
1939 年 36 开

4983 原形质之物理化学
〔日〕山羽仪兵著 舒贻上译 长沙 商务印书
馆 1939 年 5 月初版 36 开 （自然科学小丛
书 王云五、周昌寿主编）

4984 正则日本语讲座（第 1 卷 日本语入门篇）
〔日〕田中庄太郎编 北京 新民印书馆 1939
年 10 月初版，1941 年 1 月 10 版，1943 年 3 月
32 版 25 开

4985 职业指导与个性
〔日〕增田幸一著 潘文安等译 广州 中华书
局 1939 年 2 月初版 32 开

4986 植物发生生长及器官形成
〔日〕郡场宽著 薛德堉译 宁波 东方针灸研
究社 1939 年

4987 植物系统解剖学
〔日〕小仓谦著 舒贻上译 上海 中华书局

1939 年 有图 32 开

4988 中国产淡水水母之研究
〔日〕木村重著 上海 自然科学研究所 1939
年 2 月初版 16 开

4989 中国地史
〔日〕山根新次著 张资平译 杭州 新医书局
1939 年 有图表 36 开

4990 中国地史
〔日〕山根新次著 张资平译 长沙 商务印书
馆 1939 年 2 月初版，1940 年 2 月再版 有图
表 36 开 （汉译世界名著）

4991 中国哲学思想史
〔日〕武内义雄著 汪馥泉译 长沙 商务印书
馆 1939 年 7 月初版 32 开

4992 资本主义批判
〔日〕山川均著 高希圣译 北京 平凡社
1939 年 42 开

4993 最近东亚百年小史
〔日〕矢野仁一著 三通书局编辑部译 上海
三通书局 1939 年 12 月初版 36 开

1940

4994 巴黎进军记
〔日〕观音寺三郎著 竹田译 南京 时代晚报
社 1940 年 有图 36 开 （时代晚报丛书）

4995 编年体外国史
〔日〕矢部周藏著 卢文迪译 昆明 中华书局
1940 年 4 月初版 24 开 （史学丛书 第 5 种）

4996 冰结的跳舞场
〔日〕中河与一等著 高汝鸿译 上海 三通书
局 1940 年 11 月初版 50 开 （三通小丛书）

4997 裁判化学实验法
〔日〕服部健三著 汪良寄译述 长沙 商务印
书馆 1940 年 3 月初版 36 开

4998 裁判化学实验法
〔日〕服部健三著 汪良寄译述 长沙 上海中
华书局 1940 年 36 开

4999 代数学

日本文部省教科书编撰委员会　田作霖译　上海　商务印书馆　1940年

5000 德国劳动服务制度

〔日〕下松桂马著　张云汉译　成都　中华民国留日同学会　1940年7月初版　32开

5001 敌兵家信集

林植夫译　桂林　新知书店　1940年3月初版　64开

5002 敌军士兵日记

林植夫等译　桂林　新知书店　1940年5月初版　36开

5003 地理学序论

〔日〕小川琢治著　何忆译　上海　中西医药书局　1940年　36开

5004 电的故事

〔日〕石原纯著　陈寿龄译　长沙　商务印书馆1940年4月初版　有图　36开

5005 东亚协同体论丛

〔日〕新明正道、谷口吉彦著　余立三等著译　兴建月刊社　1940年5月初版　32开　（兴建丛书）

5006 动物地理学

〔日〕川村多实二著　蔡弃民译　上海　中西医药书局　1940年　32开

5007 动物与环境（上、下册）

〔日〕田中义麿著　萧百新译　上海　北新书局1940年　32开

5008 读书三昧

〔日〕鹤见祐辅著　李冠礼、萧品超译　长沙商务印书馆　1940年12月初版　36开

5009 肥皂制造法

〔日〕川合诚治著　曹沉思译　谭勤余校订　王永榜校　长沙　商务印书馆　1940年3月初版，1940年12月3版　有图表　36开　（实用工艺丛书　第1集）

5010 腐士谭兵

〔日〕（著者不详）　黄健译　译者刊　1940年9月3版　32开

5011 国际法学界之七大家

〔日〕寺田四郎著　韩逦仙译　长沙　商务印书馆　1940年9月初版　有照片　36开　（百科小丛书　王云五主编）

5012 害虫及益虫

〔日〕矢野宗干著　褚乙然译　长沙　商务印书馆　1940年　36开（自然科学小丛书）

5013 函数论（教本）（上、下册）

〔日〕竹内端三著　胡睿济译　长沙　商务印书馆　1940年9月初版　25开

5014 函数论（教本）（上、下册）

〔日〕竹内端三著　胡睿济译　长沙　上海开明书局　1940年

5015 汉和民族之关系——汉太祖高皇帝后胤孝灵帝皇曾孙阿知王归化皇国日本经过史

〔日〕河村寿重、李玉文著　天津　河村寿重1940年

5016 何谓法西斯主义

〔日〕藤井悌著　龚积芝译　福建永安　改进出版社　1940年4月初版　32开　（改进文库　5）

5017 几何学

日本文部省教科书编撰委员会　田作霖译　上海　启智书局　1940年

5018 济南华人商工名录

〔日〕里田条次编　济南　日本商工会议所1940年8月初版　23开

5019 家畜药物治疗法

日本农林省畜产局著　沈华辉译　昆明　中华书局　1940年7月初版，1949年3月沪再版36开　（实用农业小丛书　6）

5020 交通基建总论

〔日〕增井幸雄著　郭虚中译　上海　中西医药书局　1940年

5021 交通经济总论

〔日〕增井幸雄著　郭虚中译　长沙　商务印书馆　1940年3月初版　有表　36开　（社会科学小丛书　王云五主编）

5022 胶接剂制造法

〔日〕古桥进三郎著　沐箕香译　谭勤余校订

长沙　商务印书馆　1940 年 6 月初版，1941 年
月再版　有图表　36 开　（实用工艺丛书　第
1 集）

5023　解析几何学
〔日〕菊池大麓著　田作霖译　上海　中华书局
1940 年

5024　近代国防工业概说
〔日〕斋藤秀实著　周炳鑫译　上海　商务印书
馆　1940 年

5025　昆虫学总论
〔日〕古川一郎著　王凌汉译　上海　商务印书
馆　1940 年

5026　昆仑关歼敌卤获密件辑要（第 10 种）
〔日〕井上实著　陆军第五军译　译者刊　1940
年 2 月初版　有表　64 开

5027　理论化学精义
〔日〕鲛岛实三郎著　薛德炯译　长沙　商务印
书馆　1940 年 12 月初版　25 开

5028　理论化学精义
〔日〕鲛岛实三郎著　薛德炯译　长沙　北新书
局　1940 年　25 开

5029　历史小辞典
〔日〕神地丰穗著　陈庸声、谢德风编译　上海
中华书局　1940 年初版　42 开

5030　马关和议
〔日〕藤森成吉著　张大成译　上海　新生命社
1940 年 7 月初版　32 开

5031　满洲地名考
〔日〕谷光世编辑　大连　满洲事情案内所
1940 年初版　32 开　（满洲事情案内所报
告　80）

5032　满洲发达史
〔日〕稻叶君山著　杨成能译　沈阳　萃文斋书
店　1940 年 10 月初版　22 开　精装

5033　满洲建国读本
〔日〕德富正敬著　长春　满洲国通讯社 1940
年 9 月初版　20 开

5034　美少年
〔日〕有岛生马著　查士元译　上海　三通书局

1940 年

5035　美英法意德的经济统制
〔日〕北泽新次郎著　蔡弃民译　长沙　商务印
书馆　1940 年 12 月初版　有表　36 开

5036　某傻子的一生
〔日〕芥川龙之介著　冯子韬等译　上海　三通
书局　1940 年初版　50 开　（三通小丛书）

5037　男清姬
〔日〕近松秋江等著　查士元等译　三通书局编
辑部编　上海　三通书局　1940 年初版　50 开
（三通小丛书）

5038　脑筋之健全法
〔日〕杉田直树、植松七九郎等著　牟鸿彝译述
上海　东方编译社　1940 年 4 月初版，1947 年 5
月 3 版　32 开

5039　千人针
罗玉波编译　未名出版社　1940 年 5 月初版
32 开　（夜莺文艺译丛）

5040　青年心理与教育
〔日〕野上俊夫著　朱智贤译　长沙　商务印
馆　1940 年 1 月初版　22 开

5041　青年心理与教育
〔日〕野上俊夫著　朱智贤译　上海　改造与医
学杂志社　1940 年　22 开

5042　全体主义的理论和实际
〔日〕杉浦武雄著　朱明译　中日文化协会
1940 年初版　36 开　（日本文化小丛刊）

5043　燃料
〔日〕大岛义清、香坂要三郎著　黄开绳译　长
沙　商务印书馆　1940 年 11 月初版　有图表
36 开　（自然科学小丛书　王云五、周昌寿
主编）

5044　日本二千六百年史
〔日〕藤谷雄著　〔日〕武田胜雄译　北京　中
华法令编印馆　1940 年 11 月初版，1941 年 2 月
2 版　32 开

5045　日本军阀论
〔日〕伊藤金次郎著　李春霖等译　重庆　时与
潮社　1940 年 6 月初版　有图　32 开　（时与

潮译丛　第1种）

5046　日本人文地理（上、下册）
〔日〕石桥五郎等著　张其春译　长沙　商务印书馆　1940年8月初版　有图　25开

5047　日本童话选集
〔日〕甲田正夫著　许达年译　上海　中华书局　1940年1月初版，1945年12月再版　32开（世界童话丛书）

5048　日本语初步
〔日〕山口喜一郎、益田信夫编　北京　新民印书馆　1940年9月初版　32开

5049　日本语入门
〔日〕山口喜一郎等编　北京　新民印书馆　1940年4月初版，1942年2月27版　32开

5050　日美必战论
〔日〕佐藤清胜著　王知白译　重庆　大时代书局　1940年2月初版，1940年4月再版　32开

5051　塞外史地论文译丛（第二辑）
〔日〕白鸟库吉著　王古鲁译　杭州　新医书局　1940年　32开

5052　塞外史地论文译丛（第二辑）
〔日〕白鸟库吉著　王古鲁译　长沙　商务印书馆　1940年1月初版　32开

5053　三兄弟（三幕剧）
〔日〕鹿地亘著　夏衍译　桂林　南方出版社　1940年3月初版　32开

5054　社会科学小辞典
〔日〕神田丰穗著　徐汉臣编译　上海　中华书局　1940年6月初版　50开

5055　社会主义的现实主义论
〔日〕森山启著　林焕平译　希望书店　1940年10月初版　32开

5056　兽学
〔日〕青木文一郎著　杨子奉译　上海　上海谢筼寿医师诊所出版部　1940年　36开

5057　苏联军队概观
〔日〕三岛康夫著　林琦译　上海　正中书局　1940年初版　32开

5058　藤原博士讲演录
〔日〕藤原松三郎讲　钱琮仁译　北京　国立北京大学理学院　1940年11月初版　23开

5059　铁窗之花
〔日〕林房雄著　高汝鸿译　上海　三通书局　1940年

5060　文艺小辞典
〔日〕神田丰穗著　王隐编译　昆明　中华书局　1940年6月初版　48开

5061　倭寇大本营陆军部编发之士兵须知
日本大本营陆军部编　中央军校第七分校翻印　1940年　64开

5062　物理学史
〔日〕弓场理泰著　秦亚修译　长沙　商务印书馆　1940年10月初版　36开

5063　希腊文化东渐史
〔日〕原随园著　杨炼译　上海　商务印书馆　1940年

5064　细胞学总论
〔日〕田原正人著　林崇智译　上海　中华书局　1940年8月初版，1946年8月再版　有图　24开（大学用书）

5065　血液型之新研究
〔日〕富士山著　祖照基译　长沙　商务印书馆　1940年5月初版　有表　32开

5066　血液型之新研究
〔日〕富士山著　祖照基译　上海　中华书局　1940年　有表　32开

5067　延安水浒传
〔日〕波多野乾一著　平明译　羽明编辑　南京时代晚报社　1940年　32开（时代晚报丛书　2）

5068　遗传学
〔日〕田中义麿著　陶英译　北京　东方学社　1940年　24开

5069　遗传学
〔日〕田中义麿著　陶英译　上海　中华书局　1940年12月初版，1948年7月再版　24开（大学用书）

5070 友爱的合作经济学
〔日〕贺川丰彦著 许无愁、程伯群译 上海
广学会 1940年2月初版 有图表 32开

5071 原子物理学概论
〔日〕菊池正士著 夏隆坚译 长沙 商务印书
馆 1940年9月初版 36开 （自然科学小丛
书 王云五、周昌寿主编）

5072 原子物理学概论
〔日〕菊池正士著 夏隆坚译 长沙 中西医药
书局 1940年 36开

5073 原子物理学概论
〔日〕三村刚昂、助川己之七著 余潜修译 上
海 商务印书馆 1940年1月初版，1946年10
月再版 有图表 25开 （大学丛书 中华教
育文化基金董事会编辑委员会主编）

5074 （最近）俄国海军考
〔日〕洼田重一著 庄俞译 上海 人演社
1940年7月初版 有表 23开

1941

5075 八头蛇（日本故事集）
〔日〕松村武雄著 叶炽强译 上海 启明书局
1941年8月初版 36开

5076 俾斯麦传
〔日〕鹤见祐辅著 赵南柔译 重庆 正中书局
1941年3月初版，1944年2月8版，1947年7
月 沪1版 36开

5077 德国之战斗力
〔匈〕伊凡·拉约斯著 〔日〕大町千二译 欧
战研究会编译 重庆 青年书店 1941年5月
初版 32开

5078 地形测量
〔日〕五藤饶男著 陈沄译 杭州 新医书局
1941年 32开

5079 地形测量
〔日〕五藤饶男著 陈沄译 南京 中日文化协
会 1941年5月初版 32开 （学术丛书）

5080 定评
〔日〕久米正雄编 侍桁译 上海 三通书局
1941年

5081 东亚大地形论
〔日〕望月胜海等著 张资平译 南京 中日文
化协会 1941年6月初版 25开 （学术丛书
中日文化协会出版组主编）

5082 东亚之解放
〔日〕马渊逸雄著 宣传部编 编者刊 1941年
初版 32开

5083 东亚综合体之原理
〔日〕谷口吉彦著 胡逸名译 上海 三通书局
1941年1月初版 32开

5084 俄国文学思潮
〔日〕米川正夫著 任钧译 重庆 正中书局
1941年9月初版，1943年11月3版，1947年12
月沪1版 25开 （文艺丛书）

5085 恶魔
〔日〕谷崎润一郎等著 章克标等译 三通书局
编辑部编 上海 三通书局 1941年1月初版
50开 （三通小丛书）

5086 肺病自然疗法
〔日〕原荣著 丁惠康译 上海 医学书局
1941年1月初版 32开 精装 （虹桥疗养院
丛书）

5087 富美子的脚
〔日〕谷崎润一郎著 章克标译 三通书局编辑
部编 上海 三通书局 1941年1月初版 50
开 （三通小丛书）

5088 个人主义民法之过去及将来
〔日〕中岛弘道讲述 最高法院编译室编 南京
最高法院 1941年7月初版，1941年12月再版
32开 （最高法院丛刊 第1种）

5089 古道人之武经
〔日〕总生宽著 李芷墺编 1941年1月初版
32开

5090 河童
〔日〕芥川龙之介著 冯子韬译 三通书局编辑
部编 上海 三通书局 1941年1月初版 50
开 （三通小丛书）

5091 华北蒙疆汽车时刻表（附满洲、日本）
〔日〕三岛炳信编 北京 东亚旅行社 1941年
12月，1942年3月 有表 32开

5092　近代国家与法西斯主义
〔日〕堀伸二著　谢叔良译　上海　潮锋出版社
1941 年初版　32 开

5093　近世有机化学
〔日〕菅沼市藏著　常伯华译　重庆　正中书局
1941 年 12 月初版，1947 年沪 4 版　25 开
（自然科学丛书）

5094　军官研究袖珍
日本偕行社编纂　戴坚撰译　南京　同仇学社
1941 年 7 月初版，1945 年再版，1947 年 9 月 3
版　有图　32 开

5095　领事裁判权（上、下册）
〔日〕英修道著　司法行政部编纂室编译　编译
者刊　1941 年 4 月初版　23 开

5096　鲁迅传
〔日〕小田岳夫著　单外文译　长春　艺文书房
1941 年 12 月初版，1942 年 5 月再版，1943 年 5
月 3 版　有图像　32 开

5097　农艺杀虫剂
〔日〕桑名伊之吉著　郭寿铎译　上海　商务印
书馆　1941 年　有图表　32 开

5098　女性手册
〔日〕式场隆三郎著　关键译　大连　实业印书
馆　1941 年 11 月初版　32 开

5099　人面疮
〔日〕谷崎润一郎著　章克标译　上海　三通书
局　1941 年初版　50 开　（三通小丛书）

5100　日本的孔子圣庙
〔日〕津田敬武著　曹钦源译　国际文化振兴会
1941 年初版　有图　25 开　精装

5101　日本二千六百年史
〔日〕大川周明著　东光明译　奉天（沈阳）
大东文化协会　1941 年

5102　日本二千六百年史
〔日〕大川周明著　雷明译　上海　中西医药书
局　1941 年　32 开

5103　日本二千六百年史
〔日〕大川周明著　雷明译　上海　政治月刊社
1941 年 8 月初版，1943 年 3 月 3 版　32 开

（政治丛刊　第 5 种）

5104　日本二千六百年史
〔日〕大川周明著　李雅森译　沈阳　大东文化
协会　1941 年 8 月初版　32 开

5105　日本工业资源论
〔日〕安田庄司著　牛光夫译　重庆　中国文化
服务社四川分社　1941 年 3 月初版　有表
32 开

**5106　日本航空队基本训练规则（航空委员会
参考书类　编号第 93 号）**
廖醒青编译　成都　航空委员会训练监编译社
1941 年 3 月初版

5107　日本厚生法
〔日〕后藤清著　薛习恒译述　南京　社会部编
译委员会　1941 年 2 月初版　32 开　（社会丛
书）

5108　日本话的口语和文法
〔日〕椎木善太郎　孙世珍　上海　大东书局
1941 年

5109　日本教育史
〔日〕高桥俊乘著　秦企贤译　南京　中日文化
协会　1941 年 9 月初版　32 开　（学术丛书
中日文化协会出版组主编）

5110　日本近代史
〔日〕栗田元次著　胡锡年译　上海　正中书局
1941 年 5 月初版　25 开

5111　日本经济史
〔日〕土屋乔雄著　郑合成译　长沙　商务印书
馆　1941 年 3 月初版　有表　36 开　（社会科
学小丛书）

5112　日本经济史
〔日〕土屋乔雄著　郑合成译　上海　中华书局
1941 年　有表　36 开

5113　日本诗歌选
钱稻孙译　北京　北京近代科学图书馆
1941 年

5114　日本文化史
〔日〕栗田元次著　章钦亮译　南京　国立编译
馆　1941 年 12 月初版　25 开

5115 日本现代科学论文集
〔日〕志贺洁等著 张资平等译 宁波 东方针灸研究社 1941 年 32 开

5116 日本现代科学论文集
〔日〕志贺洁等著 张资平等译 南京 中日文化协会 1941 年 4 月初版 32 开 （学术丛书 中日文化协会出版组主编）

5117 少年的悲哀（日本小说名著）
〔日〕国木田独步等著 周作人等译 施落英编 上海 启明书局 1941 年 7 月初版 32 开

5118 神经性失眠症
〔日〕杉田直树著 牟鸿彝译述 上海 东方编译社 1941 年 6 月初版 32 开

5119 世界经济常识
〔日〕小岛精一著 王炳勋、舒贻上编译 北京 国立华北编译馆 1941 年 12 月初版 有图表 32 开 （现代知识丛书 1）

5120 世界经济常识
〔日〕小岛精一著 王炳勋、舒贻上编译 上海 北新书局 1941 年 有图表 32 开

5121 世界资源要览
日本东亚问题研究会 编 冯何清译 福建永安 改进出版社 1941 年 3 月初版 有表 32 开 （改进文库 9）

5122 世界最终战论
〔日〕石原莞尔著 陈致平译 广州 东亚联盟 广州分会 1941 年 8 月初版 有图表 32 开

5123 速修北京语教本
〔日〕小泽照治 张英符编著 奉天 大东文化 协会 1941 年 5 月 5 版 32 开 精装

5124 图解现代工业科学知识
〔日〕白崎享一、佐久间哲三郎著 张孟华译 重庆 五十年代出版社 1941 年

5125 图解现代工业科学知识
〔日〕白崎享一、佐久间哲三郎著 张孟华译 上海 中央康健会康健杂志社 1941 年

5126 文化社会学
〔日〕关荣吉著 吴凤声译 南京 中日文化协会 1941 年初版 32 开 （学术丛书）

5127 倭寇大本营陆军部编发之士兵须知
日本大本营陆军部编 第一战区司令长官司令部参谋处 1941 年 64 开

5128 无名作家的日记
〔日〕菊池宽等著 查士元译 三通书局编辑部 编 上海 三通书局 1941 年 1 月初版 50 开 （三通小丛书）

5129 小儿病
〔日〕片冈铁兵等著 高汝鸿等译 三通书局编辑部编 上海 三通书局 1941 年 3 月初版 50 开 （三通小丛书）

5130 小儿科（上、下卷）
〔日〕三轮信太郎著 宋虞琪、牟鸿彝译 东京 同仁会 1944 年 有图表 25 开

5131 续中国医学书目
〔日〕冈西为人编 沈阳 （伪）满洲医科大学 1941 年 6 月初版 32 开 精装

5132 学生物理计算法
日本三省堂编 季成之译 南京 中日文化协会 1941 年

5133 雪的夜话
〔日〕里见弴等著 高汝鸿译 三通书局编辑部 编 上海 三通书局 1941 年 1 月初版 50 开 （三通小丛书）

5134 印度民族史
〔日〕赤松祐之著 吴绳海译 重庆 正中书局 1941 年 11 月初版，1946 年 4 月沪 1 版 25 开

5135 元人杂剧序说
〔日〕青木正儿著 隋树森译 徐调孚校补 上海 开明书店 1941 年 7 月初版 32 开

5136 园艺害虫防治法
〔日〕高桥奖著 钟德华译 昆明 中华书局 1941 年 4 月初版，1949 年 2 月沪再版 有图表 32 开 （农业丛书）

5137 怎样创作与欣赏
〔日〕木村毅著 罗曼译 上海 言行社 1941 年 12 月再版 36 开 （新青年修养丛书）

5138 中国经学史概说
〔日〕龙川熊之助著 陈清泉译 长沙 商务印

书馆　1941 年 8 月初版　36 开

5139　中国哲学史
〔日〕秋泽修二著　邬由译　上海　三通书局
1941 年 6 月初版　32 开

5140　中华民国各地经纬度及古名
〔日〕高木公三郎编　上海　三通书局　1941 年
8 月初版　25 开

5141　中日文化之交流
〔日〕辻善之助著　俞义范译　南京　国立编译
馆　1941 年 7 月初版　28 开

5142　中西文化之交流
〔日〕石田干之助著　张宏英译　上海　商务印
书馆　1941 年

5143　中央亚细亚的文化
〔日〕羽田亨著　张宏英译　长沙　商务印书馆
1941 年 1 月初版　36 开　（史地小丛书）

5144　重氢与重水
〔日〕千古利三著　张墨飞译　重庆　开明书店
1941 年 6 月初版，1947 年 3 月沪再版　32 开

5145　最新兵器与将来战争
〔日〕绪方胜一等著　汪浩襄译述　译述者刊
1941 年 5 月再版　有图照　18 开

1942

**5146　北京大学农村经济研究所资料目录（第
2 号）**
〔日〕三浦虎六编　北京　新民印书馆股份有限
公司　1942 年 9 月初版

5147　北支 A 型煤气汽车保管与修理
〔日〕菊地三郎编辑　北京　北支石炭自动车普
及委员会干事室　1942 年 3 月初版　有图表
32 开

5148　本尊
〔日〕山本有三著　〔日〕井田启胜译　东京
文求堂　1942 年

5149　草枕
〔日〕夏目漱石著　李君猛译述　长春　益智书
店　1942 年 12 月初版　32 开　（日本大文学
第 1 种）

5150　茶之化学
〔日〕泽村真著　郭寿铎译　重庆　商务印书馆
1942 年 12 月初版　有表　32 开

5151　茶之化学
〔日〕泽村真著　郭寿铎译　重庆　上海北新书
局　1942 年　有表　32 开

5152　大东亚共荣圈的建设
译丛编译委员会译　南京　中日文化协会
1942 年

5153　大东亚共荣圈与华北之经济地位
〔日〕森信美著　华北学会译　北京　新民印书
馆　1942 年 8 月初版　25 开

5154　大东亚战争与东亚联盟
〔日〕石原莞尔著　施学习译　汕头　东亚联盟
中国总会广州分会汕头支会　1942 年 7 月初版
32 开　（编译丛书　第 3 种　刘善才主编）

5155　到中日全面和平之路
〔日〕今中次麿著　译丛编辑委员会译　南京
中日文化协会　1942 年

5156　德国国社党社会建设之原理
〔日〕中川与之助著　长春　满洲富山房　1942
年 6 月初版　32 开

5157　烽火话南洋
〔日〕柴田贤一著　汪宇平译　重庆　时与潮书
店　1942 年 4 月初版　32 开

5158　赋史大要
〔日〕铃木虎雄著　殷石臞译　重庆　正中书局
1942 年 10 月初版，1947 年 9 月沪 1 版　25 开
（国学丛刊）

5159　古代社会史
〔日〕早川二郎著　谢艾群、杨慕冯译　上海
耕耘出版社　1942 年 5 月初版　32 开

5160　活版印刷术
〔日〕宫崎荣太郎等编辑　〔日〕俊山幸男总编
辑　苏士清译述　重庆　国立四川造纸印刷科
职业学校出版部　1942 年 9 月初版，1945 年 5
月再版　有图表　23 开

5161　交易市场解说
〔日〕久保勘三郎著　尹健鹏译　上海　商务印

书馆 1942 年 32 开

5162 交易市场解说

〔日〕久保勘三郎著 尹健鹏译 北京 著者刊
1942 年 12 月初版 32 开

5163 经济年报（第 1 卷）

〔日〕阿部义信编 南京 日本商工会议所
1942 年 6 月初版 16 开

5164 孔子之教与日本之道

〔日〕中山久四郎著 上海 1942 年初版
32 开

5165 癫院受胎及其他五篇

〔日〕北条民雄著 许竹园译 北京 北京协和
医学校细菌部 1942 年

5166 癫院受胎及其他五篇（北条民雄小说集）

〔日〕北条民雄著 许竹园译 上海 太平书局
1942 年 11 月初版 32 开

5167 马来血战记

华北学会译 北京 新民印书馆 1942 年 8 月
初版 24 开

**5168 满铁大连图书馆增加图书分类目录（昭
和 14 年度）**

〔日〕岩田实编 大连 南满铁道株式会社大连
图书馆 1942 年初版

5169 满洲帝国邮票总鉴

〔日〕织田三郎编 长春 满洲邮票会 1942 年
10 月初版 36 开

5170 满洲东亚联盟运动史

〔日〕冈野鉴记著 施学习译 汕头 东亚联盟
汕头支会 1942 年 11 月初版 32 开

5171 满洲国弘报关系法规集

〔日〕长泽千代造编 长春 满洲新闻协会
1942 年 8 月初版 25 开

5172 满洲铁路志

〔日〕千田万三编 奉天 南满洲铁道株式会社
弘报课 1942 年 8 月初版 有摄影、附折页地
图 32 开

5173 美英侵略东亚史

〔日〕大川周明著 古丁等译 长春 艺文书房

1942 年 9 月初版 32 开 （兴亚丛书）

5174 欧美间谍战术史实

日本平路社编 穆超译 重庆 军事编译社
1942 年 1 月初版，1944 年 1 月再版 32 开

**5175 日本航空学教程（航空委员会参考书类
编字第 96 号）**

陶鲁书编译 航空委员会军政厅编译处 1942
年 2 月初版

5176 日本开化小史

〔日〕田口卯吉著 余又荪译 重庆 商务印书
馆 1942 年 4 月初版，1943 年再版，1945 年 4
月 3 版 25 开

5177 日本史话

〔日〕菊池宽著 邵士菌译 北京 春明服务社
1942 年初版 有图 32 开

5178 日本通史

〔日〕古田良一著 章钦亮译 南京 国立编译
馆 1942 年 12 月初版 25 开

5179 日本怎样防谍

汪宇平译 邵冲霄校 重庆 时与潮社 1942
年 6 月初版 32 开

5180 日本政治史

〔日〕内田繁隆著 郑翰编译 上海 经纶出版
社 1942 年 11 月初版 32 开 （经纶丛书）

5181 日华正音字典

〔日〕吉田隆编著 北京 中华法令编印馆
1942 年 6 月初版 42 开 精装

5182 儒教之精神

〔日〕武内义雄著 高明译 杭州 新医书局
1942 年 32 开

5183 儒教之精神

〔日〕武内义雄著 高明译 上海 太平书局
1942 年 11 月初版 32 开

5184 神经衰弱症（临床解说）

〔日〕杉田直树著 牟鸿彝译 上海 东方编译
出版社 1942 年 3 月初版，1948 年 8 月再版
25 开 （医学院丛书）

5185 十年后的满洲

〔日〕今井庆夫编 南满洲铁道株式会社 1942

年 11 月初版　有图像　32 开

5186　食货志汇编
〔日〕菊地清著　大连　南满洲铁道株式会社调查部　1942 年 2 月初版　16 开

5187　水浒传新考证
〔日〕井坂锦江著　孙世瀚译　上海　商务印书馆　1942 年　有图　32 开

5188　水浒传新考证
〔日〕井坂锦江著　孙世瀚译　大连　实业印书馆　1942 年 12 月初版　有图　32 开

5189　太平洋岛的解剖
〔日〕佐藤定胜著　郭秀岩译　长春　五星书林　1942 年 10 月初版　有图　32 开

5190　太平洋战略论
〔日〕池崎忠孝、伊藤正德等著　宋斐如编译　重庆　五十年代出版社　1942 年 7 月初版　32 开

5191　先秦经济史
〔日〕田崎仁义著　周咸堂译　重庆　商务印书馆　1942 年 11 月初版　有图　36 开

5192　现代日本短篇名作集
张深切编译　东北军区卫生部　1942 年 32 开

5193　现代日本短篇名作集
张深切编译　北京　新民印书馆　1942 年 8 月初版　32 开

5194　协和会小史
〔日〕笠政太郎著　长春　满洲有斐阁　1942 年 9 月初版　32 开

5195　新撰处方
〔日〕黑田昌惠、多本芳太郎编　丁周陆译　湖南邵阳　个人刊　1942 年 7 月初版　32 开

5196　续美满的夫妻
〔日〕高田义一郎著　蒋步南译　长春　艺文书房　1942 年 5 月初版　32 开　（生活丛书）

5197　阳明与禅
〔日〕里见常次郎著　汪兆铭译　南京　中日文化协会出版组　1942 年 10 月初版　18 开

5198　谣曲盆树记
钱稻孙译　北京　北京近代科学图书馆　1942 年

5199　（译本）气象观测法讲话
〔日〕三浦荣五郎著　王维黑、郝忠铨、冯克嘉等译　昌黎测候所　1942 年初版　16 开　（气象丛书　第 5 集）

5200　（增订）缅羊饲育法
日本南满洲铁道株式会社农务课著　苍德玉编译　旅顺　农业进步社　1942 年 6 月 8 版　有图表　38 开

5201　昭和维新论（最新改订版）
日本东亚联盟协会编　施学习译　汕头　东亚联盟汕头支会　1942 年 8 月初版　有表　32 开（东联翻译丛书　第 1 种）

5202　哲学新讲
〔日〕佐藤庆二著　韩护译　大连　关东出版社　1942 年 4 月初版　32 开　（读书丛刊）

5203　哲学新讲
〔日〕佐藤庆二著　韩护译　上海　商务印书馆　1942 年　32 开

5204　职业指导概论
〔日〕增田幸一著　沈光烈译　上海　世界书局　1942 年 1 月初版　32 开　（中华职业教育社丛书）

5205　（至诚刚毅）东条英机传
〔日〕伊东峻一郎著　高亢译　大连　关东出版社　1942 年 5 月初版，1942 年 8 月再 3、4 版　冠像　32 开

5206　中国文学与日本文学
〔日〕青木正儿著　梁盛志编译　苏州　苏州国医书社　1942 年　32 开

5207　中国文学与日本文学
〔日〕青木正儿著　梁盛志编译　北京　国立华北编译馆　1942 年 4 月初版　32 开　（现代知识丛书）

5208　最新英文解释研究
〔日〕山崎贞著　邱霭达译　上海　上海中西医药书局　1942 年

1943

5209　拜伦传
〔日〕鹤见祐辅著　陈秋子译　桂林　远方书店
1943 年 5 月初版　32 开

5210　初级物理化学
〔日〕立田谦一著　张毅夫译　北京　国立华北
编译馆　1943 年初版　32 开　（现代知识
丛书）

5211　初级物理化学
〔日〕立田谦一著　张毅夫译　华北　韬奋书店
1943 年　32 开

5212　初级物理化学
〔日〕立田谦一著　张立言译　上海　商务印书
馆　1943 年

5213　创业五周年
〔日〕岛本久彦编　北京　华北电信电话株式会
社　1943 年 12 月初版　有表　10 开　活页精装

5214　纯粹法学
〔德〕H. Kelsen 编著　〔日〕横田喜三郎译　刘
燕谷转译　重庆　中国文化服务社　1943 年 9
月初版，1946 沪 1 版　36 开　（青年文库
程希孟等主编）

5215　大东亚经济建设原理
〔日〕谷口吉彦讲　〔日〕长崎亨译　上海　太
平书局　1943 年 11 月初版　32 开

5216　甘地与尼赫鲁
〔日〕锅山实著　田农译　长春　益智书店
1943 年初版　32 开　（时局读物）

5217　冈野进同志告日本国民书
〔日〕冈野进著　1943 年 7 月初版　32 开

5218　灌溉井之凿井指钊
〔日〕太田更一著　赵克度译　华北合作事业总
会　1943 年 2 月初版　有图表　23 开

5219　海军战记
日本大本营海军报道部编　治安总署译　译者
刊　1943 年 6 月初版　有图照、表　32 开

5220　海战
〔日〕丹羽文雄著　吴志情译述　上海　大陆新
报社　1943 年 7 月初版　32 开

5221　河工学
〔日〕浅野好著　北京　国立北京大学工学院
1943 年 9 月初版　有图表　16 开

5222　华北华中蒙疆（附满洲、日本）汽车时间
〔日〕松冈穰编辑　北京　东亚交通公社华北支
社　1943 年 12 月初版，1944 年 5 月时刻改正
版，1944 年 12 月时刻改正版　附折页地图
32 开

5223　华北开发事业之概观
〔日〕富田幸左卫门著　北京　北支那开发株式
会社　1943 年 12 月初版　有表　25 开

5224　华北农事试验场要览
〔日〕田村真吾编辑　北京　华北农事试验场
1943 年 9 月初版　有图表　23 开

5225　华南商工人名录
〔日〕山本喜代人编　国际情报社广东支局内华
南商工人名录发行所　1943 年 7 月初版　有摄
影　23 开　精装

5226　吉田东祐言论集（第 1 集）
〔日〕吉田东祐著　上海　中日文化研究所
1943 年 10 月初版　32 开

5227　寄自火线上的信
〔日〕鹿地亘著　张令澳译　重庆　五十年代出
版社　1943 年 11 月初版　32 开

5228　经济日本
〔日〕小岛精一著　包俊如译　上海　中日文化
研究所　1943 年 11 月初版　32 开

5229　硫铵施用法
〔日〕关川清编　曾公智译　华北合作事业总会
1943 年 2 月初版　有表　23 开

5230　鲁迅传
〔日〕小田岳夫著　单外文译　苏州　苏州国医
学校编译馆　1943 年　有图像　32 开

5231　满洲产业经济大观
〔日〕斋藤直基知编　长春　满洲产业调查会
1943 年 6 月初版　有摄影　25 开

5232 满洲物价调查（康德十年二、三、五、六、九、十一月份）

〔日〕窪田正直编 长春 满洲中央银行调查课 1943 年初版 10 开

5233 纳粹德国之解剖

〔日〕森川觉三著 吴心文译 重庆 独立出版社 1943 年 3 月初版 有表 32 开

5234 农作物的病虫害及其防治法

〔日〕古川吉友著 孙世珍译 上海 商务印书馆 1943 年

5235 青年

〔日〕林房雄著 张庸吾译 苏州 苏州国医学校编译馆 1943 年 32 开

5236 青年

〔日〕林房雄著 张庸吾译 上海 太平书局 1943 年 7 月初版 32 开

5237 人体览胜

〔日〕高田义一郎著 舒贻上译 上海 商务印书馆 1943 年 32 开 （现代知识丛书）

5238 人体览胜

〔日〕高田义一郎著 舒贻上译 北京 国立华北编译馆 1943 年 1 月初版 32 开

5239 日本当前之危机

〔日〕鹿地亘著 重庆 国民图书出版社 1943 年 7 月初版 32 开

5240 日本法医学的通则

〔日〕岛田鹤松著 上海 商务印书馆 1943 年

5241 日本飞机制造厂

中央航空学校教育处编译 编译者刊 1943 年初版

5242 日本国防体制的纲领

日本企划院研究会著 外交部亚洲司研究室编译 宣传部 1943 年 3 月初版 23 开

5243 日本历史

〔日〕中村孝也著 上海 北新书局 1943 年

5244 日本历史教程

〔日〕早川二郎著 张荫桐译 桂林 文化供应社 1943 年 5 月初版，1944 年再版 25 开

5245 日本律师法

立法院编译处编译 南京 编译者刊 1943 年 3 月初版 32 开

5246 日本人二宫尊德及其他

〔日〕武者小路实笃著 曹晔译 上海 政治月刊社 1943 年 6 月初版 36 开 （政治丛刊第 7 种）

5247 日本统制经济概要

〔日〕波多野鼎著 舒贻上译 北京 国立华北编译馆 1943 年 4 月初版 有表、附折表 32 开

5248 日本统制经济概要

〔日〕波多野鼎著 舒贻上译 上海 大东书局 1943 年 有表、附折表 32 开

5249 日本刑事补偿法（附刑事补偿法执行规程、刑事补偿事件报告办法）

立法院编译处译 南京 译者自刊 1943 年 3 月初版 32 开

5250 上海日本商工会议所所藏图书分类目录（昭和十七年八月末至现在）

〔日〕武内文彬编 上海 日本商工会议所 1943 年 4 月初版 16 开

5251 射击的要诀

田牧译 第一二九师军事教材编审委员会 1943 年 9 月初版

5252 石原莞尔言论集

〔日〕石原莞尔著 东亚联盟月刊社资料室编译 北京 东亚联盟月刊社 1943 年 4 月初版 32 开 （东亚联盟丛书 1）

5253 实际的犯罪搜查必携

〔日〕竹下胜著 郭庆秀译 长春 大学书房 1943 年 4 月初版 32 开

5254 天上人间

〔日〕中河与一著 方纪生译 大阪 锦城出版社 1943 年

5255 汪精卫传

〔日〕藤田菱花著 长春 满洲图书株式会社 1943 年 3 月初版 32 开

5256 我们七个人

〔日〕鹿地亘著 沈起予译 重庆 作家书屋

1943 年 6 月初版　32 开　（当代文学丛书）

5257　现代日本史
〔日〕大森金五郎著　文沫光译　东京　同仁会
1943 年　36 开

5258　现代日本史
〔日〕大森金五郎著　文沫光译　上海　中日文
化研究所　1943 年 9 月初版　36 开

5259　现代日本小说选集（第 1 集）
章克标辑译　上海　上海生活医院　1943 年
32 开

5260　现代日本小说选集（第 1 集）
章克标辑译　上海　太平书局　1943 年 8 月初
版　32 开

5261　新日本外史
〔日〕菊池宽著　陈致平译　广州　中日文化协
会广东省分会　1943 年 1 月初版　（中日文化
丛书　第 1 辑）

5262　英雄史诗
〔日〕鹤见祐辅著　娄子伦译　江西　民族正气
出版社　1943 年 10 月初版　32 开　（民族正气
丛书　3）

5263　樱花国歌话
钱稻孙译注　北京　中国留日同学会　1943 年 3
月初版　32 开　精装　（北京中国留日同学会
丛书）

5264　犹太问题与中日事变
〔日〕米良静夫著　施学习译　汕头　东亚联盟
汕头支会　1943 年 6 月初版　32 开　（东联翻
译丛书　第 5 号）

5265　原始佛教思想论
〔日〕木村泰贤著　任雁风译　上海　商务印书
馆　1943 年

5266　在中国四年
〔日〕盐见圣策著　黄函灵译　桂林　文本日报
社出版部　1943 年出版　32 开

5267　中国文学概论
〔日〕儿岛献吉郎著　隋树森译　上海　世界书
局　1943 年 11 月新 1 版　32 开

5268　中国学术文艺史讲话
〔日〕长泽规矩也著　胡锡年译　上海　中西医
药书局　1943 年　32 开

5269　中国学术文艺史讲话
〔日〕长泽规矩也著　胡锡年译　上海　世界书
局　1943 年 10 月初版　32 开

5270　自治学总论
〔日〕长野朗著　聂克刚译述　重庆　商务印书
馆　1943 年 12 月初版　24 开

1944

5271　北京电话番号簿
〔日〕古屋数一编　北京　北京中央电话局
1944 年 7 月初版　16 开

5272　大战下之世界情势
〔日〕加藤讲　1944 年 3 月初版　32 开

5273　吉田东祐言论集（第 2 集）
〔日〕吉田东祐著　上海　申报社　1944 年 6 月
初版　32 开

5274　集团勤劳读本
〔日〕清水益次著　北京　新民印书馆　1944 年
1 月初版　有照片、图表　32 开

5275　克劳塞维慈战争论纲要
〔日〕成田赖武著　李浴日译　广东韶关　世界
兵学社　1944 年 2 月初版，1946 年 3 月宁版，
1946 年 6 月宁再版　36 开　（兵学丛书　第
3 种）

5276　黎明
〔日〕武者小路实笃著　张我军译　上海　太平
书局　1944 年 4 月初版　32 开

5277　李陵
〔日〕中岛敦著　卢锡熹译　上海　太平出版印
刷公司　1944 年 8 月初版　32 开

5278　满洲蔬菜提要
〔日〕柏仓真一著　大连　满洲书籍株式会社
1944 年 6 月初版　有图表　24 开

5279　满洲物价调查（康德十一年五、六月份）
〔日〕窪田正直编　长春　满洲中央银行调查课
1944 年出版　10 开

5280　美国大学生活

〔日〕岩堂保著　徐蔚南、吴企云译　重庆　万光书局　1944 年 4 月初版　32 开　（万光译丛　2）

5281　美国侵略东亚史

〔日〕大川周明著　绥靖总署宣导局编译　编者刊　1944 年 11 月初版　32 开

5282　明治维新与昭和维新

〔日〕鹿地亘著　重庆　国民图书出版社　1944 年 5 月初版　36 开

5283　南洋童话集

〔日〕小笠原编著　孙世瀚编译　上海　教育研究社　1944 年　有图　32 开

5284　（能率速成的）物理·化学学习与受验之秘诀

〔日〕三木喜平、内野彦一著　奉天　满洲图书株式会社　1944 年 5 月初版　36 开

5285　农村社会学史

〔日〕铃木荣太郎著　韩云波译述　重庆　正中书局　1944 年 2 月初版　16 开

5286　日本的医学

〔日〕竹内松次郎　东亚交通公社辑　上海　商务印书馆　1944 年

5287　日本民权运动史

〔日〕平野义太郎著　韩幽桐译　重庆　读书出版社　1944 年 9 月初版　32 开

5288　日本文化带给中国的影响

〔日〕实藤惠秀著　张铭三译　上海　新申报馆　1944 年 5 月初版　32 开

5289　日本物价政策

〔日〕高桥龟吉著　邝松光译　重庆　中国农民银行经济研究处　1944 年 9 月初版　有表、附折表　32 开　（中国农民银行经济研究处世界经济名著选译）

5290　神国日本

〔日〕小泉八云著　曹晔译　上海　杂志社　1944 年 6 月初版　32 开　（杂志丛书　6）

5291　食粮增产与防风林之关系

〔日〕信冈贞雄编著　华北造林会　1944 年 6 月初版　有图表　32 开

5292　思想人物

〔日〕鹤见祐辅著　娄子伦译　江西铅山　民族正气出版社　1944 年 10 月初版　32 开

5293　唐宋时代金银之研究（上、下册）

〔日〕加藤繁著　中国联合准备银行调查室编　北京　中国联合准备银行　1944 年 6 月初版　有图表　16 开

5294　外科学概论

〔日〕金牧民著　金相海译　上海　商务印书馆　1944 年

5295　现代日本小说选集（第 2 集）

章克标辑译　上海　太平书局　1944 年 4 月初版　32 开

5296　刑事诉讼法新论

〔日〕丰岛直通著　陈宗蕃译　上海　普及书局　1944 年

5297　英国侵略东亚史

〔日〕大川周明著　绥靖总署宣导局编译　编者刊　1944 年 11 月初版　32 开

5298　中国地质地理文献目录

〔日〕尾崎金右卫门编　上海　上海自然科学研究所　1944 年

5299　中国文艺思想

〔日〕竹田复著　隋树森译　贵阳　文通书局　1944 年 3 月初版　36 开　（文艺丛刊　卢前、谢六逸主编）

5300　中日文化交流史话

〔日〕辻善之助著　方纪生译　上海　中日文化协会上海分会　1944 年 5 月初版　32 开　（文协丛书　3）

5301　中学植物教科书

〔日〕松村任三、齐田功太郎著　寿芝荪译　杜就田译订　上海　商务印书馆　1944 年 3 月初版　有图　大 32 开

5302　重庆政权的分析（吉田东祐政治论文集）

〔日〕吉田东祐著　新生命月刊社编　上海　中国建设青年队　1944 年 12 月初版　有图像　36 开

1945

5303 罢工与怠业
〔日〕野口著 黄昌言译 上海 群众书店
1945 年 有表 32 开

5304 暴日侵略世界阴谋之大陆政策
〔日〕佐藤清胜著 傅无退译 1945 年前版

5305 北满概观
哈尔滨满铁事务所 汤尔和译 上海 商务印
书馆 1945 年前版

5306 避孕要领
〔日〕宫原虎著 式隐译 上海 启智书局
1945 年前版

5307 避孕要领
〔日〕羽太锐治著 式隐译 上海 1945 年前版

5308 病理通论
〔日〕山田良叔著 陈滋辑译 湖南 新学会社
1945 年前版

5309 步兵班之战斗教练
〔日〕工藤豪吉著 训练总监部译 南京 军用
图片社 1945 年前版

5310 步兵炮战斗之研究
陆军大学编 陆军大学译 南京 拔提书店
1945 年前版

5311 蚕丝新论
〔日〕松永五作著 赖昌译 湖南 新学会社
1945 年前版

5312 朝鲜政界活历史
〔日〕中岛生编 益闻子译 上海 开明书店
1945 年前版

5313 赤军伪装教范
日本陆军航空本部编 训练总监部译 南京
军用图书社 1945 年前版

5314 赤林管理学
〔日〕川赖著 季英贤译 湖南 新学会社
1945 年前版

5315 大代数学难题详解
〔日〕上野清著 周藩译 上海 商务印书馆
1945 年前版

5316 代数学顺列组合及级数
〔日〕佐藤允、水田元平著 崔朝庆译 上海
商务印书馆 1945 年

5317 德国经济史
〔日〕石滨知行著 陈豹隐译 上海 乐群书店
1945 年前版

5318 德华军语新辞典
〔日〕栗本进编 训练总监部译 南京 军用图
书社 1945 年前版

5319 地质学简易教科书
〔日〕横山又次郎著 虞和寅、虞和钦译 上海
科学仪器馆 1945 年前版

5320 帝国主义下之台湾
〔日〕矢内原忠雄著 杨开渠译 上海 神州国
光社 1945 年前版

5321 电流
〔日〕三枝彦雄著 周斌译 上海 商务印书馆
1945 年前版

5322 都市问答
〔日〕弓家七郎著 刘光华译 上海 民智书局
1945 年 32 开 （百科问答小丛书）

5323 毒瓦斯防护教育参考书
日本特别阵地攻防演习计划委员会编 训练总
监部译 南京 军用图书社 1945 年前版

5324 对满蒙侵掠积极政策奏章
〔日〕田中义一著 广州 培英印务公司 1945
年前版

5325 俄国革命史
〔日〕石川一郎著 潘既闲译 上海 1945 年
前版

5326 俄国经济史
〔日〕嘉治隆一著 陈豹隐译 上海 乐群书店
1945 年前版

5327 儿童健康之路
〔日〕冈田道一著 任一碧译 上海 商务印书
馆 1945 年前版

5328 儿童教育学
〔日〕朝日文彦著　吴承均译　上海　儿童书局
1945 年前版

5329 儿童体育心理
〔日〕增井雄幸著　萧百新译　上海　商务印书
馆　1945 年前版

5330 法国经济史
〔日〕平贞藏编　陈豹隐译　东京　乐善堂书房
1945 年前版

5331 法兰西近代画史
〔日〕坂垣鹰穗著　许幸三译　北京　文笔堂
1945 年前版

5332 法兰西志
〔日〕高桥二郎译　湖南　新学会社　1945 年
前版

5333 法律思想史概论
〔日〕小野清一郎著　登定人译　南京　正中书
局　1945 年前版

5334 返老还童法
〔日〕榊保三郎著　夏廓楚译　协和经销　1945
年前版

5335 肥料教科书
〔日〕佐佐木祐太郎编　沈化爕译　湖南　新学
会社　1945 年前版

5336 肺病预防疗法
〔日〕原荣著　谢筠寿译　东京　作者印行
1945 年前版

5337 蜂王养成法
〔日〕青柳浩次郎著　曾仙舟译　1945 年前版

5338 夫妇之性的生活
〔日〕田中香涯著　叶蔡译　上海　民智书店
1945 年前版

5339 富美子的脚
〔日〕谷崎润一郎著　白鸥译　上海　晓星书店
1945 年前版　32 开

5340 妇女问题十讲
〔日〕本间久雄著　姚伯麟译　上海　启智书局
1945 年前版

5341 妇女问题与妇女运动
〔日〕山川菊荣著　李达译　上海　泰东图书局
1945 年　32 开

5342 副业养鸡
〔日〕仁部富之助著　赵仰夫译　湖南　新学会
社　1945 年前版

5343 公法与私法
〔日〕美浓部达吉著　黄冯明译　上海　商务印
书馆　1945 年　36 开　（汉译世界名著；万有
文库　第 2 集 123 种）

5344 共产主义评判
〔日〕室伏高信著　潘柱人译　上海　群众书局
1945 年前版

5345 狗的自述
〔日〕山兜马修著　文楠等译　上海　开明书店
1945 年前版

5346 关于伪装之研究
日本陆军步兵学校编　成朴译　南京　军用图
书社　1945 年前版

5347 国际劳工运动之现势
日本产业劳动调查所编著　佘叔奎译　上海
太平洋书店　1945 年前版

5348 国际劳动运动史
〔日〕林癸未夫著　南强编译　世界文艺书社
1945 年前版

5349 国际史论
〔日〕山川均著　唐俊夫译　1945 年前版

5350 国际小史
〔日〕山川均编著　洪盛译　上海　中华书局
1945 年前版

5351 国民社会主义德国劳动党的初期运动
〔日〕石原莞尔著　东亚联盟驻北京办事处资料
室编译　东亚联盟中国总会驻北京办事处　1945
年 2 月初版　25 开　（东亚联盟丛书　5）

5352 海军
〔日〕岩田丰雄著　洪洋译　上海　申报馆
1945 年 5 月初版　32 开

5353 害虫驱除全书
〔日〕松村松年著　胡朝阳译　上海　商务印书

馆　1945 年前版

5354　汉和处方学津梁
〔日〕渡边熙著　沈松年译　1945 年前版

5355　航空世界
〔日〕北岛定夫著　卢南生译　天津　大公报社
1945 年前版

5356　黑板战术
日本军学社编　麦务之译　南京　军用图书社
1945 年前版

5357　黑人和红雪车
〔日〕小川未明著　张晓天译　上海　新中国书
局　1945 年前版

5358　呼吸器病学（内科学第二卷）
〔日〕篠原昌治著　王颂远译　东京　同仁会
1945 年前版

5359　化学之克服（上、下册）
〔日〕川岛源司著　张墨飞译　长沙　商务印书
馆　1945 年　32 开

5360　慧超往五天竺国传笺释
〔日〕藤田丰八著　钱稻孙译　北京　泉寿东文
书藏　1945 年前版

5361　火药学
〔日〕西林唯一著　训练总监部译　南京　军用
图书社　1945 年前版

5362　机关枪战斗班教练
日本陆军步兵学校编　训练总监部译　南京
军用图书社　1945 年前版

5363　鸡之生理解剖及鸡病治疗法
〔日〕河边次郎著　天津　百城书局　1945 年
前版

5364　基督教社会主义论
〔日〕贺川丰彦著　阮有秋译　北京　太平洋书
店　1945 年前版

5365　寄生虫学
〔日〕松村松年著　沈化夔译　新商书局　1945
年前版

5366　家畜饲养论
〔日〕长村熊太郎著　胡朝阳译　湖南　新学会

社　1945 年前版

5367　简明调济学
〔日〕铃木梅藏著　张彭年译　上海　医学书局
1945 年前版

5368　简明外科学
〔日〕下平用彩著　万钧编译　上海　医学书局
1945 年前版

5369　建设民主的日本
〔日〕冈野进著　解放社　1945 年 8 月初版
36 开

5370　建设民主的日本
〔日〕冈野进著　上海　商务印书馆　1945 年
36 开

5371　教育问答
〔日〕浅野驯三郎著　甘泽译　上海　商务印书
馆　1945 年前版

5372　结婚论
〔日〕远山椿吉著　宗嘉钊、费保彦译　上海
中华书局　1945 年前版

5373　解剖学
〔日〕西成甫著　张方庆译　东京　同仁会
1945 年前版

5374　解析几何学
〔日〕长泽龟之助著　彭观圭译　上海　普及书
局　1945 年前版

5375　近代地理发现史
〔日〕岩根保重编　葛绥成译　上海　开明书店
1945 年

5376　近世经济思想史论
〔日〕河上肇著　李培天译　上海　启智书局
1945 年　32 开　（学术研究会丛书　第 1 册）

5377　近世美术史潮论
〔日〕坂垣鹰穗著　萧石君译　上海　北新书局
1945 年前版

5378　近世欧洲经济学史
〔日〕北泽新次郎著　赵兰平译　上海　商务印
书馆　1945 年前版

5379　经济史概论
〔日〕石滨知行著　陈豹隐译　上海　乐群书店

1945 年前版

5380　经济思想十二讲
〔日〕安部浩著　李大年译　上海　启智书局
1945 年前版

5381　经济学原理
〔日〕福田德三、坂西由藏著　陈家瓒重译　上
海　群益书社　1945 年前版

5382　经济原论
〔日〕河上肇著　郿摩汉译　南京　肇文书社
1945 年前版

5383　经济治疗及调剂处方
〔日〕板仓武著　姚伯麟译　改造社　1945 年
前版

5384　精神病学一夕谈
〔日〕杉江董著　丁惠康译　上海　医学季刊社
1945 年前版

5385　会计学（新学制高级商业学校教科书）
〔日〕吉田良三著　吴应图译　上海　商务印书
馆　1945 年　有表　32 开

5386　昆虫之系统
〔日〕江崎悌二著　上海　商务印书馆　1945 年
前版

5387　浪漫主义文学
〔日〕德富苏峰著　哲人译　上海　世界文艺书
社　1945 年前版

5388　劳资对立的必然性
〔日〕河上肇著　汪伯玉译　上海　北新书局
1945 年前版

5389　恋爱论
〔日〕厨川白村著　任白涛译　上海　学术研究
会　1945 年　32 开

5390　猎人的幸运
〔日〕松本雄原著　集成译　重庆　天地出版社
1945 年　（孩子的书）

5391　临床必携新撰处方
〔日〕黑田昌惠、本多芳太郎　张克成译　上海
生活月刊社　1945 年前版

5392　临床医典
〔日〕桥本节斋著　吴卫儿译　河东院　1945 年
前版

5393　凌沧集
〔日〕田边华等著　上海　中华书局　1945 年
前版

5394　马克思主义国家学
〔日〕平野常浩著　逍遥译　上海　世界文艺书
社　1945 年前版

5395　马克斯恩格斯意特沃罗基观
〔日〕森户辰男著　余思齐译　上海　昆仑书店
1945 年前版

5396　麦苗
〔日〕德永直著　新创造　1945 年前版

5397　卖药集
〔日〕平野一贯著　吴卫尔译　1945 年前版

5398　满鲜战史旅行讲话集
日本陆军大学编　训练总监部译　南京　军用
图书社　1945 年前版

5399　没有太阳的街
〔日〕德永直著　冯宪章译　上海　现代书局
1945 年前版

5400　美国经济史
〔日〕丸冈重尧著　陈豹隐译　上海　乐群书店
1945 年前版

5401　美国农村教育及其设施
〔日〕水野常吉著　费谷年译　湖南　新学会社
1945 年前版

5402　美欧风云录
〔日〕松本君平著　钟朴岑译　上海　镜今书局
1945 年前版

5403　男女下体病要鉴
〔日〕丸山万著　全柯译　上海　国民日报
1945 年前版

5404　南方亚洲搜访记
〔日〕鸟居龙藏著　汤尔和译　上海　商务印书
馆　1945 年前版

5405 农具教科书
〔日〕上野英三郎编 沈化夔译 湖南 新学会社 1945 年前版

5406 农民理论之发展
〔日〕河西太一郎著 黄枯桐译 上海 乐群书店 1945 年

5407 农业大意
〔日〕稻垣乙丙著 胡朝阳译 湖南 新学会社 1945 年前版

5408 农业副业
〔日〕今关常次郎、楠岩著 范杨译 湖南 新学会社 1945 年前版

5409 农业化学教科书——有机编
〔日〕麻生庆次郎编 沈化夔译 湖南 新学会社 1945 年前版

5410 农业矿物学教科书
〔日〕麻生庆次郎编 杨占春译 湖南 新学会社 1945 年前版

5411 农业全书
〔日〕横井时敬著 赖昌译 湖南 新学会社 1945 年前版

5412 农业社会化
〔日〕河田嗣郎著 黄枯桐译 上海 启智书局 1945 年前版

5413 农艺化学教科书
〔日〕千叶止敬编 沈化夔译 湖南 新学会社 1945 年前版

5414 农艺杀虫剂
〔日〕桑名伊之吉著 郭寿铎译 重庆 正中书局 1945 年 有图表 32 开

5415 农用昆虫学
〔日〕小贯信太郎著 胡朝阳译 湖南 新学会社 1945 年前版

5416 农证法与资本主义
〔日〕山川均著 施复亮译 上海 新生命社 1945 年前版

5417 女子簿记教科书
杨蕴三编译 上海 群益书社 1945 年前版

5418 女子代数教科书
王应伟译 上海 群益书社 1945 年前版

5419 女子动物教科书
黄邦柱译 上海 群益书社 1945 年前版

5420 女子化学教科书
〔日〕滨幸次郎编 陈文祥译编 上海 群益书社 1945 年前版

5421 女子几何教科书
黄邦柱译 上海 群益书社 1945 年前版

5422 女子家事教科书
丛珀珠编译 上海 群益书社 1945 年前版

5423 女子矿物教科书
黄邦柱译 上海 群益书社 1945 年前版

5424 女子生理教科书
陈敬译编 上海 群益书社 1945 年前版

5425 女子算术教科书
黄邦柱译 上海 群益书社 1945 年前版

5426 女子物理教科书
黄邦柱译 上海 群益书社 1945 年前版

5427 女子植物教科书
黄邦柱译 上海 群益书社 1945 年前版

5428 欧美无产政党研究
〔日〕藤井悌著 施复亮译 上海 新生命社 1945 年前版

5429 欧美逸话
〔日〕野边地天马著 周白棣编译 上海 中华书局 1945 年前版

5430 欧美之东亚侵略与兴亚运动
〔日〕林铣十郎著 南京 中日文化协会 1945 年前版 32 开 （日本文化小丛刊 4）

5431 叛逆者之歌
〔日〕鹿地亘著 沈起予译 上海 商务印书馆 1945 年 32 开

5432 叛逆者之歌
〔日〕鹿地亘著 沈起予译 上海 作家书屋 1945 年 12 月沪 1 版 32 开

5433 皮肤花柳病诊疗医典
〔日〕石川贞吉著 刘云青编译 东京 生活院
1945 年前版

5434 破伤风
〔日〕竹内纽著 陈存善译 五定经销 1945 年
前版

5435 普罗小说创作论
〔日〕片冈铁兵著 谢六逸译 上海 前夜书局
1945 年前版

5436 七大健身法
〔日〕二木谦三等著 刘仁航译 译者印行
1945 年前版

5437 青年人生观
〔日〕武者小路实笃著 东方文化编译馆译 上
海 东方书局 1945 年 4 月初版 32 开 （社
会科学丛书 301）

5438 情欲、恋爱、结婚
〔日〕辻井民之助著 丽洲译 上海 世界文艺
书社 1945 年前版

5439 趣味的化学实验
〔日〕三泽隆茂著 刘世楷译 天津 百城书局
1945 年前版

5440 全译女性中心说
〔美〕瓦特著 〔日〕堺利彦译 夏丏尊重译
上海 民智书店 1945 年前版

5441 人及人之力
〔日〕永井潜著 石锡祜译 东京 同仁会
1945 年前版

5442 人口食粮问题
〔日〕那须皓著 黄枯桐译 湖南 新学会社
1945 年 32 开

5443 人类之脑
〔日〕平光吾一著 韩士淑译 上海 商务印书
馆 1945 年前版

5444 人文地理学概论
〔日〕野口保市郎著 李次亮译 天津 大公报
社 1945 年前版

5445 日本步兵操典
训练总监部译 南京 军用图书社 1945 年
前版

5446 日本步兵学术科教育预定表
南京 军用图书社 1945 年前版

5447 日本的间谍
天戈编译 上海 博览书局 1945 年 12 月再版
32 开

5448 日本的诗歌
周作人等译 上海 商务印书馆 1945 年前版

5449 日本对华最近野心之暴露
〔日〕山田武吉著 周佩岚译 上海 民智书局
1945 年

5450 日本飞机驾驶教育暂行规则
训练总监部编译 南京 军用图书社 1945 年
前版

5451 日本改造法案
〔日〕北一辉著 艾秀峰译 天津 大公报社
1945 年前版

5452 日本故事选集
郭鼎堂（沫若）译 大连 梅友社 1945 年
前版

5453 日本教育史
〔日〕高桥俊乘著 秦企贤译 南京 上海心脏
科学书店 1945 年 32 开 （学术丛书 中日
文化协会出版组主编）

5454 日本经济史
〔日〕猪狩英一著 陈豹隐译 上海 乐群书局
1945 年前版

5455 日本旧场站勤务令
南京 军用图书社 1945 年前版

5456 日本旧弹药大队勤务令
南京 军用图书社 1945 年前版

5457 日本军事战术
〔日〕冈田铭太郎著 训练总监部译 南京 军
用图书社 1945 年前版

5458 日本捆包积教教范
训练总监部译 南京 军用图书社 1945 年
前版

5459 日本律令
日本政府编 沈铎译 1945 年前版

5460 日本民间传说
查士元编 上海 商务印书馆 1945 年前版

5461 日本名家小说选
汉口 中日文化协会武汉分会 1945 年前版
32 开 （中日文化协会武汉分会丛书 第 3 种）

5462 日本明治教育史
林万里译 上海 商务印书馆 1945 年前版

5463 日本汽车操综教范草案
训练总监部译 南京 军用图书社 1945 年
前版

5464 日本全国协定自来水考验法
日本市政会编 陈瑛等译 译者印行 1945 年
前版

5465 日本田中内阁奏请施行对中国及满蒙积极政策之密折
〔日〕田中义一著 广东省台山县 私立任远初
级中学 1945 年前版

5466 日本童话集
曹建华译 上海 商务印书馆 1945 年前版

5467 日本童话集
清野译 上海 儿童书局 1945 年前版

5468 日本童话集
〔日〕松村武雄著 许达年编译 上海 中华书
局 1945 年前版

5469 日本童话集
赵霭民编译 长春 满洲帝国教育会 1945 年
前版

5470 日本文化史讲话
〔日〕中村教也著 东方文化编译馆译 上海
东方书局 1945 年 5 月初版 32 开 （东方文
化丛书 203）

5471 日本现代剧三种
〔日〕山本有三等著 田汉辑译 上海 中华书
局 1945 年 32 开

5472 日本现代史
〔日〕长谷川万次郎编 彭信威译 上海 神州
国光社 1945 年前版

5473 日本现时教育
〔日〕吉村寅太郎著 胡宗瀛译 上海 致用书
社 1945 年前版

5474 日本小说集
〔日〕加藤武雄等著 周作人译 上海 商务印
书馆 1945 年前版

5475 日本行政法
顾世昌编译 上海 通社 1945 年前版

5476 日本学校章程汇编
陶森甲编译 上海 商务印书馆 1945 年前版

5477 日本药局方
日本内务省卫生局编 日本药剂师会译 东京
同仁会 1945 年前版

5478 日本邮信省职制
杨守仁译 1945 年前版

5479 日本资本主义发达史
〔日〕高桥龟吉著 刘家鋆译 上海 新世纪书
局 1945 年 有表 32 开

5480 日美危机
〔日〕匝瑳胤次著 杨敬慈译 天津 大公报社
1945 年前版

5481 森林数学
〔日〕本多静六著 徐承镕译 湖南 新学会社
1945 年 有表 25 开

5482 少年世界艺术史
〔日〕木村庄八著 洛三译 上海 神州国光社
1945 年前版

5483 社会经济论丛
〔日〕石滨知行等著 北京 平凡社 1945 年
前版

5484 社会科学理论之体系
〔日〕杉山荣著 张栗原译 上海 神州国光社
1945 年前版

5485 社会学
〔日〕远藤隆吉著 翻译世界 1945 年前版

5486 社会学提纲
〔日〕市井源三著 吴建常译 东京 教科书译

辑社　1945 年前版

5487　社会主义
〔日〕村井知至著　侯士绾译　上海　文明书局
1945 年前版

5488　社会主义社会学
〔美〕留伊斯著　〔日〕高畠素之译　刘家筠重
译　上海　华通书局　1945 年前版

5489　社会主义社会组织
〔日〕河上肇著　郭沫若译　上海　乐群书店
1945 年前版

5490　身之肥瘦法
〔日〕羽太锐治著　黄孤飘译　上海　启智书局
1945 年前版

5491　神经衰弱症（临床解说）
〔日〕杉田直树著　牟鸿彝译　上海　上海医学
季刊社　1945 年　25 开　（医学院丛书）

5492　神经衰弱自疗养法
〔日〕井上正贺著　卢寿笺译　上海　中华书局
1945 年前版

5493　生活与文学
〔日〕有岛武郎著　汪馥泉译　上海　大江书铺
1945 年前版

5494　实兵指挥之研究
日本军事研究会编　李昊译　南京　军用图书
社　1945 年前版

5495　实验健身术
〔日〕下田次郎著　李之龙编译　上海　中华书
局　1945 年前版

5496　实验遗传学
〔日〕池野成一郎著　许调履译　上海　中国农
业书局　1945 年前版

5497　实用看护学（一）——看护学总论
〔日〕西川义方著　王琰译　上海　中华书局
1945 年 11 月初版　有图表　48 开

5498　实用看护学（二）——看护学各论
〔日〕西川义方著　王琰译　上海　中华书局
1945 年 11 月初版　有图表　48 开

5499　实用看护学（三）——基础看护学
〔日〕西川义方著　王琰译　上海　中华书局
1945 年 11 月初版，1948 年 12 月再版　有图表
48 开

5500　实用外科手术
〔日〕美化民著　汪于冈译　上海　商务印书馆
1945 年前版

5501　实用印花学
〔日〕西田（博士）著　季子译　东京　作者印
行　1945 年前版

5502　实用造林学
〔日〕本多静六著　孙钺译　湖南　新学会社
1945 年前版

5503　实用植物图说
〔日〕斋田功太郎著　孙云台译　湖南　新学会
社　1945 年前版

5504　世界大战史概说
〔日〕滋贺贞著　训练总监部译　南京　军用图
书社　1945 年前版

5505　世界大战史讲义录
日本兵学研究会编著　训练总监部编译　1945
年前版

5506　世界经济论
〔日〕高山洋吉著　高振生译　中学生书局
1945 年前版

5507　世界名著提要
〔日〕木村一郎、平林松雄、高木敏雄著　查士
元、查士骥译　上海　世界书局　1945 年前版

5508　世界文化史大纲
〔法〕Charles Richet 著　〔日〕间崎万里译　唐
易庵重译　上海　商务印书馆　1945 年

5509　世界文学讲座
汪馥泉、谢六逸译　上海　北新书局　1945 年
前版

5510　世界无产政党发达史
〔日〕嘉治隆一著　刘岫青译　上海　卿云图书
公司　1945 年前版

5511　书志学
〔日〕小见山寿海著　马导源译　上海　商务印

书馆　1945 年前版

5512　蔬菜栽培篇
〔日〕高桥久四郎著　叶兴仁译　湖南　新学会社　1945 年前版

5513　蔬菜栽培新法
〔日〕高桥久四郎著　吴球译　湖南　新学会社　1945 年前版

5514　输血法
〔日〕茂木藏之助著　景凌灏译　东京　同仁会　1945 年前版

5515　数学辞典
〔日〕长泽龟之助编　赵缭译　上海　群益书社　1945 年前版

5516　苏俄的东方政策
〔日〕布施胜治著　半粟译　上海　太平洋书店　1945 年　32 开

5517　苏俄性教育的理论与实际
（著者不详）　日本苏俄问题研究所译　张郁光重译　上海　商务印书馆　1945 年前版（第 3）

5518　苏俄政治制度
日本政府编　施复亮译　上海　新生命书局　1945 年前版

5519　素食养生论
〔日〕山崎今朝弥著　孙轿公、杨章文编译　上海　中华书局　1945 年前版

5520　田中奏折
〔日〕田中义一著　中日社译　中日社　1945 年前版

5521　通俗辩证法讲话
〔日〕德永直、渡边顺三著　包刚译　重庆　上海杂志公司　1945 年渝版，1947 年 4 月 1 版，1948 年再版，1949 年 6 月 3 版　32 开

5522　通俗生育限制法
〔日〕大川浩著　沈石顽译　五定经销　1945 年前版　（第 26 号）

5523　土地总有权史论
〔日〕石田文次郎著　印斗如译　中国地政研究所、台湾土地银行研究室　1945 年 2 月初版　有图　32 开　（土地金融丛书　第 2 种）

5524　土壤教科书
〔日〕佐佐木祐太郎编　周公才译　湖南　新学会社　1945 年前版

5525　土壤学
〔日〕泽村真著　黄毅译　湖南　新学会社　1945 年前版

5526　唯物辩证法的理论斗争
〔日〕河上肇著　江半庵译　星光社　1945 年前版

5527　唯物史观的思想史
〔日〕平林初之辅著　张式南译　上海　明日书店　1945 年前版

5528　伟大的领袖
〔日〕石丸藤太著　陈瑰璋译　上海　前进书局　1945 年前版

5529　委任日本统治南洋群岛土人社会研究
〔日〕矢内原忠雄著　廖鸾扬译　重庆　商务印书馆　1945 年 5 月初版　32 开　（新亚细亚学会丛书）

5530　卫生与空气水土
〔日〕晖峻义等著　刘兼善译　上海　商务印书馆　1945 年前版

5531　卫生与衣住清洁
〔日〕晖峻义等著　刘兼善译　上海　商务印书馆　1945 年前版

5532　文学的作者与读者
〔日〕片上伸著　汪馥泉译　上海　大江书铺　1945 年前版

5533　文学及艺术之技术的革命
〔日〕平林初之辅著　陈望道译　上海　大江书铺　1945 年前版

5534　文学与社会
〔日〕片上伸著　雪峰译　上海　光华书局　1945 年前版

5535　文学之社会学的研究方法及其适用
〔日〕平林初之辅著　林骥译　北京　太平洋书

店　1945 年　50 开　（社会问题丛书）

5536　文艺思想论
〔日〕厨川白村著　汪馥泉译　上海　民智书店
1945 年前版

5537　我们的日常科学
〔日〕石原纯著　黄铭译　上海　东方文化编译
馆　1945 年 1 月初版　32 开　（自然科学
丛书）

5538　无产政党与劳动组合
〔日〕麻生久著　阮叔清译　北京　太平洋书店
1945 年　50 开　（社会问题丛书）

5539　物理教科书
〔日〕水岛久太郎编　陈榥译　东京　教科书译
辑社　1945 年前版

5540　物理学学生实验教程
〔日〕高田德佐著　郑贞文译　上海　商务印书
馆　1945 年前版

5541　物算教科书
日本文学社编　董瑞椿译　朱念椿述　上海
南洋公学　1945 年前版

5542　西线无战事剧本
〔日〕村山知义著　梅君译　南京　拔提书店
1945 年前版

5543　西洋文艺论集
〔日〕小泉八云著　侍桁译　上海　北新书局
1945 年前版

5544　戏剧研究
〔日〕武者小路实笃著　沈宰白译　上海　良友
图书印刷公司　1945 年前版

5545　戏剧研究
〔日〕菊池宽著　沈宰白译　上海　良友印刷公
司　1945 年前版

5546　夏秋蚕饲育法
〔日〕池田荣太郎著　赖昌译　湖南　新学会社
1945 年前版

5547　现代社会生活
〔日〕堺利彦著　高希圣译　上海　光华书局
1945 年前版

5548　现代文化的危机与兴亚世界观
〔日〕藤泽亲雄著　华北政务委员会总务厅情报
局编　编者刊　1945 年 2 月初版　36 开　（时
局丛书　60）

5549　现代政治思想史
〔日〕高桥清吾著　文升举译　上海　新生命书
局　1945 年前版

5550　现地战术讲授录
日本陆军大学编　杨友墨译　南京　拔提书店
1945 年前版

5551　宪法法理要义
〔日〕穗积八束著　王鸿年译　东京　译者发行
1945 年前版

5552　消科器学（内科学第 3 卷）
〔日〕南大曹著　蹇先器、姚鸿隽译　东京　同
仁会　1945 年前版

5553　小川未明童话
〔日〕小川未明著　张晓天译　上海　新中国书
局　1945 年前版

5554　小泉八云及其他
〔日〕厨川白村著　绿蕉译　上海　启智书局
1945 年前版

5555　小说研究十六讲
〔日〕宫岛新三郎著　高明译　上海　北新书局
1945 年前版

5556　新兵器之研究
日本陆军士官学校编　训练总监部译　北京
武学书馆　1945 年前版

5557　新家族手册
〔日〕石川武美著　金朴菴译　上海　国风书店
1945 年 2 月渝 1 版　32 开

5558　新理科教授法
〔日〕棚桥源太郎著　陈润霖、黄邦柱译　上海
商务印书馆　1945 年前版

5559　新一般战术讲授录
日本陆军大学编　李遇春译　南京　军用图书
社　1945 年前版

5560　新译列国岁计政要
〔日〕和田垣谦三　傅运森述　白作霖译　上海

海上译社　1945 年前版

5561　新译日本华族女学校规则
日本宫内省编　（译者不详）　（出版者不详）
1945 年前版

5562　新撰动物学教科书
〔日〕五岛清太郎著　许家庆、凌昌焕译　上海
商务印书馆　1945 年 2 月初版　23 开

5563　新撰内科治疗法集成
〔日〕岩井藤三郎编　刘棨敬编译　1945 年前版

5564　新撰中学生理书
〔日〕坪井次郎编著　何琪译　绍兴　通艺学社
1945 年前版

5565　兴登堡传
〔日〕泽田谦编　何双璧译　上海　良友印刷公
司　1945 年前版

5566　兴国史谈（四卷）
〔日〕内村鉴三著　新足谋者纂译　上海　泰东
图书局　1945 年前版

5567　畜产学各论
〔日〕长次熊次郎著　胡朝阳译　湖南　新学会
社　1945 年前版

5568　血液型之新研究
〔日〕富士山著　祖照基译　长沙　商务印书馆
1945 年　有表　32 开

5569　（续）支那通史
〔日〕山峰峻藏编　汉阳青年译　会文政记
1945 年前版

5570　学生之将来
〔日〕柳内虾洲著　龙伯屯译　新教育社　1945
年前版

5571　循环器总论（内科学第 4 卷）
〔日〕小宫悦造、美甘义夫著　蹇先器译　东京
同仁会　1945 年前版

5572　岩石矿学
〔日〕渡边万次郎著　张资平译　上海　商务印
书馆　1945 年前版

5573　养蚕新论
〔日〕池田荣太郎著　黄毅译　湖南　新学会社

1945 年前版

5574　养蜂新书
〔日〕吉田弘藏著　沈化夔译　湖南　新学会社
1945 年前版

5575　养鸡全书
〔日〕八锹仪七郎著　胡朝阳译　湖南　新学会
社　1945 年前版

5576　养豕全书
（国籍不详）Sweine 著　〔日〕高山彻、饭田吉
英译　胡朝阳重译　湖南　新学会社　1945 年
前版

5577　养羊全书
〔日〕小谷武治著　孙铖译　湖南　新学会社
1945 年前版

5578　养鱼全书
〔日〕日暮忠等著　杨占春译　湖南　新学会社
1945 年前版

5579　一个日本女人的日记
〔日〕小泉八云著　东方文化编译馆译　上海
东方书局　1945 年 3 月初版　32 开　（东方文
化丛书　202）

5580　一九三六年日美海军问题
日评社译　南京　正中书局　1945 年前版

5581　艺术简论
〔日〕青野季吉著　汪馥泉译　上海　大江书铺
1945 年前版

5582　艺术解剖学
〔日〕中村不折著　黄玉斋译　上海　世界文艺
书社　1945 年前版

5583　佚存丛书
〔日〕天瀑山人（林述斋）编　上海　商务印书
馆　1945 年前版

5584　音乐概论
〔日〕门马直卫著　丰子恺译　上海　大江书铺
1945 年前版

5585　银行员座右铭
〔日〕永井清著　戴霭庐编译　上海　黎明书局
1945 年前版

5586 印刷术总论及机械编
参谋本部编译 南京 参谋本部 1945 年前版

5587 英国费边协会发达史
〔日〕川原次吉郎著 李超桓译 北京 太平洋书店 1945 年 50 开 （社会问题丛书）

5588 英国经济史
〔日〕野村兼太郎著 陈豹隐译 上海 乐群书店 1945 年前版

5589 英国炭坑争议
日本劳动调查所著 崔物齐译 上海 光华书局 1945 年前版

5590 英国田园市
〔日〕弓家七郎著 张维翰译 冯雄校 上海 民智书局 1945 年 有图表 32 开 （市政丛书）

5591 英语文法大全
〔日〕山崎贞编著 金则以译 上海 世界书局 1945 年前版

5592 优生学与遗传及其他
〔日〕永井潜著 任白涛译 上海 1945 年前版

5593 由防空上所见之空袭
〔日〕石川清一著 文圣律译 国际学术书社 1945 年前版

5594 鱼类
〔日〕田中茂穗著 陈兼善等译 1945 年前版

5595 育儿之模范
〔日〕田村贞雄等著 孙祖烈译 上海 医学书局 1945 年前版

5596 原师
〔日〕泽柳政太郎著 武昌翻译学塾译 上海 开明书局 1945 年前版

5597 原形质
〔日〕坂村彻著 周建人译 上海 商务印书馆 1945 年前版

5598 栽桑新论
〔日〕池田荣太郎著 黄毅译 湖南 新学会社 1945 年前版

5599 再寄中国青年
〔日〕大原洋三著 东方文化编译馆译述 上海 东方书局 1945 年 3 月初版 32 开

5600 造林学本论（林学教科书第二卷）
〔日〕本多静六著 沈化夔译 湖南 新学会社 1945 年 24 开

5601 造林学通论
〔日〕本多静六著 沈化夔译 湖南 新学会社 1945 年前版

5602 战车之使用法
日本教育总监部编 陈皋编译 北京 武学书馆 1945 年前版

5603 战斗纲要研究记事
日本军事研究会编 蔡宗濂等译 南京 军用图书社 1945 年前版

5604 战术讲座
〔日〕末松茂治编 训练总监部译 南京 军用图书社 1945 年前版

5605 战术原则图例解
日本军事研究会编 南京 军用图书社 1945 年前版

5606 战术之教育及指导
〔日〕前田岩太郎著 彭启莱译 南京 军用图书社 1945 年前版

5607 战争
〔日〕升曙梦著 袁持中译 上海 1945 年前版

5608 战争论
〔日〕佐野学著 温盛光译 上海 光举 1945 年前版

5609 真言宗小史
〔日〕加藤宏宪等著 震旦佛教会译 上海 佛学书局 1945 年前版

5610 阵地战
日本参谋本部编 陆军大学译 南京 拔提书店 1945 年前版

5611 阵地战之研究
日本陆军大学编 陆军大学译 南京 拔提书店 1945 年前版

5612 政治学
〔日〕大山郁夫著　温盛光译　上海　启智书局
1945 年前版

5613 政治学
〔日〕田原荣著　上海　昆仑书店　1945 年前版

5614 政治学概论
〔日〕高桥清吾著　王英生译　上海　新月书店
1945 年前版

5615 支那问题
〔日〕持地六三郎著　赵必振译　上海　文明书
局　1945 年前版

5616 支那哲学史
〔日〕高濑武次郎编著　赵正平译　1945 年前版

5617 植物之运动
〔日〕山田弥辅著　凌文之译　上海　商务印书
馆　1945 年前版

5618 中国革命外史
〔日〕北一辉著　苦竹社译　汉口　大楚报社
1945 年 6 月初版　32 开　（知识丛书）

5619 中国农社之实证的研究
〔日〕田中忠夫著　汪馥泉译　上海　大东书局
1945 年前版

5620 中国哲学思想史
〔日〕武内义雄著　汪馥泉译　长沙　商务印书
馆　1945 年　32 开

5621 中华民国医师讲习录
〔日〕宫川米次著　丁福保译　上海　医学书局
1945 年前版

5622 中日问题座谈会记录
〔日〕芳泽谦吉等编　南京　正中书局　1945 年
前版

5623 中学算理教科书
〔日〕水岛久太郎著　陈榥译　东京　教科书译
辑社　1945 年前版

5624 中学校数学教科书代数之部
赵缭、易应昆编译　上海　群益书社　1945 年
前版

5625 中学校数学教科书几何之部（立体）
仇毅编译　上海　群益书社　1945 年前版

5626 中学校数学教科书几何之部（平面）
仇毅编译　上海　群益书社　1945 年前版

5627 中学校数学教科书几何之部（问题详解）
仇毅编译　上海　群益书社　1945 年前版

5628 中学校数学教科书三角之部（平面）
黄邦柱编译　上海　群益书社　1945 年前版

5629 中学校数学教科书三角之部（问题详解）
黄邦柱编译　上海　群益书社　1945 年前版

5630 中学校数学教科书算书之部
赵缭、易应昆编译　上海　群益书社　1945 年
前版

5631 中学校数学教科书算术之部（问题详解）
赵缭、易应昆编译　上海　群益书社　1945 年
前版

5632 种畜近观交配法
日本市川种兔研究所编　穆率农译　上海　中
国农业书局　1945 年前版

5633 助产学问答
〔日〕安藤画一著　姚星叔译　译者印行　1945
年前版

5634 转生
〔日〕志贺直哉著　钱稻孙译注　北京　北京近
代科学图书馆　1945 年前版

5635 妆品编
〔日〕松永新之助著　博文馆编　沈铉译　1945
年前版

5636 资本论大纲
〔日〕高畠素之著　刘侃元译　1945 年前版

5637 资本论略解
〔日〕河上肇著　东京　1945 年前版

5638 资本主义大纲
〔日〕山川均著　陆志青译　上海　卿云图书公
司　1945 年前版

5639 资本主义的玄妙
〔日〕山川均著　吕一鸣译　上海　北新书局

1945 年　32 开

5640　资本主义社会之解剖
〔日〕田益丰彦、冬木著　刘埜平译　1945 年前版

5641　自然科学概论
〔日〕石原纯著　谷公译　上海　沪滨书局
1945 年前版

5642　宗教论
〔日〕佐野学著　杨熙译　上海　辛垦书店
1945 年前版

5643　组织学
〔日〕平光吾一著　沈恭译　东京　同仁会
1945 年前版

5644　最新兵器与将来的战争
日本科学社编　汪浩襄译　北京　太平洋书店
1945 年前版

5645　最新基本战术教程
日本军事研究会编　艾青编译　南京　拔提书店　1945 年前版

5646　最新实验养蚕法
〔日〕土屋泰著　邹宾祥译　湖南　新学会社
1945 年前版

5647　最新银行学
〔日〕松崎藏之助著　张家骝译　东京　作者经销　1945 年前版

5648　最新照像制版术
〔日〕镰田弥寿次著　马克清译　重庆　国立四川造纸印刷职业学校　1945 年 4 月初版　有图
23 开

5649　最新阵中要务令详解
日本兵学研究会编　徐梦成译　南京　共和书局　1945 年前版

5650　作物生理学
〔日〕井上正贺著　胡朝阳译　湖南　新学会社
1945 年前版

5651　作物学各论
〔日〕佐佐木祐太郎著　沈化夔译　湖南　新学会社　1945 年前版

1946

5652　采矿手册
〔日〕江川三男治著　王耀天译　长沙　商务印书馆　1946 年

5653　稻作相关性状之研究及其应用
〔日〕石几永吉著　台北　台湾省农业试验所
1946 年 6 月初版　16 开　（台湾省农业试验所汇报　第 1 号）

5654　俄语入门
〔日〕除村吉太郎著　舒重则译　上海　华通书局　1946 年

5655　俄语一月通
〔日〕冈泽秀虎著　舒重则译　上海　商务印书馆　1946 年

5656　黑白记
〔朝鲜〕张赫宙著　范泉译　上海　永祥印书馆
1946 年

5657　回教继承法与其他继承法之比较
〔日〕木台二滴著　林兴智译　上海　生活医院
1946 年

5658　火与焰
〔日〕白井俊明著　章士俊译　上海　开明书店
1946 年 9 月初版　有图　36 开　（开明少年丛书）

5659　火与焰
〔日〕白井俊明著　章士俊译　上海　商务印书馆　1946 年　有图　36 开

5660　联合国管制日本方策（参考资料物字第8 号）
〔日〕金久保、岛信正著　国防部第二厅编　编者刊　1946 年 12 月初版　32 开

5661　鲁迅传
〔日〕小田岳夫著　范泉译　上海　开明书店
1946 年 9 月初版，1949 年 1 月 5 版　冠像
32 开

5662　鲁迅传
〔日〕小田岳夫著　范泉译　上海　大东书局
1946 年　冠像　32 开

5663 鲁迅先生的一生
〔日〕小田岳夫著 夜析编译 上海 大东书局
1946 年 32 开

5664 鲁迅先生的一生
〔日〕小田岳夫著 夜析编译 北京 艺光出版
社 1946 年 12 月初版 32 开 （艺光出版社文
学丛书）

5665 克劳塞维慈战争论纲要
〔日〕成田赖武著 李浴日译 广东韶关 上海
广益书局 1946 年 36 开 （兵学丛书 第
3 种）

5666 棉花
〔日〕须井一著 胡风译 上海 新新出版社
1946 年 5 月初版 36 开

5667 日医应用汉方释义
〔日〕汤本求真著 华实孚译 上海 大东书局
1946 年 32 开

5668 日医应用汉方释义
〔日〕汤本求真著 华实孚译 上海 中华书局
1946 年 10 月初版 32 开

5669 石面雕刻之渤海人风俗与萨珊式胡瓶
〔日〕鸟居龙藏著 北京 燕京学报社 1946 年
6 月初版 16 开

5670 实用中药人要
〔日〕宫田武雄著 钱信忠译 华北 韬奋书店
1946 年 7 月初版，1947 年 4 月再版，1948 年 12
月 3 版 32 开

5671 孙子新研究
李浴日编著 南京 世界兵学社 1946 年 8 月
初版，1947 年增订再版

5672 台湾化石及现生腕足类
〔日〕甲坂一郎著 1946 年 11 月初版 16 开

5673 台湾盐业概说
〔日〕出泽鬼久太著 台南 财政部台湾盐务管
理局台南盐业公司 1946 年 5 月初版 32 开

5674 旋风二十年（日本解禁内幕）
〔日〕森正藏著 吴靖文译 上海 神州国光社
1946 年 12 月初版 32 开

5675 养生学要论
〔日〕井上兼雄著 朱建霞译 北京 广安车站
兴农园 1946 年 有图表 32 开

5676 养生学要论
〔日〕井上兼雄著 朱建霞译 上海 商务印书
馆 1946 年 5 月初版 有图表 32 开 （医学
小丛书）

5677 印度民族史
〔日〕赤松祐之著 吴绳海译 重庆 上海中华
书局 1946 年 25 开

5678 中国北部之药草
〔日〕石户谷勉著 沐绍良译述 重庆 商务印
书馆 1946 年 2 月初版 32 开

1947

5679 俾斯麦传
〔日〕鹤见祐辅著 赵南柔译 北京 广安车站
兴农园 1947 年 36 开

5680 长江三角地带
〔日〕多田裕计著 巢燕译 汉口 中日文化协
会武汉分会 1947 年版 32 开 （中日文化协
会武汉分会丛书 第 1 种）

**5681 东苏苏军后方准备调查书（机密参考资
料 第 1 种）**
日本大本营陆军部原著 倪家襄、陈英海译述
国防部史政局 1947 年 5 月初版 有图表 32 开

5682 酱油酿造法
〔日〕槙村定治郎著 蔡弃民译 谭勤余校订
长沙 上海新学学会 1947 年 有图表 32 开
（实用工艺丛书 第 1 集）

5683 近世有机化学
〔日〕菅沼市藏著 常伯华译 重庆 上海正中
书局、上海新学学会 1947 年 25 开 （自然
科学丛书）

5684 科学界的伟人
〔日〕吉松虎畅著 张建华译 上海 三联书店
1947 年 有图 32 开

5685 猎猩猩记
〔日〕南洋一郎著 任白涛译 上海 商务印书
馆 1947 年 6 月初版 有图 32 开 （儿童世

界丛刊）

5686　鸟类
〔日〕鹰司信辅著　舒贻上译　北京　广安车站
兴农园　1947 年　有图表　32 开

5687　普通动物学
〔日〕饭塚启著　嵇联晋译　北京　平凡社　1947
年　有图表　25 开　精装　（自然科学丛书）

5688　日本的军阀——日本军阀祸国的真相
〔日〕田中隆吉著　赵南柔译　上海　改造出版
社　1947 年 5 月初版　32 开

5689　日本的军阀——日本军阀祸国的真相
〔日〕田中隆吉著　赵南柔译　太原　中外语文
学会　1947 年　32 开

5690　日本故事集
〔日〕松村武雄著　叶炽强译　上海　启明书局
1947 年　36 开　（世界故事名著集）

5691　日本近代社会运动
〔日〕森正藏著　赵南柔等译　上海　亚东协会
1947 年 9 月初版　32 开

5692　日本人的山东开发计划
〔日〕松奇雄二郎著　舒贻上译述　济南　山东
新报社　1947 年 11 月初版　32 开　（山东新报
丛书 2）

5693　日本投降内幕
〔日〕近卫文麿著　孙识齐译　上海　国际文化
服务社　1947 年 1 月初版　36 开

5694　荣养浅说
〔日〕铃木梅太郎著　孙锡洪译　上海　开明书
店　1947 年 1 月初版　有图表　32 开

5695　山东棉花概况
〔日〕渡部诚著　青纺编委员编　青岛　中国纺
织建设公司青岛分公司　1947 年 8 月初版　有
表、附折表　32 开

5696　体温生理学
〔日〕小泉清明著　胡步蟾译　山西省立农专学
校　1947 年　有图　25 开　（自然科学丛书）

5697　外科学总论
〔日〕茂木藏之助著　汤尔和译　新医同仁研究

社增订　杭州　新医书局　1947 年 11 月初版
23 开　精装　（新医丛书）

5698　微生物
〔日〕竹内松次郎著　魏喦寿译　上海　正中书局
1947 年　有图　32 开

5699　文学名著研究
〔日〕秋田雨雀等著　杨烈译　成都　协进出版
社　1947 年春初版　32 开

5700　物理学概论
〔日〕石原纯著　周昌寿译　天津　天津整理棉
筹备处　1947 年

5701　细菌学实习提要
日本传研著　杨凤文译　上海　中国农学社
1947 年

5702　现代财政学理论体系
〔日〕永田清著　吴兆莘译　上海　国立暨南大
学　1947 年　25 开

5703　现代财政学理论体系
〔日〕永田清著　吴兆莘译　上海　正中书局
1947 年 12 月初版　25 开

5704　现代日常科学
〔日〕竹内时男著　朱建霞译　上海　新学学会
1947 年　有图　32 开

5705　小外科学
〔日〕中村爱助著　宋登峰译　晋冀鲁豫军区卫
生部卫生通讯社　1947 年　32 开

5706　医药拉丁语
〔日〕朝比奈泰彦、清水藤太郎著　楼之岑译述
山西省立农专学校　1947 年　32 开

5707　医药拉丁语
〔日〕朝比奈泰彦、清水藤太郎著　楼之岑译述
上海　药学季刊社　1947 年 4 月初版　32 开

5708　遗传与环境
〔日〕三宅骥一、今井喜孝著　薛逢元译　上海
中国科学公司　1947 年

5709　应用化学概论
〔日〕阿藤质著　薛逢元译　长沙　商务印书馆
1947 年　有图表　25 开　平、精装　（实用自
然科学丛书）

5710 应用化学概论
〔日〕阿藤质著 薛逢元译 上海 光华书局
1947年 有图表 25开 平、精装

5711 营养浅说
〔日〕铃木梅太郎 孙锡洪译 上海 商务印书
馆 1947年

5712 元曲概说
〔日〕盐谷温著 隋树森译 上海 商务印书馆
1947年11月初版 32开

5713 战后日本的财政经济
中华学艺社编译 山西省立农专学校 1947年

5714 战后日本的实业状况
中华学艺社编译 上海 新学学会 1947年

5715 战后日本的文教
中华学艺社编译 1947年

5716 战后日本与盟国
中华学艺社编译 力勤书局 1947年

5717 植物分类
〔日〕三好学著 沙俊译 上海 三省堂 1947
年 有图 32开

5718 植物系统学（上、下册）
〔日〕池野成一郎著 罗宗洛译 上海 商务印
书馆 1947年8月初版 有图 25开

5719 植物学通论
〔日〕山羽仪兵著 陶秉珍编译 上海 商务印
书馆 1947年 有图 25开 （自然科学
丛书）

5720 最新日用化学
〔日〕近藤耕藏著 朱建霞编译 北京 民生养
蜂场 1947年 32开

5721 最新日用化学
〔日〕近藤耕藏著 朱建霞编译 上海 世界书
局 1947年9月初版 32开

1948

5722 禅学讲话
〔日〕日种让山著 芝峰译 上海 大法轮书局

1948年再版 64开 （法轮小丛书）

5723 大众政治学
〔日〕堀伸二著 谢叔良译 上海 潮锋出版社
1948年5月战后初版 32开

5724 耳鼻咽喉科学
〔日〕赤松纯一著 沈王桢译 汤尔和校 杭州
新医书局 1948年10月初版 有图表 32开
精装 （新医丛书）

5725 几何新指导
〔日〕吉冈斗松著 高季可译 北京 广安车站
兴农园 1948年 36开

5726 几何新指导
〔日〕吉冈斗松著 高季可译 上海 中华书局
1948年5月初版 36开

5727 控诉日本军阀的罪恶
〔日〕田中隆吉著 赵南柔译 上海 亚东协会
1948年6月再版 36开

5728 临床医典（增订版）
〔日〕筒井八百珠、筒井德光著 新医同仁研究
社译 杭州 新医书局 1948年8月初版 有
图表 25开 精装 （新医丛书）

5729 硫酸
〔日〕狩野繁雄著 杨荣仑译 北京 京城印书
局 1948年

5730 内分泌素化学实验
〔日〕绪方章著 王增悦、冯淇琼译 广州 国
立中山大学农化实验室 1948年 有图表24开

5731 日本的错误（原名 东久迩日记）
〔日〕东久迩稔彦著 潘世宪译 上海 亚东协
会 1948年7月初版 32开

5732 日本近代社会运动史
〔日〕森正藏著 赵南柔等译 上海 中国建设
印务股份有限公司 1948年6月初版 36开
（日本研究丛书）

5733 日本军阀祸国史
〔日〕岩渊辰雄著 云明译 上海 国际文化服
务社 1948年4月初版 36开

5734 日本民主革命论
〔日〕风早八十二著 金学成、卜冈译 上海

中国建设印务股份有限公司 1948 年 11 月初版
32 开 （日本研究丛书 3 金学成主编）

5735 日本医学法通论
〔日〕金牧民著 金相海译 上海 中国农业书
局 1948 年

5736 日本政界二十年（近卫手记）
〔日〕近卫文麿著 高天原、孙识齐译 上海
国际文化服务社 1948 年 4 月初版 36 开

5737 日本资本主义发达史
〔日〕野吕荣太郎著 金学成、赵南柔译 上海
中国建设印务公司 1948 年

5738 日本资本主义论争史
日本经济劳动研究所编 金学成、卫瑜译 上
海 中国建设印务股份有限公司 1948 年 9 月
初版 32 开 （日本研究丛书 2）

5739 神经衰弱及治疗
〔日〕杉田直树著 朱建霞译 上海 商务印书
馆 1948 年 6 月初版 32 开 （医学小丛书）

5740 神经衰弱及治疗
〔日〕杉田直树著 朱建霞译 上海 新学学会
1948 年 32 开

5741 宋以前医籍考（第 1 册）
〔日〕冈西为人编 国立沈阳医学院 1948 年
16 开

5742 台湾省之农田水利
〔日〕芝田三勇著 吕石头译 徐世大、施成熙
校 台湾省水利局 1948 年 2 月初版 有图表
16 开 （台湾省水利局丛刊 第 5 号）

5743 通俗经济学
〔日〕川上贯一著 林文译 上海 潮锋出版社
1948 年 5 月战后初版 32 开

5744 通俗经济学
〔日〕川上贯一著 林文译 上海 亚东图书馆
1948 年 32 开

5745 性学 ABC（上、下册）
〔日〕福田著 陈世澄译述 菁菁出版社 1948
年新 2 版 32 开

5746 盐业资料汇编（第一集）
〔日〕平野久保著 刘楷等译 台北 中国盐业

1948 年

5747 眼科学（增订版）
〔日〕石原忍著 石锡祐译 新医同仁研究社增
订 上海 新医书局 1948 年 4 月初版 有图
32 开 精装 （新医丛书）

5748 营养化学
〔日〕金牧民著 金相海译 1948 年

**5749 战后日本的政党与议会（日本研究资料
第 9 册）**
中华学艺社编译 上海 大成出版公司 1948
年 3 月初版 32 开

5750 最新药物名汇
〔日〕室勉、二村编 东北药专 1948 年 6 月初
版 有表 32 开 （药学丛书）

1949.1—1949.9

5751 病理学
〔日〕木村哲二著 徐诵明译 长沙 商务印书
馆 1949 年

5752 采煤技术入门——献给工人同志
〔日〕伊藤古文著 张半南译 抚顺 抚顺矿务
局秘书处资料科 1949 年 3 月初版 有图 32
开 （抚顺小丛书）

5753 俄文文法
〔日〕（著者不详） 柳思编译 北京 三联书
店 1949 年

5754 番茄栽培及加工法
〔日〕久野正明著 朱建霞译 上海 商务印书
馆 1949 年 5 月初版 有图 32 开 （农学小
丛书）

5755 妇科学
〔日〕安井修平著 王同观译 重庆 光华书店
1949 年

5756 妇科学（增订版）
〔日〕安井修平著 王同观译 杭州 新医书局
1949 年 1 月初版 25 开 （新医丛书）

5757 高尔基的一生和艺术
〔日〕升曙梦著 西因译 上海 上海杂志公司
1949 年 7 月 1 版 32 开 （高尔基研究丛刊）

5758 经济学大纲
〔日〕河上肇著 经济学社出版 1949 年 9 月初
版 32 开

5759 麦类移植栽培法
〔日〕镰田吉一著 王长龄译 长沙 商务印书
馆 1949 年

5760 泌尿科学
〔日〕志贺亮著 蹇先器译 上海 商务印书馆
1949 年

5761 木材干燥法
〔日〕松本文三著 孟宪泰译 太原 中外语文
学会 1949 年

5762 皮肤及性病学（增订版）
〔日〕土肥章司著 蹇先器译 杭州 新医书局
1949 年 有图 16 开

5763 （全译本）旋风二十年（上册）
〔日〕森正藏著 赵南柔、金学成合译 上海
中国建设印务公司 1949 年 2 月初版 32 开
（日本研究丛书 4）

5764 日本社会运动斗争史
〔日〕森正藏著 赵南柔等译 上海 中国建设
印务股份有限公司 1949 年 9 月改正 2 版 36
开 （日本研究丛书）

5765 实用中药大要（上册）
〔日〕官田武雄著 钱信忠译 上海 商务印书
馆 1949 年

5766 体育馆之建筑与设备
〔日〕安田弘嗣著 阮蔚村译 上海 勤奋书局
1949 年 4 月修正初版 32 开 （体育丛书）

5767 通俗辩证法讲话
〔日〕德永直、渡边顺三著 包刚译 上海 商
务印书馆 1949 年 32 开

5768 外科学（各论）
〔日〕茂木藏之助著 汤尔和译 长沙 商务印
书馆 1949 年

5769 亡命十六年
〔日〕野坂参三著 金学成译 上海 中国建设
印务股份有限公司 1949 年 3 月初版 36 开
（日本研究丛书 5 金学成主编）

5770 亡命十六年
〔日〕野坂参三著 钟震译 内务部编译处
1949 年

5771 微积分入门
〔日〕秋山武太郎著 袁愈佺译 上海 商务印
书馆 1949 年 36 开

5772 微积分入门
〔日〕秋山武太郎著 袁愈佺译 上海 中华书
局 1949 年 8 月初版 36 开 （算学丛书）

5773 西北民族文化研究丛刊
〔日〕岩村忍、小林高四郎著 余元盦译 上海
商务印书馆 1949 年

5774 戏剧资本论
〔日〕阪本胜著 费明君译 南京 中日文化协
会 1949 年

5775 小儿科对症疗法
〔日〕长尾美知、长尾干著 新医同仁研究社增
译 上海 商务印书馆 1949 年 有表 32 开

5776 小儿科对症疗法
〔日〕长尾美知、长尾干著 新医同仁研究社增
译 杭州 新医书局 1949 年 1 月增订 2 版
有表 32 开

5777 选矿学
〔日〕三富正夫著 张洪恩、魏光嘉编译 上海
商务印书馆 1949 年

5778 有岛武郎与蒂尔黛的情书
周曙山译 贵阳 文通书局 1949 年 4 月初版
36 开

5779 助产学（增订版）
〔日〕木下正中著 汤器译 汤尔和校 杭州
新医书局 1949 年 1 月初版 有图像 23 开
精装 （新医丛书）

5780 资本论入门
〔日〕石川准┃郎著 洪涛译 上海 商务印书
馆 1949 年 32 开

5781 资本论入门
〔日〕石川准十郎著 洪涛译 上海 社会科学
研究社 1949 年 4 月初版，1949 年 6 月再版
32 开

5782 资产阶级的唯物论与辩证唯物论

〔日〕山田坂仁著 阮有秋译 上海 商务印书馆 1949 年 36 开 (新时代小丛书)

5783 资产阶级的唯物论与辩证唯物论

〔日〕山田坂仁著 阮有秋译 上海 中华书局 1949 年 9 月初版 36 开

5784 组织胚胎学 (增订版)

〔日〕平光吾一撰 汤尔和校译 杭州 新医书局 1949 年 4 月初版 有图表 32 开 (新医丛书)

年份缺失

5785 阿塞亚尼亚群岛记 (一卷)

〔日〕冈本监辅著 (小方壶斋舆地丛钞第十帙)

5786 埃及国略 (一卷)

〔日〕冈本监辅著 (小方壶斋舆地丛钞第十二帙)

5787 北京的都市形态概报

〔日〕木内信藏著 洪炎秋译 北京 近代科学图书馆 有图表 21 开 (北京近代科学图书馆丛刊 第 26 号)

5788 北京名胜

〔日〕山本君摄影 摄影者刊 横 16 开

5789 步炮空协同之研究 (卷 2)

〔日〕小泽寅吉著 严钝摩等译 有图表 23 开

5790 财政金融学会讲演录

〔日〕堀江归一讲演 北京 财政金融学会 25 开

5791 陈文中等算术详算

〔日〕桦正董著 陈文演算 上海 科学书局 27 开 石印、环筒页装

5792 川岛大将之素描

〔日〕大野慎著 外交部情报司译 译者刊 32 开

5793 川岛义之与渡边锭太郎

〔日〕松下芳男著 外交部情报司译 译者刊 32 开

5794 从外交到战争

〔日〕阿多俊介著 有表 32 开

5795 撮要支那史 (七卷)

〔日〕小溪七郎辑 上海书局石印

5796 德相卑士麦传

〔日〕笹川洁著 上海普通学书室译 译者刊 32 开

5797 地方自治讲义

〔日〕清水澄讲授 陈登山译

5798 地方自治要鉴

日本内务省地方局编纂 中华山西教育协进会译 太原 21 开

5799 第十九世纪欧洲政治史论一等

〔日〕酒井雄三郎著 华文祺译 "译书汇编"本

5800 东文新法会通 (二册)

(京师大堂所藏译书)

5801 东亚普通读本汉日对照读物

(京师大堂所藏译书)

5802 动物学教科书 (一卷)

〔日〕五岛清太郎著 樊炳清译 "湖北农学堂"本

5803 法西斯主义日本的完成及其展望 (鹿地研究室报第 14 期)

〔日〕鹿地亘著 政治部文化工作委员会 32 开

5804 法学通论

〔日〕山田三良著述 孙少荆译述 四川法政学校 25 开

5805 肥料保护篇 (一卷)

〔美〕和尔连著 〔日〕户井重平译 沈纮重译 "农学丛书初集"本

5806 肥料 (第 1 卷)

〔日〕原熙著 "农学丛书初集"本

5807 奉天矿产调查书 (上、下卷)

〔日〕黑岩休太郎、大井上义近等六人调查 孙凤翔、蒋宗涛译 有图 23 开

5808 各国宪法源泉三种合编

〔德〕挨里捏克著 〔日〕美浓原译

5809 耕作篇 (一卷)

〔日〕中村鼎著 〔日〕川濑仪太郎译 "农学丛书初集"本

5810 公证法及实务学
〔日〕岩田一郎讲述 陈瑾昆译 有表 21 开

5811 古巴述略（一卷）
〔日〕村田著 （小方壶斋舆地丛钞再补编第十二帙）

5812 海军军缩会议之回顾
〔日〕石丸藤太著 杨宪译

5813 海军战略讲义（第 3 编）
〔日〕寺冈谨平著 16 开

5814 海军战术讲义（第 1 编）
〔日〕寺冈谨平著 16 开

5815 海军战术讲义（第 2 编）
〔日〕寺冈谨平著 有图表 16 开

5816 函授新医学讲义（第 7 册）
〔日〕渡边光国著 华文祺、丁福保译 23 开

5817 航空生理
〔日〕永井潜著 北京 北京近代科学图书馆 有图表 23 开 （北京近代科学图书馆丛刊第 3 种）

5818 绘卷物之艺术民俗学的意义（关于绘画上的时间性之发生）
〔日〕竹内胜太郎著 23 开 （北京近代科学图书馆丛刊 第 5 种）

5819 几何画法
〔日〕印藤真楯、冈村增太郎著 南京 江楚编译局 有图 32 开 环筒页装

5820 交感性眼炎之豫后（日本医事新报第 901 号别册）
〔日〕中村文平著 25 开

5821 教育史（一卷）
〔日〕中野礼四郎著 （译者不详） 《翻译世界》本

5822 教育学讲义（师范讲习社师范讲义）
〔日〕长尾槙太郎著 蒋维乔译 24 开

5823 节译田中内阁对满蒙积极政策奏章
〔日〕田中义一著 32 开

5824 金本信废止论与货币制度之将来
〔日〕富田勇太郎著 陈博译 16 开

5825 近接战
〔德〕勒柏尔著 〔日〕吉永义尊译 训练总监部军学编译处重译

5826 近世政治史（一卷）
〔日〕有贺长雄著 东京 《译书汇编》本

5827 近世筑城
陆军工兵学校译 译者刊

5828 经济学史（一卷）
〔日〕滨田健二郎、伊势本一郎合著 《翻译世界》本

5829 惊心动魄之日本田中内阁吞并满蒙政策奏章
〔日〕田中义一著 24 开

5830 课外简易体操
〔日〕可儿德著 上海 中华书局 有图 48 开

5831 郎世宁传考略
〔日〕石田干之助著 贺昌群译 北京 国立北平图书馆 16 开

5832 李春来（上海著名优伶）
〔日〕石田太郎著 32 开 环筒页装

5833 列强大势
〔日〕高田早苗、巽末治郎合著 32 开

5834 列强在华势力概观
日本世界经济批判会编 郑虚舟译 上海 良友图书印刷公司 有表 32 开

5835 琉球形势略（一卷）
〔日〕中根淑著 （小方壶斋舆地丛钞第十帙）

5836 论脉（一卷） 论呼吸（一卷） 论舌（一卷）
舒高第译 《格致汇编》本

5837 美国记（一卷）
〔日〕冈本监辅著 （小方壶斋舆地丛钞第十二帙）

5838 民约论（四卷）
〔法〕路索（今译卢梭）著 〔日〕原田潜译

5839 名和昆虫研究所志略（一卷）
〔日〕名和清著 樊炳清译 "农学丛书二集"本

5840 命运指纹学
〔日〕长谷川滔浦著 殷鉴译 上海 大通图书社 32开

5841 墨西哥记（一卷）
〔日〕冈本监辅著 （小方壶斋舆地丛钞第十二帙）

5842 农产物分析表（一卷）
〔日〕恒藤规隆著 〔日〕藤田丰八译 "农学丛书初集"本

5843 农学试种法（一卷）
〔日〕下山恪三著 〔日〕伊东贞元译 《湖北农学》本一册

5844 欧罗巴政治史（四卷）
〔日〕幸田成友著 新是谋者译 （出版者不详） 印本 二册

5845 欧美教育纪实
〔日〕小泉又一著 24开

5846 平面三角法讲义（1—2册）
〔日〕奥平浪太郎著 周藩译 上海 文明书局、科学书局、群学社 32开 环筒页装

5847 普通卫生救急治疗法
〔日〕金泽岩著 卢谦预译 25开 精装

5848 侵略满蒙之积极政策
〔日〕田中义一著 有图 32开

5849 侵略战争中的日本农民（敌情参考资料第24期）
〔日〕田中岸本著 政治部文化工作委员会出版 32开

5850 日本财政及现在（一卷）
〔日〕小林丑三郎著 王宰善译 《译书汇编》本

5851 日本大阪府立农学校章程（一卷）
〔日〕吉田森太郎译 《湖北农学》本；《农学报》本

5852 日本对华政策及中国时局论（日本外交时报原刊）
〔日〕寺西秀武著 16开

5853 日本对满蒙积极政策（节译田中有首相奏本）
〔日〕田中义一著

5854 日本发展之目标
〔日〕河西太一郎著 上海 三通公司（经售） 36开

5855 日本高等师范学校章程（一卷）
〔日〕古城贞吉译 上海 时务报馆本 （在"日本学校章程三种内"）

5856 日本高等学校规则要览（一卷）
〔日〕小野矶次郎著 周维新译 《教育世界》本

5857 日本共产反侵略运动
〔日〕冈野、田中合著 上海 群众图书公司 32开

5858 日本国家总动员法案全文（文摘旬刊第16号别册附录）
张一正译 上海 黎明书局 32开

5859 日本国新订草木图说序二篇
〔日〕欲斋饭沼、伊藤清民著 《格致汇编》本

5860 日本及列国之陆军
参谋本部第二厅译 译者刊 三册 （译自1940年日文版）

5861 日本教育制度（一卷）
〔日〕古城贞吉译 上海 时务报馆本 （在"日本学校章程三种"内）

5862 日本矿律（一卷）
唐宝锷译 《译书汇编》本

5863 日本矿砂采取法（一卷）
唐宝锷译 《译书汇编》本

5864 日本陆军旅费规则
（军需学校丛书）

5865 日本毛人（一卷）
〔英〕傅兰雅译 《格致汇编》本

5866 日本普通教育行政论
〔日〕山田邦彦著 25开 （教育丛书 5集）

5867 日本田中内阁侵略满蒙积极政策
〔日〕田中义一著 重庆 肇明印刷公司 有图 32开

5868 日本田中内阁侵略满蒙积极政策奏章（附日本满蒙权益拥护民秘密会议记录）
〔日〕田中义一等著 上海 法学院抗日救国会

32 开

5869　日本田中内阁侵略满蒙积极政策奏章
〔日〕田中义一著　陆海空军总司令部第二剿匪宣传处　32 开

5870　日本田中内阁侵略满蒙之积极政策
〔日〕田中义一著　南京　生生印刷公司　32 开

5871　日本吞并中国之计划（田中内阁上日皇奏章）
〔日〕田中义一著　32 开

5872　日本违警治罪法
群学社译　群学社　32 开

5873　日本语和日本精神
〔日〕谷川彻三编著　北京　北京　近代科学图书馆　24 开　（北京近代科学图书馆丛刊　第15 号）

5874　日本昭和三年步兵操典
有图　50 开
共 8 篇，分别介绍各个、连、机枪连、步兵炮队、营、团、旅的教练，以及用战车的战斗。有总纲、总则。附录《礼节大阅制式操刀及特号法》等 4 种，附图《阅兵式队形》等 2 种。封面书名：（民国十八年）步兵操典；目录前书名：民国十八年改订步兵操典。

5875　日本职官表（一卷）
日本官书　罗振玉译　"会稽徐氏政艺新书"本

5876　日本驻津军司令官多田骏少将所发表之日文小册子《日本对华之基础观念》之全译
〔日〕多田骏著　36 开

5877　日俄战役胜败原因论
〔日〕吉桥德三郎著　何澄译　24 开

5878　日秘史（二卷）
〔日〕新井君莢撰　"通学斋丛书"本

5879　社会学（一卷）
〔日〕远藤隆吉著　《翻译世界》本

5880　实用新教育学（一卷）
〔日〕加纳友市、上田仲之助合著　（译者不详）　《教育世界》本

5881　世界大同议
〔日〕藤泽南岳著　汪荣宝译述

5882　视察讲义
〔日〕大塚寅雄述　吕作新译　有图　18 开

5883　书志学
〔日〕小见山寿海著　李尚友译　中华图书馆协会　16 开

5884　述算法图理（一卷）
〔日〕加悦传一郎、俊兴著　"白芙堂算法丛书"本

5885　水稻试验成绩（一卷）
日本农事试验场编　沈译　《湖北农学》本

5886　田中对满蒙积极政策
〔日〕田中义一著　中央军校宪警班　32 开

5887　田中积极侵略满蒙政策
〔日〕田中义一著　杭州市政府工务科　32 开

5888　田中内阁侵略东三省及外蒙古之积极政策
〔日〕田中义一著　上海　持志学院抗日救国会　32 开

5889　土性辨（三卷）
〔日〕佐藤信景著　〔日〕佐藤信渊增补　〔日〕伊东贞元译　《湖北农学》本　一册

5890　外交战中通讯之威力
〔日〕天羽英二著　外交部情报司译　译者自刊　32 开

5891　万国总说（一卷　续二卷）
〔日〕冈本监辅著　朱克敬续（二卷）"富强斋丛书"本

5892　微粒子病肉眼鉴定法（一卷）
〔日〕佐佐木忠二郎著　杭州蚕学馆本

5893　为日本人民解放斗争告同盟国诸友人
〔日〕鹿地亘著　鹿地研究室报　32 开

5894　我的重庆政权观
〔日〕吉田东祐著　汉口　申报馆　32 开

5895　（吴郡奇迹）塑壁残影
〔日〕大村西崖著　〔日〕大村西崖译　32 开

5896 西伯利亚（一卷）
〔日〕冈本监辅著 （小方壶斋舆地丛钞第三帙）

5897 现代政治思想史
〔日〕高桥清吾著 文圣举译 新使命出版社 25 开

5898 小部队攻防指挥法
〔日〕榎本宫著 李睿译 有图表 36 开

5899 新令学校管理法（一卷）
〔日〕寺内颖著 （译者不详） 《教育世界》本

5900 亚非利驾诸国记（一卷）
〔日〕冈本监辅著 （小方壶斋舆地丛钞第十二帙）

5901 亚美理驾诸国记（一卷）
〔日〕冈本监辅著 （小方壶斋舆地丛钞第十二帙）

5902 演算法圆理括囊（一卷）
〔日〕加悦传一郎、俊兴著 "白芙堂丛书"本

5903 一般经济史概论
〔日〕野村兼太郎著 葛次弓译 北京 慈成印刷工厂（印） 25 开

5904 银行论
〔日〕山内正瞭讲述 陈福颐译 30 开

5905 印度风俗记（一卷）
〔日〕冈本监辅著 （小方壶斋舆地丛钞第十帙）

5906 幼稚教育恩物图说（一卷）
〔日〕关信三著 〔日〕小俣规义译 《教育世界》本

5907 宇内高山大河考（一卷）
〔日〕木村杏卿著 （小方壶斋舆地丛钞第四帙）

5908 札幌农学校施设一斑（一卷）
日本札幌农学校原本 沈纮译 （农学丛书初集）

5909 哲学概论七章
〔日〕桑木严翼撰 王国维译 教育世界社石印

民国初年

5910 镇南浦开埠记（一卷）
〔日〕古城贞吉著 （小方壶斋舆地丛钞再补编第十帙）

5911 政学原论（一卷）
〔英〕赖烈著 〔日〕赤坂龟次郎译 《翻译世界》本

5912 政治学史（一卷）
〔日〕浮田和民著 （译者不详） 《翻译世界》本

5913 政治学提纲（一卷）
〔日〕鸟谷部铣郎著 《译书汇编》本

5914 支那事变战迹之刊
日本陆军恤兵部著 中央陆军军官学校第四分校 25 开

5915 植物人工交种法（一卷）
〔日〕玉利喜造著 〔日〕吉田森太郎译 《湖北农学》本；《农学报》本

5916 中东战史（二卷）
〔日〕田村维则著 玫瑰轩 民国初年 （日本丛书）

5917 中俄关系
〔日〕绿冈隐士著 陈时夏译 上海 竞化书局 32 开

5918 中国名画集（1—8 册）
〔日〕大村文夫编 编者刊 影印 32 开，8 册 840 页

5919 中学日本文典
（京师大堂所藏译书）

5920 周公彝释文
〔日〕内藤虎次郎著 16 开

5921 宗教史（一卷）
〔日〕加藤玄智著 （译者不详） 《翻译世界》刻本

5922 最近列国军备充实状况
〔日〕冈村宁次著 有表 32 开

附　录

书名索引

K

著译者索引

A

A. K.　165
Albertshaw　55
Alexander Sergeyevich Pushkin
　20
Allen Upward　18
Arthur H. Smith　31
阿部健　152
阿部敬介　58
阿部市五郎　203
阿部贤一　120，121，140，155
阿部义信　217
阿部余四男　175，189
阿部重考　164
阿多俊介　139，242
阿藤质　201，238，239
阿屋土记　11
哀奴的伊辣剌统　64
挨里捏克　242
艾青　236
艾秀峰　146，149，169，228
爱德华·斯宾　73
爱母爱尔好而布尔苦　29
爱岩通英　173
安部浩　226
安部矶雄　90，92，103，107，
　109，113，147
安川雄之助　108
安达坚　161
安岛健　97
安登哈特勒　55
安东辰次郎　81
安井修平　184，240
安井真八郎　7
安乐冈清造　204
安藤虎雄　58
安藤画一　235
安藤寅雄　1
安藤正次　140
安藤重次郎　52，64
安田弘嗣　241
安田庄司　214
安政秀雄　183
安中　166
安住宗俊　5
安子介　196
岸本能武太　14，84
岸木辰雄　45
岸崎昌　12，20
岸田国士　157

岸田吟香　2
奥ムソオ　112
奥村信太郎　9
奥谷松治　177
奥平浪太郎　39，42，46，244
奥田义人　35，40
奥田贞卫　7，25

B

Burnett France Hodgson　37
八代六郎　20
八木录郎　151
八锹仪七郎　54，55，233
八田三郎　19，172
八田已之助　186
八咏楼主人　16
巴克　124，129，167
巴人　208
白滨征　53
白幡郁之助　21
白海渔长　23
白河次郎　19，31，75
白河太郎　73
白井俊明　236
白井义督　51，57，69，77
白浪庵滔天　18
白雷特　18
白木　205
白鸟库吉　155，161，162，186，
　204，212
白鸥　112，224
白鹏飞　77，134
白崎亨一　188，215
白石真　19
白土千秋　170
白洋一夫　70
白振民　71
白作霖　10，60，71，232
柏年　37
拜窝成　63
阪本胜　241
阪部熊吉　126
阪进英一　47
坂本健一　24，29，33，70，107
坂本喜一　183
坂村彻　201，234
坂东宣雄　14
坂口昂　130
坂口瑛次郎　18
坂口直马　77

坂田厚允　26
坂西由藏　126，226
坂野铁次郎　55，69
坂垣鹰穗　114，136，224，225
板仓松太郎　36，38，49
板仓武　226
板垣鹰穗　113，133，152
半粟　104，109，231
棒时　12
包刚　200，205，231，240
包俊如　219
包荣爵　81
包司　122
包天笑　61，96
宝藏寺　168
宝藏寺久雄　187
宝田通经　70
保卜鲁人—育哈昂五　58
北川正淳　197
北村三郎　15，16，18，20，
　29，30，57
北村泽吉　108
北村紫山　67
北岛定夫　225
北岛研三　59
北里柴三郎　86
北山友松子　180
北上健　185
北田宏藏　199
北畠利男　152
北条民雄　217
北条太洋　164
北条元笃　21
北一辉　149，228，235
北原安卫　126
北原金司　201
北泽新次郎　94，106，107，
　113，125，138，197，211，
　225
北泽直吉　126，138
本村武佐　188
本村重　194
本多芳太郎　140，158，226
本多光太郎　50，57，85
本多静六　10，27，29，165，
　169，178，229，230，234
本多浅治郎　15，42，54，56
本间久雄　88，90，93，95－97，
　107，115，129，130，140，147，
　224
本间小左卫门　5
本上田员次郎　165

陈建生 1	陈文中 57	程伯群 213
陈捷 141，144，147，148，159，169	陈卧子 84	程伯轩 190
陈瑾昆 242	陈武 35	程鼎声 156
陈景岐 96，149	陈霞骞 3	程瀚章 103，104，128，156，182
陈敬 228	陈宪成 24	
陈敬第 43	陈湘俊 38	程浩 95，190
陈敬贤 94	陈辛木 139	程家柽 43
陈亮 28	陈辛人 209	程邻芳 168
陈履洁 47	陈信德 145，166	程鹏年 44
陈明 202，205	陈信芳 50	程树德 29
陈铭石 192	陈学郢 57	程思进 176，178，194，201
陈念本 151，153	陈雪帆 128	程思培 14
陈配德 146，197	陈锡畴 79	程文蔼 149
陈鹏 13，21	陈掞神 94	程尧章 14
陈崎 27	陈逸 93	池本吉治 31
陈启修 79	陈毅 9，10，13，15，17，21	池袋秀太郎 33
陈清泉 93，111，144，147，148，159—161，169，202，202，215	陈应庄 127	池菊金正 40
	陈英 49	池君 104
	陈英海 237	池内宏 164
陈清震 46	陈瑛 229	池崎忠孝 144，146，153，208，218
陈秋子 219	陈庸声 211	
陈任生 163	陈瑜 157	池田 118
陈汝德 200	陈与年 54，56，57，77	池田伴亲 53
陈润霖 232	陈与燊 55，60	池田宏 93
陈尚素 24，66	陈裕菁 115	池田菊苗 46
陈勺水 109，115	陈元浩 126	池田清 39，50，75
陈绍谟 134	陈远民 195	池田清化 61
陈石麟 63	陈沄 213	池田日升三 6
陈时夏 4，46，48，55，56，64，65，73，78，246	陈载耘 164	池田荣太郎 232－234
	陈谪生 88，89	池田政吉 69
陈湜 177，188	陈震异 93	池野成一郎 230，239
陈世澄 240	陈正明 195	持地六三郎 11，22，74，235
陈视 27	陈之霖 206	尺秀三郎 62
陈视乐 17	陈直夫 113，117	赤坂龟次郎 246
陈视译 75	陈植 176	赤川菊村 89
陈适 88	陈志鸿 181	赤津诚内 131，158
陈适吾 84	陈志祥 64	赤松 126
陈寿凡 85	陈致平 215，221	赤松纯一 239
陈寿龄 210	陈中杰 175，186	赤松范静 11
陈寿琦 196	陈钟年 75	赤松梅吉 18
陈绥荪 136，181，187	陈重民 83，87	赤松如一 61
陈叔时 122	陈滋 223	赤松祐之 215，237
陈树藩 44	陈宗蕃 55，222	赤松紫川 20
陈思谦 168	陈宗孟 21	赤土山人 92
陈天麟 3	陈祖同 155	赤沼满二郎 37
陈天鸥 112	陈祖兆 37	冲野岩三郎 150
陈天行 150	陈遵妫 181	冲祯介 67，161
陈望道 109，110，119，128，156，231	谌亚达 183	崇昭本西 12
	成濑清 168	出井盛之 113，124
陈维宝 176	成濑仁藏 13	出泽鬼久太 237
陈文 5，93，100，117，171，242	成朴 224	初濑川健增 4，74
	成田安辉 70	除村吉太郎 236
陈文鹭 153	成田赖武 221，237	厨川白村 89，92，94－96，99，106，107，111，124，125，134，136，144，226，232
陈文祥 227	成武堂 155	
	城数马述 52	